中国区域
创新能力评价报告
2020

中 国 科 技 发 展 战 略 研 究 小 组
中国科学院大学中国创新创业管理研究中心 著

科学技术文献出版社
SCIENTIFIC AND TECHNICAL DOCUMENTATION PRESS
·北 京·

图书在版编目（CIP）数据

中国区域创新能力评价报告. 2020 / 中国科技发展战略研究小组，中国科学院大学中国创新创业管理研究中心著. —北京：科学技术文献出版社，2020. 11
ISBN 978-7-5189-7280-7

Ⅰ. ①中… Ⅱ. ①中… ②中… Ⅲ. ①区域经济发展—研究报告—中国—2020 Ⅳ. ①F127

中国版本图书馆 CIP 数据核字（2020）第 209064 号

中国区域创新能力评价报告2020

策划编辑：李　蕊　　责任编辑：李　晴　　责任校对：张吲哚　　责任出版：张志平

出 版 者　科学技术文献出版社
地　　址　北京市复兴路15号　邮编 100038
编 务 部　（010）58882938，58882087（传真）
发 行 部　（010）58882868，58882870（传真）
邮 购 部　（010）58882873
官方网址　www.stdp.com.cn
发 行 者　科学技术文献出版社发行　全国各地新华书店经销
印 刷 者　北京时尚印佳彩色印刷有限公司
版　　次　2020 年 11 月第 1 版　2020 年 11 月第 1 次印刷
开　　本　889×1194　1/16
字　　数　324千
印　　张　16
书　　号　ISBN 978-7-5189-7280-7
定　　价　118.00元

中国区域创新能力评价报告 2020

编辑委员会

中国科技发展战略研究小组成员简介

方　新　中国科学院大学公共政策与管理学院　原院长

柳卸林　中国科学院大学中国创新创业研究中心　主任　教授

薛　澜　清华大学苏世民书院　院长　教授

王春法　中国国家博物馆　馆长

胡志坚　中国科学技术发展战略研究院　院长　研究员

穆荣平　中国科学院科技战略咨询研究院　党委书记　研究员

王昌林　中国宏观经济研究院　院长　研究员

游光荣　军事科学院评估论证研究中心主任　研究员

高世楫　国务院发展研究中心资源与环境政策研究所　所长　研究员

齐建国　中国社会科学院数量经济与技术经济研究所　研究员

苏　竣　清华大学公共管理学院　教授

肖广岭　清华大学科技与社会研究所　教授

高太山　国务院发展研究中心企业研究所　副研究员

前　言

根据科技部《建立国家创新调查制度工作方案》，《中国区域创新能力评价报告》是国家创新调查制度的重要产出之一，是对各省（区、市）创新能力进行分析比较的评价报告。报告的研究出版得到了科技部领导、战略规划司、政策法规与创新体系建设司的大力资助和支持。

中国科技发展战略研究小组是一个团结、目标一致、工作认真、富有责任感的开放性研究团队，其主要成员来自科技部、中国科学院、发展改革委、国务院发展研究中心、清华大学、中国社会科学院、北京系统工程研究所等单位。从 1999 年起，中国科技发展战略研究小组每年推出一本《中国区域创新能力评价报告》。

《中国区域创新能力评价报告 2020》是以中国区域创新体系建设为主题的综合性、连续性的年度研究报告。本报告以区域创新体系理论为指导，借助中国科技发展战略研究小组多年形成的评价方法，利用大量的统计数据，综合性、客观性及动态地给出了各省（区、市）创新能力的排名与分析，为地方政府了解本地区创新能力提供参考。

《中国区域创新能力评价报告 2020》使用的基本是 2018 年的数据。在综合评价与系统分析的基础上，本年度报告分为三篇：第一篇是 2020 年中国区域创新能力分析；第二篇是区域创新能力分省（区、市）报告；第三篇是附录。

2019 年以来，我国区域创新出现了许多有意义的新变化。

一是区域发展战略成为国家重大战略的焦点。

围绕提升区域科技合作水平、增强区域创新能力，国务院相继出台了一些区域性的政策性文件，如2015年发布了《京津冀协同发展规划纲要》《关于在部分区域系统推进全面创新改革试验的总体方案》；2016年发布了《北京加强全国科技创新中心建设总体方案》；2018年发布了《关于建立更加有效的区域协调发展新机制的意见》；2019年发布了《粤港澳大湾区发展规划纲要》《长江三角洲区域一体化发展规划纲要》等。对上述政策文件进行梳理，可以概括为4个方面：①全力打造北京、上海、粤港澳大湾区3个具有全球影响力的科技创新中心，成为创新型国家和世界科技强国建设的重要战略支点。②建设国家自主创新示范区和国家高新区，打造引领区域经济转型升级的增长极。③推进创新型省份和创新型城市试点、区域全面创新改革试验工作，形成若干率先实现创新驱动发展、可复制可推广的区域改革创新样板。④加强跨区域协同创新，落实“一带一路”倡议，以及京津冀、长江经济带等国家重大战略，建设区域协同创新共同体。

二是区域创新政策的核心不断清晰，是重点突破、协同推进，根据不同地区的资源禀赋、功能定位等因素，建设各具特色和优势的区域创新体系，打造区域创新高地，同时大力建设区域创新共同体，推动区域协同创新发展。

新时期，我国几大区域战略改变了以往不同区域板块之间相对独立、各自为政的状态，从整体上实现了对传统四大区域板块的贯穿。例如，京津冀城市群不仅覆盖京津冀三地，对其邻近的辽宁、山东和河南等地区也具有极强的辐射和带动作用；长江经济带横跨东部、中部和西部11个地区，形成了一条横向大动脉；“一带一路”不仅覆盖了四大区域板块，而且实现了国内和国际两个大局的照应和联动。当前，我国几大区域战略在南北方向形成了平行呼应的带状结构，在东西方向实现了对不同经济板块的贯穿，打造出全国区域发展连通一体的大板块、大格局。

三是许多地区推出了各具自身特色的创新政策。

广东：作为8个全面创新改革试验区域之一，通过创新驱动发展，形成了一些可供借鉴的改革举措与创新政策。通过以促进产学研需求对接为核心的科研项目揭榜制解决了传统财政资金支持的科研项目重点领域和研究方向与产业发展关联度较弱、企业和科研院所之间科技创新脱轨的问题。揭榜制项目分为技术攻关类和成果转化类两大类别：技术攻关类主要由广东龙头、骨干企业提出技术难题或重大需求，在上报省科技厅发榜后，由省内外高校、科研机构、科技型中小企业或其组织的联合体进行揭榜攻关；成果转化类主要针对省内外高校、科研机构、科技型中小企业等已经比较成熟的且又符合广东产业需求的重大科技成果，在上报省科技厅发榜后，组织省内有技术需求和应用场景的企业进行揭榜转化。

北京：是以“三城一区”作为全球科创中心的重点工程。“三城一区”即指中关村科学城、怀柔科学城、未来科学城和北京经济技术开发区，通过深化科技体制改革，打造北京经济发展新高地。

上海：坚持“制度创新”和“科技创新”两个轮子一起转，不断提升自身创新能力，在科技金融、人才培养、科创资源共享等方面积极探索。在解决跨区域创新资源共享、跨区域财政支持的制度上存在一定程度的限制，尤其是标准不统一的问题，导致技术转移难以实现服务一体化、政策协同化、流程标准化，基于昆山、上海两地各自推行创新券的实践，上海构建长三角区域科技创新券通用通兑机制，国家技术转移东部中心与昆山科学技术局签订框架协议，支持昆山企业采购上海服务机构的专业服务，具体的支持服务内容、流转流程等参照上海已有运行经验，从而在区域范围内实现“支持范围、平台流程、服务机构、资金结算”的互通。企业使用创新券采购服务范围的异地机构服务，可获得本地财政补贴支持，最高补贴 30 万元。同时，东部中心也在积极向长三角其他区域推广科技创新券通用通兑模式，以优质科技服务助力长三角企业技术创新，发挥上海科技创新中心建设的示范和引领作用。

安徽：为提高区域创新能力，安徽省政府采取深度参与基础研究和应用基础研究的新模式，从资金、人才、土地等方面入手，采用地方财政资金支持基础研究配套园区建设、建立国家科学中心首席科学家制度、允许重点项目建设资金可按照一定比例用于人才引进培育、省市优先保障合肥综合性国家科学中心（简称合肥科学中心）重大项目建设用地等举措，探索构建地方政府全面参与基础研究和应用基础研究的新模式。自合肥科学中心建设以来，陆续成立了合肥科学中心理事会、办公室、专家咨询委员会，先后出台了合肥科学中心实施方案、项目管理办法等系列配套文件，基础研究和应用基础研究的环境持续优化。

陕西：坚持科技创新和体制机制创新“双轮驱动”，通过构建以科技资源开放共享为核心的大型科学仪器设施开放共享机制，解决了科技创新资源存在设备管理、数据标准、运行服务不统一的问题。西安搭建面向试验测试的第三方工业电子商务服务平台，把大型仪器设备、以发明专利为基础的尖端试验测试方法、以大数据管理分析为核心的专家测试诊断服务从线下“搬到”互联网上，为缺乏试验测试资源及自身资源无法满足需要的中小微企业和民参军企业提供试验业务制定及预约、试验模块化设计及电子审签、业务进展在线跟踪、试验数据远程分析、试验结果评定等“一站式”在线试验测试服务和全面分析解决方案。

辽宁：以国有企业全面创新改革带动地区创新能力的提升，针对传统组织模式下国有企业存在创新动力不足、有形与无形资源利用效率不高、人才匮乏与员工冗余并存、员工与企业利益不绑定等问题，采取支持员工内部创业的国有企业经营模式改革。通过建立双创基金并与员工共同出资方式组建“双创”小微企业，支持员工利用集团闲置资源开展创新创业活动。在这种模式下，员工由传统的企业雇员转变为自主经营、自主决策的创业者，与集团公司和“双创”企业进行价值分享。同时，通过“创新创业大赛”“创新创业项目征集”“员工创新创业项目培育计划”等方式，将不同业务流程、环节及其技术创新中的难点问题转变为创新创业项目，将员工创意变成创新产品，将生产车间变身“创客空间”，推动员工创新创业。通过生产关系转变和生产方式创新，集团公司总体资源利用率和资本效率得以大幅提高、经营成本得以降低，从而实现了企业与员工共赢。

从以上地区的科技发展战略看，各地正在利用本地区的特色资源和在全国创新中的地位，推出有特色、适宜本地区的区域创新政策和战略。区域创新正在国家创新体系中发挥着越来越重要的作用。

需要说明的是，由于资料的限制，本报告没有涉及我国台湾地区、香港和澳门特别行政区的科技发展情况。

由于本报告是集体完成的，文字风格不尽统一，加之时间紧迫、经验有限，虽数易其稿，仍有许多不尽如人意之处，欢迎各界批评指正。

本报告得到了科技部战略规划司和国家软科学计划的资助与支持，特此致谢。

中国区域创新能力评价报告课题组

2020 年 7 月 25 日

第一篇 2020 年中国区域创新能力分析

第二篇　区域创新能力分省（区、市）报告

第三篇 附 录

第一篇

2020 年中国区域创新能力分析

第一章

全国区域创新能力排名

1.1 总体概述

当前，从全球范围看，科学技术越来越成为推动经济社会发展的主要力量，创新驱动是大势所趋。作为新常态下加速实现新旧动能转换的关键要素，推动区域创新是践行“创新、协调、绿色、开放、共享”五大发展理念的集中体现，也是贯彻落实创新驱动发展战略的重要组成部分，对实现协调发展、联动增长、共同富裕具有特殊意义。

自 1999 年以来，中国科技发展战略研究小组已经连续 20 多年对全国 31 个省（区、市）创新能力进行评价分析。在新的发展形势下，2020 年我国区域创新能力分布呈现出新的特点。

一是领先地区创新格局略有变化。2020 年广东区域创新能力排名第 1 位，北京、江苏分别列第 2 和第 3 位，较上年保持一致。从排名变化情况看，2020 年排名上升的地区有 11 个，排名下降的地区有 8 个；天津创新能力排名再次下降，居全国第 15 位。在东北三省中，吉林和黑龙江排名均下降，但辽宁排名上升。

二是领先地区创新能力的提升步伐各异，广东优势持续扩大。从排名前 10 位的地区看，2016—2020 年广东创新能力提升步伐明显快于其他省（区、市），领先优势持续扩大，江苏、天津两地提升速度有所放缓，重庆进步明显，北京、上海、浙江等地区创新能力提升步伐基本持平。

三是地区间差距日益扩大，协调发展面临挑战。从全国范围来看，东西省（区、市）间的差距在缩小，但南北地区的差距在拉大。广东、江苏、浙江、山东等东部沿海省（区、市），以及北京、上海等特大型城市，依然是创新能力领先地区，但重庆、陕西、四川、贵州等西部地区追赶势头迅猛，创新步伐不断加快，东西间差距在缩小。南方地区创新能力提升步伐快于北方地区，在排名前 20 位地区中，南方省市占 12 席。总体来看，各地区创新能力差距在拉大，区域协调发展有待提升。

四是多中心的区域创新体系基本形成。总体来看，我国已经基本形成了多个创新集聚区，以北京为中心的京津冀创新集聚区、以上海为中心的长三角创新集聚区、以广东为中心的珠三角创新集聚区，以及以成都、重庆、武汉、西安为中心的区域性创新集聚区。北京拥有大量的科研机构和高校，具备较强的知识创造能力；上海外资经济发达，知识获取水平高，长三角城市群发展基础好，具备强大的制造能力和完善的产业体系；珠三角电子信息产业基础雄厚，产业链齐全，产业技术创新能力强；成渝经济带国防科技工业、装备制造业发达，有最密集的人口和活跃的用户群体，上述地区构建了各具特色的区域创新体系。但创新集聚区内不同省（区、市）间的差距较大，一体化水平普遍不高，未来需要进一步加强科技基础设施、创新要素、政策环境等方面的优势互补。

五是不同省（区、市）创新实力、创新潜力和创新效率差异较大。一般来说，创新实力强的地区都是大省大市，2020 年广东、江苏、北京、浙江、上海列前 5 位；天津排名第 15 位，较上年下降 1 位，重庆排名第 17 位，较上年下降 1 位。在综合效率指标排名中，北京、上海和广东位居前三甲，广东在人均投入和人均产出方面已经超越天津；天津、江苏和浙江分别列第 4、第 5 和第 6 位，重庆排名第 7 位。在综合潜力指标排名中，青海排名第一，较上年提升 2 位，表现出较强的发展后劲，宁夏、江西分别列第 2 和第 3 位。值得注意的是，广东、陕西和河北潜力指标排名进入前 10 位，分别列第 5、第 7 和第 10 位，作为创新能力较强的省（区、市），增速表现也很抢眼。

六是部分指标增长明显，创新驱动发展的基础日渐增强。2018 年全国有 27 个地区政府研发投入较上年有所增加，重庆、江苏和陕西投入增长超过 30%；2018 年全国企业研发经费投入达到 12954.8 亿元，较上年增长 7.84%；有 18 个地区企业研发投入增速超过 10%；其中，西藏增速达 186.67%，海南增速为 51.6%。广东、江苏、山东、浙江和上海 5 个地区企业研发经费投入达 7252.49 亿元，5 个地区投入总和占全国的比重超过 60.37%。2018 年发明专利授权数增加的地区有 23 个，西藏、海南和青海增长超过 20%；2018 年全国规模以上工业企业新产品销售收入总和为 197094.06 亿元，较上年增长 2.88%；其中，有 6 个地区增速超过 20%。总体来看，各地区创新能力稳步提升，一些关键性基础指标增长明显，但也有一些地区创新投入及产出有所下滑，创新驱动发展任重道远。

1.2 综合指标排名

2020 年广东区域创新能力排名第 1 位，连续 4 年居全国首位，北京、江苏分列第 2 和第 3 位，进入前 10 位的地区还有上海、浙江、山东、湖北、安徽、陕西和重庆（图 1–1）。

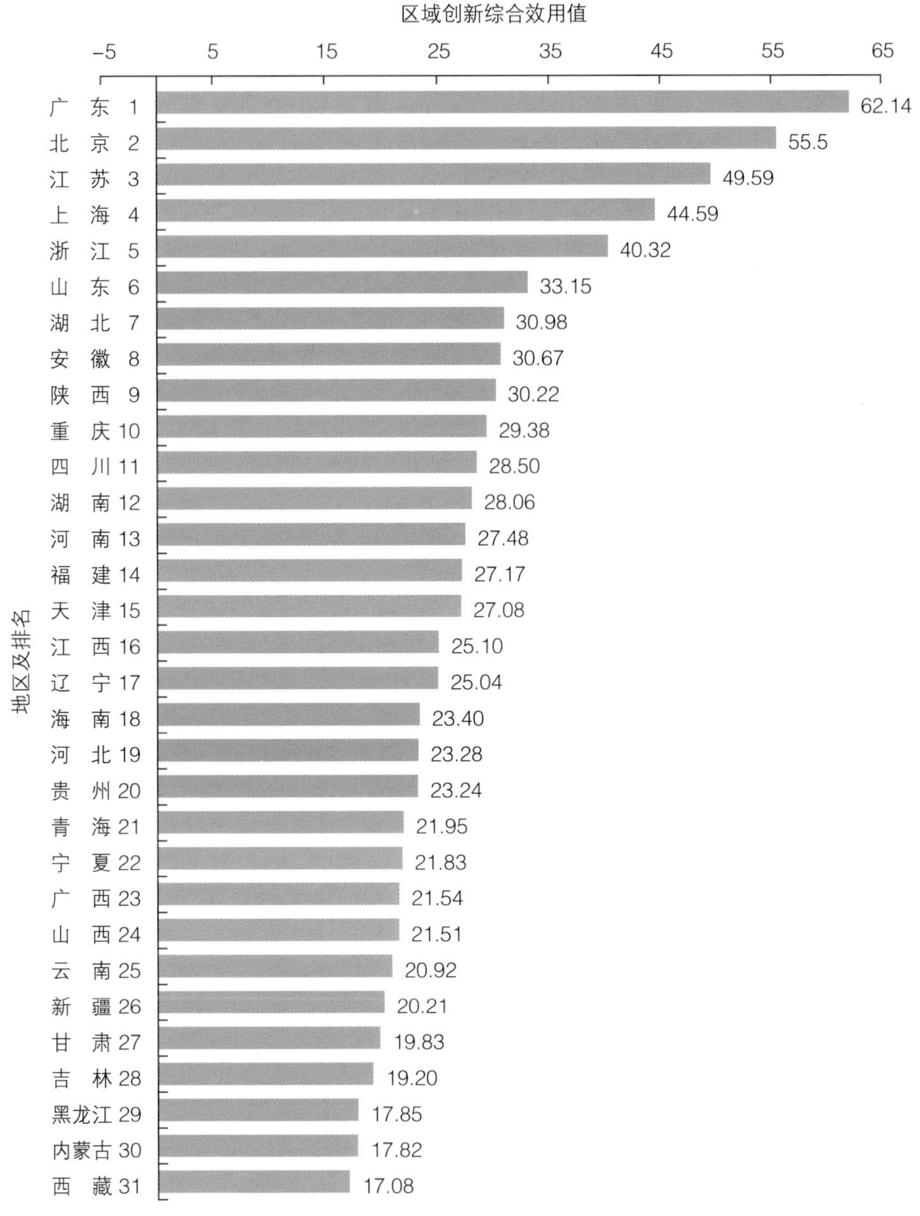

图1–1　2020年我国区域创新能力综合排名

从排名前10位地区看，2015—2019年广东创新能力提升步伐明显快于其他9个省市，领先优势持续扩大，北京、江苏和上海三地提升速度有所放缓，浙江、山东和安徽等地区创新能力提升步伐基本持平（图1–2）。

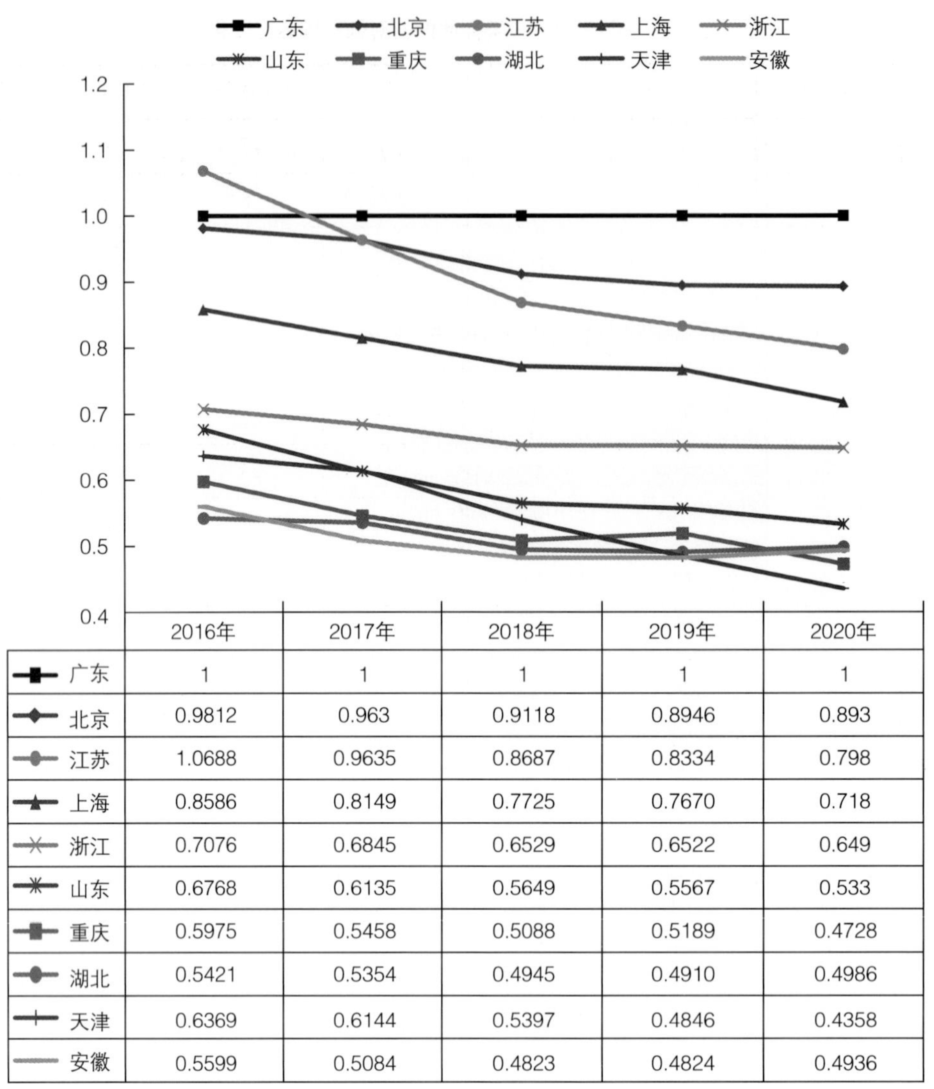

	2016年	2017年	2018年	2019年	2020年
广东	1	1	1	1	1
北京	0.9812	0.963	0.9118	0.8946	0.893
江苏	1.0688	0.9635	0.8687	0.8334	0.798
上海	0.8586	0.8149	0.7725	0.7670	0.718
浙江	0.7076	0.6845	0.6529	0.6522	0.649
山东	0.6768	0.6135	0.5649	0.5567	0.533
重庆	0.5975	0.5458	0.5088	0.5189	0.4728
湖北	0.5421	0.5354	0.4945	0.4910	0.4986
天津	0.6369	0.6144	0.5397	0.4846	0.4358
安徽	0.5599	0.5084	0.4823	0.4824	0.4936

图1-2 2015—2019年区域创新能力变化情况

从排名变化情况看，2020 年排名上升的地区有 12 个，分别是新疆、青海、陕西、山西、辽宁、河南、安徽、宁夏、河北、江西、湖南和湖北；其中，新疆、青海和陕西均上升了 3 位，转型动力强劲；山西、辽宁、河南和安徽创新能力稳步提高，排名上升了 2 位。2020 年排名下降的地区有 8 个，包括天津、贵州、重庆、云南、广西、甘肃、吉林和黑龙江。其中，天津继续延续了上年的下降趋势，创新能力下降到全国第 15 位，在四大直辖市中排名靠后；贵州、重庆和云南分别下降 4 位、3 位和 3 位，西部地区创新能力转型和发展依然面临压力（表 1–1）。

表1-1　2019—2020年各地区创新能力排名与变化

地区	2020 年	2019 年	排名变化	地区	2020 年	2019 年	排名变化
广东	1	1	0	辽宁	17	19	2
北京	2	2	0	海南	18	18	0
江苏	3	3	0	河北	19	20	1
上海	4	4	0	贵州	20	16	−4
浙江	5	5	0	青海	21	24	3
山东	6	6	0	宁夏	22	23	1
湖北	7	8	1	广西	23	21	−2
安徽	8	10	2	山西	24	26	2
陕西	9	12	3	云南	25	22	−3
重庆	10	7	−3	新疆	26	29	3
四川	11	11	0	甘肃	27	25	−2
湖南	12	13	1	吉林	28	27	−1
河南	13	15	2	黑龙江	29	28	−1
福建	14	14	0	内蒙古	30	30	0
天津	15	9	−6	西藏	31	31	0
江西	16	17	1				

注：表中排名变化中正数为排名上升，负数为排名下降。

从一级指标来看，2020 年北京知识创造效用值为 73.75，排名全国第一，远高于其他省（区、市），广东超越江苏，排名第 2 位，上海、浙江、陕西和安徽紧随其后。知识获取综合指标得分最高的是上海，效用值为 56.83，领先优势有所弱化，广东超越北京，排名第 2 位，江苏、辽宁和海南紧随其后。广东企业创新能力排名全国第一，效用值为 80.27，连续 4 年居全国首位，优势进一步凸显，江苏、浙江、北京和安徽紧随其后。北京创新环境效用值为 59.31，排名第 1 位，超越广东，江苏、浙江和山东位居其后。创新绩效表现最好的省（区、市）为广东，效用值为 66.99，江苏、北京分列第 2、第 3 位，上海、浙江紧随其后，天津排名跌出前十，排在第 13 位。

从排名靠后的省（区、市）来看，内蒙古知识创造能力、青海知识获取能力、西藏企业创新能力、黑龙江创新环境和创新绩效排名末位。总体来看，各省（区、市）在创新环境和创新绩效方面的差距要小于在知识创造、知识获取及企业创新方面的差距（表 1–2）。

表1–2 2020年各地区创新能力一级指标排名情况

地区	综合值		知识创造		知识获取		企业创新		创新环境		创新绩效	
	效用值	排名	效用值	排名	效用值	排名	效用值	排名	效用值	排名	效用值	排名
权重	1.00		0.15		0.15		0.25		0.25		0.20	
广东	62.14	1	49.11	2	48.73	2	80.27	1	55.99	2	66.99	1
北京	55.50	2	73.75	1	48.53	3	44.26	4	59.31	1	56.32	3
江苏	49.59	3	45.38	3	34.85	4	58.53	2	44.12	3	59.45	2
上海	44.59	4	42.08	4	56.83	1	39.92	7	35.88	6	54.00	4
浙江	40.32	5	40.00	5	22.29	7	49.96	3	37.02	4	46.16	5
山东	33.15	6	22.65	15	18.59	9	41.98	6	36.74	5	36.42	17
湖北	30.98	7	29.24	8	15.80	17	33.26	9	28.46	8	43.97	9
安徽	30.67	8	32.47	7	9.78	29	42.33	5	21.27	21	42.18	12
陕西	30.22	9	35.90	6	15.61	18	23.78	19	30.88	7	44.15	8
重庆	29.38	10	22.74	14	18.44	10	31.51	10	25.81	12	44.37	7
四川	28.50	11	29.21	9	13.75	21	26.40	15	27.68	9	42.70	11
湖南	28.06	12	20.98	21	15.86	16	34.33	8	25.10	16	38.40	14
河南	27.48	13	22.00	19	12.87	26	27.11	14	26.01	11	44.86	6
福建	27.17	14	25.90	10	15.93	15	28.68	11	20.62	24	42.83	10
天津	27.08	15	21.79	20	22.28	8	25.72	16	25.32	14	38.54	13
江西	25.10	16	17.77	25	10.68	27	28.23	12	25.20	15	37.35	15
辽宁	25.04	17	22.22	17	25.03	5	27.50	13	21.11	22	29.01	27
海南	23.40	18	22.63	16	22.69	6	14.70	27	24.77	17	33.67	20
河北	23.28	19	15.19	27	12.97	24	24.88	18	26.15	10	31.51	23
贵州	23.24	20	23.44	12	15.28	19	21.11	20	18.98	28	37.03	16
青海	21.95	21	20.58	22	7.08	31	21.05	21	25.54	13	30.76	26
宁夏	21.83	22	18.37	24	16.44	13	25.62	17	18.11	29	28.39	28
广西	21.54	23	22.83	13	9.82	28	17.32	24	20.38	25	36.11	18
山西	21.51	24	13.63	30	13.13	23	20.13	23	21.37	20	35.59	19
云南	20.92	25	13.64	29	12.94	25	20.16	22	20.81	23	33.46	21
新疆	20.21	26	14.18	28	13.80	20	16.19	25	23.07	18	30.99	25
甘肃	19.83	27	16.25	26	17.81	12	14.20	28	19.31	27	31.74	22

续表

地区	综合值		知识创造		知识获取		企业创新		创新环境		创新绩效	
	效用值	排名	效用值	排名	效用值	排名	效用值	排名	效用值	排名	效用值	排名
权重	1.00		0.15		0.15		0.25		0.25		0.20	
吉林	19.20	28	22.07	18	16.13	14	12.85	29	19.43	26	26.99	29
黑龙江	17.85	29	24.33	11	18.04	11	9.81	30	16.71	31	24.32	31
内蒙古	17.82	30	9.16	31	7.79	30	14.72	26	21.42	19	31.22	24
西藏	17.08	31	20.19	23	13.30	22	9.73	31	17.37	30	26.41	30

1.3 实力指标排名

本报告将区域创新能力分解为：创新的实力、效率与潜力，指标体系相应地分为实力指标、效率指标和潜力指标。所谓创新实力是指一个地区拥有和投入的创新资源，包括科技投入水平、科研人员规模、专利数量和新产品数量等；创新效率是指一个地区单位投入所产生的效益，如单位科技人员和研究开发经费投入产生的论文或专利数量；创新潜力是指一个地区创新发展的速度，也就是与上年相比的增长率水平。通过对指标体系的分解，可以更清晰地看出创新能力的差异性和动态性（表 1–3）。

表1–3 2020年区域创新的实力、效率和潜力指标排名

地区	综合值			知识创造			知识获取			企业创新			创新环境			创新绩效		
	实力	效率	潜力	实力	效率	潜力	实力	效率	潜力	实力	效率	潜力	实力	效率	潜力	实力	效率	潜力
广东	1	3	5	2	15	4	1	7	8	1	2	3	1	6	9	1	4	23
北京	3	1	26	1	1	20	3	2	22	11	1	23	4	1	22	4	1	25
江苏	2	5	22	3	9	17	4	9	28	2	6	21	2	10	25	2	3	22
上海	5	2	24	5	2	18	2	1	16	6	3	24	6	2	27	3	2	15
浙江	4	6	18	4	8	12	5	11	19	3	5	17	5	9	12	5	8	18
山东	6	15	23	6	27	26	6	24	21	4	10	18	3	17	21	9	14	27
湖北	7	10	6	9	16	9	9	19	25	8	11	9	9	16	7	10	10	10
安徽	9	9	15	8	5	16	17	31	23	5	4	13	12	31	19	11	13	4
陕西	13	8	7	10	4	13	12	18	16	18	15	10	13	4	10	13	9	6

续表

地区	综合值			知识创造			知识获取			企业创新			创新环境			创新绩效		
	实力	效率	潜力	实力	效率	潜力	实力	效率	潜力	实力	效率	潜力	实力	效率	潜力	实力	效率	潜力
重庆	17	7	12	16	20	10	16	8	13	16	8	15	17	11	4	8	6	24
四川	8	14	17	7	11	15	10	25	24	12	14	14	8	15	18	12	11	8
湖南	12	13	8	12	24	14	13	20	7	7	9	16	11	22	11	15	15	11
河南	10	17	19	11	25	11	15	29	11	10	17	11	7	25	23	7	7	16
福建	11	16	13	14	22	2	11	17	20	9	16	5	14	21	28	6	12	13
天津	15	4	31	15	10	29	8	3	30	17	7	31	16	3	31	14	5	31
江西	18	19	3	21	30	3	19	23	27	15	19	1	18	13	6	18	16	9
辽宁	14	11	29	13	13	25	7	4	18	14	12	20	15	14	30	28	24	26
海南	28	12	16	28	14	5	23	6	3	29	18	29	28	7	2	16	21	20
河北	16	31	9	17	29	19	16	27	10	13	20	8	10	27	3	27	23	14
贵州	24	21	4	24	19	1	22	13	6	22	21	6	25	29	13	23	20	1
青海	30	23	1	30	18	6	30	28	29	30	26	2	30	5	5	24	31	2
宁夏	29	25	2	29	23	8	29	22	1	27	13	4	29	28	8	29	29	17
广西	19	20	20	19	7	22	25	30	14	20	25	22	20	26	17	17	19	12
山西	22	26	11	23	26	24	24	15	15	19	23	7	21	20	15	25	18	3
云南	20	30	10	22	28	21	21	21	9	21	22	12	22	19	14	20	27	5
新疆	27	27	14	26	21	27	28	10	12	28	28	19	26	18	1	26	28	7
甘肃	25	24	21	25	12	30	26	16	2	26	24	28	27	24	16	21	22	21
吉林	22	22	28	20	6	28	20	12	4	23	30	27	24	23	20	22	25	30
黑龙江	21	18	30	18	3	31	18	5	26	25	29	30	19	30	29	30	30	28
内蒙古	26	29	27	27	31	23	27	26	31	24	27	26	23	12	24	31	17	19
西藏	31	28	25	31	17	7	31	14	5	31	31	25	31	8	26	19	26	29

数据显示，2020 年广东综合实力指标排名第一，江苏、北京、浙江、上海紧随其后，其中，上海超越山东，前进 1 位。综合实力排名前 10 位的（区、市）中，还有山东、湖北、四川、安徽和河南。其中，天津排名第 15 位，较上年下降 1 位，重庆排名第 17 位，较上年下降 1 位。

在知识创造实力方面，北京依然排名第一，广东超越江苏排名第 2 位，浙江和上海紧随其后，领先地区排名没有变化，排名依然是北京、广东、浙江、上海和山东。其中，陕西排名第 10 位，较上年下降 2 位，与综合实力指标的排名相差 3 位；知识创造实力排名高于综合实力的地区主要有陕西（10/13）、黑龙江（18/21）；知识创造实力排名低于综合实力的地区主要有江西（21/18）和福建（14/11）；其余地区知识创造实力排名与其综合实力排名差距小于 3 位。

在知识获取实力方面，广东、上海和北京居前 3 位，北京超越江苏，浙江和山东紧随其后；其中，安徽排名第 17 位，在长三角区域一体化建设过程中，安徽还需要进一步提高其对外开放水平。其中，知识获取实力排名明显高于综合实力排名的地区主要有天津(8/15)、辽宁（7/14)、海南（23/28)、上海（2/5）和黑龙江（18/21）；知识获取实力排名明显低于其综合实力排名的地区，主要有安徽（17/9)、广西（25/29）和河南（15/10）；其余地区知识获取实力排名与其综合实力排名差距小于 3 位。

在企业创新实力方面，广东和江苏依然分列第 1、第 2 位；浙江超越山东，居第 3 位，山东、安徽紧随其后。其中，企业创新实力排名明显高于综合实力排名的地区有湖南（7/12)、安徽（5/9)、山西（19/22)、江西（15/18）和河北（13/16）；企业创新实力排名明显低于综合实力排名的地区有北京（11/3)、陕西（18/13)、黑龙江（25/21)、四川（12/8）；其余地区企业创新实力排名与综合实力排名差距小于 3 位。

在创新环境实力方面，广东实力指标居第 1 位，江苏和山东分别列第 2 和第 3 位，北京、浙江和上海紧随其后；值得注意的是，河南、四川、湖北和河北位居前十，说明上述地区在创新环境建设方面拥有较好的软硬件基础。创新环境实力指标排名明显高于综合实力地区主要是河北（10/16)、山东（3/6)、河南（7/10）和内蒙古（23/26）；创新环境实力指标排名明显低于综合实力排名的地区是安徽（12/9）和福建（14/11）；其余地区创新环境实力指标排名与综合实力指标排名差距小于 3 位。

在创新绩效实力方面，广东实力指标居第 1 位，江苏和上海分别居第 2 和第 3 位，北京、浙江紧随其后，福建排名第 6 位，较上年上升 2 位；山东上升至第 9 位。创新绩效实力排名明显高于综合实力排名的地区主要是海南（16/28)、西藏（19/31)、重庆（8/17)、青海（24/30)、福建（6/11)、甘肃（21/25）和河南（7/10）；创新环境实力指标排名明显低于综合实力排名的地区是辽宁 (28/14)、河北 (27/16)、黑龙江 (30/21)、内蒙古 (31/26)、四川（12/8)、山东（9/6)、湖北（10/7）和湖南（15/12）；其余地区创新绩效实力指标排名与综合实力排名差距小于 3 位。

1.4 效率指标排名

在综合效率指标排名中，北京、上海和广东位居前三甲，天津排名第 4 位，这表明直辖市在人均投入和人均产出方面依然保持优势，江苏和浙江分别列第 5 和第 6 位，重庆排名第 7 位；其中，广东较上年上升了 1 位。综合效率指标排名后 5 位的地区分别是新疆、西藏、内蒙古、云南和河北，河北省创新效率下降 1 位。

知识创造效率指标排名高于综合效率排名的地区有 14 个，排名差距较大的地区有吉林（6/22）、黑龙江（3/18）、广西（7/20）、甘肃（12/24）、西藏（17/28）；知识创造效率排名低于综合效率排名的地区有 14 个，排名差距较大的地区是重庆（20/7）、广东（15/3）、山东（27/15）、湖南（24/13）和江西（30/19）。

在知识获取效率方面，上海、北京和天津列前 3 位，辽宁和黑龙江紧随其后，海南继续呈现下降趋势，居第 6 位，较上年下降 2 位。知识获取效率排名高于综合效率排名的地区有 16 个，排名差距较大的地区包括新疆（10/27）、山西（15/26）、黑龙江（5/18）和江西（23/19）；知识获取效率指标排名低于综合效率排名的地区有 16 个，排名差距较大的主要是安徽（31/19）、陕西（18/8）和广西（30/20）。

在企业创新效率方面，北京居第 1 位，广东超越上海，两者分别列第 2 和第 3 位，安徽、浙江和江苏紧随其后。企业创新效率指标排名高于综合效率排名的地区有 10 个，排名差距较大的是宁夏（13/25）、河北（20/31）和云南（22/30），但差距较上年均有所收窄；企业创新效率指标排名低于综合效率排名的地区有 14 个，排名差距较大的是黑龙江（29/18）、吉林（30/22）和陕西（15/8）。

在创新环境效率方面，北京和上海居前 2 位，天津上升 2 位，居第 3 位，陕西、青海和广东紧随其后。创新环境效率指标排名高于综合效率排名的地区有 11 个，排名差距较大的有西藏（8/28）、青海（5/23）、内蒙古（12/29）和云南（19/30）等；创新环境效率指标排名低于综合效率排名的地区有 17 个，排名差距较大的有安徽（31/9）、黑龙江（30/18）和湖南（22/13）等。

在创新绩效效率方面，北京、上海和江苏居前 3 位，广东、天津和重庆紧随其后；其中，天津较上年下降 3 位。创新绩效效率指标排名高于综合效率排名的地区有 15 个，排名差距较大的有内蒙古（17/29）和河南（7/17）等；创新绩效效率指标排名低于综合效率排名的地区有 13 个，排名差距较大的有辽宁（24/11）、黑龙江（30/18）、海南（21/12）和青海（31/23）等。

1.5 潜力指标排名

在综合潜力指标排名中，青海超越宁夏排名第 1 位，较上年提升 2 位，表现出较强的发展后劲，宁夏和江西分别列第 2 和第 3 位，贵州下降 3 位，排在第 4 位。值得注意的是，广东、湖北和河北潜力指标排名进入前 10 位，分别居第 5、第 6 和第 9 位，作为创新能力较强的地区，增速表现也很抢眼。

在知识创造潜力方面，贵州居第 1 位，福建和江西分别居第 2 和第 3 位，重庆下降 9 位，排在第 10 位。知识创造潜力指标排名高于综合潜力排名的地区有 15 个，排名差距较大的地区有西藏、福建和海南，分别相差 18 位、11 位、11 位；知识创造潜力指标排名低于综合潜力排名的地区有 14 个，其中山西和新疆均相差 13 位，云南和河北分别相差 11 位和 10 位。

在知识获取潜力方面宁夏居第 1 位，甘肃和海南分别居第 2 和第 3 位。知识获取潜力指标排名高于综合潜力排名的地区有 16 个，其中吉林相差 24 位，西藏、甘肃、海南和辽宁分别相差 20 位、19 位、13 位和 11 位；知识获取潜力指标排名低于综合潜力排名的地区有 15 个，其中青海相差 28 位，江西和湖北分别相差 24 位和 19 位。

在企业创新潜力方面，江西、青海和广东位居前三，宁夏和福建紧随其后。企业创新潜力指标排名高于综合潜力排名的地区有 15 个，其中辽宁、福建和河南分别相差 9 位、8 位和 8 位；企业创新潜力指标排名低于综合潜力排名的地区有 15 个，其中海南、湖南和甘肃分别相差 13 位、8 位和 7 位。

在创新环境潜力方面，新疆位居全国第一，海南和河北分别居第 2 和第 3 位。创新环境潜力指标排名高于综合潜力排名的地区有 12 个，其中排名差距较大的是海南和新疆，分别相差 14 位和 13 位，整体相对上年有所收窄；创新环境潜力指标排名低于综合潜力排名的地区有 18 个，其中差距较大的是福建和贵州，分别相差 15 位和 9 位。总体来看，地区之间的差距仍然偏大。

在创新绩效潜力方面，贵州居第 1 位，青海和山西分别居第 2 和第 3 位。创新绩效潜力指标排名高于综合潜力排名的地区有 14 个，其中排名差距较大的是安徽，相差 11 位，四川和上海均相差 9 位；创新绩效潜力指标排名低于综合潜力排名的地区有 12 个，排名差距较大的是广东、宁夏和重庆，分别相差 18 位、15 位和 12 位。

1.6 其他重要指标排名

一个地区创新能力的强弱，往往取决于一些基础指标间的差异，为进一步揭示排名变化背后的原因，本报告对一些重要的基础指标进行了深入分析。

1.6.1 各地区政府研发投入排名

2018 年政府研发投入排名前 10 位的地区依次是北京、上海、四川、广东、陕西、江苏、湖北、山东、浙江和辽宁。

从排名变化情况看，辽宁超越安徽，较上年再下降 1 位；排名变化较大的是浙江，从第

12 位上升到第 9 位，重庆从第 18 位上升到第 14 位，天津从第 10 位下降到第 12 位，河北从第 14 位下降到第 16 位，黑龙江从第 16 位下降到第 18 位。从投入增速看，全国有 27 个地区政府研发投入较上年有所增加，重庆、江苏和山西投入增长超过 30%；黑龙江、辽宁、天津和宁夏 4 个地区投入下降，其中宁夏下降 10.77%（表 1–4）。

表1–4　2017—2018年各地区政府研发投入　　单位：亿元

地区	政府研发投入		排名		排名变化	地区	政府研发投入		排名		排名变化
	2018 年	2017 年	2018 年	2017 年			2018 年	2017 年	2018 年	2017 年	
北京	920.57	822.41	1	1	0	河南	60.4	52.77	17	17	0
上海	471.25	429.45	2	2	0	黑龙江	53.46	54.24	18	16	–2
四川	290.95	245.56	3	3	0	吉林	51.86	48.06	19	19	0
广东	287.68	240.40	4	4	0	云南	44.03	42.26	20	20	0
陕西	266.86	232.60	5	5	0	广西	42.6	38.45	21	21	0
江苏	253.93	192.16	6	6	0	甘肃	41.2	33.51	22	22	0
湖北	170.18	137.61	7	7	0	江西	38.64	29.74	23	23	0
山东	136.56	121.95	8	8	0	山西	28.49	21.84	24	25	1
浙江	113.89	91.58	9	12	3	贵州	26.46	26.07	25	24	–1
辽宁	110.98	112.68	10	9	–1	内蒙古	20.25	17.96	26	26	0
安徽	104.91	93.34	11	11	0	新疆	18.73	15.36	27	27	0
天津	102.23	104.36	12	10	–2	海南	13.32	13.15	28	28	0
湖南	83.60	70.49	13	13	0	宁夏	9.86	11.05	29	29	0
重庆	69.73	50.75	14	18	4	青海	6.68	6.19	30	30	0
福建	68.52	61.22	15	15	0	西藏	2.65	2.24	31	31	0
河北	68.16	67.99	16	14	–2						

1.6.2　各地区发明专利授权数排名

发明专利代表了一个地区的发明与创新能力。2018 年发明专利授权数排名前 10 位的地区依次是广东、北京、江苏、浙江、上海、山东、安徽、四川、湖北和福建；排名前 10 位中，广东超越北京成为第 1 位，福建上升 1 位，其他地区保持不变。

从排名变化幅度看，黑龙江和山西均下降 2 位，江西上升 2 位，广东、福建、河北和广西均上升 1 位，北京和陕西均下降 1 位，其他地区排名保持不变。从授权数总量看，2018 年发明专利授权数增加的地区有 23 个，其中，西藏、海南和青海增长超过 20%；下降的地区有 8 个，其中，黑龙江下降超过 12%（表 1–5）。

表1–5　2017—2018年各地区发明专利授权数

单位：件

地区	发明专利授权数		名次		排名变化	地区	发明专利授权数		名次		排名变化
	2018 年	2017 年	2018 年	2017 年			2018 年	2017 年	2018 年	2017 年	
广东	53259	45740	1	2	1	河北	5126	4927	17	18	1
北京	46978	46091	2	1	−1	广西	4330	4553	18	19	1
江苏	42019	41518	3	3	0	黑龙江	4309	4947	19	17	−2
浙江	32550	28742	4	4	0	吉林	2868	3057	20	20	0
上海	21331	20681	5	5	0	江西	2524	2238	21	23	2
山东	20338	19090	6	6	0	云南	2297	2259	22	22	0
安徽	14846	12440	7	7	0	山西	2284	2382	23	21	−2
四川	11697	11367	8	8	0	贵州	2081	1875	24	24	0
湖北	11393	10880	9	9	0	甘肃	1280	1340	25	25	0
福建	9858	8718	10	11	1	新疆	923	950	26	26	0
陕西	8884	8774	11	10	−1	内蒙古	864	848	27	27	0
河南	8339	7914	12	12	0	宁夏	744	657	28	28	0
湖南	8261	7909	13	13	0	海南	489	373	29	29	0
辽宁	7176	7708	14	14	0	青海	298	240	30	30	0
重庆	6570	6138	15	15	0	西藏	73	42	31	31	0
天津	5626	5844	16	16	0						

1.6.3　各地区国内论文数排名

论文发表数代表了一个地区的科学产出能力。2018 年国内论文数排名前 10 位的地区依次是北京、江苏、上海、陕西、广东、湖北、四川、山东、辽宁、浙江；其中，陕西、辽宁、广西上升了 1 位，广东、浙江、山西下降了 1 位（表 1–6）。

从论文发表数量看，2018 年发表国内论文数普遍呈现下降趋势，其中，有 20 个地区下降比例超过 5%，广东下降了 10.16%。

过去很多年，一些高校和科研机构往往追求国际论文的数量和质量，从而忽视了对国内论文的要求。论文数量的下降可能是因为科研评价体系和引导的转变，未来各地区将会发表更多的国内论文。

表1-6 2017—2018年各地区国内论文数

单位：篇

地区	国内论文数		名次		排名变化	地区	国内论文数		名次		排名变化
	2018 年	2017 年	2018 年	2017 年			2018 年	2017 年	2018 年	2017 年	
北京	64986	68664	1	1	0	黑龙江	10840	11713	17	17	0
江苏	42452	46206	2	2	0	福建	8452	9276	18	18	0
上海	28911	30680	3	3	0	广西	8069	8487	19	20	1
陕西	27662	29493	4	5	1	云南	8024	8281	20	22	2
广东	27216	30295	5	4	−1	吉林	8012	8730	21	19	−2
湖北	25188	27425	6	6	0	山西	7950	8451	22	21	−1
四川	22160	23789	7	7	0	新疆	7878	8062	23	23	0
山东	21209	22915	8	8	0	甘肃	7695	7953	24	24	0
辽宁	18802	20058	9	10	1	江西	6614	7041	25	25	0
浙江	18302	20291	10	9	−1	贵州	6169	6415	26	26	0
河南	18008	18811	11	11	0	内蒙古	4524	4659	27	27	0
河北	16491	16923	12	12	0	海南	3147	3201	28	28	0
天津	13364	14547	13	13	0	宁夏	1979	2021	29	29	0
湖南	13080	14210	14	14	0	青海	1551	1643	30	30	0
安徽	11751	12432	15	15	0	西藏	321	334	31	31	0
重庆	11257	11943	16	16	0						

1.6.4 各地区国际论文数排名

国际论文发表数是反映一个地区科学水平的重要指标。2018 年国际论文数排名前 10 位的地区依次是北京、江苏、上海、陕西、广东、湖北、山东、浙江、四川和辽宁；排名前 10 位中，广东和山东均上升了 1 位，湖北和浙江下降了 1 位（表 1–7）。

从发表的国际论文绝对数看，全国 31 个地区较上年均有所增加，共发表国际论文 604709 篇，较上年增加了 15.08%，国际影响力越来越大。

表1-7　2017—2018年各地区国际论文数　　单位：篇

地区	国际论文数		名次		排名变化	地区	国际论文数		名次		排名变化
	2018 年	2017 年	2018 年	2017 年			2018 年	2017 年	2018 年	2017 年	
北京	102763	101170	1	1	0	河南	13512	12958	17	16	−1
江苏	63029	59837	2	2	0	福建	11812	10429	18	18	0
上海	49142	47371	3	3	0	河北	8782	8977	19	19	0
陕西	36347	34595	4	4	0	甘肃	7437	7355	20	20	0
广东	36061	31836	5	6	1	江西	6496	6392	21	21	0
湖北	33454	31048	6	5	−1	山西	6200	5757	22	22	0
山东	29493	27228	7	8	1	云南	5250	5119	23	23	0
浙江	28417	26796	8	7	−1	广西	4476	4083	24	24	0
四川	26466	25119	9	9	0	新疆	2725	2584	25	25	0
辽宁	23586	22473	10	10	0	贵州	2494	2149	26	27	1
湖南	21038	20393	11	11	0	内蒙古	2046	1967	27	26	−1
天津	18857	17440	12	13	1	海南	1155	1101	28	28	0
黑龙江	17901	17425	13	12	−1	宁夏	599	566	29	29	0
安徽	16226	15633	14	14	0	青海	551	467	30	30	0
吉林	14487	14019	15	15	0	西藏	64	53	31	31	0
重庆	13843	13154	16	17	1						

1.6.5　各地区规模以上工业企业 R&D 经费内部支出总额排名

企业研发经费支出强度是表征企业对创新重视程度的重要指标。2018 年规模以上工业企业 R&D 经费内部支出总额排名前 10 位的地区依次是广东、江苏、山东、浙江、上海、河南、湖北、福建、湖南和安徽；其中，福建超越湖南，上升 1 位。云南上升 2 位排在第 20 位，贵州上升 2 位排在第 23 位。

从绝对值看，2018 年全国各地区规模以上工业企业 R&D 经费支出额总和为 12954.83 亿元，较上年增长 7.84%；分地区看，全国共有 25 个地区增加经费内部支出，增幅最高的是西藏，增长了 186.67%，同时，海南、宁夏、云南和江西增长幅度超过了 20%；6 个地区出现下滑，其中黑龙江和吉林下降比例超过 20%（表 1−8）。

表1-8 2017—2018年规模以上工业企业R&D经费内部支出总额 单位：亿元

地区	企业 R&D 经费		名次		排名变化	地区	企业 R&D 经费		名次		排名变化
	2018 年	2017 年	2018 年	2017 年			2018 年	2017 年	2018 年	2017 年	
广东	2107.20	1865.00	1	1	0	天津	252.88	241.10	17	16	−1
江苏	2024.52	1833.90	2	2	0	陕西	216.56	196.40	18	18	0
山东	1418.50	1563.70	3	3	0	山西	131.25	112.20	19	19	0
浙江	1147.39	1030.10	4	4	0	云南	107.02	88.60	20	22	2
上海	554.88	540.00	5	5	0	内蒙古	103.36	108.30	21	20	−1
河南	528.93	472.30	6	6	0	广西	89.10	93.60	22	21	−1
湖北	525.52	468.90	7	7	0	贵州	76.23	64.90	23	25	2
福建	524.94	448.80	8	9	1	黑龙江	60.57	82.60	24	23	−1
湖南	516.72	461.80	9	8	−1	吉林	57.50	75.00	25	24	−1
安徽	497.30	436.10	10	10	0	甘肃	47.62	46.70	26	26	0
河北	381.99	351.00	11	11	0	新疆	44.88	40.00	27	27	0
四川	342.39	301.10	12	12	0	宁夏	36.99	29.10	28	28	0
辽宁	300.60	274.90	13	14	1	海南	11.37	7.50	29	30	1
重庆	299.21	280.00	14	13	−1	青海	6.77	8.30	30	29	−1
北京	274.01	269.10	15	15	0	西藏	0.86	0.30	31	31	0
江西	267.77	221.70	16	17	1						

1.6.6 各地区规模以上工业企业新产品销售收入排名

新产品销售收入代表了企业的创新绩效。2018 年规模以上工业企业新产品销售收入排名前 10 位的地区依次是广东、江苏、浙江、山东、上海、安徽、湖北、河南、湖南和福建；其中湖北和河南超越湖南，均上升 1 位；重庆下降 4 位，位居全国第 14 位，吉林下降第 3 位居第 21 位，辽宁上升 4 位，居第 12 位。

从绝对值看，2018 年全国规模以上工业企业新产品销售收入总和为 197094.06 亿元，较上年增长 2.9%，增速有所下滑。2018 年全国有 18 个地区新产品销售收入增加，6 个地区增速超过 20%，其中西藏增速高达 92.66%；13 个地区出现负增长，吉林、重庆和甘肃降速超过 20%（表 1−9）。

表1-9 2017—2018年各地区规模以上工业企业新产品销售收入 单位：亿元

地区	新产品销售收入		名次		排名变化	地区	新产品销售收入		名次		排名变化
	2018 年	2017 年	2018 年	2017 年			2018 年	2017 年	2018 年	2017 年	
广东	39376.06	34863.00	1	1	0	四川	3576.34	3683.10	17	17	0
江苏	28425.04	28579.00	2	2	0	陕西	2033.36	1714.90	18	20	2
浙江	23308.16	21150.20	3	3	0	山西	1941.30	1543.50	19	21	2
山东	15246.50	18126.40	4	4	0	广西	1833.59	2249.20	20	19	−1
上海	9796.73	10068.20	5	5	0	吉林	1347.50	2774.70	21	18	−3
安徽	9532.38	8843.10	6	6	0	内蒙古	1028.26	1124.50	22	22	0
湖北	8862.97	7523.50	7	8	1	云南	928.83	808.60	23	23	0
河南	7688.20	7095.90	8	9	1	贵州	746.99	605.60	24	25	1
湖南	7616.24	8585.70	9	7	−2	黑龙江	561.38	682.50	25	24	−1
福建	5300.90	4476.70	10	12	2	宁夏	482.65	335.20	26	28	2
河北	5228.87	4662.30	11	11	0	新疆	432.86	393.90	27	26	−1
辽宁	4556.76	3696.20	12	16	4	甘肃	275.13	346.10	28	27	−1
江西	4511.78	3857.20	13	15	2	青海	123.27	102.70	29	30	1
重庆	4216.31	5322.70	14	10	−4	海南	105.31	130.70	30	29	−1
北京	4136.62	4119.30	15	13	−2	西藏	18.11	9.40	31	31	0
天津	3855.66	4094.90	16	14	−2						

1.6.7 各地区教育经费支出排名

教育经费支出是反映地方政府重视创新的基础指标。2018 年教育经费支出排名前 10 位的地区依次是广东、江苏、山东、河南、浙江、四川、河北、湖南、湖北和安徽；其中，河南超越浙江，上升 1 位。

从投入绝对值看，30 个地区教育经费支出均有不同程度的上升，西藏、贵州和广东等 12 个地区增速超过 10%；只有内蒙古地区的支出下降了 0.31%（表 1−10）。

表1-10 2017—2018年各地区教育经费支出 单位：亿元

地区	教育经费支出		名次		排名变化	地区	教育经费支出		名次		排名变化
	2018 年	2017 年	2018 年	2017 年			2018 年	2017 年	2018 年	2017 年	
广东	3861.03	3367.54	1	1	0	福建	1139.10	1047.40	17	15	−2

续表

地区	教育经费支出		名次		排名变化	地区	教育经费支出		名次		排名变化
	2018 年	2017 年	2018 年	2017 年			2018 年	2017 年	2018 年	2017 年	
江苏	2596.06	2402.09	2	2	0	陕西	1054.59	1004.91	18	18	0
山东	2394.60	2242.30	3	3	0	辽宁	965.19	920.69	19	19	0
河南	2154.67	1890.26	4	5	1	重庆	948.35	886.32	20	20	0
浙江	2132.79	1890.81	5	4	−1	山西	853.37	794.22	21	21	0
四川	1927.45	1762.09	6	6	0	新疆	846.21	782.39	22	22	0
河北	1593.85	1420.38	7	7	0	内蒙古	760.13	762.48	23	23	0
湖南	1516.57	1378.20	8	8	0	黑龙江	754.54	733.66	24	24	0
湖北	1382.18	1300.93	9	9	0	甘肃	708.75	670.61	25	25	0
安徽	1375.16	1235.79	10	10	0	吉林	658.67	643.98	26	26	0
云南	1329.21	1188.64	11	12	1	天津	585.06	536.51	27	27	0
北京	1251.27	1193.47	12	11	−1	海南	339.03	306.88	28	28	0
贵州	1248.80	1033.53	13	17	4	西藏	238.77	185.77	29	31	2
上海	1210.46	1121.89	14	13	−1	青海	234.35	216.30	30	29	−1
广西	1189.18	1091.42	15	14	−1	宁夏	228.84	207.25	31	30	−1
江西	1171.78	1046.88	16	16	0						

1.6.8 各地区高技术企业数排名

高技术企业数代表了一个地区企业创新的水平和活力程度。2018 年全国 31 个地区高技术企业数排名前 10 位的地区依次是广东、江苏、浙江、山东、安徽、江西、四川、湖南、湖北和河南，其中，江西和湖南均上升 2 位，分别排名第 6 位和第 8 位，河南下降 4 位，排在第 10 位。从总量上看，截至 2018 年全国共认定高技术企业 33573 家，较上年增加 1548 家（表 1–11）。

表1–11 2017—2018年各地区高技术企业数 单位：家

地区	高技术企业数		名次		排名变化	地区	高技术企业数		名次		排名变化
	2018 年	2017 年	2018 年	2017 年			2018 年	2017 年	2018 年	2017 年	
广东	8525	6832	1	1	0	贵州	475	343	17	20	3
江苏	4870	5207	2	2	0	辽宁	456	478	18	18	0

续表

地区	高技术企业数		名次		排名变化	地区	高技术企业数		名次		排名变化
	2018 年	2017 年	2018 年	2017 年			2018 年	2017 年	2018 年	2017 年	
浙江	2785	2699	3	3	0	天津	452	554	19	16	−3
山东	1978	2295	4	4	0	广西	355	331	20	21	1
安徽	1456	1454	5	5	0	吉林	346	460	21	19	−2
江西	1305	1106	6	8	2	云南	254	221	22	22	0
四川	1283	1151	7	7	0	山西	170	138	23	24	1
湖南	1259	1068	8	10	2	黑龙江	156	181	24	23	−1
湖北	1136	1105	9	9	0	甘肃	119	126	25	25	0
河南	1123	1311	10	6	−4	内蒙古	93	113	26	26	0
上海	1027	1031	11	11	0	海南	56	54	27	27	0
福建	1005	892	12	12	0	新疆	52	50	28	28	0
北京	799	827	13	13	0	青海	44	47	29	29	0
重庆	696	705	14	14	0	宁夏	43	33	30	30	0
河北	650	658	15	15	0	西藏	8	9	31	31	0
陕西	597	546	16	17	1						

1.6.9 各地区第三产业增加值占 GDP 的比重排名

第三产业增加值占 GDP 的比重反映了一个地区的产业结构，比重的变化代表了该地区产业结构升级的水平。2018 年第三产业增加值占 GDP 的比重排名前 10 位的地区依次是北京、上海、天津、黑龙江、海南、甘肃、浙江、广东、山西和辽宁；其中，黑龙江、浙江和陕西均上升 1 位，海南、广东和辽宁均下降 1 位。

从绝对值看，北京是全国唯一一个第三产业占比超过 80% 的地区；有 19 个地区未达到全国平均水平，有 16 个地区第三产业占比不足 50%，转型发展的潜力和空间巨大（表 1–12）。

表1–12　2017—2018年各地区第三产业增加值占GDP的比重　　单位：%

地区	第三产业占比		名次		排名变化	地区	第三产业占比		名次		排名变化
	2018 年	2017 年	2018 年	2017 年			2018 年	2017 年	2018 年	2017 年	
北京	80.98	80.56	1	1	0	山东	49.53	47.99	17	17	0
上海	69.90	69.18	2	2	0	西藏	48.66	51.46	18	11	−7

续表

地区	第三产业占比		名次		排名	地区	第三产业占比		名次		排名
	2018 年	2017 年	2018 年	2017 年	变化		2018 年	2017 年	2018 年	2017 年	变化
天津	58.62	58.15	3	3	0	宁夏	47.91	46.82	19	19	0
黑龙江	57.10	55.82	4	5	1	湖北	47.58	46.53	20	21	1
海南	56.63	56.10	5	4	−1	青海	47.12	46.63	21	20	−1
甘肃	54.94	54.13	6	6	0	云南	47.12	47.83	22	18	−4
浙江	54.67	53.32	7	8	1	贵州	46.54	44.90	23	25	2
广东	54.23	53.60	8	7	−1	河北	46.19	44.21	24	27	3
山西	53.44	51.71	9	10	1	新疆	45.77	45.94	25	22	−3
辽宁	52.37	52.57	10	9	−1	广西	45.50	44.24	26	26	0
重庆	52.33	49.24	11	16	5	福建	45.22	45.41	27	24	−3
湖南	51.80	49.43	12	15	3	河南	45.22	43.34	28	28	0
四川	51.40	49.73	13	14	1	安徽	45.08	42.92	29	29	0
江苏	50.98	50.27	14	12	−2	江西	44.84	42.70	30	30	0
内蒙古	50.48	49.99	15	13	−2	陕西	42.70	42.35	31	31	0
吉林	49.77	45.84	16	23	7						

第二章 决定创新能力强弱的因素分析

2.1 领先地区

一般来讲，创新能力领先的地区普遍具有相对落后地区所不具备的创新要素：经济和科技基础较好、教育资源丰富且高等教育发达、市场经济相对成熟、对外开放程度较高、企业创新动力足、研发投入水平较高、创新基础设施完善等。这些要素通过适合当地特点的学习和创新机制，相互促进和加强，共同造就了较强的创新能力。

2.1.1 广东省

2020 年广东创新能力位居全国第一。从指标层次看，实力指标排名第 1 位；效率指标排名第 3 位，较上年上升 1 位；潜力指标排名第 5 位，较上年上升 3 位。从指标维度看，知识创造排名全国第 2 位，较上年提升 1 位；知识获取排名第 2 位，较上年提升 1 位；创新环境全国排名第 2 位，较上年下降 1 位；企业创新及创新绩效均排名全国第 1 位。

广东创新能力突出，得益于对创新的高度重视与投入，对外开放度高，外贸经济发达，且市场活力较好，创新创业活动十分活跃，具备宽松的创新创业环境。数据显示，广东政府研发投入增长超过 19.67%，国际论文数增长了 13.27%，研究与试验发展全时人员当量和每万人平均研究与试验发展全时人员当量分别增长了 34.93% 和 32.81%，科技企业孵化器数量增加了 208 家，风险投资额增长了 53.55%。这一系列数据表明广东在基础研究、创新载体建设等方面不断加大投入力度，打造了较为完善的创新创业生态系统。

2.1.2 北京市

2020 年北京创新能力居全国第 2 位。实力指标排名第 3 位，较上年上升 1 位；效率指标排名第 1 位；潜力指标排名第 26 位，较上年上升 2 位。从指标维度看，知识创造能力继续位居全国第一；知识获取全国排名第 3 位，较上年下降 1 位；企业创新全国排名第 4 位，与上年保持不变；创新环境全国排名第 1 位，较上年上升 1 位；创新绩效全国排名第 3 位，与上年保持不变。

北京的优势在于丰富的科技资源与人力资源所带来的强大的知识创造能力，创新创业资源丰富，高新技术产业发展水平高，国际化程度高。除了延续保持知识创造的优势以外，近年来北京不断加大企业创新投入。数据显示，北京“规模以上工业企业有效发明专利数”增长了 24.22%，“每万家规模以上工业企业平均有效发明专利”增长了 25.54%，对企业创新起到了积极的促进作用。

2.1.3 江苏省

2020 年江苏创新能力排名全国第 3 位，但从近两年发展趋势来看，江苏与北京、广东的差距在拉大。从指标层次看，实力指标排名第 2 位；效率指标排名第 5 位；潜力指标排名上升 4 位，居全国第 22 位。从指标维度看，知识创造全国排名第 3 位，比上年下降 1 位；知识获取、企业创新、创新环境和创新绩效排名依次为第 4、第 2、第 3 和第 2 位，与上年持平。

从基础指标看，江苏的优势体现在总量指标上，但部分指标已经被广东超越，少数指标增长明显。例如，“政府研发投入”增长了 32.15%，“国际论文数”增长了 5.33%，“规模以上工业企业发明专利申请书”增长了 22.36%，“规模以上工业企业有效发明专利数”增长了 25.49%。从指标排名看，“每亿元研发经费内部支出产生的发明专利授权数”排名下降 2 位，“规模以上工业企业国内技术成交金额”排名下降 4 位，规模以上工业企业技术改造经费支出增长率、有电子商务交易活动的企业数，规模以上工业企业平均国内技术成交金额等指标排名下滑明显。

总体来看，江苏创新能力依然较强，拥有强大的研发及加工制造能力，在长三角一体化背景下，提高创新投入的持续性，加强区域间的协调和联动，有利于实现创新驱动发展。

2.1.4 上海市

2020 年上海创新能力综合排名居全国第 4 位。从指标层次看，实力指标排名第 5 位，较上年上升 1 位；效率指标排名第 2 位；潜力指标排名第 24 位，较上年上升 3 位。从指标维度看，知识创造、知识获取、企业创新、创新环境和创新绩效指标排名分别是第 4、第 1、第 7、第 6 和第 4 位；其中，企业创新和创新环境均下降 2 位。

从基础指标看，上海“规模以上工业企业国内技术成交金额”增长了 115.13%，“规模以上工业企业国外技术引进金额”增长了 50.29%，“科技企业孵化器当年获风险投资额”增长 33.78%，但规模以上工业企业平均研发经费外部支出、规模以上工业企业研发经费外部支出、每十万研发人员作者异省科技论文数等指标出现下滑。

总体来看，上海对外开放程度高，拥有较强的知识获取能力，聚集了一大批外资和大型国有企业，构成了创新的重要基础。而且，上海具备良好的政策和制度环境，肩负着建设全球科技创新中心的重担，不仅新增了自贸试验区，还迎来了在上海证券交易所设立科创板并试点注册制及推动长三角更高质量一体化发展的战略机遇。未来，如何抓住战略机遇期，发挥政策优势，释放创新活力，是上海将要面对的重要挑战。

2.1.5 浙江省

2020 年浙江创新能力综合排名居全国第 5 位，连续 13 年保持不变。从指标层次看，实力指标排名第 4 位；效率指标排名第 6 位，与上年保持不变；潜力指标排名第 18 位，较上年上升 3 位。从指标维度看，知识创造、知识获取、企业创新、创新环境和创新绩效指标排名分别是第 5、第 7、第 3、第 4 和第 5 位；其中知识获取排名上升 1 位、创新环境排名上升 1 位、创新绩效排名上升 2 位。

从基础指标看，浙江“技术市场交易金额（按流向）”增长了 52.74%，“规模以上工业企业研发经费外部支出”增长了 54.42%，但“平均每个科技企业孵化器孵化基金额”下降了 38.98%，“高校和科研院所研发经费内部支出额中来自企业资金的比例”下降了 22.27%。在创新绩效方面，“高技术产品出口额”增长了 13.06%，“高技术产业新产品销售收入”“第三产业增加值”“高技术产业就业人数”等指标均出现明显好转。

总体来看，浙江民营经济发达，市场活力足，创新创业十分活跃。近年来，浙江大力发展数字经济，推动互联网、云计算、大数据等新一代信息技术与传统产业深度融合，电子商业、共享经济等新业态、新模式发展迅猛，成为新常态下浙江经济结构转型升级和高质量发展的新动能。未来，浙江应进一步发挥互联网产业优势，为传统产业的数字化、网络化、智能化、服务化转型寻找新的方向、工具和路径。

2.1.6 山东省

2020 年山东创新能力综合排名居全国第 6 位。从指标层次看，山东省实力指标排名第 6 位，较上年下降 1 位；效率指标排名第 15 位，较上年上升 1 位；潜力指标排名第 23 位，与上年保持不变。从指标维度看，知识创造、知识获取、企业创新、创新环境和创新绩效指标排名分别是第 15、第 9、第 6、第 5 和第 17 位；其中，知识创造下降 2 位、知识获取上升 1 位、创新环境上升 1 位、创新绩效下降 4 位。

从基础指标看，山东“规模以上工业企业国内技术成交金额”增长了 68.74%，“有电子商务交易活动的企业数”增长了 43.1%，“技术市场交易金额（按流向）”增长了 38.87%，“规模以上工业企业研发经费外部支出”增长了 30.69%，“科技企业孵化器”增加了 75 个，“高技术产业新产品销售收入”下降了 28.57%，“规模以上工业企业有研发机构的企业数”下降了 28.09%，“高技术产业就业人数”下降了 21.23%。

总体来看，山东经济发展基础较好，但近几年放缓趋势明显，转型压力不断加大。随着老龄化及人口流失的不断加剧，山东创新驱动发展亟待解决劳动力不足、领军人才及创新型人才匮乏的问题，如何打造更好的创新创业环境，留住并吸引更多人才成为山东转型发展面临的重大挑战。

2.1.7 湖北省

2020 年湖北创新能力综合排名居全国第 7 位，较上年上升 1 位。从指标层次看，湖北省实力指标排名第 7 位，与上年保持不变；效率指标排名第 10 位，与上年保持不变；潜力指标排名第 6 位，较上年上升 7 位。从指标维度看，知识创造、知识获取、企业创新、创新环境和创新绩效指标排名分别是第 8、第 17、第 9、第 8 和第 9 位；其中，知识创造上升 1 位、知识获取降低 5 位、企业创新上升 1 位、创新绩效上升 2 位。

从基础指标看，“高技术产业新产品销售收入”提升了 66.99%，“国际论文数”增长了 15.90%，“政府研发投入”增长了 23.67%，“规模以上工业企业有效发明专利数”增长了 26.80%，“规模以上工业企业研发经费外部支出”增长了 50.67%，“规模以上工业企业有研发机构的企业数”增长了 26.73%，但“规模以上工业企业国外技术引进金额”“科技企业孵化器孵化基金总额”相关指标出现下滑。

总体来看，湖北省创新发展步伐在不断加快，但产业结构有待进一步优化，传统行业面临产能过剩问题，需要加快提升研发和创新能力。

2.2 创新能力与经济发展、居民消费及教育水平的关系

一个地区的创新能力与该地区的经济发展、居民消费及教育水平有着密切关系。从表 2–1 和图 2–1 可以看出，不论是反映经济发展水平的人均国内生产总值和居民消费水平，还是反映教育水平的人口学历指标，创新能力领先的地区一般要高于相对落后的地区。这是地区历史积累和已有创新的结果，也是今后创新的基础和起点。未来，教育及人力资源投入对区域创新能力的影响将会越来越大。

表2–1 2018年分地区经济发展、居民消费及教育水平情况

地区	人均 GDP（元／人）	居民消费水平（元）	6 岁及 6 岁以上人口中教育程度大专以上学历所占的比例（%）
北京	153695	54230	48.65
上海	148564	54470	31.70
江苏	115771	40715	14.92

续表

地区	人均 GDP（元／人）	居民消费水平（元）	6 岁及 6 岁以上人口中教育程度大专以上学历所占的比例（%）
浙江	101103	34619	15.89
福建	98167	26366	13.34
广东	88088	31426	12.41
天津	86271	39735	28.29
湖北	71019	22064	15.56
重庆	69597	23397	15.19
山东	66337	29048	12.80
内蒙古	63698	24344	19.33
陕西	61961	18873	17.42
辽宁	53936	25485	16.65
安徽	53781	17480	12.27
湖南	52659	19799	11.88
海南	52577	21454	16.65
河南	51989	18243	9.37
新疆	51505	17076	17.23
四川	51435	18232	12.92
宁夏	51020	21549	13.16
江西	48874	17655	9.91
西藏	45635	11178	8.00
青海	45572	18478	14.42
河北	43501	16282	11.20
云南	43232	16081	9.94
山西	42921	18457	15.54
贵州	42648	16635	9.30
吉林	41619	15401	13.58
广西	39845	16437	7.07
黑龙江	34049	19231	13.89
甘肃	30732	14493	12.59

数据来源：《中国统计年鉴 2018》。

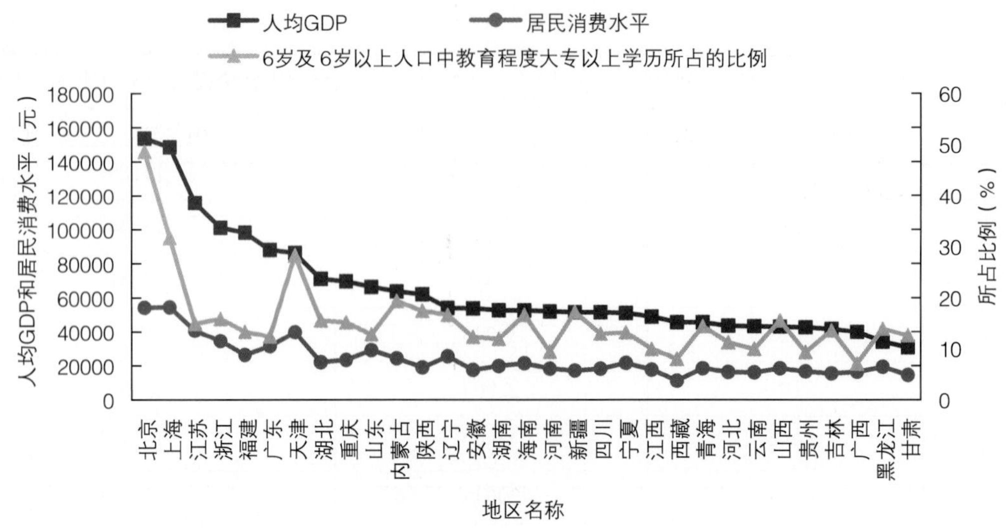

图2-1　2018年各地区经济发展、居民收入及教育水平情况

2.3　研发投入金额及投入强度

一个地区的研发投入水平与创新能力之间密切相关，但二者之间并非完全线性增长的关系，研发投入总量及来源结构都是重要的影响因素。

2.3.1　研发投入水平与来源结构

2018 年政府研发活动经费投入总量为 3978.63 亿元，较上年增长 14.09%。分地区看，北京政府研发投入最高，达到 920.57 亿元，占全国总量的 23.14%，远远超高其他地区，这与北京地区集中了大量的高校和科研院所有密切关系。从结构分布看，北京、上海、四川、广东和陕西 5 个地区的经费投入总和约占全国投入总量的 64.15%，领先优势明显，且较上年有所增长。

从增速看，重庆投入增速最高，达到 37.40%，江苏和陕西紧随其后，分别增长了 32.15% 和 30.45%，增速超过 20% 的地区还有江西、浙江等 5 个地区（表 2–2）。

表2–2　2017—2018年各地区政府研发经费投入情况

地区	政府研发经费投入（亿元）			政府研发经费投入占全国比重（%）		
	2018 年	2017 年	增长率（%）	2018 年	2017 年	变化
全国	3978.63	3487.44	14.09			
北京	920.57	822.41	11.94	23.14	23.58	–0.44

续表

地区	政府研发经费投入（亿元）			政府研发经费投入占全国比重（%）		
	2018 年	2017 年	增长率（%）	2018 年	2017 年	变化
上海	471.25	429.45	9.73	11.84	12.31	−0.47
四川	290.95	245.56	18.48	7.31	7.04	0.27
广东	287.68	240.40	19.67	7.23	6.89	0.34
陕西	266.86	232.60	14.73	6.71	6.67	0.04
江苏	253.93	192.16	32.15	6.38	5.51	0.87
湖北	170.18	137.61	23.67	4.28	3.95	0.33
山东	136.56	121.95	11.98	3.43	3.50	−0.06
浙江	113.89	91.58	24.36	2.86	2.63	0.24
辽宁	110.98	112.68	−1.51	2.79	3.23	−0.44
安徽	104.91	93.34	12.40	2.64	2.68	−0.04
天津	102.23	104.36	−2.04	2.57	2.99	−0.42
湖南	83.60	70.49	18.60	2.10	2.02	0.08
重庆	69.73	50.75	37.40	1.75	1.46	0.30
福建	68.52	61.22	11.92	1.72	1.76	−0.03
河北	68.16	67.99	0.25	1.71	1.95	−0.24
河南	60.40	52.77	14.46	1.52	1.51	0.00
黑龙江	53.46	54.24	−1.44	1.34	1.56	−0.21
吉林	51.86	48.06	7.91	1.30	1.38	−0.07
云南	44.03	42.26	4.19	1.11	1.21	−0.11
广西	42.60	38.45	10.79	1.07	1.10	−0.03
甘肃	41.20	33.51	22.95	1.04	0.96	0.07
江西	38.64	29.74	29.93	0.97	0.85	0.12
山西	28.49	21.84	30.45	0.72	0.63	0.09
贵州	26.46	26.07	1.50	0.67	0.75	−0.08
内蒙古	20.25	17.96	12.75	0.51	0.51	−0.01
新疆	18.73	15.36	−0.52	0.47	0.44	0.03
海南	13.32	13.15	25.60	0.33	0.38	−0.04
宁夏	9.86	11.05	75.40	0.25	0.32	−0.07

续表

地区	政府研发经费投入（亿元）			政府研发经费投入占全国比重（%）		
	2018 年	2017 年	增长率（%）	2018 年	2017 年	变化
青海	6.68	6.19	18.81	0.17	0.18	−0.01
西藏	2.65	2.24	25.84	0.07	0.06	0

数据来源：《中国科技统计年鉴 2018》《中国统计年鉴 2018》。

2018 年全国企业研发经费投入达到 12954.8 亿元，较上年增长 7.84%；其中，广东企业研发经费投入达 2107 亿元，占全国比重的 16.27%，较上年提升了 0.74 个百分点；江苏紧随其后，占全国比重的 15.63%。从分布情况看，广东、江苏、山东、浙江和上海 5 个地区企业研发经费投入达 7252.49 亿元，5 个地区投入总和占全国的比重超过 60.37%。

2018 年全国有 18 个地区企业研发投入增速超过 10%；其中，西藏和海南增长率超过 50%，分别为 186.67% 和 51.6%（表 2–3）。

表2–3　2017—2018年各地区规模以上工业企业研发经费内部支出情况

地区	企业研发经费投入（亿元）			企业研发经费投入占全国比重（%）		
	2018 年	2017 年	增长率（%）	2018 年	2017 年	变化
全国	12954.80	12013.00	7.84			
广东	2107.20	1865.00	12.99	16.27	15.52	0.74
江苏	2024.52	1833.90	10.39	15.63	15.27	0.36
山东	1418.50	1563.70	−9.29	10.95	13.02	−2.07
浙江	1147.39	1030.10	11.39	8.86	8.57	0.28
上海	554.88	540.00	2.76	4.28	4.50	−0.21
河南	528.93	472.30	11.99	4.08	3.93	0.15
湖北	525.52	468.90	12.08	4.06	3.90	0.15
福建	524.94	448.80	16.97	4.05	3.74	0.32
湖南	516.72	461.80	11.89	3.99	3.84	0.14
安徽	497.30	436.10	14.03	3.84	3.63	0.21
河北	381.99	351.00	8.83	2.95	2.92	0.03
四川	342.39	301.10	13.71	2.64	2.51	0.14
辽宁	300.60	274.90	9.35	2.32	2.29	0.03

续表

地区	企业研发经费投入（亿元）			企业研发经费投入占全国比重（%）		
	2018 年	2017 年	增长率（%）	2018 年	2017 年	变化
重庆	299.21	280.00	6.86	2.31	2.33	−0.02
北京	274.01	269.10	1.82	2.12	2.24	−0.12
江西	267.77	221.70	20.78	2.07	1.85	0.22
天津	252.88	241.10	4.89	1.95	2.01	−0.05
陕西	216.56	196.40	10.26	1.67	1.63	0.04
山西	131.25	112.20	16.98	1.01	0.93	0.08
云南	107.02	88.60	20.79	0.83	0.74	0.09
内蒙古	103.36	108.30	−4.56	0.80	0.90	−0.10
广西	89.10	93.60	−4.81	0.69	0.78	−0.09
贵州	76.23	64.90	17.46	0.59	0.54	0.05
黑龙江	60.57	82.60	−26.67	0.47	0.69	−0.22
吉林	57.50	75.00	−23.33	0.44	0.62	−0.18
甘肃	47.62	46.70	1.97	0.37	0.39	−0.02
新疆	44.88	40.00	12.20	0.35	0.33	0.01
宁夏	36.99	29.10	27.11	0.29	0.24	0.04
海南	11.37	7.50	51.60	0.09	0.06	0.03
青海	6.77	8.30	−18.43	0.05	0.07	−0.02
西藏	0.86	0.30	186.67	0.01	0	0

数据来源：《中国科技统计年鉴 2018》。

一个地区的研发投入结构与该地区创新主体的分布结构紧密相关。2018 年北京、海南、陕西和西藏 4 个地区政府研发投入超过企业，其余 27 个地区企业研发投入明显高于政府（图 2–2）。具体来看，北京和陕西聚集了较多的高校和科研院所，海南和西藏则是由于企业投入过少。不同的研发投入结构，体现出创新驱动来源的差异性。北京、陕西更多的是科学驱动型或兴趣驱动型创新；江苏、广东则更多的是技术驱动型或市场驱动型创新。在建设创新型国家过程中，一方面要充分发挥科学驱动型创新的知识溢出效应，科技成果转化需要发挥更大作用；另一方面，也要充分释放技术驱动型创新的辐射带动作用，以技术突破带动产业链的完善，知识产权保护和产业集群优势应发挥更大作用。

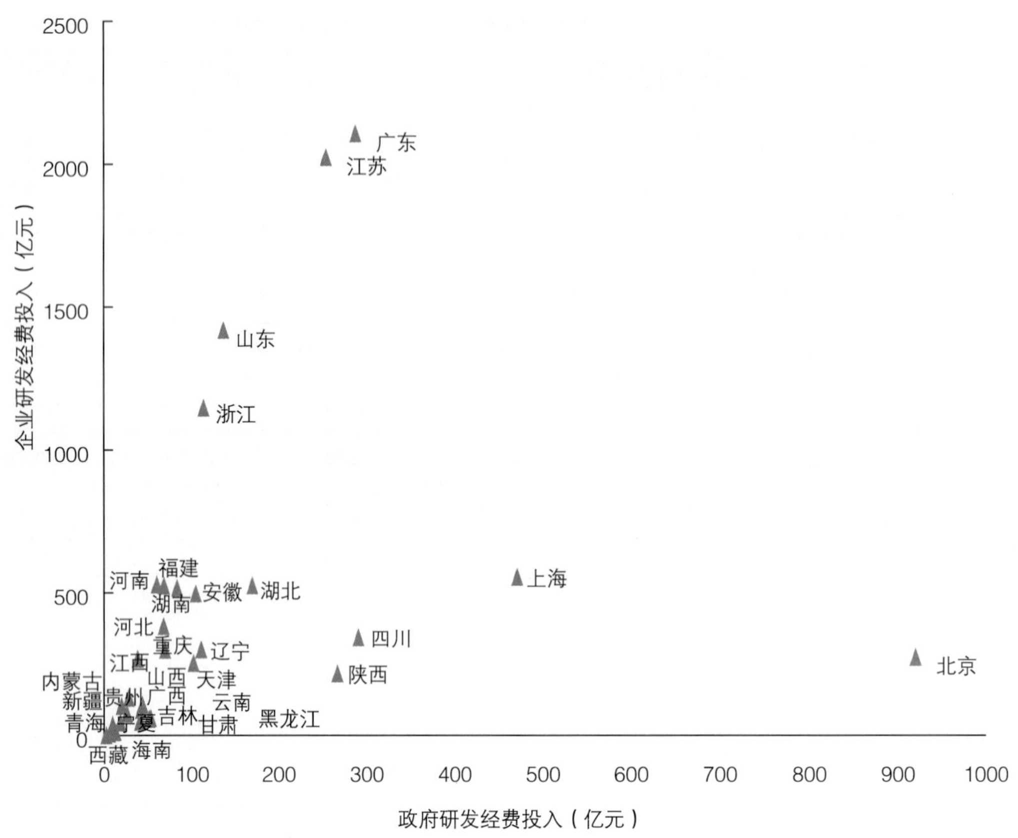

图2-2 2018年各地区研发活动经费投入水平及来源结构分布

2.3.2 研发投入强度

从政府研发投入强度（研发投入占 GDP 的比重）及企业研发投入强度（规模以上工业企业研发经费投入占其销售收入的比重）来看，绝大多数地区的研发投入强度较上年有所加大，总体变动幅度较小（表 2–4）。

从政府研发投入强度来看，2018 年政府研发投入强度上升的地区共有 20 个，下降的地区共有 9 个；其中，上升幅度最大的是天津，较上年提升了 0.20 个百分点；下降幅度最大的是北京，较上年下降了 0.15 个百分点。

从企业研发投入强度来看，2017 年企业研发投入强度增加的地区共有 14 个，下降的地区共有 16 个；其中，上升幅度最大的是天津，较上年提高了 0.58 个百分点；下降幅度最大的是上海，较上年下滑了 0.22 个百分点。

表2-4　2017—2018年地区政府与企业的研发投入强度

地区	政府研发投入强度（%）			企业研发投入强度（%）		
	2018 年	2017 年	变化	2018 年	2017 年	变化
安徽	0.31	0.35	−0.04	1.46	1.61	−0.15
北京	2.78	2.94	−0.15	0.83	0.96	−0.13
福建	0.18	0.19	−0.01	1.36	1.39	−0.04
甘肃	0.51	0.45	0.06	0.59	0.63	−0.04
广东	0.29	0.27	0.02	2.11	2.08	0.03
广西	0.22	0.21	0.01	0.45	0.51	−0.05
贵州	0.17	0.19	−0.02	0.50	0.48	0.02
海南	0.27	0.29	−0.02	0.23	0.17	0.06
河北	0.21	0.20	0.01	1.16	1.03	0.13
河南	0.12	0.12	0	1.06	1.06	0
黑龙江	0.42	0.34	0.08	0.47	0.52	−0.05
湖北	0.40	0.39	0.02	1.25	1.32	−0.07
湖南	0.23	0.21	0.02	1.42	1.36	0.06
吉林	0.46	0.32	0.14	0.51	0.50	0.01
江苏	0.27	0.22	0.05	2.17	2.14	0.04
江西	0.17	0.15	0.02	1.18	1.11	0.07
辽宁	0.47	0.48	−0.01	1.28	1.17	0.10
内蒙古	0.13	0.11	0.01	0.64	0.67	−0.03
宁夏	0.28	0.32	−0.04	1.05	0.85	0.21
青海	0.24	0.24	0.01	0.25	0.32	−0.07
山东	0.20	0.17	0.04	2.13	2.15	−0.02
山西	0.18	0.14	0.04	0.82	0.72	0.10
陕西	1.11	1.06	0.05	0.90	0.90	0.01
上海	1.31	1.40	−0.09	1.54	1.76	−0.22
四川	0.68	0.66	0.01	0.80	0.81	−0.02
天津	0.76	0.56	0.20	1.88	1.30	0.58
西藏	0.17	0.17	0	0.05	0.02	0.03
新疆	0.15	0.14	0.01	0.35	0.37	−0.02
云南	0.21	0.26	−0.05	0.51	0.54	−0.03
浙江	0.20	0.18	0.02	1.98	1.99	−0.01
重庆	0.32	0.26	0.06	1.39	1.44	−0.06

数据来源：《中国统计年鉴2018》。

从投入结构来看，除北京、上海和陕西外，2018 年其余 28 个地区政府研发投入强度均在 1% 以下。政府研发投入强度在 0.5% ~ 1.0% 的地区有天津、四川和甘肃，在 0.3% ~ 0.5% 的地区数量是 6 个，其余 19 个地区的政府研发强度小于 0.3%。

企业研发投入强度在 1% 以上的地区有 16 个，江苏最高，为 2.17%，山东和广东紧随其后，分别达 2.13% 和 2.11%；企业研发投入强度在 0.6% ~ 1.0% 的地区有 5 个，企业研发投入强度低于 0.5% 的地区有 10 个。

除了研发投入强度以外，当地的产业基础、产业结构、高技术人才占比、劳动力资源及制度环境都会影响创新能力。

2.4 各地区研发经费投入使用结构

从研发经费投入使用结构来看（表 2–5 和图 2–3），2018 年各地区研发经费使用仍然以试验发展为主。除西藏、黑龙江和海南外，全国 28 个地区试验发展经费占比超过 60%，浙江、江苏和山东 3 个地区试验发展经费占比超过 90%，江西、福建、河南等 14 个地区试验发展经费占比超过 80%，上海、云南、广西等 7 个地区试验发展经费占比超过 70%。

基础研究是支撑原始创新的重要驱动力。考虑到产业结构的特殊性，剔除西藏和海南后，2018 年全国基础研究经费投入占比超过 10% 的地区有 8 个，其余大部分地区基础研究经费投入占比不足 5%。结合创新能力总体排名来看，广东基础研究占比为 4.25%，北京占比为 14.86%，江苏、上海分别为 2.72% 和 7.80%。目前来看，绝大多数基础研究经费投入仍然来自高校和科研院所，企业投入占比仍然偏低。

表2–5　2018年各地区政府研发经费投入使用结构

地区	研发投入总额（亿元）				使用结构（%）		
	总额	基础研究	应用研究	试验发展	基础研究占比	应用研究	试验发展
广东	2705.00	115.00	231.00	2359.00	4.25	8.54	87.21
江苏	2504.00	68.00	139.00	2297.00	2.72	5.55	91.73
北京	1871.00	278.00	413.00	1180.00	14.86	22.07	63.07
山东	1643.00	49.00	111.00	1483.00	2.98	6.76	90.26
浙江	1446.00	40.00	69.00	1337.00	2.77	4.77	92.46
上海	1359.00	106.00	169.00	1084.00	7.80	12.44	79.76
湖北	822.00	31.00	108.00	683.00	3.77	13.14	83.09

续表

地区	研发投入总额（亿元）				使用结构（%）		
	总额	基础研究	应用研究	试验发展	基础研究占比	应用研究	试验发展
四川	737.00	40.00	94.00	603.00	5.43	12.75	81.82
河南	672.00	13.00	71.00	588.00	1.93	10.57	87.50
湖南	658.00	23.00	72.00	563.00	3.50	10.94	85.56
安徽	649.00	42.00	51.00	556.00	6.47	7.86	85.67
福建	643.00	25.00	47.00	571.00	3.89	7.31	88.80
陕西	532.00	29.00	121.00	382.00	5.45	22.74	71.80
河北	500.00	13.00	60.00	427.00	2.60	12.00	85.40
天津	492.00	24.00	63.00	405.00	4.88	12.80	82.32
辽宁	460.00	28.00	85.00	347.00	6.09	18.48	75.43
重庆	410.00	21.00	48.00	341.00	5.12	11.71	83.17
江西	311.00	11.00	21.00	279.00	3.54	6.75	89.71
云南	187.00	20.00	25.00	142.00	10.70	13.37	75.94
山西	176.00	9.00	21.00	145.00	5.11	11.93	82.39
广西	145.00	17.00	17.00	110.00	11.72	11.72	75.86
黑龙江	135.00	24.00	40.00	70.00	17.78	29.63	51.85
内蒙古	129.00	4.00	19.00	107.00	3.10	14.73	82.95
贵州	122.00	10.00	20.00	92.00	8.20	16.39	75.41
吉林	115.00	16.00	26.00	73.00	13.91	22.61	63.48
甘肃	97.00	16.00	21.00	60.00	16.49	21.65	61.86
新疆	64.00	7.00	11.00	46.00	10.94	17.19	71.88
宁夏	46.00	3.00	4.00	38.00	6.52	8.70	82.61
海南	27.00	6.00	6.00	15.00	22.22	22.22	55.56
青海	17.00	2.00	4.00	11.00	11.76	23.53	64.71
西藏	4.00	1.00	1.00	2.00	25.00	25.00	50.00

数据来源：《中国科技统计年鉴 2019》。

一般来说，研发投入结构要和本地区经济发展水平、产业结构特征、资源禀赋优势相适应。总体而言，我国研发经费投入结构符合创新发展规律和国际趋势。尤其是来自政府的资金，大多用于有较大外部性的基础研发活动，而非直接用于企业的竞争性产品开发。未来，政策的导向应建立以企业为主体的创新体系，鼓励企业加大研发投入，尤其是对一些基础研究的重视，对核心技术突破至关重要，也是实现创新驱动发展的重要政策议题。

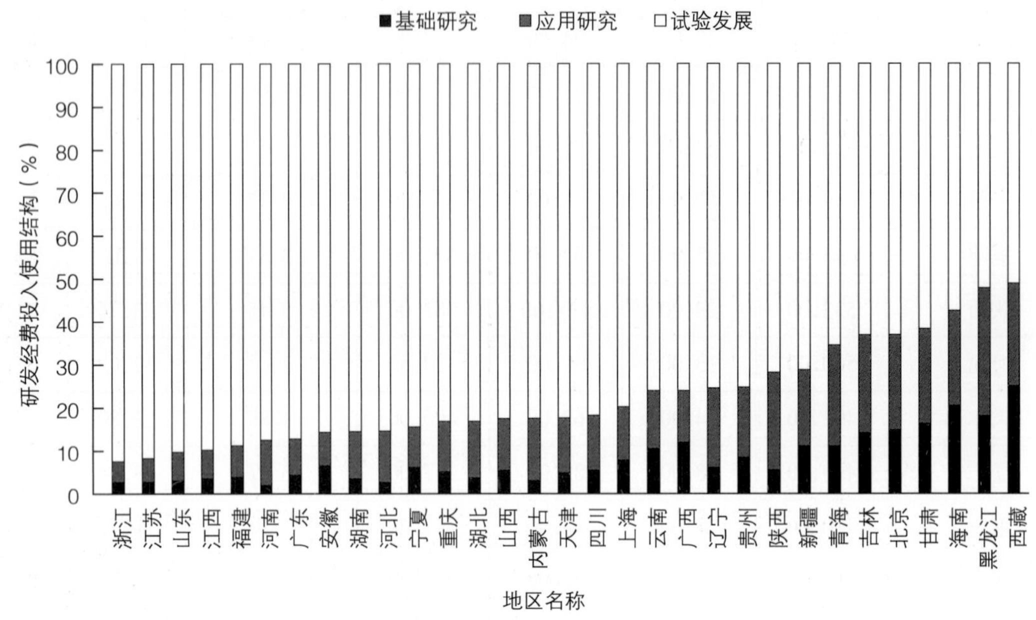

图2-3 2018年各地区研发经费投入使用结构

2.5 从专利申请受理情况看创新能力分布

一般来讲，创新能力领先的地区在专利申请数量方面也具有领先优势。2018 年广东专利申请受理数达 793819 件，较上年增长了 26.44%，占全国专利申请量的 19.26%，跃居全国第 1 位；2018 年广东发明专利申请量为 216469 件，超越江苏成为全国第一，较上年增长 18.52%，占全国发明专利申请量的 15.68%。

广东、江苏、浙江、山东和北京专利申请数量总和占全国总量的 55.62%，发明专利申请量占全国的 54.23%（表 2–6）。

从增速来看，2018 年专利申请受理量增速最高的是海南，提升了 41.35%，陕西、广西和四川下滑明显，分别下降了 22.66%、22.40% 和 8.66%。从变动幅度来看，2018 年专利申请总量占全国比重提高幅度最大的依然是广东，提高了 1.39 个百分点，连续 5 年增幅居全国首位；下降幅度最大的是四川，降幅为 1.06 个百分点。发明专利申请量占全国比重提高幅度最大的是浙江，较上年提高了 2.34 个百分点；降幅最大的是广西，较上年下降了 1.61 个百分点。

表2-6　2017—2018年各地区专利申请情况

地区	3种专利						发明专利					
	专利数（件）			占全国比重（%）			专利数（件）			占全国比重（%）		
	2017年	2018年	增长率（%）	2017年	2018年	变动	2017年	2018年	增长率（%）	2017年	2018年	变动
北京	185928	211212	13.60	5.29	5.12	−0.17	99167	117664	18.65	8.04	8.52	0.48
天津	86996	99038	13.84	2.48	2.40	−0.08	25652	26661	3.93	2.08	1.93	−0.15
河北	61288	83785	36.71	1.74	2.03	0.29	13982	18954	35.56	1.13	1.37	0.24
山西	20697	27106	30.97	0.59	0.66	0.07	7379	9395	27.32	0.60	0.68	0.08
内蒙古	11701	16426	40.38	0.33	0.40	0.07	2845	3757	32.06	0.23	0.27	0.04
辽宁	49871	65686	31.71	1.42	1.59	0.17	20500	25476	24.27	1.66	1.85	0.19
吉林	20450	27034	32.20	0.58	0.66	0.08	7780	10530	35.35	0.63	0.76	0.13
黑龙江	30958	34582	11.71	0.88	0.84	−0.04	10607	12017	13.29	0.86	0.87	0.01
上海	131740	150233	14.04	3.75	3.65	−0.10	54630	62755	14.87	4.43	4.55	0.12
江苏	514402	600306	16.70	14.64	14.57	−0.07	187005	198801	6.31	15.16	14.40	−0.76
浙江	377115	455590	20.81	10.73	11.05	0.32	98975	143081	44.56	8.02	10.36	2.34
安徽	175872	207428	17.94	5.01	5.03	0.02	93527	108782	16.31	7.58	7.88	0.30
福建	128079	166610	30.08	3.65	4.04	0.39	26456	37252	40.81	2.14	2.70	0.56
江西	70591	86001	21.83	2.01	2.09	0.08	11507	14519	26.18	0.93	1.05	0.12
山东	204859	231585	13.05	5.83	5.62	−0.21	67772	72764	7.37	5.49	5.27	−0.22
河南	119240	154381	29.47	3.39	3.75	0.36	35625	46868	31.56	2.89	3.39	0.50
湖北	110234	124535	12.97	3.14	3.02	−0.12	51569	50664	−1.75	4.18	3.67	−0.51
湖南	77934	94503	21.26	2.22	2.29	0.07	31365	35414	12.91	2.54	2.56	0.02
广东	627834	793819	26.44	17.87	19.26	1.39	182639	216469	18.52	14.81	15.68	0.87
广西	56988	44224	−22.40	1.62	1.07	−0.55	37976	20302	−46.54	3.08	1.47	−1.61
海南	4564	6451	41.35	0.13	0.16	0.03	1627	2127	30.73	0.13	0.15	0.02
重庆	64648	72121	11.56	1.84	1.75	−0.09	19297	22686	17.56	1.56	1.64	0.08
四川	167484	152987	−8.66	4.77	3.71	−1.06	64642	53805	−16.76	5.24	3.90	1.34
贵州	34610	44508	28.60	0.99	1.08	0.09	13885	14992	7.97	1.13	1.09	−0.04
云南	28695	36515	27.25	0.82	0.89	0.07	7801	9606	23.14	0.63	0.70	0.07
西藏	1097	1469	33.91	0.03	0.04	0.01	273	453	65.93	0.02	0.03	0.01

续表

地区	3种专利						发明专利					
	专利数（件）			占全国比重（%）			专利数（件）			占全国比重（%）		
	2017年	2018年	增长率（%）	2017年	2018年	变动	2017年	2018年	增长率（%）	2017年	2018年	变动
陕西	98935	76512	−22.66	2.82	1.86	−0.96	46607	30888	−33.73	3.78	2.24	−1.54
甘肃	24448	27882	14.05	0.70	0.68	−0.02	5785	6035	4.32	0.47	0.44	−0.03
青海	3181	4439	39.55	0.09	0.11	0.02	949	1287	35.62	0.08	0.09	0.01
宁夏	8575	9860	14.99	0.24	0.24	0	2561	2999	17.10	0.21	0.22	0.01
新疆	14260	14647	2.71	0.41	0.36	−0.05	3207	3665	14.28	0.26	0.27	0.01

数据来源：《中国科技统计年鉴 2019》。

从规模以上工业企业专利申请量来看（表 2–7），企业专利申请量占比较多的地区分别是江西（30.58%）、广东（30.45%）、湖南（27.87%）江苏（27.5%）、安徽（27.28%）、山东（26.31%）和重庆（25.03%）；规模以上工业企业发明专利占本省发明专利比重较高的地区分别是广东（47.81%）、山东（43.06%）、内蒙古（38.33%）、江西（35.93%）和新疆（33.52%），企业发明专利占比较高，表明企业创新主体地位突出。值得关注的是，在现有的国家创新和区域创新系统内，大学和科研院所仍然占有重要的位置。

表2–7　2018年各地区规模以上工业企业专利申请情况

地区	规模以上工业企业			
	数量（件）		占本省全部专利的比重（%）	
	3种专利	发明专利	3种专利	发明专利
北京	20655	10386	9.78	8.83
天津	15051	4939	15.20	18.53
河北	16707	6067	19.94	32.01
山西	5423	2416	20.01	25.72
内蒙古	3769	1440	22.95	38.33
辽宁	12485	5425	19.01	21.29
吉林	3333	1314	12.33	12.48
黑龙江	2764	1232	7.99	10.25

续表

地区	规模以上工业企业			
	数量（件）		占本省全部专利的比重（%）	
	3 种专利	发明专利	3 种专利	发明专利
上海	29258	12541	19.48	19.98
江苏	165096	55944	27.50	28.14
浙江	100254	27998	22.01	19.57
安徽	56596	26175	27.28	24.06
福建	31529	9850	18.92	26.44
江西	26303	5216	30.58	35.93
山东	60928	31329	26.31	43.06
河南	27603	8911	17.88	19.01
湖北	28003	12858	22.49	25.38
湖南	26339	11517	27.87	32.52
广东	241700	103499	30.45	47.81
广西	6239	2559	14.11	12.60
海南	576	249	8.93	11.71
重庆	18049	6198	25.03	27.32
四川	26277	10705	17.18	19.90
贵州	5976	2611	13.43	17.42
云南	6190	2038	16.95	21.22
西藏	39	15	2.65	3.31
陕西	10182	4436	13.31	14.36
甘肃	3342	1207	11.99	20.00
青海	859	321	19.35	24.94
宁夏	2205	929	22.36	30.98
新疆	3568	1244	24.36	33.94

数据来源：《中国科技统计年鉴 2019》。

2.6 排名变化幅度较大的地区

2020年区域创新能力综合排名的总体格局略有变动，个别地区变化幅度较大，本章选择天津、贵州、重庆、陕西和新疆5个地区进行重点分析。

2.6.1 天津市（9→15）

2020年天津创新能力排名第15位，较上年下降6位，跌出全国前10位。从一级指标看，除创新环境排名保持不变，其他指标均下降：知识创造下降4位，知识获取下降3位，企业创新下降5位，创新绩效下降5位（表2–8）。

在基础指标方面，作者同省异单位科技论文数下降33.82%，科技企业孵化器当年获风险投资额下降31.25%，科技企业孵化器当年风险投资强度下降27.41%，规模以上工业企业国内技术成交额下降26.85%，高技术产业就业人数下降19.14%，高新技术企业数下降18.41%，技术市场交易额（按流向）下降17.48%。一系列数据表明，天津在知识创造、企业创新和创新环境等方面遇到发展瓶颈，创新突破的压力较大。

表2–8 2019—2020年天津创新能力排名变化

年份	综合排名	知识创造	知识获取	企业创新	创新环境	创新绩效
2020	15	20	8	16	14	13
2019	9	16	5	11	14	8

2.6.2 贵州省（16→20）

2020年贵州创新能力下降4位，全国排名第20位。从一级指标看，创新环境出现严重下滑，排名下降10位，创新绩效下降1位，但是知识创造、知识获取企业创新则均有提升，分别提升6位、2位和1位（表2–9）。

从基础指标看，贵州规模以上工业企业国外技术引进金额下降88.66%，规模以上工业企业国内技术成交金额下降87.74%，科技企业孵化器当年风险投资强度下降56.52%，科技企业孵化器孵化基金总额下降了36.71%，规模以上工业企业平均研发经费外部支出下降25.30%，科技企业孵化器当年获风险投资额下降22.71%。规模以上工业企业研发经费外部支出、作者异国合作科技论文数、有电子商务交易活动的企业数占总企业数的比重、作者同省异单位科技论文数、规模以上工业企业有效发明专利数和国内论文数等指标也出现不同程度下滑。总体来看，贵州在创新环境和创新绩效方面需要进一步提升。

表2–9　2019—2020年贵州创新能力排名变化

年份	综合排名	知识创造	知识获取	企业创新	创新环境	创新绩效
2020	20	12	19	20	28	16
2019	16	18	21	21	18	15

2.6.3　重庆市（7 → 10）

2020 年重庆创新能力排名第 10 位，较上年下降 3 位。从一级指标看，5 个一级指标均出现下降，知识创造下降 3 位，知识获取下降 1 位，企业创新下降 2 位，创新环境下降 2 位，创新绩效下降 2 位（表 2–10）。

从基础指标看，规模以上工业企业国内技术成交金额下降 69.49%，科技企业孵化器孵化基金总额下降 58.22%，规模以上工业企业国外技术引进金额下降 53.05%，规模以上工业企业技术改造经费支出下降 36.45%，高技术产业新产品销售收入下降 31.44%，科技企业孵化器当年获风险投资额下降 24.25%。但是，重庆在技术市场交易金额（按流向）、科技企业孵化器当年毕业企业数和规模以上工业企业有效发明专利数方面表现良好，分别提升 11.24%、51.71% 和 40.95%。

重庆没有继续延续上年的增长趋势，在企业创新、创新环境等多方面的基础指标出现下降趋势，依托成渝城市群构建，重庆在未来可能呈现出良好发展势头。

表2–10　2019—2020年重庆创新能力排名变化

年份	综合排名	知识创造	知识获取	企业创新	创新环境	创新绩效
2020	10	14	10	10	12	7
2019	7	11	9	8	10	5

2.6.4　陕西省（12 → 9）

2020 年陕西创新能力排名全国第 9 位，较上年上升 3 位。从一级指标看，企业创新上升 1 位，创新环境上升 5 位，创新绩效上升 1 位，其他指标保持不变（表 2–11）。

从基础指标看，陕西科技企业孵化器孵化基金总额提升 512.97%，规模以上工业企业国内技术成交金额提升 71.26%，规模以上工业企业每万名研发人员平均发明专利申请数提升 38.86%，高技术产品出口额提升 31.73%，按目的地和货源地划分进出口总额提升 28.09%。

作为我国西部重点地区之一，陕西近年来创新能力持续提升，特别是在知识创造能力和创新环境优化方面表现突出。

表2-11 2019—2020年陕西省创新能力排名变化

年份	综合排名	知识创造	知识获取	企业创新	创新环境	创新绩效
2020	9	6	18	19	7	8
2019	12	6	18	20	12	9

2.6.5 新疆维吾尔自治区（29→26）

2020 年新疆创新能力排名第 26 位，较上年上升 3 位。从一级指标看，除知识创造外，其他指标均有提升，知识获取、企业创新、创新环境和创新绩效分别上升 6 位、4 位、6 位和 1 位（表 2-12）。

从基础指标看，规模以上工业企业国外技术引进金额提升 210.93%，规模以上工业企业技术改造经费支出提升 89.46%，科技企业孵化器当年风险投资强度 84.90%，规模以上工业企业平均国内技术成交金额 73.58%，科技企业孵化器当年获风险投资额 62.29%，科技企业孵化器孵化基金总额 55.01%。与此同时，新疆规模以上工业企业有研发机构的企业数、高技术产业新产品销售收入占主营业务收入的比重、高校和科研院所研发经费内部支出额中来自企业资金的比例和规模以上工业企业研发经费外部支出等指标出现下滑。

2020 年新疆知识获取和创新环境方面表现良好，排名明显好于总体。总体来说，新疆整体创新能力仍然偏弱，基础水平偏低，总量指标排名靠后，在创新的投入及产出上还有较大的提升空间。未来，新疆应把握好科技帮扶的政策机遇，引进对口地区的优质科技资源，借助外部资源促进本区经济社会发展。

表2-12 2019—2020年新疆创新能力排名变化

年份	综合排名	知识创造	知识获取	企业创新	创新环境	创新绩效
2020	26	28	20	25	18	25
2019	29	28	26	29	24	26

第三章

区域创新能力评价的方法与意义

3.1 区域创新能力评价的意义

自 20 世纪 90 年代以来，区域创新体系逐渐受到学者的关注（Cooke，1997）。从理论上讲，在丰富创新系统理论体系的同时，它还有自身的重要意义。首先，区域创新体系的研究将创新的变量延伸到空间维度，使创新体系有了地理的内涵，丰富了国家创新体系的研究内容；其次，区域创新体系让创新资源配置中的区域极化与均衡成为一个重要的研究命题；最后，区域创新体系的研究为各级政府对创新的政策支持、规制模式等相关研究提供了多样性的支撑，这一点对中国而言尤其如此。

中国区域创新体系的结构形成有着与发达国家不同的独特性，一是因为中国是一个有着悠久历史的国家，地域的多样性使得区域创新体系具有丰富的多样性；二是因为中国是一个从计划经济走向市场经济、从封闭自守走向开放创新的国家，不同地区转型的速度、方式和开放的程度都存在差异，从而导致区域创新体系结构的差异性。由此引来的核心话题是，我们对一个地区创新发展模式的认知，将对其创新能力的评价显得尤为重要。

从现实意义上讲，区域创新能力的评价，一方面可以为中央政府提供协调区域发展的新模式，中国地域广大、区域多样性高可以为创新提供更多更大的空间；另一方面，也可以为地方政府推动当地经济工作提供新的思路，更加突出创新在区域发展中的地位，发挥地方政府在产业升级和经济发展方式转变中的能动作用。

3.2 评价体系与分析框架

在本报告中，一个地区的创新能力是针对该地区创新能力与其他地区相比而言的相对排名，不是该地区创新能力的直接衡量。总体来说，各省（区、市）的创新能力相对上年而言，都会有一定的提高。

评价一个地区的创新能力，需要一套较好的评价体系。指标体系的设计、指标数量、权重的大小，主观指标与客观指标的比例，都会影响到区域创新能力的最终排名。因此，我们在指标选取、评价方法等多个方面都非常谨慎，借鉴了包括《世界竞争力年鉴》《全球竞争力报告》《全球创新指数》《创新型联盟指数》《国家创新指数》在内的诸多国内外知名报告，并根据我国区域创新体系的特征进行了适当的动态性调整。

3.2.1 评价原则

在召开了近 10 次不同专家组成的学术会议、听取了许多专家的意见后，研究小组最终形成了评价中国区域创新能力框架的 4 个原则。

第一，框架必须考虑区域创新体系建设情况，即强调大学、研发机构、企业、中介机构和政府等创新要素的网络化，把知识在几个要素间流动的程度作为衡量区域技术创新系统化的关键。

第二，框架必须考虑区域科技创新的链条建设。强调链条，首先，是因为在大多数情况下，技术创新先是来自一个创新的思想和发明或科技突破，其中大学、科研院所的知识创造活动是重要的创新来源。其次，有了很强的知识创造活动，不等于该地区就有较强的创新能力，因为许多事实表明，科技实力强不等于技术创新能力强，许多地区没有较强的科技基础，但仍然有很高的技术创新能力。问题的关键是一个地区能否有效地利用全球范围内的各种知识为本地区的创新服务。因此，必须考虑知识流动或技术转移的能力。最后，企业是技术创新的主体，而不是科研部门或高校。因此，一个地区技术创新能力的高低关键是企业有没有足够的创新动力和创新能力。我们在考察企业的技术创新能力时，注重引入创新链条来进行评价。与已有的科技竞争力评价体系不同的是，本报告的指标框架强调企业是技术创新主体这一价值判断。

第三，框架强调创新环境建设的重要性。在市场经济体系下，衡量地方政府工作的重要标准不是传统的计划和干预的多少，而是如何创造一个有利于企业创新的环境。因为政府远离市场，不能直接指导企业的技术创新流动，其职能调整的关键就是从依赖计划转向创造创新环境来推动企业的技术创新。

第四，框架必须兼顾一个地区发展的存量、相对水平和增长率 3 个维度。在洛桑的《国际竞争力报告》中，比较强调存量、相对水平，但不强调增长率。本报告的一个特色是对增长率的强调，我们认为，增长率反映了一个地区的经济发展潜力。因此，从 2007 年开始，我们将综合指标分解为实力指标、效率指标和潜力指标，并延续至今。

3.2.2 指标体系

在本报告中，区域创新能力评价体系包括 5 个一级指标、20 个二级指标、40 个三级指标和 138 个四级指标；其中，一级指标包括知识创造、知识获取、企业创新、创新环境和创新绩效（表 3–1）。知识创造用来衡量一个地区创造新知识的能力；知识获取用来衡量一个地区利用外部知识及产学研合作的能力；企业创新用来衡量一个地区内企业应用新知识、开发新技术、利用新工艺，以及制造新产品的能力；创新环境用来衡量一个地区为技术的产生、流动和应用提供相应环境的能力；创新绩效用来衡量创新对一个地区经济社会发展效益的能力。

表3–1 中国区域创新能力指标体系

一级指标	二级指标	一级指标	二级指标
1. 知识创造	1.1 研究开发投入综合指标	4. 创新环境	4.1 创新基础设施综合指标
	1.2 专利综合指标		4.2 市场环境综合指标
	1.3 科研论文综合指标		4.3 劳动者素质综合指标
2. 知识获取	2.1 科技合作综合指标		4.4 金融环境综合指标
	2.2 技术转移综合指标		4.5 创业水平综合指标
	2.3 外资企业投资综合指标	5. 创新绩效	5.1 宏观经济综合指标
3. 企业创新	3.1 企业研究开发投入综合指标		5.2 产业结构综合指标
	3.2 设计能力综合指标		5.3 产业国际竞争力综合指标
	3.3 技术提升能力综合指标		5.4 就业综合指标
	3.4 新产品销售收入综合指标		5.5 可持续发展与环保综合指标

在保持评价体系基本框架纵向可比的前提下，为了保证指标体系的科学性，使得评价结果能够真正成为反映经济结构调整、经济发展方式向创新驱动转型的先导性信息，我们每年都会根据科技发展的新形势及统计口径的变化进行相应的替换或调整。

与其他指标体系相比，我们的指标相对全面，涵盖了大部分衡量创新的基础指标（表 3–2），最重要的是指标体系分为实力、效率与潜力三层，提出了如图 3–1 所示的区域创新能力分析框架。这样不仅能看到总量的变化，也能观测单个地区的变化速度与幅度。遗憾的是，鉴于相关数据获取的难度，目前缺乏对制度、体制、政策及政府效率的直接测度，只能通过测度创新产出来间接反映以上指标。这一点，正是我们未来努力的方向和提升的空间。

表3-2　国内外知名报告创新能力评价指标对比

名称	指标等级	维度	一级	二级	三级	四级	方法
《中国区域创新能力报告》	4	5	5	20	40	138	定量
《中国创新指数》	3	8	2	8	39	——	定量
《中国城市创新报告》	2	3	3	21	——	——	定量
《国家创新指数》	2	5	5	31	——	——	定量
《世界竞争力年鉴》	3	4	4	20	327	——	定量＋定性
《全球竞争力报告》	2	12	12	113	——	——	定量＋定性
《创新型联盟指数》	3	3	3	7	24	——	定量＋定性
《全球创新指数》	4	7	2	7	20	82	定量＋定性

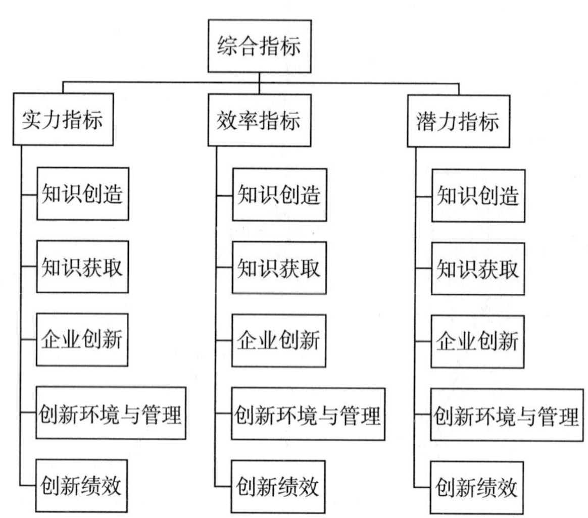

图3-1　中国区域创新能力分析框架

3.2.3　评价方法

区域创新能力报告的评价方法是加权综合评价法，基础指标无量纲化后，用专家打分得到的权重，分层逐级综合，最后得出每个省（区、市）创新能力的综合效用值。

单一指标采用直接获取的区域数据来表示，在无量纲化处理时采用效用值法，效用值规定的值域是[0，100]，即该指标下最优值的效用值为100，最差值的效用值为0，计算方法如下。

（1）正效指标

例如，设 i 表示第 i 项指标，j 表示第 j 个区域；

x_{ij} 表示 i 指标 j 区域的指标获取值；

y_{ij} 表示 i 指标 j 区域的指标效用值；

$x_{i\max}$ 表示该指标的最大值；

$x_{i\min}$ 表示该指标的最小值；

$$y_{ij}=\frac{x_{ij}-x_{i\min}}{x_{i\max}-x_{i\min}}\times 100。\qquad (3\text{–}1)$$

这里说的正效指标是指该项指标其值愈大，效用值越高，如劳动生产率、人均 GDP、发明专利数等。

（2）负效指标

负效指标指该指标其值越大，则效用越低，如失业率 [（失业人数 + 下岗人数）/ 当地就业人数] 等，对这类指标的处理应采用如下方法：

$$y_{ij}=\frac{x_{i\max}-x_{ij}}{x_{i\max}-x_{i\min}}\times 100。\qquad (3\text{–}2)$$

（3）复合指标

复合指标是采用两项或更多的单项数据指标复合计算后得到的，一般是增长率、平均数等，效用值的处理方法与单项指标是一样的。

（4）权重选取

本报告采用专家打分法确定指标的权重，这种选择带有一定的主观性，但却是国际上普遍采用的方法，聘请的专家都是在国内科技政策管理研究方面有较深造诣的学者，他们对国内外的评价报告也都有深入的了解。

（5）加权综合

加权计算是分层逐级进行的，以图 3–2 为例说明：

a、b、c、d 分别表示分层；

$f(a)$，$f(b)$，…，分别表示其权重；

$x(a,i)$，$x(b,i)$ 分别表示分层分区域的指标效用值，则计算时从右向左进行。

例如，计算 c_i 的指标值（加权效用值）。设 $x(c_i,i)$ 是区域 i 在 c_i 指标下的综合效用值；$x(d_i,i)$ 是区域 i 在 d_i 指标下的效用值。那么，

$x(c_1,i)=x(d_1,i)f(d_1)+x(d_2,i)f(d_2)+x(d_3,i)f(d_3)+\cdots$

以此类推，求出 $x(c_2,i)$，$x(c_3,i)\cdots$

进一步求出 $x(b_i,i)$：

$x(b_1,i)=x(c_1,i)f(c_1)+x(c_2,i)f(c_2)+x(c_3,i)f(c_3)+\cdots$

以此类推，求出 $x(b_2,i)$，$x(b_3,i)\cdots$

再进一步求出 $x(a,i)$：

$x(a,i)=x(b_1,i)f(b_1)+x(b_2,i)f(b_2)+x(b_3,i)f(b_3)+\cdots$

当 i=1，2，3，…，31，分别求出 31 个地区的各层次各个指标的效用值。

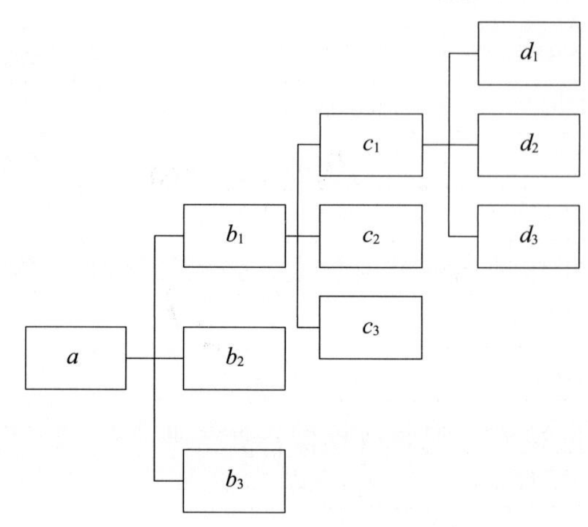

图3–2 指标体系示意

3.2.4 数据来源

为了保证研究的可检验性，本报告的数据均来源于公开出版的统计年鉴和政府报告，主要包括《中国统计年鉴》《中国科技统计年鉴》《中国高新技术产业统计年鉴》《中国火炬统计年鉴》《中国工业经济统计年鉴》《中国科技论文统计与分析报告》，以及科技部、国家知识产权局、国家工商总局和科技型中小企业技术创新基金等。本年度报告使用的是 2018 年的基础数据，这与前几年的情况是一致的，国际上许多报告的年份数据在选择时也遵循同样的原则。对个别地区的缺失数据，在评价过程中进行了平滑处理。对创新潜力的评价，增长率指标仍然使用“近 3 年增长率的平均值”作为基础指标，以保证排名的稳定性与可靠性。另外，由于资料有限，暂无港澳台数据。

第二篇

区域创新能力分省（区、市）报告

第四章

各地区创新能力分析

4.1 北京市

2020 年，北京市创新能力居全国第 2 位，与上年持平。从分指标看，实力指标排名第 3 位，效率指标排名第 1 位，潜力指标排名第 26 位，较上年上升 2 位。从指标维度看，知识创造指标继续排名全国第 1 位；知识获取指标排名第 3 位，较上年下降 1 位；企业创新指标排名第 4 位，与上年保持不变；创新绩效指标排名第 3 位，与上年保持不变；创新环境排名第 1 位，较上年上升 1 位（表 4–1，图 4–1）。

表4–1　北京市创新能力综合指标

指标名称	2020 年综合指标		2020 年分项指标排名		
	指标值	排名	实力	效率	潜力
综合值	55.50	2	3	1	26
1　知识创造综合指标	73.75	1	1	1	20
1.1　研究开发投入综合指标	76.16	1	1	1	24
1.2　专利综合指标	71.09	1	3	1	19
1.3　科研论文综合指标	74.27	1	1	3	24
2　知识获取综合指标	48.53	3	3	2	22
2.1　科技合作综合指标	67.93	1	1	4	11
2.2　技术转移综合指标	39.97	3	3	2	20
2.3　外资企业投资综合指标	40.40	4	4	2	24
3　企业创新综合指标	44.26	4	11	1	23
3.1　企业研究开发投入综合指标	39.85	10	16	6	25

续表

指标名称	2020 年综合指标		2020 年分项指标排名		
	指标值	排名	实力	效率	潜力
3.2 设计能力综合指标	51.40	2	7	1	26
3.3 技术提升能力综合指标	54.44	2	9	1	5
3.4 新产品销售收入综合指标	30.01	11	15	10	23
4 创新环境综合指标	59.31	1	4	1	22
4.1 创新基础设施综合指标	46.72	2	14	1	29
4.2 市场环境综合指标	73.72	1	1	3	1
4.3 劳动者素质综合指标	50.50	2	7	1	27
4.4 金融环境综合指标	68.07	1	1	1	11
4.5 创业水平综合指标	57.57	2	5	1	19
5 创新绩效综合指标	56.32	3	4	1	25
5.1 宏观经济综合指标	63.73	3	12	1	19
5.2 产业结构综合指标	47.10	4	6	1	26
5.3 产业国际竞争力综合指标	38.98	9	12	5	20
5.4 就业综合指标	44.35	3	4	3	20
5.5 可持续发展与环保综合指标	87.41	1	2	1	23

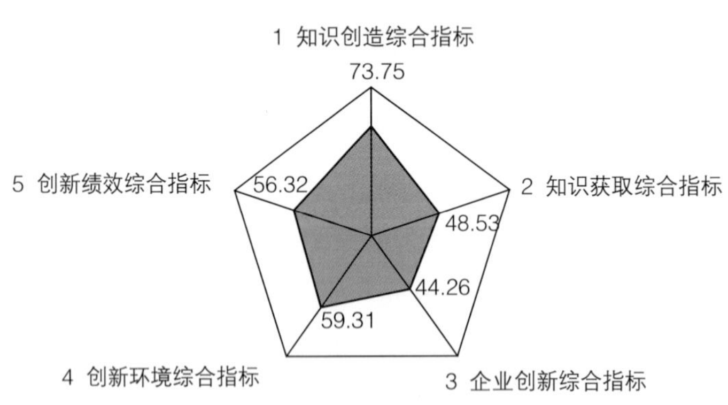

图4–1 北京市创新能力蛛网图

基础数据显示，北京市在创新基础设施建设、创业水平、产业国际竞争力方面都有明显提升，“科技企业孵化器数量”增长 44.76%，“科技企业孵化器当年毕业企业数”增长 40.89%，“高技术产品出口额”增长 32.79%，对企业创新和环境都起到促进作用。但是，北京市在研究开发投入方面下降明显（表 4–2，图 4–2）。

表4-2　北京市变化较大的指标

指标名称	2020 年	2019 年	增速（%）	2020 年排名	2019 年排名	排名变化
规模以上工业企业购买国内技术经费支出（万元）	165694.7	37019.4	347.59	6	15	9
技术市场企业平均交易额（按流向）（万元）	367.10	337.39	8.81	19	15	−4
规模以上工业企业平均购买国内技术经费支出（万元）	51.83	11.46	352.27	2	4	2
规模以上工业企业引进技术经费支出（万元）	233209.9	265947.3	−12.31	4	5	1
科技企业孵化器数量（个）	152	105	44.76	11	13	2
教育经费支出占 GDP 的比例（%）	3.78	4.26	−11.27	25	19	−6
科技企业孵化器当年获风险投资额（万元）	1285565.3	893642.4	43.86	2	1	−1
科技企业孵化器孵化基金总额（万元）	2052505.8	658478.5	211.70	1	5	4
平均每个科技企业孵化器孵化基金额（万元）	13503.33	6271.22	115.32	2	4	2
科技企业孵化器当年毕业企业数（个）	1654	1174	40.89	5	6	1
高技术产品出口额（百万美元）	15031.25	11319.20	32.79	12	13	1

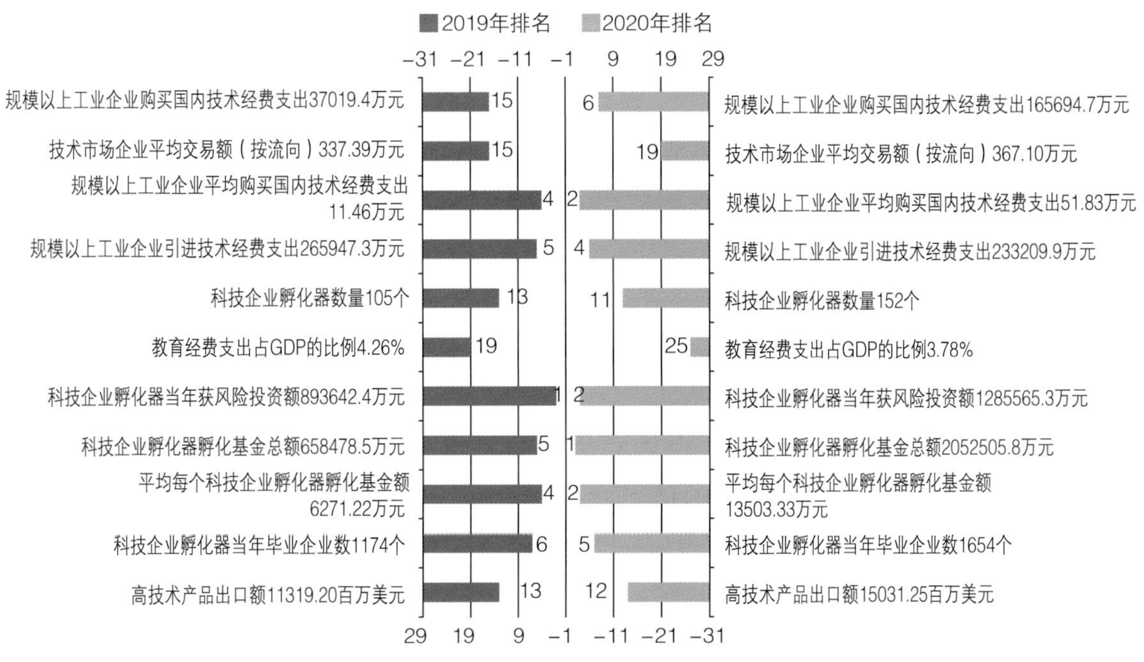

图4-2　2019—2020年北京市部分指标排名对比

根据中国企业联合会发布的 2019 中国企业 500 强榜单显示，北京市入围 100 家企业，较上年减少 1 家企业，以大型国有企业为主，中石化、中石油、国家电网继续蝉联前 3 名，反映了北京作为央企总部的显著特点（表 4—3）。

表4-3 北京市入围2019中国企业500强的前20家企业

序号	企业名称	营业收入（亿元）	排名
1	中国石油化工集团有限公司	27427.80	1
2	中国石油天然气集团有限公司	25994.17	2
3	国家电网有限公司	25602.54	3
4	中国建筑股份有限公司	11993.25	4
5	中国工商银行股份有限公司	11664.11	5
6	中国建设银行股份有限公司	9735.02	7
7	中国农业银行股份有限公司	9229.05	8
8	中国银行股份有限公司	8447.90	10
9	中国人寿保险（集团）公司	7684.38	11
10	中国铁路工程集团有限公司	7417.23	12
11	中国移动通信集团有限公司	7414.80	13
12	中国铁道建筑集团有限公司	7306.31	14
13	中国海洋石油集团有限公司	7152.49	16
14	国家开发银行股份有限公司	6817.95	17
15	中国交通建设集团有限公司	5830.24	22
16	中国中化集团公司	5810.76	23
17	中国邮政集团公司	5664.02	25
18	国家能源投资集团有限责任公司	5422.57	26
19	中国五矿集团有限公司	5296.80	28
20	中国人民保险集团股份有限公司	5037.99	30

总体来说，北京市区域创新能力稳步提升。近年来，北京加强全国科技创新中心建设，建成具有全球影响力的科技创新中心。凭借丰富的科技资源与人力资源，推动知识创造能力居全球前列；丰富创新创业资源和良好的创新环境，使创新人才聚集效应更加凸显；提升高新技术产业发展水平和国际化科技竞争力，促进创新型经济格局基本形成。推动开放创新，以京津冀协同创新为引领，持续抓好“一核两翼”联动发展。

4.2 天津市

2020 年，天津市创新能力排名全国第 15 位，较上年下降 6 位。分领域看，只有创新环境保持稳定，排名第 14 位；其他领域均有所下降。其中，企业创新、创新绩效排名分别下降 5 位，降幅最大，分别排名第 16 位、第 13 位；知识创造排名第 20 位，下降 4 位；知识获取排名第 8 位，下降 3 位（表 4–4，图 4–3）。

表4–4 天津市创新能力综合指标

指标名称	2020 年综合指标		2020 年分项指标排名		
	指标值	排名	实力	效率	潜力
综合值	27.08	15	15	4	31
1 知识创造综合指标	21.79	20	15	10	29
1.1 研究开发投入综合指标	21.26	11	15	3	29
1.2 专利综合指标	19.26	24	15	23	23
1.3 科研论文综合指标	27.92	14	12	12	8
2 知识获取综合指标	22.28	8	8	3	30
2.1 科技合作综合指标	25.20	16	11	8	28
2.2 技术转移综合指标	9.09	28	20	22	29
2.3 外资企业投资综合指标	29.98	6	8	3	17
3 企业创新综合指标	25.72	16	17	7	31
3.1 企业研究开发投入综合指标	36.49	13	17	4	29
3.2 设计能力综合指标	17.18	25	13	10	29
3.3 技术提升能力综合指标	18.32	26	21	18	27
3.4 新产品销售收入综合指标	29.78	12	16	7	30
4 创新环境综合指标	25.32	14	16	3	31
4.1 创新基础设施综合指标	20.24	29	26	7	31
4.2 市场环境综合指标	46.83	5	6	2	24
4.3 劳动者素质综合指标	26.86	25	25	5	31
4.4 金融环境综合指标	15.27	9	11	4	9
4.5 创业水平综合指标	17.39	25	18	10	31
5 创新绩效综合指标	38.54	13	14	5	31

续表

指标名称	2020 年综合指标		2020 年分项指标排名		
	指标值	排名	实力	效率	潜力
5.1 宏观经济综合指标	22.90	21	23	7	31
5.2 产业结构综合指标	29.41	16	16	6	30
5.3 产业国际竞争力综合指标	27.27	14	9	11	29
5.4 就业综合指标	25.83	23	20	13	29
5.5 可持续发展与环保综合指标	87.27	2	3	2	6

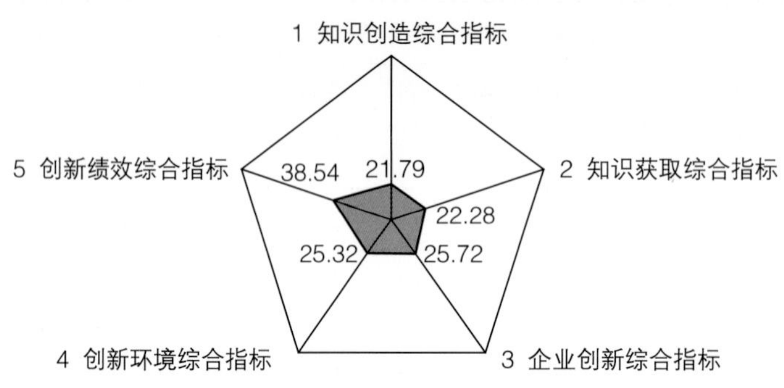

图4–3 天津市创新能力蛛网图

从基础数据看，天津市与国际机构的知识合作水平显著提升，每十万研发人员作者异国科技论文数增速达到 134.48%，教育经费支出和政府研发投入占 GDP 的比例增速也分别达到 50% 和 30% 以上。虽然高技术企业占比下降，但高技术产业新产品销售收入占比显著增加，此外，企业研发经费投入和研发产出等指标较上年有所下降（表 4–5，图 4–4）。

表4–5 天津市变化较大的指标

指标名称	2020 年	2019 年	增速（%）	2020 年排名	2019 年排名	排名变化
每十万研发人员作者异国科技论文数（篇）	68	29	134.48	13	29	16
教育经费支出占 GDP 的比例（%）	4.35	2.89	50.52	19	30	11
规模以上工业企业平均技术改造经费支出（万元）	107.5	84.9	26.62	7	16	9
高技术产业新产品销售收入占主营业务收入的比重（%）	40.66	30.93	31.46	7	13	6
平均每个科技企业孵化器当年毕业企业数（家）	5.03	4.49	12.03	17	19	2
政府研发投入占 GDP 的比例（%）	0.76	0.56	35.71	4	5	1
高技术企业数占规模以上工业企业数比重（%）	10.53	12.93	−18.56	7	4	−3
规模以上工业企业发明专利申请数（件）	4939	5463	−9.59	17	13	−4
规模以上工业企业研发活动经费内部支出总额占销售收入的比例（%）	1.40	1.49	−6.04	7	2	−5

续表

指标名称	2020 年	2019 年	增速（%）	2020 年排名	2019 年排名	排名变化
科技企业孵化器当年风险投资强度（万元／项）	147.54	203.25	−27.41	25	20	−5
每十万研发人员作者同省异单位科技论文数（篇）	1570	2301	−31.77	20	13	−7
技术市场企业平均交易额（按流向）（万元）	373.40	412.65	−9.51	18	10	−8

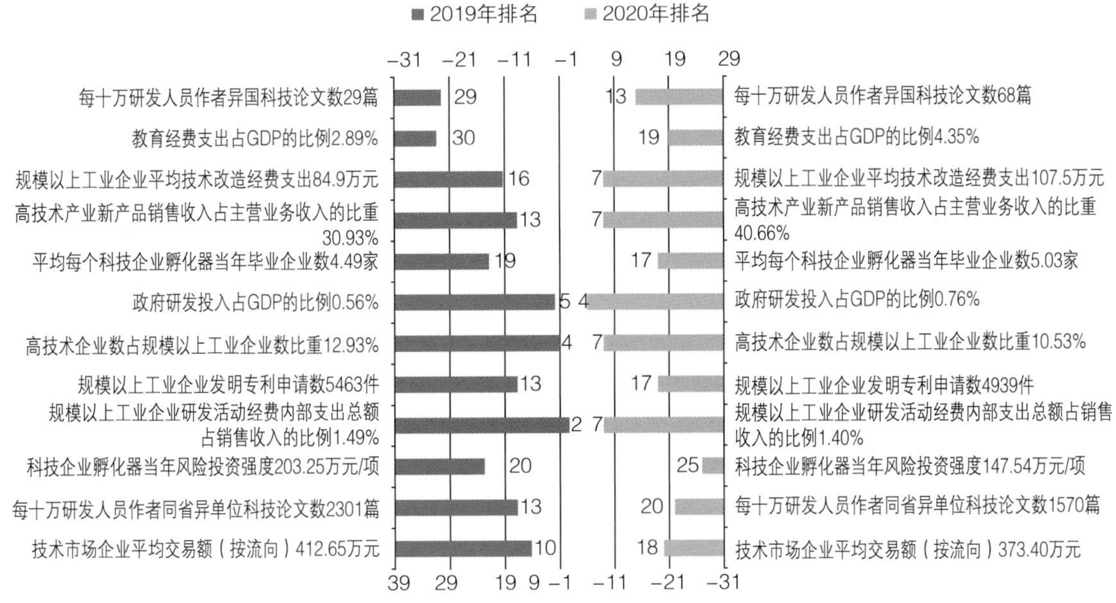

图4–4　2019—2020年天津市部分指标排名对比

根据中国企业联合会发布的数据显示，在 2019 中国企业 500 强榜单中，天津市有 5 家企业入围，比上年减少 2 家，入围企业数量连续 3 年下降（表 4–6）。

表4–6　天津市入围2019中国企业500强的企业

序号	企业名称	营业收入（亿元）	排名
1	天津荣程祥泰投资控股集团有限公司	690.01	266
2	天津泰达投资控股有限公司	599.78	300
3	渤海银行股份有限公司	534.40	329
4	天津友发钢管集团股份有限公司	531.47	331
5	天津银行股份有限公司	332.13	492

从全国排名看，天津市在 2020 年创新能力综合值排名下降 6 位，除创新环境排名保持

稳定外，其他 3 个领域排名均下降。作为以传统工业、制造业为基础的地区，转型升级势必面临着巨大的压力。未来，天津市应继续坚持创新发展理念，依托较好的知识获取能力和良好的创新氛围，发挥政府在创新中的主导地位，突破科技体制机制瓶颈问题制约，促进创新优势与产业优势的相互转化，积极培育科技创新主体，持续优化和完善创新生态环境，引领经济结构优化调整和发展方式转变。

4.3 河北省

2020 年，河北省创新能力排名全国第 19 位，比 2019 年排名上升 1 位，综合指标略有上升。分领域看，创新环境排名大幅上升，从第 19 位上升至第 10 位；创新绩效较上年上升了 2 位；而知识创造、知识获取、企业创新分别较 2019 年下降了 5 位、4 位、3 位，分别居全国第 27 位、第 24 位和第 18 位（表 4–7，图 4–5）。

表4–7 河北省创新能力综合指标

指标名称	2020 年综合指标		2020 年分项指标排名		
	指标值	排名	实力	效率	潜力
综合值	23.28	19	16	31	9
1 知识创造综合指标	15.19	27	17	29	19
1.1 研究开发投入综合指标	12.46	22	16	21	23
1.2 专利综合指标	17.41	26	18	29	12
1.3 科研论文综合指标	16.20	26	16	20	28
2 知识获取综合指标	12.97	24	16	27	10
2.1 科技合作综合指标	20.14	24	15	26	9
2.2 技术转移综合指标	17.50	10	13	17	3
2.3 外资企业投资综合指标	4.18	24	19	22	22
3 企业创新综合指标	24.88	18	13	20	8
3.1 企业研究开发投入综合指标	30.48	19	11	17	17
3.2 设计能力综合指标	22.04	15	15	27	3
3.3 技术提升能力综合指标	20.27	20	14	27	20
3.4 新产品销售收入综合指标	25.33	15	11	15	13

续表

指标名称	2020 年综合指标		2020 年分项指标排名		
	指标值	排名	实力	效率	潜力
4　创新环境综合指标	26.15	10	10	27	3
4.1　创新基础设施综合指标	36.25	8	5	23	5
4.2　市场环境综合指标	31.63	9	16	10	3
4.3　劳动者素质综合指标	37.99	8	9	21	6
4.4　金融环境综合指标	5.63	28	15	30	24
4.5　创业水平综合指标	19.25	21	12	30	11
5　创新绩效综合指标	31.51	23	27	23	14
5.1　宏观经济综合指标	27.79	18	13	24	19
5.2　产业结构综合指标	30.30	15	13	17	8
5.3　产业国际竞争力综合指标	15.09	27	20	25	15
5.4　就业综合指标	23.60	25	26	23	15
5.5　可持续发展与环保综合指标	60.76	23	28	20	3

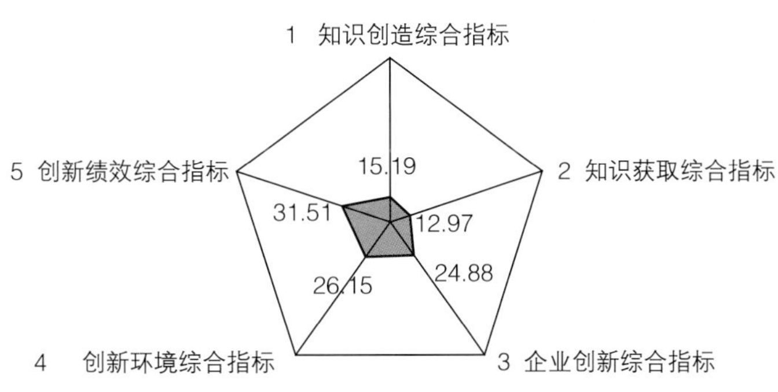

图4–5　河北省创新能力蛛网图

从基础数据看，河北省在科技企业孵化器基金及规模以上工业企业国内技术引进方面较为重视，尤其是科技企业孵化器孵化基金总额增速达到约 1.6 倍，排名由第 17 位上升至第 8 位。河北省内每十万研发人员作者同省异单位科技论文数在 2020 年大幅上升，增速达 41.41%，而每十万研发人员作者异国科技论文数大幅下降，排名由第13位下降至第30位(表 4–8，图 4–6)。

表4–8 河北省变化较大的指标

指标名称	2020 年	2019 年	增速（%）	2020 年排名	2019 年排名	排名变化
科技企业孵化器孵化基金总额（万元）	290940.9	112015.7	159.73	8	17	9
平均每个科技企业孵化器孵化基金额（万元）	1276.06	805.87	58.35	16	24	8
科技企业孵化器数量（个）	228	139	64.03	5	10	5
规模以上工业企业平均购买国内技术经费支出（万元）	4.38	2.02	116.83	19	24	5
规模以上工业企业购买国内技术经费支出（万元）	65386.1	29859.6	118.98	15	18	3
规模以上工业企业引进技术经费支出（万元）	35411.0	89303.8	−60.35	14	9	−5
规模以上工业企业平均引进技术经费支出（万元）	2.37	6.04	−60.76	16	13	−3
每十万研发人员作者同省异单位科技论文数（篇）	2380	1683	41.41	13	20	7
作者异国合作科技论文数（篇）	48	140	−65.71	22	11	−11
每十万研发人员作者异国科技论文数（篇）	28	75	−62.67	30	13	−17

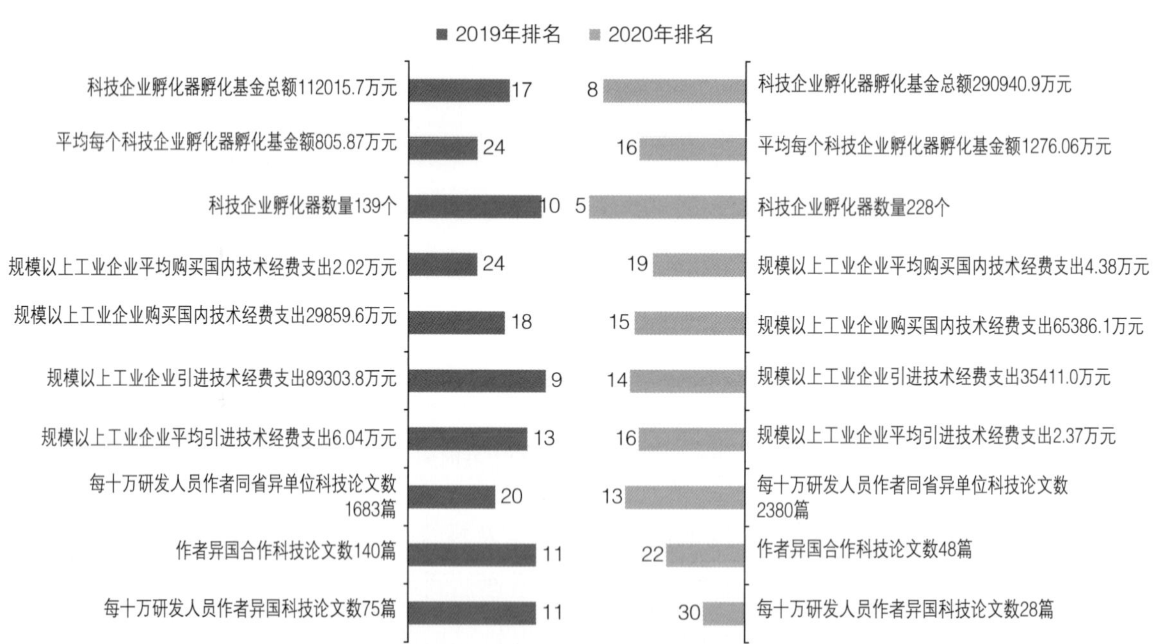

图4–6 2019—2020年河北省部分指标排名对比

根据中国企业联合会发布数据显示，在 2019 中国企业 500 强榜单中，河北省入围 23 家，较上年新增 1 家企业。新入围的敬业集团有限公司、开滦（集团）有限责任公司表现抢眼，分别排在第 217 位、第 250 位。整体来看，河北省入围的 500 强企业仍以传统重工业为主，虽营业收入保持稳步提升，但大部分企业排名有所下降（表4–9）。

表4–9 河北省入围2019中国企业500强的企业

序号	企业名称	营业收入（亿元）	排名
1	河钢集团有限公司	3368.24	55
2	冀中能源集团有限责任公司	2362.85	86
3	河北津西钢铁集团股份有限公司	1081.73	178
4	长城汽车股份有限公司	992.30	195
5	敬业集团有限公司	901.14	217
6	开滦（集团）有限责任公司	760.47	250
7	河北新华联合冶金控股集团有限公司	758.18	252
8	荣盛控股股份有限公司	728.42	255
9	金鼎钢铁集团有限公司	631.31	286
10	新奥能源控股有限公司	606.98	293
11	武安市文安钢铁有限公司	599.73	301
12	河北普阳钢铁有限公司	591.48	303
13	冀南钢铁集团有限公司	584.09	304
14	武安市裕华钢铁有限公司	541.04	325
15	河北省物流产业集团有限公司	528.94	334
16	东旭集团有限公司	518.60	338
17	河北建设集团股份有限公司	467.36	365
18	唐山港陆钢铁有限公司	464.64	368
19	武安市明芳钢铁有限公司	458.46	372
20	河北新金钢铁有限公司	450.87	378
21	三河汇福粮油集团有限公司	395.31	432
22	河北建工集团有限责任公司	371.75	454
23	晶龙实业集团有限公司	349.91	482

2020年，河北省大力培育创新主体、深化开放创新、优化创新生态，科技创新环境实现新突破，创新环境排名明显提升，创新绩效也稳步改进。2020年，河北省推出大数据产业

创新发展提升行动计划，致力于打造一批有国际竞争力的先进制造业集群，实现河北省经济转型与创新发展的双重目标。未来，河北省可以通过打造数字经济新优势，形成知识创造、知识获取、企业创新的新动能。

4.4 山西省

2020 年，山西省创新能力排名全国第 24 位，比上年上升 2 位。分领域看，企业创新和创新环境全国排名均有所上升，分别排名全国第 23 位和第 20 位；知识创造和创新绩效排名与上年相同，分别居第 30 位和第 19 位；知识获取排名略有下滑，排名全国第 23 位，比上年下降 1 位。(表 4–10，图 4–7)。

表4–10 山西省创新能力综合指标

指标名称	2020 年综合指标		2020 年分项指标排名		
	指标值	排名	实力	效率	潜力
综合值	21.51	24	22	26	11
1 知识创造综合指标	13.63	30	23	26	24
1.1 研究开发投入综合指标	9.80	26	23	25	21
1.2 专利综合指标	13.33	28	24	26	26
1.3 科研论文综合指标	21.89	18	21	14	7
2 知识获取综合指标	13.13	23	24	15	15
2.1 科技合作综合指标	23.57	18	21	10	8
2.2 技术转移综合指标	15.38	15	23	10	16
2.3 外资企业投资综合指标	3.62	26	23	24	14
3 企业创新综合指标	20.13	23	19	23	7
3.1 企业研究开发投入综合指标	21.78	22	19	23	13
3.2 设计能力综合指标	18.21	23	19	23	11
3.3 技术提升能力综合指标	19.80	21	22	13	24
3.4 新产品销售收入综合指标	20.86	18	19	18	2
4 创新环境综合指标	21.37	20	21	20	15
4.1 创新基础设施综合指标	30.45	14	19	15	10
4.2 市场环境综合指标	18.29	28	21	24	23

续表

指标名称	2020 年综合指标		2020 年分项指标排名		
	指标值	排名	实力	效率	潜力
4.3 劳动者素质综合指标	30.71	19	17	13	15
4.4 金融环境综合指标	6.28	25	23	24	10
4.5 创业水平综合指标	21.11	17	22	21	10
5 创新绩效综合指标	35.59	19	25	18	3
5.1 宏观经济综合指标	21.09	24	21	26	17
5.2 产业结构综合指标	27.37	18	20	23	2
5.3 产业国际竞争力综合指标	39.84	8	15	7	6
5.4 就业综合指标	30.56	21	28	21	10
5.5 可持续发展与环保综合指标	59.11	25	25	27	5

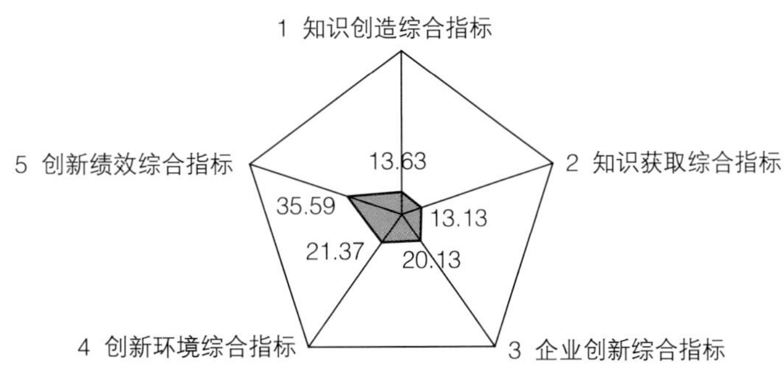

图4-7 山西省创新能力蛛网图

从基础数据看，山西省在与国际机构知识合作、政府和企业研发投入、高技术产业和创新创业载体培育等方面增长迅速，高技术企业占比增加、科技服务业的发展呈现良好的势头，在企业创新方面，规模以上工业企业有研发机构的企业占比全国排名上升，其平均国内技术成交金额增速达到 77.67%，但有电子商务交易活动的企业数占总企业数的比重有所下降（表 4–11，图 4–8）。

表4–11 山西省变化较大的指标

指标名称	2020 年	2019 年	增速（%）	2020 年排名	2019 年排名	排名变化
每十万研发人员作者异国科技论文数（篇）	71	60	18.33	12	21	9
科技服务业从业人员占第三产业从业人员比重（%）	3.15	3.06	2.94	21	28	7

续表

指标名称	2020 年	2019 年	增速（%）	2020 年排名	2019 年排名	排名变化
政府研发投入占 GDP 的比例（%）	0.18	0.14	28.57	24	28	4
高校和科研院所研发经费内部支出额中来自企业资金的比例（%）	14.21	13.81	2.90	8	12	4
每万名研发人员发明专利申请受理数（件）	920	735	25.17	25	28	3
规模以上工业企业平均购买国内技术经费支出（万元）	7.48	4.21	77.67	12	15	3
规模以上工业企业中有研发机构的企业占总企业数的比例（%）	9.52	9.49	0.32	10	13	3
规模以上工业企业发明专利申请数（件）	2416	1632	48.04	21	24	3
科技企业孵化器当年获风险投资额（万元）	19701.0	11380.5	73.11	21	24	3
高技术企业数占规模以上工业企业数比重（%）	4.39	3.60	21.94	26	29	3
有电子商务交易活动的企业数占总企业数的比例（%）	6.26	6.50	−3.69	26	25	−1
每亿元研发经费内部支出产生的发明专利申请数（件）	40	39	2.56	22	19	−3
技术市场交易金额（按流向）（万元）	2510500.38	2493192.00	0.69	20	14	−6

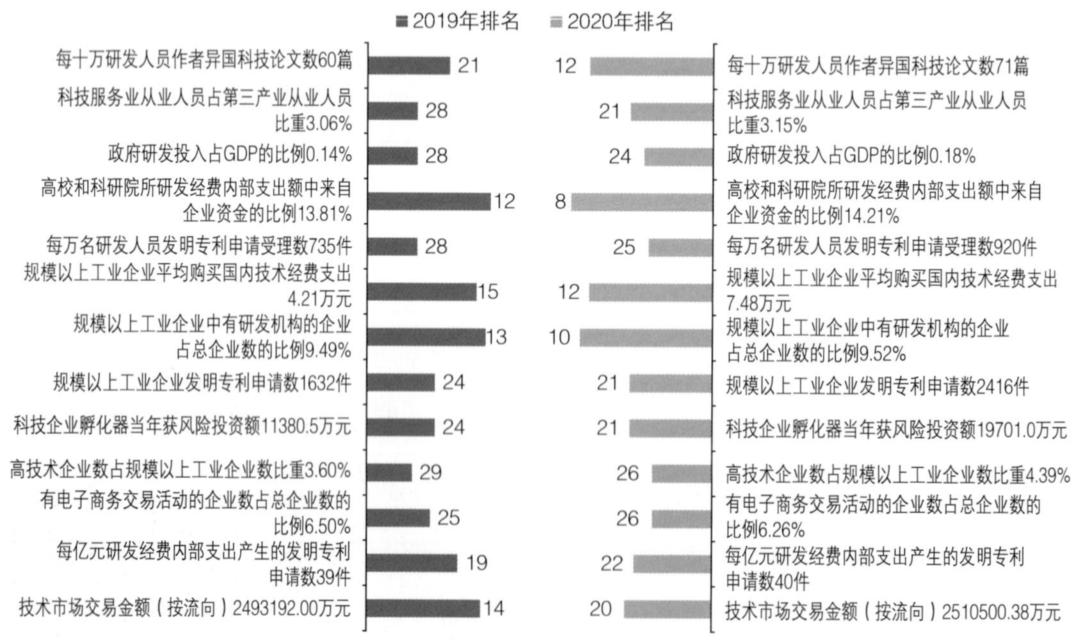

图4–8　2019—2020年山西省部分指标排名对比

根据中国企业联合会发布的数据显示，在 2019 中国企业 500 强榜单中，山西有 9 家企业入围，上榜企业数量与上年持平，企业名单也未发生变化。从企业性质来看，9 家企业全部为非民营企业；从经营范围来看，其中 7 家企业为煤炭领域能源企业（表 4–12）。

表4–12　山西省入围2019中国企业500强的企业

序号	企业名称	营业收入（亿元）	排名
1	山西潞安矿业（集团）有限责任公司	1775.42	110
2	山西焦煤集团有限责任公司	1765.65	111
3	大同煤矿集团有限责任公司	1765.14	112
4	阳泉煤业（集团）有限责任公司	1739.01	114
5	山西晋城无烟煤矿业集团有限责任公司	1709.55	117
6	晋能集团有限公司	1036.56	185
7	太原钢铁（集团）有限公司	785.58	246
8	山西煤炭进出口集团有限公司	551.47	321
9	山西建设投资集团有限公司	512.44	340

山西省围绕“三大目标”战略定位，确立创新驱动为核心发展战略，在一系列发展政策的助力下，激发了创新主体活力，营造了良好的创新生态，推动了科技管理向创新服务转变，经济增长和创新活力得到激发，综合创新能力稳步上升。未来，山西省应继续以创新发展为首要任务，进一步引导和促进产学研结合，以科技创新和产业创新为核心，促进产业结构调整，降低对资源的过度依赖，稳步实现经济社会的高质量发展。

4.5　内蒙古自治区

2020 年，内蒙古创新能力综合指标排名全国第 30 位，与上年持平。从分项指标来看，知识创造指标排名第 31 位，与上年相比没有变化；知识获取指标下降 2 位，至第 30 位；企业创新指标下降 2 位，至第 26 位；创新环境指标上升 3 位，至第 19 位；创新绩效指标下降 1 位，至第 24 位（表 4–13，图 4–9）。

表4-13　内蒙古自治区创新能力综合指标

指标名称	2020 年综合指标		2020 年分项指标排名		
	指标值	排名	实力	效率	潜力
综合值	17.82	30	26	29	27
1　知识创造综合指标	9.16	31	27	31	23
1.1　研究开发投入综合指标	5.69	30	26	29	28
1.2　专利综合指标	9.52	31	27	31	17
1.3　科研论文综合指标	15.37	27	27	19	13
2　知识获取综合指标	7.79	30	27	26	31
2.1　科技合作综合指标	12.63	31	27	29	30
2.2　技术转移综合指标	11.03	25	24	12	30
2.3　外资企业投资综合指标	1.74	29	27	24	29
3　企业创新综合指标	14.72	26	24	27	26
3.1　企业研究开发投入综合指标	14.93	23	22	22	28
3.2　设计能力综合指标	15.96	27	25	24	20
3.3　技术提升能力综合指标	13.79	29	28	24	29
3.4　新产品销售收入综合指标	13.46	25	22	24	10
4　创新环境综合指标	21.42	19	23	12	24
4.1　创新基础设施综合指标	35.34	9	25	3	20
4.2　市场环境综合指标	20.59	25	14	26	26
4.3　劳动者素质综合指标	28.08	23	23	10	20
4.4　金融环境综合指标	6.49	23	22	14	27
4.5　创业水平综合指标	16.59	27	25	24	16
5　创新绩效综合指标	31.22	24	31	17	19
5.1　宏观经济综合指标	22.83	22	20	11	28
5.2　产业结构综合指标	37.60	6	21	5	6
5.3　产业国际竞争力综合指标	25.97	15	23	21	1
5.4　就业综合指标	20.27	28	23	29	24
5.5　可持续发展与环保综合指标	49.43	30	27	26	29

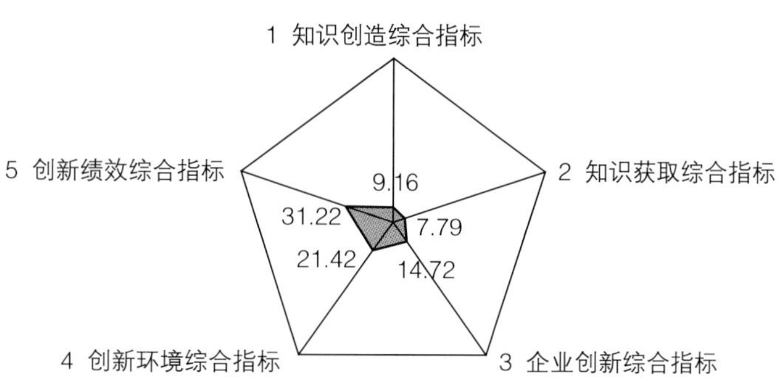

图4-9 内蒙古自治区创新能力蛛网图

从基础数据来看，内蒙古自治区在发明专利申请受理数方面增幅较大，排名第5位，上升了21位。在规模以上工业企业平均国内技术成交金额、研发人员平均发表的国内论文数、科技企业孵化器当年风险投资强度方面也有所提升，作者异国科技论文数增长率降幅明显，排名第28位，下降了26位（表4–14，图4–10）。

表4–14 内蒙古自治区表现较为突出的指标

指标名称	2020年	2019年	增速（%）	2020年排名	2019年排名	排名变化
每十万研发人员平均发表的国内论文数（篇）	10985	9556	14.95	11	19	8
发明专利申请受理数（不含企业）增长率（%）	35.70	9.16	289.74	5	26	21
规模以上工业企业平均购买国内技术经费支出（万元）	14.87	1.76	744.89	7	26	19
技术市场企业平均交易额（按流向）（万元）	379.20	439.95	−13.81	17	7	−10
作者异国科技论文数增长率（%）	−38.24	44.58	−185.78	28	2	−26
规模以上工业企业发明专利申请增长率（%）	14.14	21.72	−34.90	14	3	−11
规模以上工业企业有效发明专利增长率（%）	22.73	32.45	−29.95	19	8	−11
规模以上工业企业新产品销售收入增长率（%）	17.65	26.93	−34.46	10	5	−5
教育经费支出增长率（%）	10.27	8.27	24.18	28	24	−4
科技企业孵化器当年风险投资强度（万元／项）	237.47	140.81	68.65	13	28	15
平均每个科技企业孵化器当年毕业企业数（家）	5.08	9.50	−46.53	15	3	−12
高技术产业新产品销售收入占主营业务收入的比重（%）	52.11	36.41	43.12	4	8	4
高技术产品出口额增长率（%）	40.63	19.38	109.65	1	6	5

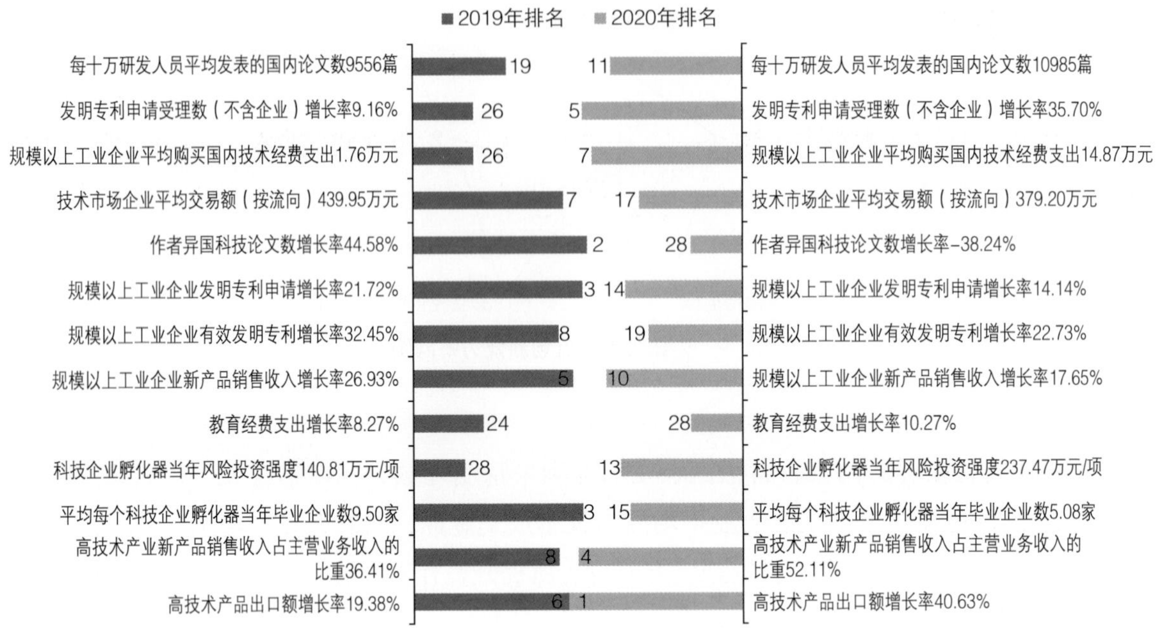

图4-10 2019—2020年内蒙古自治区部分指标排名对比

根据中国企业联合会发布数据显示，在 2019 中国企业 500 强榜单中，内蒙古入围 4 家企业，分别为包头钢铁（集团）有限责任公司、内蒙古电力（集团）有限责任公司、内蒙古伊利实业集团股份有限公司和内蒙古伊泰集团有限公司（表 4-15）。

表4-15 内蒙古自治区入选2019中国企业500强的企业

序号	企业名称	营业收入（亿元）	排名
1	包头钢铁（集团）有限责任公司	870.69	225
2	内蒙古电力（集团）有限责任公司	814.32	239
3	内蒙古伊利实业集团股份有限公司	795.53	243
4	内蒙古伊泰集团有限公司	557.61	320

近年来，内蒙古自治区创新能力排名靠后，产业转型升级和资源环境约束的压力不断加大，但在提升企业创新能力方面取得了一定的成效，企业平均国内技术成交金额、发明专利申请受理数及科技企业孵化器风险投资强度都显著增加。未来还需要进一步优化创新创业环境，提高知识创造能力，吸引中高端人才和创业团队入驻，培育壮大中小企业，为自治区发展注入持续动力。

4.6 辽宁省

2020 年，辽宁省创新能力排名全国第 17 位，相比 2019 年提高 2 位。分领域看，知识创造全国排名下降 2 位，至第 17 位；知识获取全国排名则上升 1 位，至第 5 位；企业创新全国排名第 13 位，较 2019 年上升 3 位；创新环境全国排名第 22 位，较 2019 年上升 7 位；创新绩效全国排名第 27 位，较 2019 年上升 2 位（表 4–16，图 4–11）。

表4–16　辽宁省创新能力综合指标

指标名称	2020 年综合指标		2020 年分项指标排名		
	指标值	排名	实力	效率	潜力
综合值	25.04	17	14	11	29
1　知识创造综合指标	22.22	17	13	13	25
1.1　研究开发投入综合指标	16.27	17	14	9	27
1.2　专利综合指标	22.92	20	14	16	25
1.3　科研论文综合指标	32.71	9	10	9	23
2　知识获取综合指标	25.03	5	7	4	18
2.1　科技合作综合指标	37.82	4	7	3	16
2.2　技术转移综合指标	16.36	11	11	11	17
2.3　外资企业投资综合指标	21.93	8	6	7	15
3　企业创新综合指标	27.50	13	14	12	20
3.1　企业研究开发投入综合指标	32.37	15	15	12	18
3.2　设计能力综合指标	22.01	16	14	16	19
3.3　技术提升能力综合指标	27.65	11	13	6	25
3.4　新产品销售收入综合指标	28.28	14	12	11	15
4　创新环境综合指标	21.11	22	15	14	30
4.1　创新基础设施综合指标	20.66	28	16	18	30
4.2　市场环境综合指标	34.55	8	9	8	18
4.3　劳动者素质综合指标	28.46	22	13	17	30
4.4　金融环境综合指标	4.95	29	20	23	29
4.5　创业水平综合指标	16.94	26	17	14	30

续表

指标名称	2020 年综合指标		2020 年分项指标排名		
	指标值	排名	实力	效率	潜力
5 创新绩效综合指标	29.01	27	28	24	26
5.1 宏观经济综合指标	24.11	20	15	13	27
5.2 产业结构综合指标	24.53	22	14	14	27
5.3 产业国际竞争力综合指标	20.96	18	16	20	11
5.4 就业综合指标	15.16	30	30	28	26
5.5 可持续发展与环保综合指标	60.28	24	22	24	13

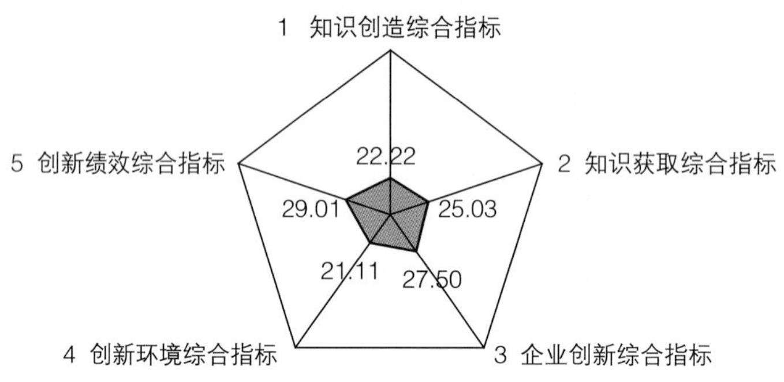

图4-11 辽宁省创新能力蛛网图

从基础数据看，辽宁省每亿元研发经费内部支出产生的发明专利申请数排名上升 7 位，每亿元研发经费内部支出产生的发明专利授权数排名下降 7 位，表明创新水平有所上升，但科技成果转化能力有待提高。规模以上工业企业中有研发机构的企业占总企业数的比例和规模以上工业企业新产品销售收入指标排名有所上升，而技术市场交易金额（按流向）、科技企业孵化器当年毕业企业数和规模以上工业企业研发活动经费内部支出总额占销售收入的比例指标则有所下降，表明辽宁省企业创新能力和创新环境有待加强（表 4–17，图 4–12）。

表4–17 辽宁省表现较为突出的指标

指标名称	2020 年	2019 年	增速 (%)	2020 年排名	2019 年排名	排名变化
每亿元研发经费内部支出产生的发明专利申请数（件）	44	36	22.22	18	25	7
每亿元研发经费内部支出产生的发明专利授权数（件）	15.6	17.9	–12.85	18	11	–7
技术市场交易金额（按流向）（万元）	2732167.6	2909887.0	–6.11	19	12	–7

续表

指标名称	2020 年	2019 年	增速 (%)	2020 年排名	2019 年排名	排名变化
规模以上工业企业研发活动经费内部支出总额占销售收入的比例（%）	1.08	1.17	−7.69	13	9	−4
规模以上工业企业中有研发机构的企业占总企业数的比例（%）	7.22	6.82	5.87	18	23	5
规模以上工业企业新产品销售收入（亿元）	4556.76	3696.20	23.28	12	16	4
科技企业孵化器当年毕业企业数（家）	410	516	−20.54	18	10	−8

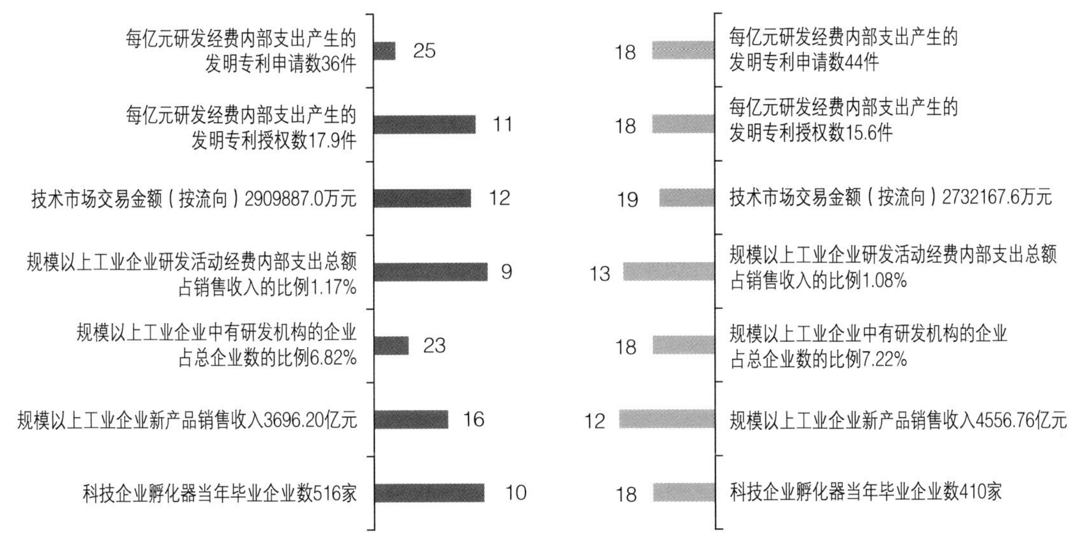

图4-12　2019—2020年辽宁省部分指标排名对比

根据中国企业联合会发布数据显示，在2019中国企业500强榜单中，辽宁省入围9家企业，较上年增加3家企业，分别为鞍钢集团有限公司、大连万达集团股份有限公司、华晨汽车集团控股有限公司、本钢集团有限公司、盘锦北方沥青燃料有限公司、辽宁嘉晨控股集团有限公司、盛京银行股份有限公司、福佳集团有限公司和环嘉集团有限公司（表4–18）。

表4-18 辽宁省入选2019中国企业500强的企业

序号	企业名称	营业收入（亿元）	排名
1	鞍钢集团有限公司	2157.67	99
2	大连万达集团股份有限公司	1807.70	108
3	华晨汽车集团控股有限公司	1529.68	127
4	本钢集团有限公司	633.66	284
5	盘锦北方沥青燃料有限公司	600.34	299
6	辽宁嘉晨控股集团有限公司	496.40	348
7	盛京银行股份有限公司	464.71	367
8	福佳集团有限公司	427.34	403
9	环嘉集团有限公司	421.45	410

辽宁省是东北地区经济体量最大的省份，也是最具经济活力的地区，拥有较好的产业发展基础，近年来企业创新能力有所提升，创新环境日渐改善，创新能力整体提高，这与辽宁省大力推进创新驱动发展战略密切相关，但在东北地区经济重振和复苏的大环境下，需破除科技体制机制障碍，强化并提升基础研究能力。

4.7 吉林省

2020 年，吉林省创新能力排名全国第 28 位，较 2019 年下降 1 位。分领域看，知识创造全国排名第 18 位，与 2019 年相比上升 1 位；知识获取排名第 14 位，较 2019 年上升 10 位；创新环境排名全国第 26 位，较 2019 年上升 2 位；企业创新和创新绩效指标分别下降了 3 位和 7 位，均排名全国第 29 位（表 4–19，图 4–13）。

表4-19 吉林省创新能力综合指标

指标名称	2020 年综合指标		2020 年分项指标排名		
	指标值	排名	实力	效率	潜力
综合值	19.20	28	22	22	28
1　知识创造综合指标	22.07	18	20	6	28
1.1　研究开发投入综合指标	9.04	27	21	13	30

续表

指标名称	2020年综合指标		2020年分项指标排名		
	指标值	排名	实力	效率	潜力
1.2 专利综合指标	30.25	16	20	6	15
1.3 科研论文综合指标	31.78	10	18	5	29
2 知识获取综合指标	16.13	14	20	12	4
2.1 科技合作综合指标	20.96	22	19	12	27
2.2 技术转移综合指标	26.19	4	17	5	1
2.3 外资企业投资综合指标	4.96	20	24	18	8
3 企业创新综合指标	12.85	29	23	30	27
3.1 企业研究开发投入综合指标	5.20	31	25	29	30
3.2 设计能力综合指标	18.20	24	23	21	14
3.3 技术提升能力综合指标	15.73	28	24	30	12
3.4 新产品销售收入综合指标	13.40	26	21	20	26
4 创新环境综合指标	19.43	26	24	23	20
4.1 创新基础设施综合指标	28.33	19	18	20	9
4.2 市场环境综合指标	21.35	22	29	15	20
4.3 劳动者素质综合指标	24.75	28	26	14	23
4.4 金融环境综合指标	6.53	22	19	29	8
4.5 创业水平综合指标	16.19	28	19	25	24
5 创新绩效综合指标	26.99	29	22	25	30
5.1 宏观经济综合指标	10.75	30	26	28	30
5.2 产业结构综合指标	17.28	28	24	21	28
5.3 产业国际竞争力综合指标	13.73	29	26	24	21
5.4 就业综合指标	16.23	29	21	26	31
5.5 可持续发展与环保综合指标	76.95	5	5	12	14

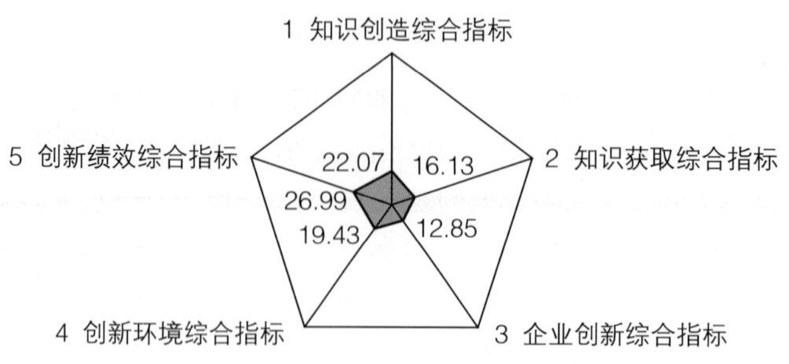

图4–13 吉林省创新能力蛛网图

从基础数据看，吉林省在研发投入强度和专利申请、论文发表方面均有较大的增幅，技术市场成交金额和规模以上工业企业研发人员平均发明专利申请数等指标增长幅度超过100%，但规模以上工业企业研发人员数量、高技术产业就业人数、国外技术引进金额和新产品销售收入都明显下滑（表 4–20，图 4–14）。

表4–20 吉林省变化较大的指标

指标名称	2020 年	2019 年	增速（%）	2020 年排名	2019 年排名	排名变化
政府研发投入占 GDP 的比例（%）	0.46	0.32	43.75	8	11	3
每亿元研发经费内部支出产生的发明专利申请数（件）	80	51	56.86	5	14	9
每十万研发人员平均发表的国际论文数（篇）	22569	16788	34.44	4	6	2
技术市场企业平均交易额（按流向）（万元）	852.59	292.46	191.52	4	20	16
规模以上工业企业平均购买国内技术经费支出（万元）	8.08	0.05	160.60	9	30	21
规模以上工业企业引进技术经费支出（万元）	4465.1	52282.0	−91.46	25	14	−11
规模以上工业企业研发人员数（人）	18216	38213	−52.33	25	20	−5
规模以上工业企业每万名研发人员平均发明专利申请数（件）	721	322	123.91	17	31	14
规模以上工业企业新产品销售收入（亿元）	1347.5	2774.7	−51.44	21	18	−3
科技企业孵化器数量（个）	112	94	19.15	14	14	0
教育经费支出占 GDP 的比例（%）	5.85	4.31	35.73	11	18	7
人均 GDP 水平（元）	41619	54838	24.11	28	13	−15
高技术产业新产品销售收入占主营业务收入的比重（%）	20.88	6.65	213.98	21	29	8
高技术产业从业人数占总就业人数的比例（%）	2.74	5.23	−47.61	22	16	−6

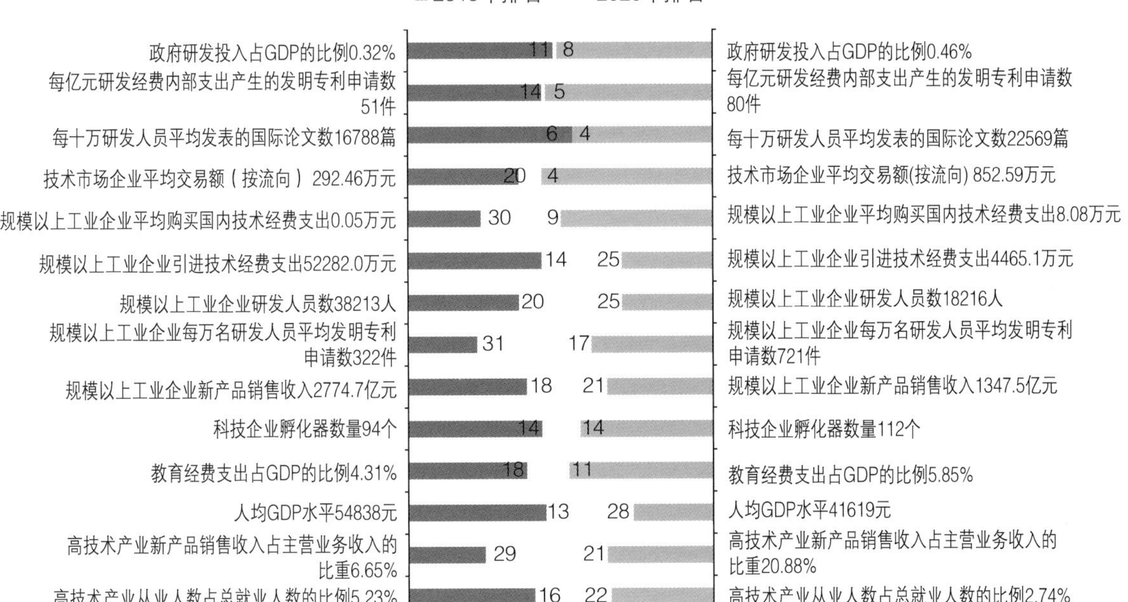

图4-14　2019—2020年吉林省部分指标排名对比

根据中国企业联合会发布数据显示，在2019中国企业500强榜单中，吉林省仅入围中国第一汽车集团有限公司1家企业（表4-21）。

表4-21　吉林省入围2019中国企业500强的企业

序号	企业名称	营业收入（亿元）	名次
1	中国第一汽车集团有限公司	5940.30	21

近年来，吉林省将区域创新与国家发展战略相融合，确定了深化科技体制改革、提升自主创新能力等议题，稳步推进长吉图国家科技成果转移转化示范区的建设，并将大数据、云计算、电商等产业作为吉林省产业发展的新增长点，促进新兴技术与制造业深度融合，企业加快数字化、智能化升级。过去两年，科技领域取得了不少新突破，科技创新硕果累累，如“吉林一号”、红旗H9等，并且在促进科技成果转化方面实施了一系列举措，如建设中科院（吉林）科技产业创新平台，组建吉林省科技成果转移转化共同体等，科技成果转化成效逐渐显现。

但总体来看，吉林省创新能力较上年有小幅下降，企业创新和创新绩效水平有待提升，企业研发能力也有待提升。在促进企业创新升级方面，应充分发挥企业在创新中的主体地位，全面落实创新驱动发展战略，促进产业结构调整和转型升级；政府应加大研发投入资金，进一步引导产学研合作，整合高校和企业的优势资源，激发科研人员科技创新活力。

4.8 黑龙江省

2020 年，黑龙江省创新能力排名全国第 29 位，较上年下降 1 位。分领域看，知识创造、知识获取均排名第 11 位，较上年分别上升 3 位、5 位；企业创新排名第 30 位，与上年持平；创新环境、创新绩效均排名第 31 位，较上年均下降 1 位（表 4–22，图 4–15）。

表4–22 黑龙江省创新能力综合指标

指标名称	2020 年综合指标		2020 年分项指标排名		
	指标值	排名	实力	效率	潜力
综合值	17.85	29	21	18	30
1 知识创造综合指标	24.33	11	18	3	31
1.1 研究开发投入综合指标	5.48	31	20	17	31
1.2 专利综合指标	32.57	11	19	4	27
1.3 科研论文综合指标	45.57	3	14	1	21
2 知识获取综合指标	18.04	11	18	5	26
2.1 科技合作综合指标	39.57	2	14	1	29
2.2 技术转移综合指标	15.68	13	22	8	24
2.3 外资企业投资综合指标	3.67	25	25	27	12
3 企业创新综合指标	9.81	30	25	29	30
3.1 企业研究开发投入综合指标	9.91	30	24	24	31
3.2 设计能力综合指标	7.98	30	24	29	28
3.3 技术提升能力综合指标	13.11	30	26	29	26
3.4 新产品销售收入综合指标	9.07	28	25	27	20
4 创新环境综合指标	16.71	31	19	30	29
4.1 创新基础设施综合指标	20.91	27	13	28	24
4.2 市场环境综合指标	22.35	19	18	16	21
4.3 劳动者素质综合指标	27.49	24	19	12	25
4.4 金融环境综合指标	5.97	26	21	13	31
4.5 创业水平综合指标	6.85	31	21	31	29
5 创新绩效综合指标	24.32	31	30	30	28
5.1 宏观经济综合指标	9.66	31	24	30	29

续表

指标名称	2020 年综合指标		2020 年分项指标排名		
	指标值	排名	实力	效率	潜力
5.2　产业结构综合指标	15.37	30	22	24	29
5.3　产业国际竞争力综合指标	14.99	28	27	26	14
5.4　就业综合指标	11.83	31	29	31	28
5.5　可持续发展与环保综合指标	69.74	14	14	21	10

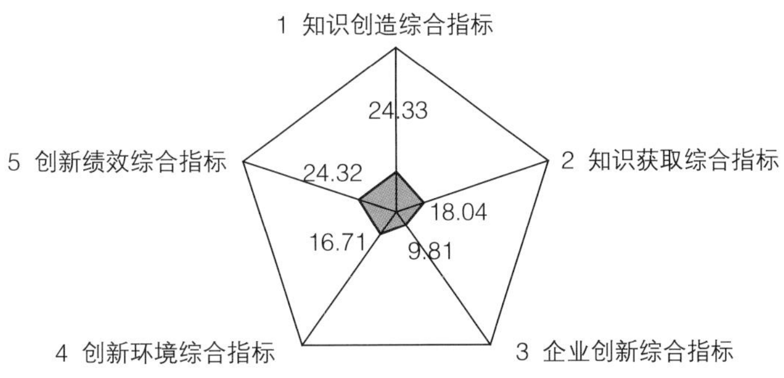

图4–15　黑龙江省创新能力蛛网图

从基础数据看，黑龙江省规模以上工业企业国内技术成交金额高速增长，达到上年的 8 倍，排名由第 22 位上升至第 7 位，规模以上工业企业平均国内技术成交金额排名上升至第 3 位。黑龙江省在规模以上工业企业平均技术改造经费支出方面较为重视，但规模以上工业企业平均研发经费外部支出却有所下降（表 4–23，图 4–16）。

表4–23　黑龙江省变化较大的指标

指标名称	2020 年	2019 年	增速（%）	2020 年排名	2019 年排名	排名变化
规模以上工业企业购买国内技术经费支出（万元）	141566.0	15677.7	802.98	7	22	15
规模以上工业企业平均购买国内技术经费支出（万元）	37.85	4.20	801.19	3	16	13
规模以上工业企业平均技术改造经费支出（万元）	82.9	59.4	39.56	16	24	8
按目的地和货源地划分进出口总额占 GDP 比重（%）	12.21	7.11	71.73	18	25	7
每亿元研发经费内部支出产生的发明专利申请数（件）	80	61	31.15	5	8	3
规模以上工业企业技术改造经费支出（万元）	310157	221465	40.05	25	27	2
规模以上工业企业引进技术经费支出（万元）	5707.7	15075.1	−62.14	24	22	−2
规模以上工业企业平均引进技术经费支出（万元）	1.53	4.04	−62.13	21	16	−5

续表

指标名称	2020 年	2019 年	增速（%）	2020 年排名	2019 年排名	排名变化
规模以上工业企业平均研发经费外部支出（万元）	11.63	19.98	−41.79	21	12	−9
规模以上工业企业研发活动经费内部支出总额占销售收入的比例（%）	0.65	0.95	−31.58	24	14	−10

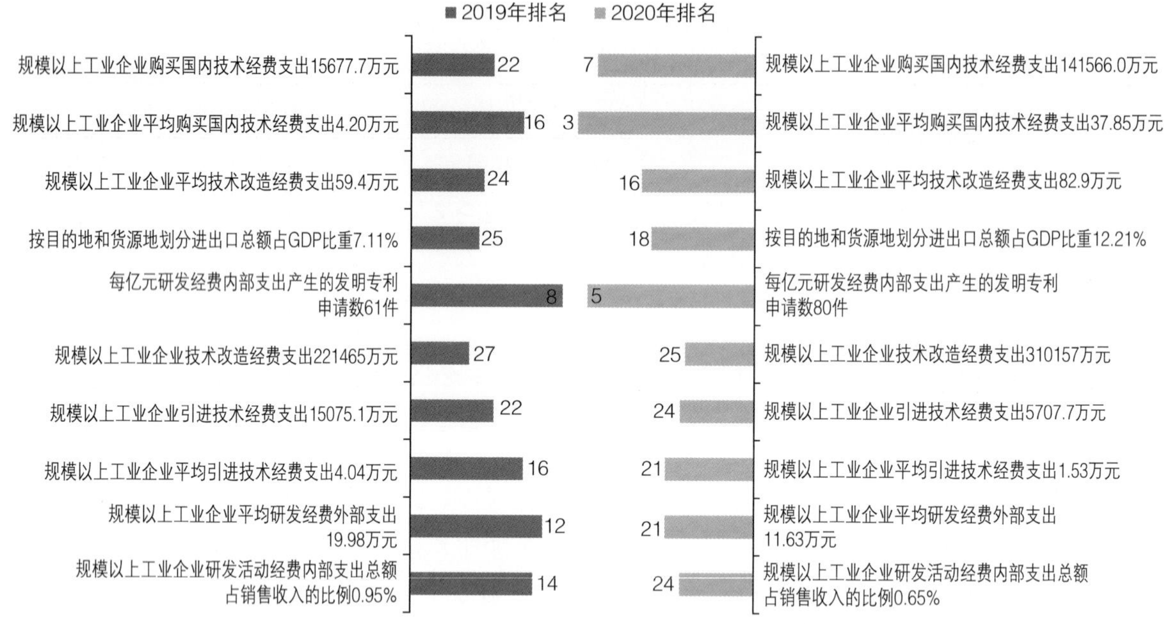

图4–16　2019—2020年黑龙江省部分指标排名对比

根据中国企业联合会发布数据显示，在 2019 中国企业 500 强榜单中，有 1 家企业入围，较上年减少 1 家企业（表 4–24）。

表4–24　黑龙江省入围2019中国企业500强的企业

序号	企业名称	营业收入（亿元）	排名
1	黑龙江北大荒农垦集团总公司	1160.10	161

近年来，黑龙江省大力深化体制机制改革，加快实施创新驱动发展的战略部署。通过引导资源向实体经济和创新体系聚集，黑龙江省科技型企业数量和质量稳步提升，在知识获取与知识创造方面稳步前进。未来，黑龙江省应持续推进产业转型升级，推动新兴产业多点支撑、多元发展的产业发展格局，构建良好创新环境，鼓励企业研发投入和科技成果转化，支持企业持续创新发展。

4.9 上海市

2020 年，上海市创新能力综合指标连续 12 年排名全国第 4 位。分领域看，上海市知识获取排名仍然居全国首位；知识创造和创新绩效均排名全国第 4 位，较上年未发生变化；企业创新和创新环境排名均较上年下降 2 位，分别排名全国第 7 位和第 4 位（表 4–25，图 4–17）。

表4–25 上海市创新能力综合指标

指标名称	2020 年综合指标		2020 年分项指标排名		
	指标值	排名	实力	效率	潜力
综合值	44.59	4	5	2	24
1 知识创造综合指标	42.08	4	5	2	18
1.1 研究开发投入综合指标	44.88	3	4	2	16
1.2 专利综合指标	38.67	6	6	9	21
1.3 科研论文综合指标	43.31	4	3	7	17
2 知识获取综合指标	56.83	1	2	1	16
2.1 科技合作综合指标	35.36	5	3	13	15
2.2 技术转移综合指标	59.51	1	2	1	7
2.3 外资企业投资综合指标	70.92	1	3	1	27
3 企业创新综合指标	39.92	7	6	3	24
3.1 企业研究开发投入综合指标	42.04	8	10	7	23
3.2 设计能力综合指标	32.11	6	6	4	27
3.3 技术提升能力综合指标	43.93	4	5	2	19
3.4 新产品销售收入综合指标	44.46	5	5	3	17
4 创新环境综合指标	35.88	6	6	2	27
4.1 创新基础设施综合指标	29.22	18	12	5	27
4.2 市场环境综合指标	58.63	2	3	1	27
4.3 劳动者素质综合指标	39.65	7	12	4	18
4.4 金融环境综合指标	31.04	4	5	3	14
4.5 创业水平综合指标	20.86	18	14	16	28
5 创新绩效综合指标	54.00	4	3	2	15

续表

指标名称	2020 年综合指标		2020 年分项指标排名		
	指标值	排名	实力	效率	潜力
5.1　宏观经济综合指标	63.24	4	10	2	19
5.2　产业结构综合指标	35.60	9	7	9	18
5.3　产业国际竞争力综合指标	47.70	6	3	6	26
5.4　就业综合指标	37.68	7	12	12	9
5.5　可持续发展与环保综合指标	85.78	3	6	4	2

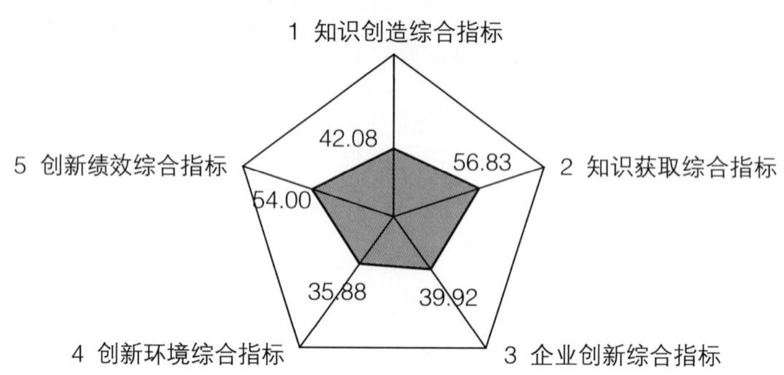

图4–17　上海市创新能力蛛网图

从基础数据看，上海市在知识获取方面优势明显，多项指标居全国首位，技术研发水平指标、企业研发人员和基础设施投入、高技术产业发展等指标表现抢眼，规模以上工业企业国内技术成交金额较上年增长 115.13%，但企业研发经费投入指标排名下降较大（表 4–26，图 4–18）。

表4–26　上海市变化较大的指标

指标名称	2020 年	2019 年	增速（%）	2020 年排名	2019 年排名	排名变化
每万名研发人员发明专利申请受理数（件）	1851	1613	14.76	6	9	3
高技术产业新产品销售收入（亿元）	1409.65	1176.02	19.87	10	13	3
规模以上工业企业研发人员数（人）	120599	120229	0.31	10	12	2
规模以上工业企业中有研发机构的企业占总企业数的比例（%）	7.07	6.87	2.91	20	22	2
高技术产业新产品销售收入占主营业务收入的比重（%）	18.63	16.13	15.50	22	24	2

续表

指标名称	2020 年	2019 年	增速（%）	2020 年排名	2019 年排名	排名变化
规模以上工业企业购买国内技术经费支出（万元）	464984.7	216143.6	115.13	2	3	1
规模以上工业企业研发经费外部支出（万元）	607862.8	717514	−15.28	4	2	−2
科技企业孵化器孵化基金总额（万元）	1083225.4	1151062.9	−5.89	5	2	−3
技术市场企业平均交易额（按流向）（万元）	337.50	314.26	7.40	23	18	−5
规模以上工业企业研发活动经费内部支出总额占销售收入的比例（%）	1.39	1.42	−2.11	8	3	−5

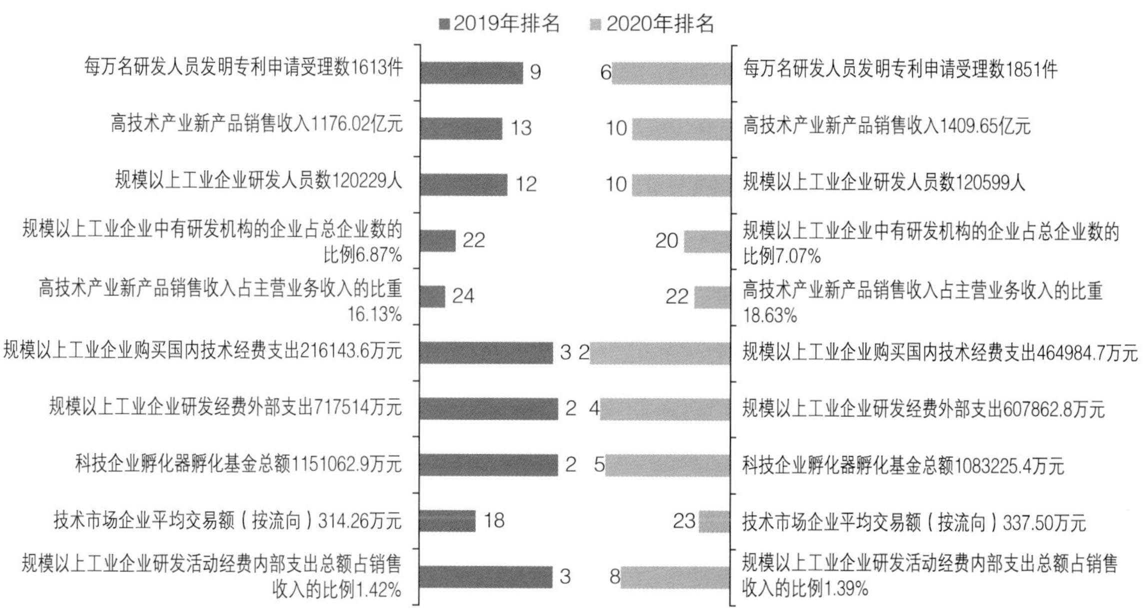

图4-18 2019—2020年上海市部分指标排名对比

根据中国企业联合会发布的数据显示，在 2019 中国企业 500 强榜单中上海市共 31 家企业入围，较上年增加 3 家，入围企业经营范围集中在制造、金融、保险、服务贸易和生物医药领域，主要以第三产业为主（表 4-27）。

表4-27 上海市入围2019中国企业500强的前20家企业

序号	企业名称	营业收入（亿元）	排名
1	上海汽车集团股份有限公司	9021.94	9
2	中国宝武钢铁集团有限公司	4386.20	40

续表

序号	企业名称	营业收入（亿元）	排名
3	交通银行股份有限公司	4340.46	41
4	中国太平洋保险（集团）股份有限公司	3543.63	49
5	绿地控股集团股份有限公司	3484.26	50
6	上海浦东发展银行股份有限公司	3343.82	56
7	上海建工集团股份有限公司	1705.46	118
8	上海医药集团股份有限公司	1590.84	122
9	光明食品（集团）有限公司	1580.08	123
10	东浩兰生（集团）有限公司	1543.44	125
11	中国东方航空集团有限公司	1279.49	144
12	上海电气（集团）总公司	1145.28	163
13	东方国际（集团）有限公司	1114.78	167
14	复星国际有限公司	1093.52	174
15	上海均和集团有限公司	1040.44	184
16	上海钢联电子商务股份有限公司	960.55	200
17	上海银行股份有限公司	898.28	219
18	上海永达控股（集团）有限公司	695.18	263
19	互诚信息技术（上海）有限公司	652.27	277
20	百联集团有限公司	625.89	288

总体来看，上海市作为改革开放排头兵、创新发展先行者，依托高水平的开放格局和良好的金融环境，集聚国内外创新资源，形成了良好的知识创造和知识获取能力，科技对经济发展的贡献稳步提高，科技创新策源能力和国际影响力不断提升。在打造具有全球影响力的科创中心的进程中，上海市需进一步提升企业创新能力，充分发挥企业的主体地位，营造良好创新创业环境，培育创新主体，激发企业创新活力。面向世界科技前沿和国家战略需求提升创新策源能力，充分激发各类创新主体的活力和动力，提升城市辐射能级。

4.10 江苏省

2020 年，江苏省创新能力排名全国第 3 位，较上年没有变化。分领域看，企业创新、创新绩效排名全国第 2 位；创新环境排名全国第 3 位；知识获取排名全国第 4 位，较上年没有变化；知识创造排名全国第 3 位，较上年下降 1 位（表 4–28，图 4–19）。

表4–28 江苏省创新能力综合指标

指标名称	2020 年综合指标		2020 年分项指标排名		
	指标值	排名	实力	效率	潜力
综合值	49.59	3	2	5	22
1 知识创造综合指标	45.38	3	3	9	17
1.1 研究开发投入综合指标	38.39	4	3	6	13
1.2 专利综合指标	56.12	4	2	11	24
1.3 科研论文综合指标	37.86	5	2	21	15
2 知识获取综合指标	34.85	4	4	9	28
2.1 科技合作综合指标	38.56	3	2	17	21
2.2 技术转移综合指标	19.08	8	4	25	26
2.3 外资企业投资综合指标	43.91	3	2	5	26
3 企业创新综合指标	58.53	2	2	6	21
3.1 企业研究开发投入综合指标	83.30	2	2	1	16
3.2 设计能力综合指标	46.63	3	2	7	17
3.3 技术提升能力综合指标	39.43	5	2	20	30
3.4 新产品销售收入综合指标	58.32	3	2	5	22
4 创新环境综合指标	44.12	3	2	10	25
4.1 创新基础设施综合指标	40.74	5	2	25	26
4.2 市场环境综合指标	54.53	4	4	5	8
4.3 劳动者素质综合指标	42.53	5	2	29	26
4.4 金融环境综合指标	33.33	2	2	7	23
4.5 创业水平综合指标	49.47	3	2	9	25
5 创新绩效综合指标	59.45	2	2	3	22
5.1 宏观经济综合指标	76.20	1	2	3	17
5.2 产业结构综合指标	47.92	2	2	11	24
5.3 产业国际竞争力综合指标	54.94	4	2	9	19
5.4 就业综合指标	53.50	2	2	2	18
5.5 可持续发展与环保综合指标	64.69	20	29	5	15

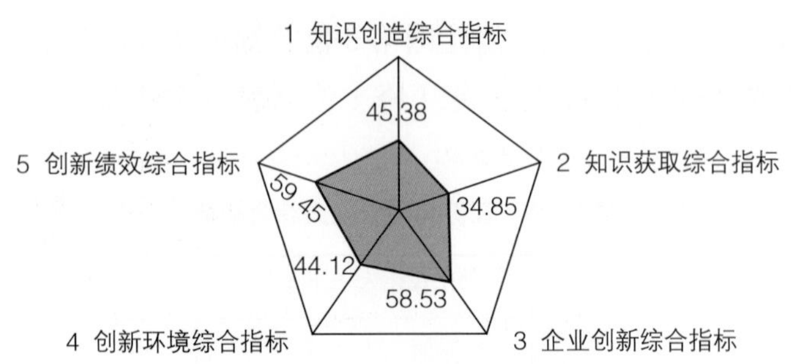

图4–19　江苏省创新能力蛛网图

从基础指标看，江苏省政府研发投入和研发强度相对上年有较大的增长，政府研发投入占 GDP 的比例增速 22.73%，排名上升 3 位，但研发经费产生的发明专利授权数和研发人员平均发表的国内论文数同比有所下降。技术市场交易金额、规模以上工业企业的研发人员比重和研发产出都有增长，每万名研发人员平均发明专利申请数量增速 15.59%，排名提升了 3 位，但与广东省仍有一定的差距。科技企业相关指标也表现较好，科技企业孵化器数量和孵化器获风险投资额都增长较大（表 4–29，图 4–20）。

表4–29　江苏省变化较大的指标

指标名称	2020 年	2019 年	增速（%）	2020 年排名	2019 年排名	排名变化
政府研发投入占 GDP 的比例（%）	0.27	0.22	22.73	15	18	3
每亿元研发经费内部支出产生的发明专利授权数（件）	16.8	18.4	−8.70	12	10	−2
每十万研发人员平均发表的国内论文数（篇）	5346	6126	−12.73	26	26	0
高校和科研院所研发经费内部支出额中来自企业的资金（万元）	483552	431781	11.99	2	2	0
技术市场交易金额（按流向）（万元）	14386429.9	9195511.0	56.45	3	3	0
规模以上工业企业就业人员中研发人员比例（%）	6.73	5.71	17.86	4	5	1
规模以上工业企业每万名研发人员平均发明专利申请数（件）	897	776	15.59	7	10	3
科技企业孵化器数量（个）	695	610	13.93	2	2	0
科技企业孵化器当年获风险投资额（万元）	940841.7	640441.9	46.91	4	4	0
平均每个科技企业孵化器孵化基金额（万元）	1859.06	1716.10	8.33	10	13	3
人均 GDP 水平（元）	115771	107150	8.05	3	4	1
高技术产业新产品销售收入占主营业务收入的比重（%）	33.67	27.72	21.46	13	15	2
高技术产业就业人数（人）	2219628	2435094	−8.85	2	2	0

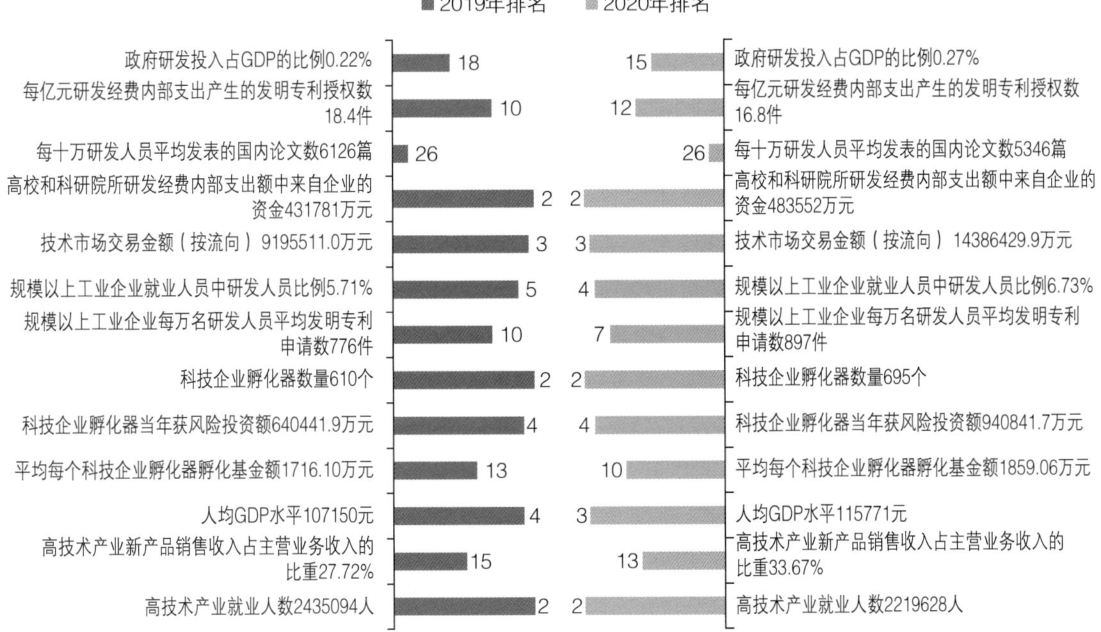

图4-20　2019—2020年江苏省部分指标排名对比

根据中国企业联合会发布数据显示，在2019中国企业500强榜单中，江苏省共有49家企业入榜，比上一年少4家企业。500强企业包括苏宁控股、太平洋建设集团、恒力集团、江苏沙钢等（表4-30），大多数属于制造业企业。江苏省大企业的结构较为均衡，国有企业和民营企业都很发达，但仍然缺乏引领型的科技型企业。

表4-30　江苏省入围2019中国企业500强的前20家企业

序号	企业名称	营业收入（亿元）	排名
1	苏宁控股集团	6024.56	19
2	太平洋建设集团有限公司	5729.81	24
3	恒力集团有限公司	3717.36	46
4	江苏沙钢集团有限公司	2410.45	85
5	中南控股集团有限公司	2225.43	94
6	盛虹控股集团有限公司	1434.80	132
7	中天钢铁集团有限公司	1250.33	148
8	南通三建控股有限公司	1223.56	150
9	海澜集团有限公司	1200.59	156
10	南京钢铁集团有限公司	1182.06	157

续表

序号	企业名称	营业收入（亿元）	排名
11	协鑫集团有限公司	1118.16	166
12	亨通集团有限公司	1019.82	187
13	无锡产业发展集团有限公司	930.54	207
14	江苏悦达集团有限公司	914.66	211
15	江阴澄星实业集团有限公司	863.41	228
16	福中集团有限公司	853.79	231
17	扬子江药业集团	805.68	242
18	弘阳集团有限公司	763.24	249
19	三房巷集团有限公司	675.54	268
20	红豆集团有限公司	663.29	273

近几年，江苏省加快推进科技与产业融合，充分发挥科技创新对制造强省建设的支撑引领作用，注重推动民营企业创新发展，具有较强的企业创新能力和良好的创新绩效，知识创造和知识获取等方面也得到了均衡发展。在经历创新能力高速发展时期以后，江苏创新能力发展趋于平稳，未来的发展要重视创新效率的提升，加快产业结构转型，培育创新型产业集群，实现新一轮的创新增长。

4.11 浙江省

2020 年，浙江省创新能力排名全国第 5 位，与上年持平。分领域看，知识创造、企业创新分别排名全国第 5 位、第 3 位，与上年持平；知识获取上升 1 位，至第 7 位；创新环境上升 1 位，至第 4 位；创新绩效排名全国第 5 位，较上年提升 2 位（表 4–31，图 4–21）。

表4–31 浙江省创新能力综合指标

指标名称	2020 年综合指标		2020 年分项指标排名		
	指标值	排名	实力	效率	潜力
综合值	40.32	5	4	6	18
1 知识创造综合指标	40.00	5	4	8	12
1.1 研究开发投入综合指标	33.51	5	5	5	11

续表

指标名称	2020 年综合指标		2020 年分项指标排名		
	指标值	排名	实力	效率	潜力
1.2 专利综合指标	59.02	3	4	5	7
1.3 科研论文综合指标	14.91	28	9	30	30
2 知识获取综合指标	22.29	7	5	11	19
2.1 科技合作综合指标	28.33	10	8	15	20
2.2 技术转移综合指标	15.44	14	6	26	11
2.3 外资企业投资综合指标	22.89	7	5	8	19
3 企业创新综合指标	49.96	3	3	5	17
3.1 企业研究开发投入综合指标	69.60	3	3	2	12
3.2 设计能力综合指标	25.61	11	4	25	12
3.3 技术提升能力综合指标	38.42	6	4	16	18
3.4 新产品销售收入综合指标	68.57	2	3	1	19
4 创新环境综合指标	37.02	4	5	9	12
4.1 创新基础设施综合指标	40.85	4	4	9	16
4.2 市场环境综合指标	46.74	6	5	6	7
4.3 劳动者素质综合指标	42.06	6	5	19	9
4.4 金融环境综合指标	18.12	7	6	12	15
4.5 创业水平综合指标	37.34	5	3	13	18
5 创新绩效综合指标	46.16	5	5	8	18
5.1 宏观经济综合指标	58.57	5	4	4	13
5.2 产业结构综合指标	47.62	3	4	3	23
5.3 产业国际竞争力综合指标	18.36	22	8	23	17
5.4 就业综合指标	39.37	6	15	4	11
5.5 可持续发展与环保综合指标	66.86	17	23	11	22

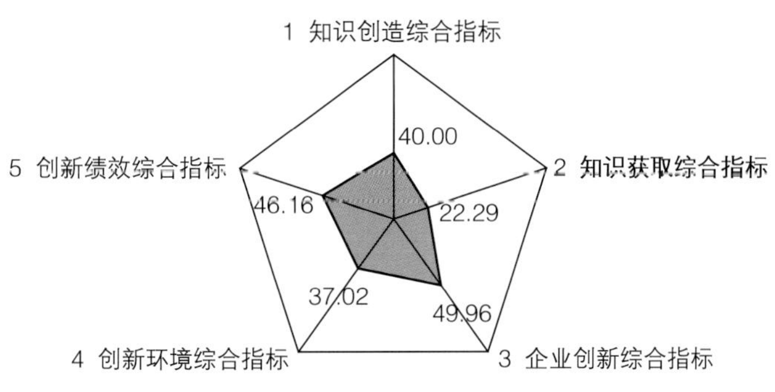

图4-21 浙江省创新能力蛛网图

从基础指标看，浙江省知识创造增幅明显，规模以上工业企业平均研发经费外部支出增长 51.93%，排名上升了 10 位；每亿元研发经费内部支出产生的发明专利申请数、每万名研发人员发明专利申请受理数、发明专利申请受理数等指标排名都有一定上升，说明浙江省发明专利等知识创造能力稳步增长，且研发投入产出效率有所提高（表 4–32，图 4–22）。

表4–32 浙江省变化较大的指标

指标名称	2020 年	2019 年	增速（%）	2020 年排名	2019 年排名	排名变化
平均每个科技企业孵化器孵化基金额（万元）	2926.61	4796.12	−38.98	7	6	−1
每亿元研发经费内部支出产生的发明专利授权数（件）	22.5	22.7	−0.88	6	5	−1
每亿元研发经费内部支出产生的发明专利申请数（件）	80	61	31.15	5	8	3
技术市场企业平均交易额（按流向）（万元）	337.38	254.75	32.44	24	24	0
每万名研发人员发明专利申请受理数（件）	1834	1381	32.80	7	10	3
科技企业孵化器数量（个）	321	235	36.6	4	4	0
规模以上工业企业平均购买国内技术经费支出（万元）	5.11	3.53	44.76	18	18	0
规模以上工业企业购买国内技术经费支出（万元）	207200.2	140840.9	47.12	5	4	−1
发明专利申请受理数（不含企业）（件）	115083	77158	49.15	2	4	2
规模以上工业企业平均研发经费外部支出（万元）	14.95	9.84	51.93	16	26	10
技术市场交易金额（按流向）（万元）	7176735.4	4698659.0	52.74	7	9	2

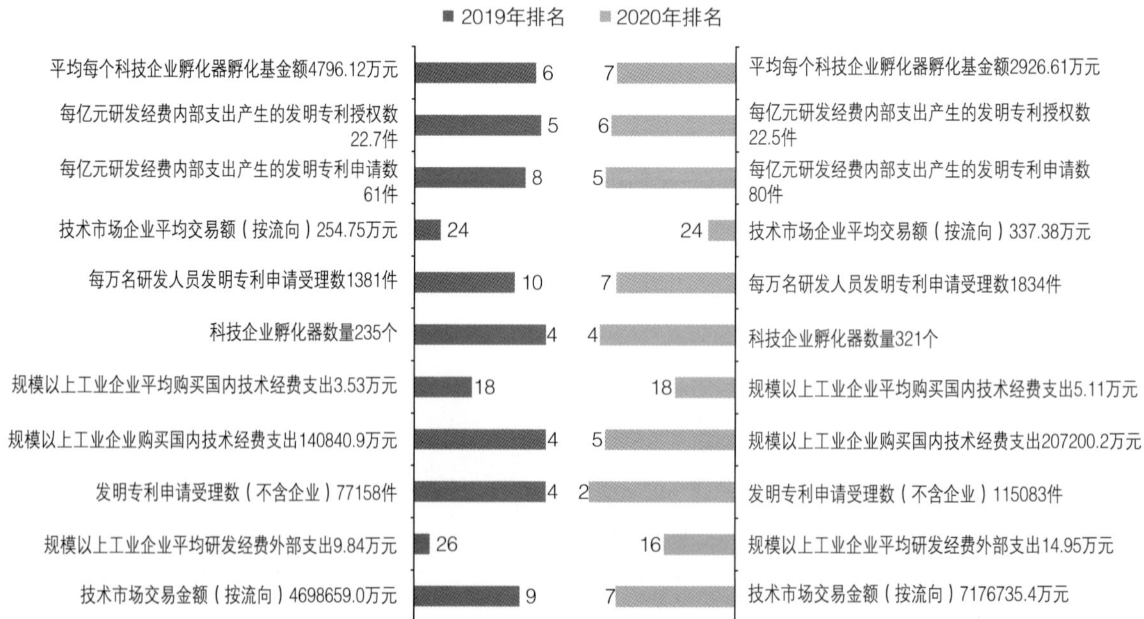

图4–22 2019—2020年浙江省部分指标排名对比

根据中国企业联合会发布数据显示，在2019中国企业500强榜单中，浙江省入围43家企业，以民营企业为主，包括阿里巴巴、吉利控股、物产中大等企业（表4–33）。

表4–33 浙江省入围2019中国企业500强的前20家企业

序号	企业名称	营业收入（亿元）	排名
1	阿里巴巴集团控股有限公司	3768.44	45
2	浙江吉利控股集团有限公司	3285.21	58
3	物产中大集团股份有限公司	3005.38	64
4	青山控股集团有限公司	2265.01	90
5	海亮集团有限公司	1736.42	115
6	浙江恒逸集团有限公司	1473.93	130
7	浙江省交通投资集团有限公司	1376.91	135
8	天能电池集团有限公司	1320.86	139
9	浙江荣盛控股集团有限公司	1286.00	143
10	超威集团	1203.24	154
11	万向集团公司	1121.00	165
12	浙江省兴合集团有限责任公司	1105.11	169
13	杭州钢铁集团有限公司	1031.49	186
14	杭州汽轮动力集团有限公司	953.26	202
15	浙江省能源集团有限公司	936.47	204
16	中天控股集团有限公司	900.16	218
17	杭州锦江集团有限公司	889.94	221
18	雅戈尔集团股份有限公司	879.26	222
19	奥克斯集团有限公司	860.03	229
20	传化集团有限公司	851.33	232

总体上看，浙江省创新氛围活跃，创业文化浓厚，民营经济发达，具有良好的企业创新能力。近年来，浙江省在互联网、云计算、大数据等新一代信息技术领域取得很大成就，电子商业、共享经济等迅速拉动当地创新经济发展。浙江应进一步发挥数字经济、互联网产业优势，以阿里巴巴等大型民营企业为核心，建立创新生态系统，拉动中小企业共同发展。

4.12 安徽省

2020 年安徽省创新能力排名全国第 8 位，比 2019 年上升 2 位。从分项指标看，实力指标排名第 9 位，效率指标排名第 9 位，潜力指标排名第 15 位。从指标维度看，知识创造排名第 7 位，较上年上升 1 位；知识获取排名第 29 位，与上年持平；企业创新排名第 5 位，较上年上升 2 位；创新环境排名第 21 位，较上年上升 2 位；创新绩效排名第 12 位，较上年上升 2 位（表 4–34，图 4–23）。

表4–34 安徽省创新能力综合指标

指标名称	2020 年综合指标		2020 年分项指标排名		
	指标值	排名	实力	效率	潜力
综合值	30.67	8	9	9	15
1 知识创造综合指标	32.47	7	8	5	16
1.1 研究开发投入综合指标	17.02	16	10	14	18
1.2 专利综合指标	55.78	5	5	2	11
1.3 科研论文综合指标	16.75	22	15	24	25
2 知识获取综合指标	9.78	29	17	31	23
2.1 科技合作综合指标	16.89	26	17	31	24
2.2 技术转移综合指标	7.53	29	15	31	25
2.3 外资企业投资综合指标	6.15	17	18	17	10
3 企业创新综合指标	42.33	5	5	4	13
3.1 企业研究开发投入综合指标	47.42	5	5	9	9
3.2 设计能力综合指标	42.67	4	5	3	21
3.3 技术提升能力综合指标	31.90	8	6	9	15
3.4 新产品销售收入综合指标	44.64	4	6	4	9
4 创新环境综合指标	21.27	21	12	31	19
4.1 创新基础设施综合指标	22.93	24	9	30	13
4.2 市场环境综合指标	22.23	20	19	23	12
4.3 劳动者素质综合指标	32.89	14	11	26	12
4.4 金融环境综合指标	6.46	24	14	25	20
4.5 创业水平综合指标	21.84	16	9	23	21

续表

指标名称	2020 年综合指标		2020 年分项指标排名		
	指标值	排名	实力	效率	潜力
5　创新绩效综合指标	42.18	12	11	13	4
5.1　宏观经济综合指标	36.69	11	11	14	7
5.2　产业结构综合指标	34.66	11	12	10	10
5.3　产业国际竞争力综合指标	28.70	13	14	14	12
5.4　就业综合指标	37.55	8	19	10	2
5.5　可持续发展与环保综合指标	73.28	10	18	13	9

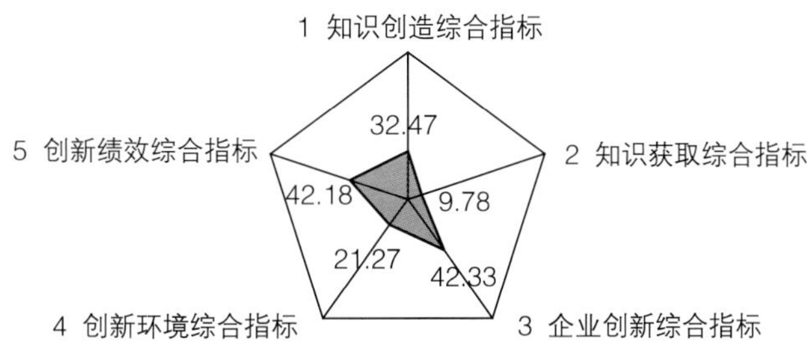

图4-23　安徽省创新能力蛛网图

从基础数据看，近年来安徽省在科技合作、创新基础设施建设、劳动者素质方面进步明显，特别是同省异单位科技论文数增长率、科技服务业从业人员增长率等指标增幅显著，安徽省整体创新环境不断优化，创新氛围日趋浓厚（表 4–35，图 4–24）。

表4–35　安徽省变化较大的指标

指标名称	2020 年	2019 年	增速 (%)	2020 年排名	2019 年排名	排名变化
政府研发投入（亿元）	104.91	93.34	12.40	11	11	0
发明专利申请受理数（不含企业）（件）	82607	69133	19.49	5	5	0
技术市场交易金额（按流向）（万元）	3539869.14	2706809.00	30.78	15	13	−2
规模以上工业企业技术经费支出（万元）	18588.1	28517.8	−34.82	18	20	2
规模以上工业企业平均购买国内技术经费支出（万元）	5.93	2.49	138.15	16	20	4
规模以上工业企业技术改造经费支出（万元）	1899774.8	1554424.9	22.22	5	8	3
规模以上工业企业平均技术改造经费支出（万元）	97.8	82.3	18.83	9	18	9

续表

指标名称	2020 年	2019 年	增速 (%)	2020 年排名	2019 年排名	排名变化
科技企业孵化器当年获风险投资额（万元）	75047.6	57715.2	30.03	12	13	1
平均每个科技企业孵化器孵化基金额（万元）	1319.21	2549.22	−48.25	14	9	−5
每万元 GDP 电耗总量（千瓦小时）	627.76	711.19	−11.73	9	18	9
人均 GDP 水平（元）	53781	43401.36	23.9	14	24	10

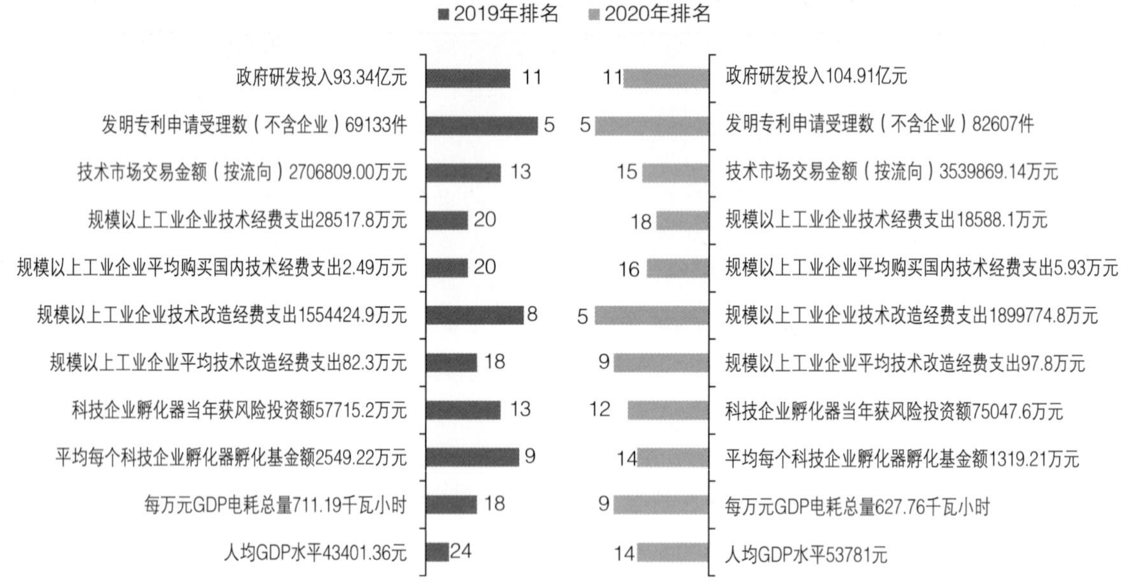

图4-24　2019—2020年安徽省部分指标排名对比

根据中国企业联合会发布数据显示，在 2019 中国企业 500 强榜单中，安徽省入围 10 家企业，较上一年减少 2 家，大部分是国有企业，主要分布在能源和汽车领域（表 4–36）。

表4–36　安徽省入围2019中国企业500强的10家企业

序号	企业名称	营业收入（亿元）	排名
1	安徽海螺集团有限责任公司	1885.12	105
2	铜陵有色金属集团控股有限公司	1775.82	109
3	马钢（集团）控股有限公司	917.84	210
4	奇瑞控股集团有限公司	689.85	267
5	淮北矿业（集团）有限责任公司	628.27	287

续表

序号	企业名称	营业收入（亿元）	排名
6	安徽江淮汽车集团控股有限公司	511.07	342
7	淮河能源控股集团有限责任公司	443.97	386
8	中科电力装备集团有限公司	430.18	399
9	安徽建工集团控股有限公司	428.80	401
10	安徽省皖北煤电集团有限责任公司	358.47	472

总体来说，安徽省创新能力迅速提高，取得显著成果，特别是在知识创造和企业创新方面，但是安徽创新能力发展存在较为严重的不均衡现象，知识获取和创新能力排名相对落后。在未来，安徽依托“推动合肥、上海张江综合性国家科学中心‘两心共创’”，加快G60科创走廊宣芜合段建设，创新体制机制，优化金融环境，培育创新型龙头企业，开展独角兽企业培育试点。同时探索推动合芜蚌与苏南、杭州等国家自主创新示范区融合发展，积极支持沪苏浙一流大学、科研院所来皖设立分支机构，促进与其他地区的知识互动和交流。

4.13 福建省

2020年福建省创新能力排名全国第14位，与上年持平。从分项指标看，实力指标排名第11位，效率指标和潜力指标排名分别是第16位、第13位，较上年都下降1位。从指标纬度看，知识创造排名第10位，较上年提升2位；知识获取、创新绩效排名分别是第15位、第10位，与上年持平；企业创新排名第11位，较上年上升1位；创新环境排名全国第24位，较上年下降7位（表4–37，图4–25）。

表4–37 福建省创新能力综合指标

指标名称	2020年综合指标		2020年分项指标排名		
	指标值	排名	实力	效率	潜力
综合值	27.17	14	11	16	13
1 知识创造综合指标	25.90	10	14	22	2
1.1 研究开发投入综合指标	23.84	8	12	11	5
1.2 专利综合指标	33.85	10	11	20	2
1.3 科研论文综合指标	14.13	29	19	29	12
2 知识获取综合指标	15.93	15	11	17	20

续表

指标名称	2020 年综合指标		2020 年分项指标排名		
	指标值	排名	实力	效率	潜力
2.1 科技合作综合指标	20.38	23	18	26	6
2.2 技术转移综合指标	11.63	22	10	18	28
2.3 外资企业投资综合指标	15.82	11	9	9	23
3 企业创新综合指标	28.68	11	9	16	5
3.1 企业研究开发投入综合指标	37.83	12	7	14	10
3.2 设计能力综合指标	21.75	17	11	22	6
3.3 技术提升能力综合指标	32.67	7	7	12	2
3.4 新产品销售收入综合指标	21.34	17	10	17	14
4 创新环境综合指标	20.62	24	14	21	28
4.1 创新基础设施综合指标	26.98	22	10	11	28
4.2 市场环境综合指标	19.94	27	8	14	30
4.3 劳动者素质综合指标	26.56	26	16	31	14
4.4 金融环境综合指标	11.17	15	10	11	28
4.5 创业水平综合指标	18.44	23	13	26	23
5 创新绩效综合指标	42.83	10	6	12	13
5.1 宏观经济综合指标	54.12	6	8	5	5
5.2 产业结构综合指标	30.79	13	10	16	12
5.3 产业国际竞争力综合指标	20.18	20	10	18	24
5.4 就业综合指标	31.93	14	9	20	19
5.5 可持续发展与环保综合指标	77.14	4	11	6	12

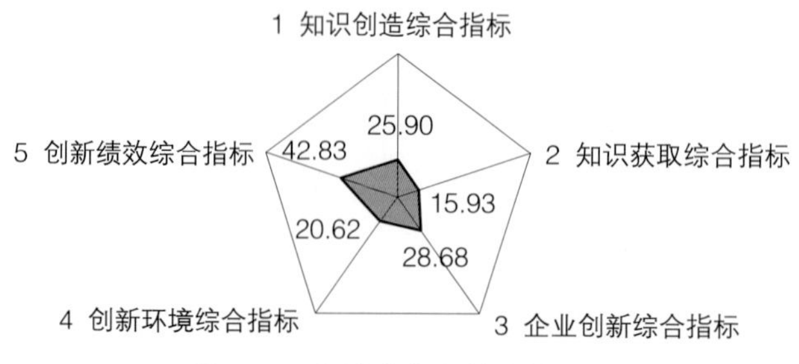

图4–25 福建省创新能力蛛网图

从基础数据看，福建省在研究开发投入、专利、科技合作方面提升明显，政府研发投入较上年增加11.92%，发明专利申请受理数（不含企业）增加55.29%，科技企业孵化器孵化基金总额增加50.59%。但是，其在创新环境方面的指标下降明显，规模以上工业企业平均国外技术引进金额下降29.54%，科技服务业从业人员占第三产业从业人员比重下降4.81%，规模以上工业企业研发经费内部支出额中获得金融机构贷款额下降20.39%（表4–38，图4–26）。

表4–38　福建省变化较大的指标

指标名称	2020年指标值	2019年指标值	增速（%）	2020年排名	2019年排名	排名变化
政府研发投入（亿元）	68.52	61.22	11.92	15	15	0
发明专利申请受理数（不含企业）（件）	27402	17646	55.29	11	15	4
技术市场企业平均交易额（按流向）（万元）	347.36	228.88	51.77	22	29	7
规模以上工业企业平均国外技术引进金额（万元）	8.11	11.51	–29.54	9	7	–2
规模以上工业企业每万名研发人员平均发明专利申请数（件）	570	605	–5.79	24	18	–6
规模以上工业企业平均研发经费外部支出（万元）	10.54	8.62	22.27	23	27	4
科技服务业从业人员占第三产业从业人员比重（%）	2.77	2.91	–4.81	27	29	2
6岁及6岁以上人口中大专以上学历所占的比例（%）	13.34	15.08	–11.54	17	12	–5
规模以上工业企业研发经费内部支出额中获得金融机构贷款额（万元）	35584.7	44697.6	–20.39	7	5	–2
科技企业孵化器孵化基金总额（万元）	191473.5	127145.5	50.59	11	16	5
高新技术产业新产品销售收入（亿元）	1980.94	1588.35	24.72	7	8	1

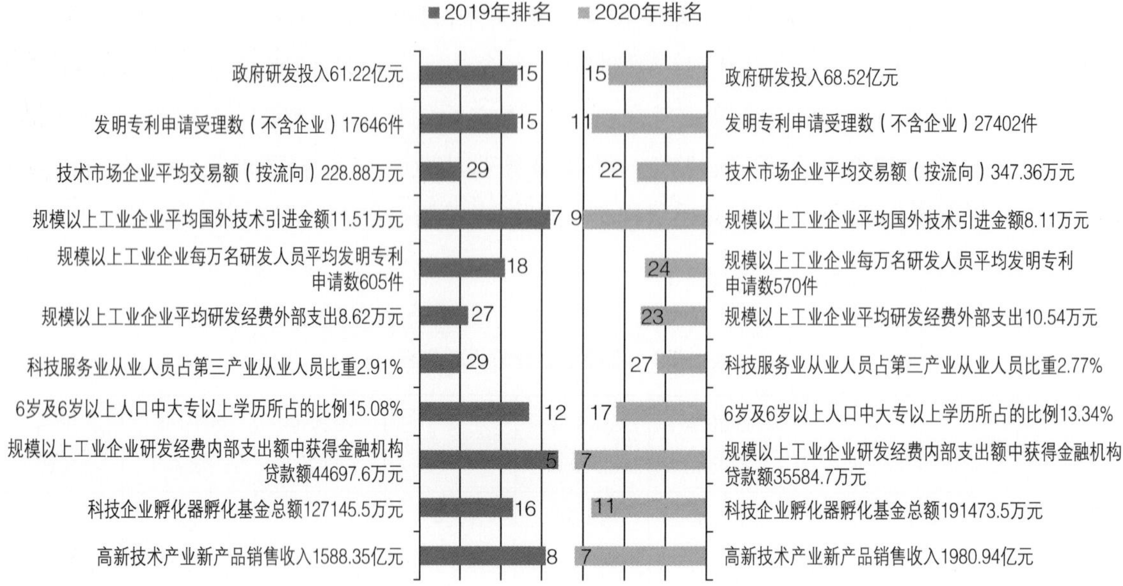

图4-26 2019—2020年福建省部分指标排名对比

根据中国企业联合会发布数据显示，在2019中国企业500强榜单中，福建省入围13家企业，较上年增加4家，以国有企业为主（表4–39）。

表4–39 福建省入围2019中国企业500强的13家企业

序号	企业名称	营业收入（亿元）	排名
1	兴业银行股份有限公司	3372.92	54
2	厦门建发集团有限公司	2826.21	71
3	厦门国贸控股集团有限公司	2740.96	77
4	厦门象屿集团有限公司	2414.61	84
5	阳光龙净集团有限公司	2208.96	95
6	紫金矿业集团股份有限公司	1059.94	181
7	福晟集团有限公司	1002.68	194
8	永辉超市股份有限公司	705.17	259
9	福建省能源集团有限责任公司	694.85	264
10	福建省三钢（集团）有限责任公司	570.16	311
11	福建永荣控股集团有限公司	401.45	426
12	恒申控股集团有限公司	400.24	428
13	融信（福建）投资集团有限公司	343.67	486

近些年，福建省不断加大研发投入，效果明显，知识创造和企业创新方面有所提升。大力培育的“双高”企业和“专精特新”企业不断壮大，同时新兴产业也在加速成长。新型功能材料、生物医药等4个集群入围国家战略性新兴产业集群，数字经济规模不断扩大，产业数字化加快推进。但是，福建省创新能力排名全国中游，还有较大提升空间，在未来，福建在保持企业创新优势的同时，要进一步加强基础设施建设，提高劳动者素质。

4.14 江西省

2020年江西省创新能力排名全国第16位，较2019年上升1位。分领域看，知识创造排名全国第25位，较上年提升2位；企业创新排名全国第12位，较上年上升2位；创新绩效分别排名全国第15 位，较上年上升3位；创新环境排名第15位，较上年没有变化；知识获取指标第27位，较上年下降8位（表4-40，图4-27）。

表4-40 江西省创新能力综合指标

指标名称	2020年综合指标		2020年分项指标排名		
	指标值	排名	实力	效率	潜力
综合值	25.10	16	18	19	3
1 知识创造综合指标	17.77	25	21	30	3
1.1 研究开发投入综合指标	18.71	14	18	20	4
1.2 专利综合指标	19.21	25	22	30	3
1.3 科研论文综合指标	13.00	30	23	27	18
2 知识获取综合指标	10.68	27	19	23	27
2.1 科技合作综合指标	16.68	28	25	28	12
2.2 技术转移综合指标	12.56	20	21	13	23
2.3 外资企业投资综合指标	4.77	22	15	14	30
3 企业创新综合指标	28.23	12	15	19	1
3.1 企业研究开发投入综合指标	38.61	11	13	15	1
3.2 设计能力综合指标	22.73	14	18	28	2
3.3 技术提升能力综合指标	20.42	19	15	26	10
3.4 新产品销售收入综合指标	28.73	13	13	14	3

续表

指标名称	2020 年综合指标		2020 年分项指标排名		
	指标值	排名	实力	效率	潜力
4 创新环境综合指标	25.20	15	18	13	6
4.1 创新基础设施综合指标	33.35	10	20	12	2
4.2 市场环境综合指标	21.00	24	23	28	16
4.3 劳动者素质综合指标	25.91	27	18	23	21
4.4 金融环境综合指标	6.99	21	18	22	12
4.5 创业水平综合指标	38.77	4	11	2	3
5 创新绩效综合指标	37.35	15	18	16	9
5.1 宏观经济综合指标	33.05	14	16	21	4
5.2 产业结构综合指标	26.13	20	17	26	3
5.3 产业国际竞争力综合指标	20.69	19	18	16	25
5.4 就业综合指标	33.99	13	22	5	14
5.5 可持续发展与环保综合指标	72.91	11	8	19	17

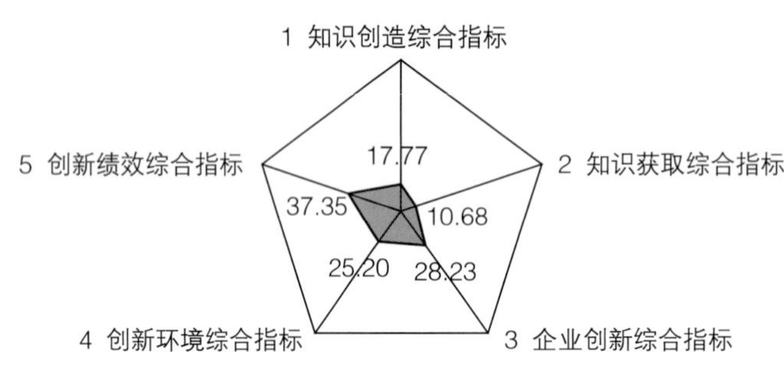

图4-27 江西省创新能力蛛网图

从基础指标看，过去两年，江西省非常重视研发投入，其中研发人员比重、有研发机构的企业数及研发经费外部支出等指标都增长迅速，每万人平均研发全时人员当量排名上升4位，高技术企业数、高技术产业新产品销售收入和高技术产品出口额也有较大幅度的增长（表4-41，图4-28）。

表4-41 江西省变化较大的指标

指标名称	2020 年	2019 年	增速（%）	2020 年排名	2019 年排名	排名变化
每万人平均研究与试验发展全时人员当量（人年）	18.3	13.4	36.57	16	20	4
政府研发投入（亿元）	38.64	29.74	29.93	23	23	0

续表

指标名称	2020 年	2019 年	增速 (%)	2020 年排名	2019 年排名	排名变化
每十万研发人员平均发表的国内论文数（篇）	5391	7066	−23.71	25	23	−2
高校和科研院所研发经费内部支出额中来自企业资金的比例（%）	11.12	14.73	−24.51	14	10	−4
规模以上工业企业购买国内技术经费支出（万元）	92226.7	66634.5	38.41	12	9	−3
规模以上工业企业引进技术经费支出（万元）	18563.2	48914.1	−62.05	19	15	−4
规模以上工业企业就业人员中研发人员比例（%）	3.87	2.51	54.18	19	27	8
规模以上工业企业有研发机构的企业数（个）	2549	1698	50.12	6	8	2
规模以上工业企业研发经费外部支出（万元）	111150.7	75324.0	47.56	18	21	3
教育经费支出（亿元）	1171.78	1046.88	11.93	16	16	0
科技企业孵化器当年风险投资强度（万元／项）	99.46	164.49	−39.53	29	26	−3
高技术企业数（家）	1305	1106	17.99	6	8	2
人均 GDP 水平（元）	48874.00	43424.37	12.55	21	23	2
高技术产业新产品销售收入（亿元）	1014.76	672.85	50.82	15	15	0
高技术产品出口额（百万美元）	5309.67	4177.30	27.11	18	18	0

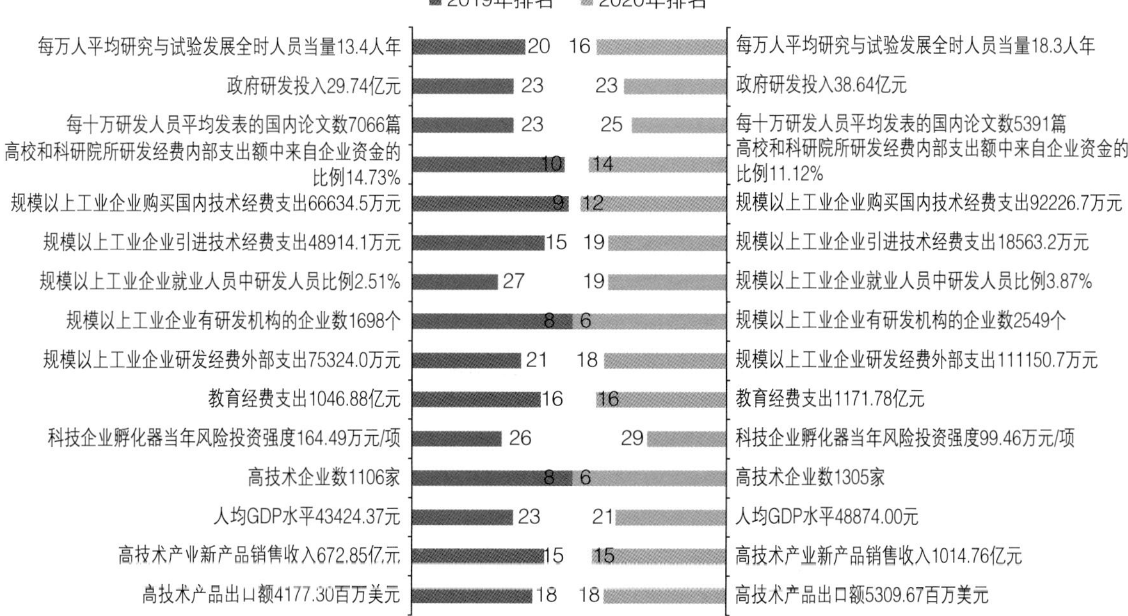

图4-28 2019—2020年江西省部分指标排名对比

根据中国企业联合会发布数据显示，在 2019 中国企业 500 强榜单中，江西省入围 8 家企业，比上一年度增加 1 家（南昌市政公用投资控股有限责任公司）。其中，江铃汽车集团有限公司、正邦集团有限公司等企业入围（表 4—42）。

表4—42　江西省入围2019中国企业500强的8家企业

序号	企业名称	营业收入（亿元）	排名
1	江西铜业集团有限公司	2306.54	88
2	江铃汽车集团有限公司	1006.00	192
3	正邦集团有限公司	780.25	247
4	江西方大钢铁集团有限公司	633.98	282
5	双胞胎（集团）股份有限公司	605.33	296
6	新余钢铁集团有限公司	605.23	297
7	江西省建工集团有限责任公司	442.66	387
8	南昌市政公用投资控股有限责任公司	348.19	484

总体来看，江西省在知识创造和企业创新方面潜力巨大，创新能力不断提升，但创新基础设施和知识创造实力方面较为落后。近些年，江西省逐步规范和完善创新创业体系建设，在科技企业孵化器、重大创新平台、技术创新中心等方面出台了一系列建设和管理办法，不断深化科技体制机制改革，以强化企业自主创新能力为核心，以搭建创新平台载体为支撑，进一步优化创新环境，推进创新型省份建设。已经在生物医药、节能环保和航空、新能源等战略新兴产业实现了科研院所合作并取得了丰硕成果，未来，应注重高校建设，引导产学研合作创新，激励科研人员创新活动，加强产学研合作和技术流动，鼓励更多的社会资金参与到创新创业活动中来；同时应立足自身产业优势，抢抓数字经济发展先机，以 5G、大数据和云计算等为基础，加快产业数字化转型。

4.15　山东省

2020 年山东省创新能力排名全国第 6 位，与上年持平。分领域看，知识创造、知识获取、企业创新、创新环境及创新绩效分别排名第 15 位、第 9 位、第 6 位、第 5 位、第 17 位，其中企业创新能力排名没有变化，知识获取上升 1 位，创新绩效下降 4 位，知识创造排名下降 2 位，创新环境排名上升 1 位（表 4—43，图 4—29）。

表4-43　山东省创新能力综合指标

指标名称	2020 年综合指标		2020 年分项指标排名		
	指标值	排名	实力	效率	潜力
综合值	33.15	6	6	15	23
1　知识创造综合指标	22.65	15	6	27	26
1.1　研究开发投入综合指标	20.89	12	7	15	20
1.2　专利综合指标	23.50	18	7	27	29
1.3　科研论文综合指标	24.44	15	7	28	9
2　知识获取综合指标	18.59	9	6	24	21
2.1　科技合作综合指标	24.68	17	10	21	13
2.2　技术转移综合指标	17.64	9	5	23	19
2.3　外资企业投资综合指标	14.74	12	7	12	18
3　企业创新综合指标	41.98	6	4	10	18
3.1　企业研究开发投入综合指标	55.09	4	4	8	22
3.2　设计能力综合指标	30.42	7	3	15	15
3.3　技术提升能力综合指标	45.10	3	3	8	3
3.4　新产品销售收入综合指标	36.56	7	4	13	24
4　创新环境综合指标	36.74	5	3	17	21
4.1　创新基础设施综合指标	39.76	6	3	21	19
4.2　市场环境综合指标	42.35	7	7	9	2
4.3　劳动者素质综合指标	43.33	4	3	28	22
4.4　金融环境综合指标	27.66	6	4	6	26
4.5　创业水平综合指标	30.59	9	4	18	27
5　创新绩效综合指标	36.42	17	9	14	27
5.1　宏观经济综合指标	48.23	7	3	10	22
5.2　产业结构综合指标	37.20	7	3	13	25
5.3　产业国际竞争力综合指标	15.22	26	11	22	28
5.4　就业综合指标	22.67	27	27	17	27
5.5　可持续发展与环保综合指标	58.78	26	31	8	11

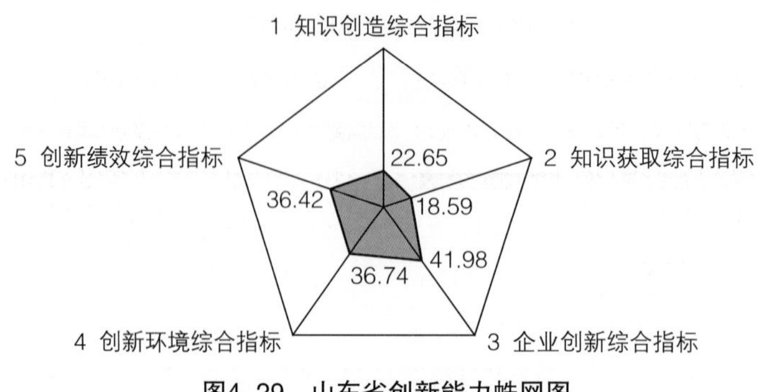

图4-29 山东省创新能力蛛网图

从基础数据看，山东省有电子商务交易活动的企业数占总企业数的比重、按目的地和货源地划分进出口总额增长率指标增速明显，说明山东省注重企业的电商业务发展。与此同时，规模以上工业企业研发活动经费内部支出总额增长率、高技术产业就业人数增长率指标数据在下降（表 4–44，图 4–30）。

表4–44 山东省变化较大的指标

指标名称	2020 年	2019 年	增速（%）	2020 年排名	2019 年排名	排名变化
研究与试验发展全时人员当量增长率（%）	1.16	2.11	−45.02%	24	15	−9
国际论文数增长率（%）	16.67	15.85	5.17%	5	14	9
同省异单位科技论文数增长率（%）	−2.15	4.49	−147.88%	17	10	−7
高校和科研院所研发经费内部支出额中来自企业资金的增长率（%）	14.46	7.95	81.89%	13	20	7
规模以上工业企业研发活动经费内部支出总额增长率（%）	3.59	9.98	−64.03%	25	15	−10
规模以上工业企业研发经费外部支出增长率（%）	15.62	2.17	619.82%	17	25	8
有电子商务交易活动的企业数占总企业数的比例（%）	13.5	9.0	50.00%	2	16	14
移动电话用户数增长率（%）	3.88	6.89	−43.69%	28	15	−13
科技企业孵化器增长率（%）	36.34	44.26	−17.89%	11	17	6
按目的地和货源地划分进出口总额增长率（%）	14.19	119.34	−88.11%	10	21	11
高技术产业就业人数增长率（%）	−4.91	3.25	−251.08%	25	15	−10

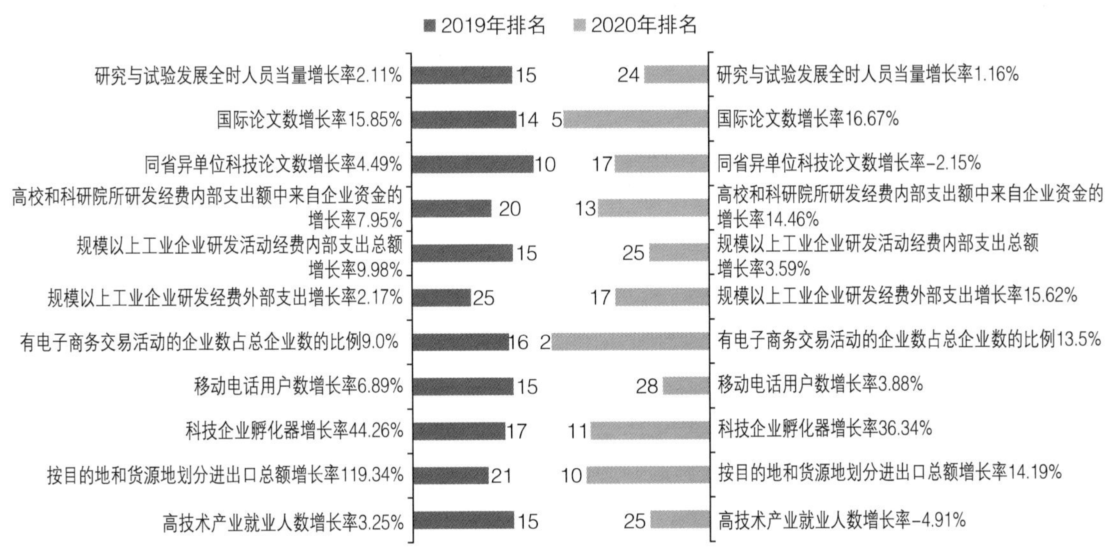

图4-30　2019—2020年山东省部分指标排名对比

根据中国企业联合会发布数据显示，在2019中国企业500强榜单中，山东省入围50家企业，其中大多数为国有企业的能源、重工业企业（表4-45）。

表4-45　山东省入围2019中国企业500强的前20家企业

序号	企业名称	营业收入（亿元）	排名
1	山东能源集团有限公司	3389.74	52
2	山东魏桥创业集团有限公司	2844.87	70
3	海尔集团公司	2661.18	79
4	兖矿集团有限公司	2572.28	81
5	潍柴控股集团有限公司	2353.73	87
6	山东钢铁集团有限公司	1558.57	124
7	海信集团有限公司	1266.35	146
8	中国重型汽车集团有限公司	1100.50	171
9	南山集团有限公司	1086.96	176
10	山东东明石化集团有限公司	1018.20	188
11	浪潮集团有限公司	1016.05	189
12	日照钢铁控股集团有限公司	953.67	201
13	万达控股集团有限公司	923.15	209

续表

序号	企业名称	营业收入（亿元）	排名
14	利华益集团股份有限公司	853.79	230
15	山东黄金集团有限公司	821.40	236
16	中融新大集团有限公司	807.60	241
17	华泰集团有限公司	737.82	254
18	山东高速集团有限公司	706.27	257
19	山东海科化工集团有限公司	620.25	290
20	青建集团	613.85	292

总体上看，山东省经济发展基础较好，企业具备较强的创新能力，但是知识创造能力有待加强。近年来，山东鼓励企业电商转型趋势明显，产业转型初见成效，但山东省依然以汽车、钢铁和化工等传统产业为主，高新技术产业相对不足，整体产业竞争力有待增强。随着人口老龄化及人口流失的不断加剧，山东省创新驱动发展亟待解决劳动力不足的高层次人才缺口问题。未来几年，山东继续进一步加大教育投入，加强高校建设，培养并引进高层次人才；加快产业结构升级，引导企业加大研发投入，培育高新技术产业集群，更好地实现新旧动能转换。

4.16 河南省

2020 年河南省创新能力排名全国第 13 位，比 2019 年提升 2 位。分领域看，多数分领域指标稳步前进，其中，企业创新提升明显，从第 19 位上升至第 14 位；知识创造与知识获取各上升 1 位，分别居全国第 19 位和第 26 位；创新环境、创新绩效分别居第 11 位和第 6 位，与上年持平（表 4–46，图 4–31）。

表4–46 河南省创新能力综合指标

指标名称	2020 年综合指标		2020 年分项指标排名		
	指标值	排名	实力	效率	潜力
综合值	27.48	13	10	17	19
1 知识创造综合指标	22.00	19	11	25	11
1.1 研究开发投入综合指标	13.65	20	13	23	19

续表

指标名称	2020 年综合指标		2020 年分项指标排名		
	指标值	排名	实力	效率	潜力
1.2　专利综合指标	31.32	14	10	21	5
1.3　科研论文综合指标	20.07	21	13	25	11
2　知识获取综合指标	12.87	26	15	29	11
2.1　科技合作综合指标	23.02	20	13	25	3
2.2　技术转移综合指标	12.67	19	14	20	14
2.3　外资企业投资综合指标	5.42	18	16	28	13
3　企业创新综合指标	27.11	14	10	17	11
3.1　企业研究开发投入综合指标	36.45	14	6	13	14
3.2　设计能力综合指标	18.96	22	12	30	5
3.3　技术提升能力综合指标	21.45	18	12	31	13
3.4　新产品销售收入综合指标	30.96	10	8	12	16
4　创新环境综合指标	26.01	11	7	25	23
4.1　创新基础设施综合指标	29.89	15	6	26	21
4.2　市场环境综合指标	23.59	18	15	27	19
4.3　劳动者素质综合指标	37.98	9	6	30	11
4.4　金融环境综合指标	12.94	11	8	17	16
4.5　创业水平综合指标	25.66	14	7	15	26
5　创新绩效综合指标	44.86	6	7	7	16
5.1　宏观经济综合指标	41.13	9	5	17	11
5.2　产业结构综合指标	44.30	5	5	4	16
5.3　产业国际竞争力综合指标	45.68	7	5	4	18
5.4　就业综合指标	23.37	26	28	9	30
5.5　可持续发展与环保综合指标	69.84	13	24	14	1

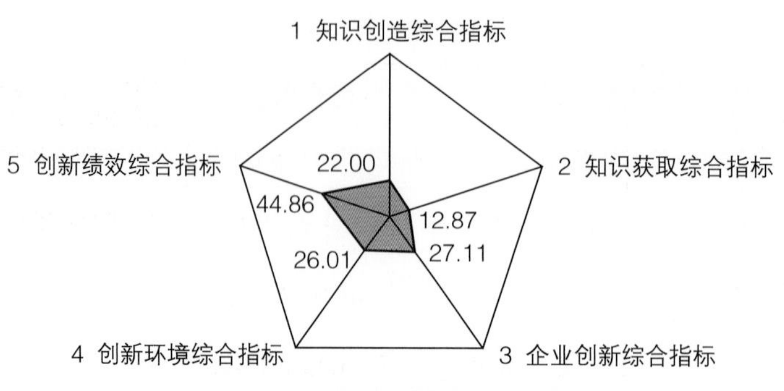

图4-31 河南省创新能力蛛网图

从基础数据看，河南省在规模以上工业企业国内技术成交金额方面较为重视，增速达1.78倍，排名从第12位上升至第9位。河南省内高技术产业新产品销售收入占主营业务收入的比重表现优异，稳中有升，2020年排名居全国第2位。然而，规模以上工业企业有研发机构的企业数及规模以上工业企业中有研发机构的企业占总企业数的比例略有下降，降幅均在20%左右（表4-47，图4-32）。

表4-47 河南省变化较大的指标

指标名称	2020年	2019年	增速(%)	2020排名	2019排名	排名变化
规模以上工业企业研发活动经费内部支出总额占销售收入的比例（%）	1.11	0.59	88.14	12	24	12
每十万研发人员作者异国科技论文数（篇）	39	26	50.00	21	30	9
作者异国合作科技论文数（篇）	101	69	46.38	14	18	4
规模以上工业企业平均国内技术成交金额（万元）	6.17	2.23	176.68	15	23	8
规模以上工业企业国内技术成交金额（万元）	136142.6	49015.4	177.75	9	12	3
每万名研发人员发明专利申请受理数（件）	1482	1048	41.41	12	18	6
高技术产业新产品销售收入占主营业务收入的比重（%）	60.25	43.61	38.16	2	4	2
高校和科研院所研发经费内部支出额中来自企业资金的比例（%）	9.86	12.10	−18.51	18	14	−4
规模以上工业企业有研发机构的企业数（个）	1419	1788	−20.64	9	6	−3
规模以上工业企业中有研发机构的企业占总企业数的比例（%）	6.43	8.12	−20.81	22	15	−7

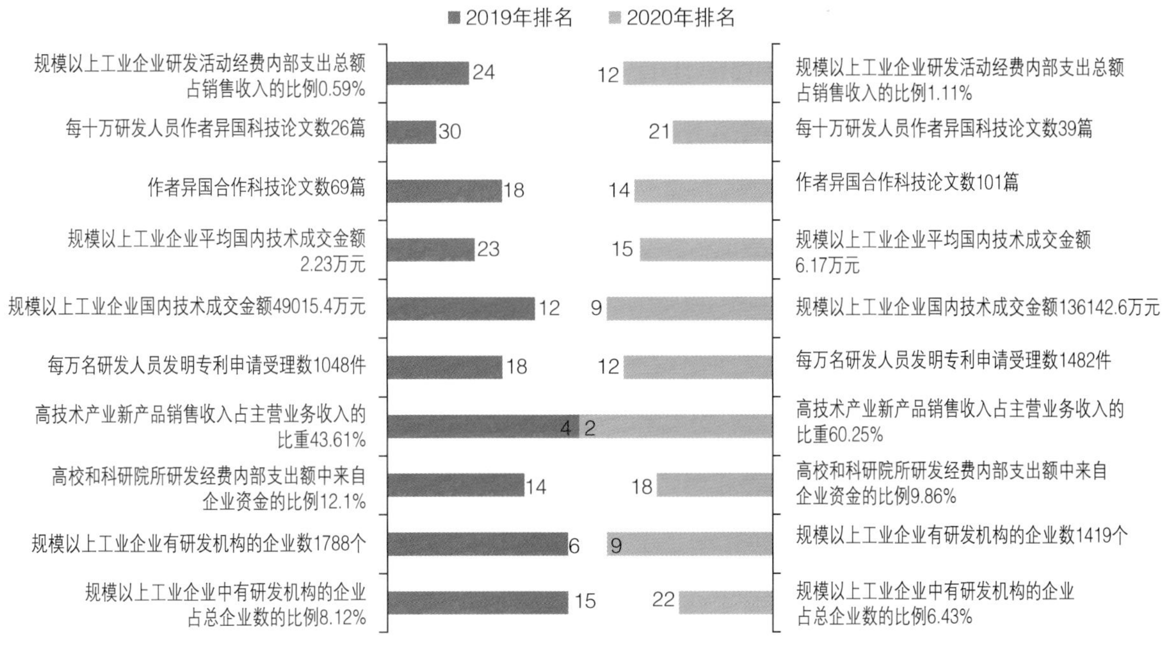

图4-32 2019—2020年河南省部分指标排名对比

根据中国企业联合会发布数据显示，在2019中国企业500强榜单中，河南省有9家企业入围，比上年减少1位，多数为能源行业企业。2019年入围企业均是2018年中国企业500强，多数企业较2018年排名略微下降（表4–48）。

表4–48 河南省入围2019中国企业500强的企业

序号	企业名称	营业收入（亿元）	排名
1	河南能源化工集团有限公司	1705.39	119
2	万洲国际有限公司	1495.86	129
3	中国平煤神马能源化工集团有限责任公司	1260.46	147
4	安阳钢铁集团有限责任公司	512.03	341
5	郑州宇通企业集团	436.74	393
6	河南森源集团有限公司	408.38	419
7	天瑞集团股份有限公司	377.20	449
8	河南豫光金铅集团有限责任公司	370.02	457
9	万基控股集团有限公司	341.86	488

2020年，河南省把创新发展摆在核心位置，致力于以创新引领高质量发展，发挥企业在创新中的主体地位，创新能力各领域稳中有升，尤其是企业创新得到很大提升。近年来，河南省把创新作为最强发展动能，大力补齐创新短板，聚焦创新资源，形成良好创新环境，

同时通过新技术、新产业、新业态、新模式引领创新绩效，但是知识创造和知识获取依然与其他省份存在一定差距。未来，河南省仍应当保持良好创新发展趋势，引导产学研合作，鼓励企业增加研发投入，统筹推进创新生态建设，打造创新引领高质量发展的强大引擎。

4.17 湖北省

2020 年湖北省创新能力排名全国第 7 位，较上年上升 1 位。分领域看，知识创造、知识获取、企业创新、创新环境及创新绩效分别排名第 8 位、第 17 位、第 9 位、第 8 位、第 9 位，其中知识创造排名上升 1 位，企业创新上升 1 位，知识获取排名下降 5 位，创新绩效上升 2 位，创新环境与上年持平（表 4–49，图 4–33）。

表4–49 湖北省创新能力综合指标

指标名称	2020 年综合指标		2020 年分项指标排名		
	指标值	排名	实力	效率	潜力
综合值	30.98	7	7	10	6
1 知识创造综合指标	29.24	8	9	16	9
1.1 研究开发投入综合指标	23.44	9	9	10	10
1.2 专利综合指标	31.46	13	9	17	9
1.3 科研论文综合指标	36.40	6	6	11	6
2 知识获取综合指标	15.80	17	9	19	25
2.1 科技合作综合指标	29.05	9	6	14	23
2.2 技术转移综合指标	14.23	16	7	16	27
2.3 外资企业投资综合指标	7.04	16	12	15	16
3 企业创新综合指标	33.26	9	8	11	9
3.1 企业研究开发投入综合指标	41.31	9	8	11	15
3.2 设计能力综合指标	26.21	10	8	14	8
3.3 技术提升能力综合指标	25.88	14	11	22	9
3.4 新产品销售收入综合指标	39.11	6	7	9	11
4 创新环境综合指标	28.46	8	9	16	7
4.1 创新基础设施综合指标	37.71	7	8	17	1
4.2 市场环境综合指标	24.42	15	10	17	25

续表

指标名称	2020 年综合指标		2020 年分项指标排名		
	指标值	排名	实力	效率	潜力
4.3 劳动者素质综合指标	37.44	10	8	24	8
4.4 金融环境综合指标	10.99	16	9	15	18
4.5 创业水平综合指标	31.75	7	6	12	9
5 创新绩效综合指标	43.97	9	10	10	10
5.1 宏观经济综合指标	44.83	8	7	8	9
5.2 产业结构综合指标	35.44	10	9	12	4
5.3 产业国际竞争力综合指标	32.37	12	13	10	13
5.4 就业综合指标	31.16	17	24	7	23
5.5 可持续发展与环保综合指标	76.04	6	17	7	8

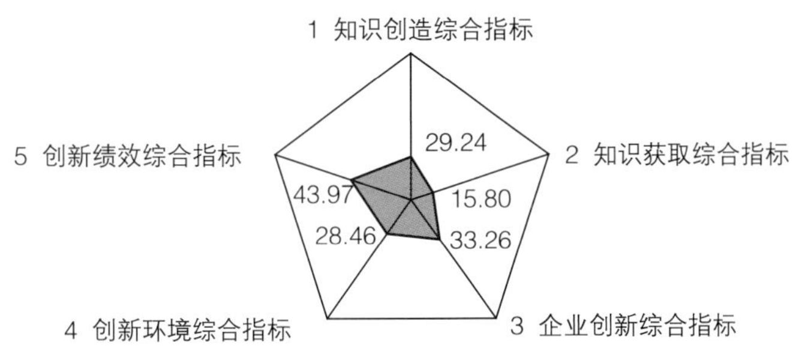

图4-33 湖北省创新能力蛛网图

从基础数据看，湖北省近两年研发投入人员和资金仍然保持稳定增长，规模以上工业企业研发经费外部支出增长迅猛，增速超过 50%，但人均发明专利申请数量和每十万研发人员作者异省科技论文数量有所减少，科技企业孵化器当年获得风险投资额增长幅度较大，人均 GDP 也增长迅速（表 4-50，图 4-34）。

表4-50 湖北省变化较大的指标

指标名称	2020 年	2019 年	增速 (%)	2020 年排名	2019 年排名	排名变化
研究与试验发展全时人员当量（人年）	155546.6	139989.9	11.11	10	11	1
政府研发投入（亿元）	170.18	137.61	23.67	7	7	0
每亿元研发经费内部支出产生的发明专利申请数（件）	46	59	−22.03	16	10	−6
每十万研发人员作者异省科技论文数（篇）	1315	1634	−19.52	16	13	−3

续表

指标名称	2020 年	2019 年	增速（%）	2020 年排名	2019 年排名	排名变化
高校和科研院所研发经费内部支出额中来自企业的资金（万元）	220271	247694	−11.07	8	8	0
规模以上工业企业平均引进技术经费支出（万元）	6.30	10.76	−41.45	12	8	−4
规模以上工业企业发明专利申请数（件）	12858	10112	27.16	6	9	3
规模以上工业企业研发经费外部支出（万元）	343466.9	227961.0	50.67	7	8	1
平均每个科技企业孵化器创业导师人数（人）	17	14	21.43	9	15	6
科技企业孵化器当年获风险投资额（万元）	177052.2	117559.3	50.61	6	8	2
人均 GDP 水平（元）	71019	60199	17.97	8	11	3
第三产业增加值（亿元）	18730.09	16507.38	13.46	10	10	0

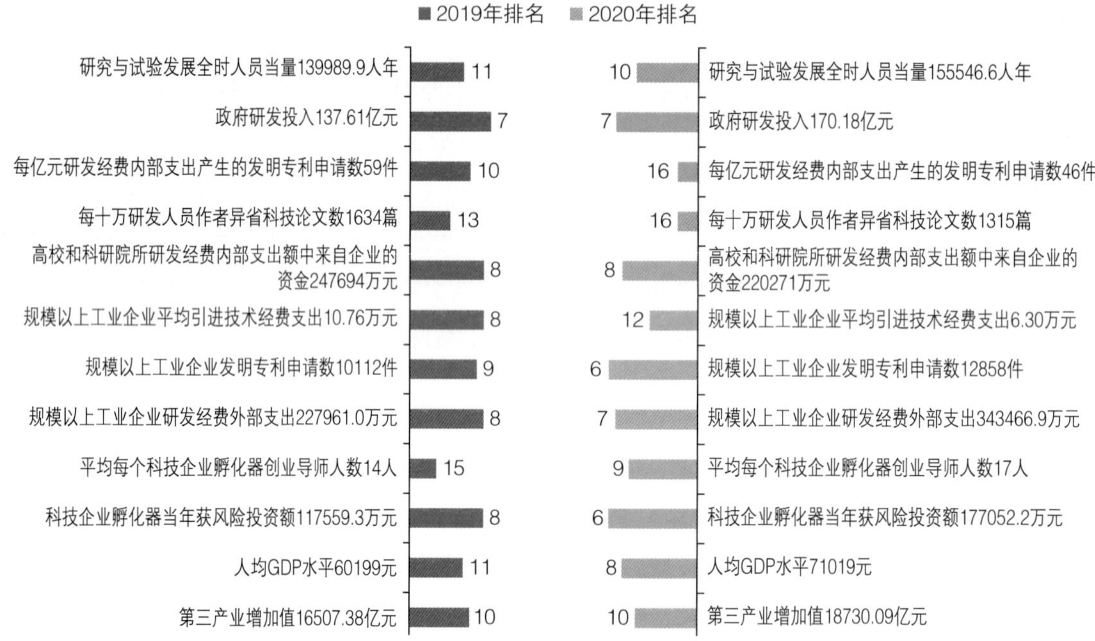

图4–34　2019—2020年湖北省部分指标排名对比

根据中国企业联合会发布数据显示，在 2019 中国企业 500 强榜单中，湖北省入围 10 家企业，比去年增加了两家（2018 年新成立的中国信息通信科技集团有限公司和山河控股集团有限公司）（表 4–51）。

表4-51　湖北省入围2019中国企业500强的10家企业

序号	企业名称	营业收入（亿元）	排名
1	东风汽车集团有限公司	6015.01	20
2	九州通医药集团股份有限公司	871.36	224
3	卓尔控股有限公司	822.63	235
4	稻花香集团	525.35	335
5	中国信息通信科技集团有限公司	513.21	339
6	山河控股集团有限公司	459.07	371
7	金澳科技（湖北）化工有限公司	439.6	388
8	宜昌兴发集团有限责任公司	380.34	447
9	武汉金融控股（集团）有限公司	375.01	450
10	武汉商联（集团）股份有限公司	369.66	458

近两年，湖北省加快实施创新驱动发展战略，不断强化科技创新的主体地位，努力建设创新强省。2018年10月印发了《关于加强科技创新引领高质量发展的若干意见》，并实施了一系列推进科技评价制度改革的重要举措，包括“科技三评”及科研诚信建设政策等，知识创造能力稳步提升。此外，湖北省重视高新技术产业的发展和高新产业关键核心技术的突破，力图打造顶尖基础研究平台，积极推进国家实验室的创建，加强企业创新能力建设，重视研发投入，取得良好的创新绩效。但是，湖北省在知识获取方面的发展存在瓶颈，在未来发展中，湖北省应该进一步注重对外开放，强化与国内外交流合作，提升技术转移转化能力。

4.18　湖南省

2020年湖南省创新能力排名全国第12位，较上年上升1位。分领域看，知识创造排名第21位，较上年下降4位；知识获取排名第16位，与上年持平；企业创新排名第8位，较上年上升1位；创新绩效排名第14位，较上年上升2位；创新环境排名第16位，与上年持平（表4-52，图4-35）。

表4-52 湖南省创新能力综合指标

指标名称	2020 年综合指标		2020 年分项指标排名		
	指标值	排名	实力	效率	潜力
综合值	28.06	12	12	13	8
1 知识创造综合指标	20.98	21	12	24	14
1.1 研究开发投入综合指标	19.53	13	11	18	8
1.2 专利综合指标	22.83	21	13	25	16
1.3 科研论文综合指标	20.17	20	11	18	27
2 知识获取综合指标	15.86	16	13	20	7
2.1 科技合作综合指标	26.73	11	12	7	17
2.2 技术转移综合指标	11.20	24	19	27	13
2.3 外资企业投资综合指标	11.21	13	11	16	4
3 企业创新综合指标	34.33	8	7	9	16
3.1 企业研究开发投入综合指标	45.91	7	9	10	11
3.2 设计能力综合指标	23.16	13	9	17	22
3.3 技术提升能力综合指标	31.60	9	8	10	7
3.4 新产品销售收入综合指标	36.44	8	9	6	25
4 创新环境综合指标	25.10	16	11	22	11
4.1 创新基础设施综合指标	29.58	16	11	24	6
4.2 市场环境综合指标	21.20	23	17	25	22
4.3 劳动者素质综合指标	34.26	11	10	25	13
4.4 金融环境综合指标	7.30	20	13	21	21
4.5 创业水平综合指标	33.18	6	10	8	5
5 创新绩效综合指标	38.40	14	15	15	11
5.1 宏观经济综合指标	36.54	12	9	15	9
5.2 产业结构综合指标	30.33	14	11	15	22
5.3 产业国际竞争力综合指标	19.47	21	19	17	23
5.4 就业综合指标	30.89	19	25	16	3
5.5 可持续发展与环保综合指标	74.74	8	15	9	7

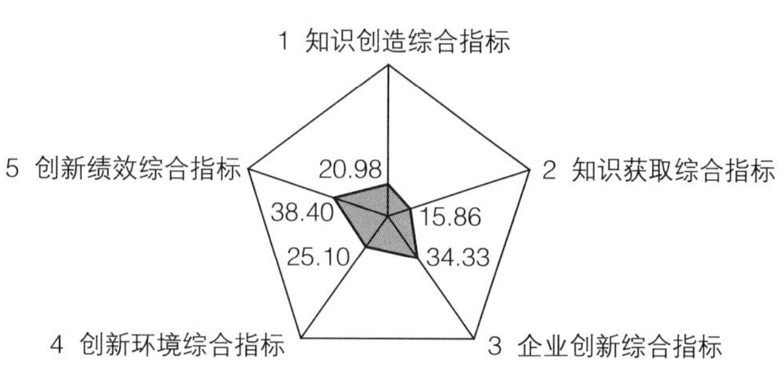

图4-35 湖南省创新能力蛛网图

从基础数据看，湖南省政府研发投入、规模以上工业企业研发经费外部支出均增长较快，规模以上工业企业技术引进和成交数量也大幅增长，但科技孵化器当年风险投资强度和高技术产业新产品销售收入都有所降低（表4-53，图4-36）。

表4-53 湖南省变化较大的指标

指标名称	2020年	2019年	增速（%）	2020年排名	2019年排名	排名变化
政府研发投入（亿元）	83.60	70.49	18.60	13	13	0
每亿元研发经费内部支出产生的发明专利申请数（件）	36	39	−7.69	27	19	−8
高校和科研院所研发经费内部支出额中来自企业的资金（万元）	146101	119082	22.69	13	13	0
规模以上工业企业购买国内技术经费支出（万元）	90852.2	34766.0	161.32	13	16	3
规模以上工业企业引进技术经费支出（万元）	85982.2	55355.4	55.33	10	13	3
规模以上工业企业研发经费外部支出（万元）	385057.5	200002.0	92.53	6	10	4
科技企业孵化器数量（个）	85	70	21.43	17	20	3
科技企业孵化器当年风险投资强度（万元／项）	222.61	289.36	−23.07	16	14	−2
平均每个科技企业孵化器当年毕业企业数（家）	7.31	6.91	5.79	4	10	6
人均GDP水平（元）	52659	49558	6.26	15	16	1
第三产业增加值（亿元）	18888.65	16759.07	12.71	9	9	0
高技术产业新产品销售收入（亿元）	1061.40	1320.75	−19.64	14	11	−3

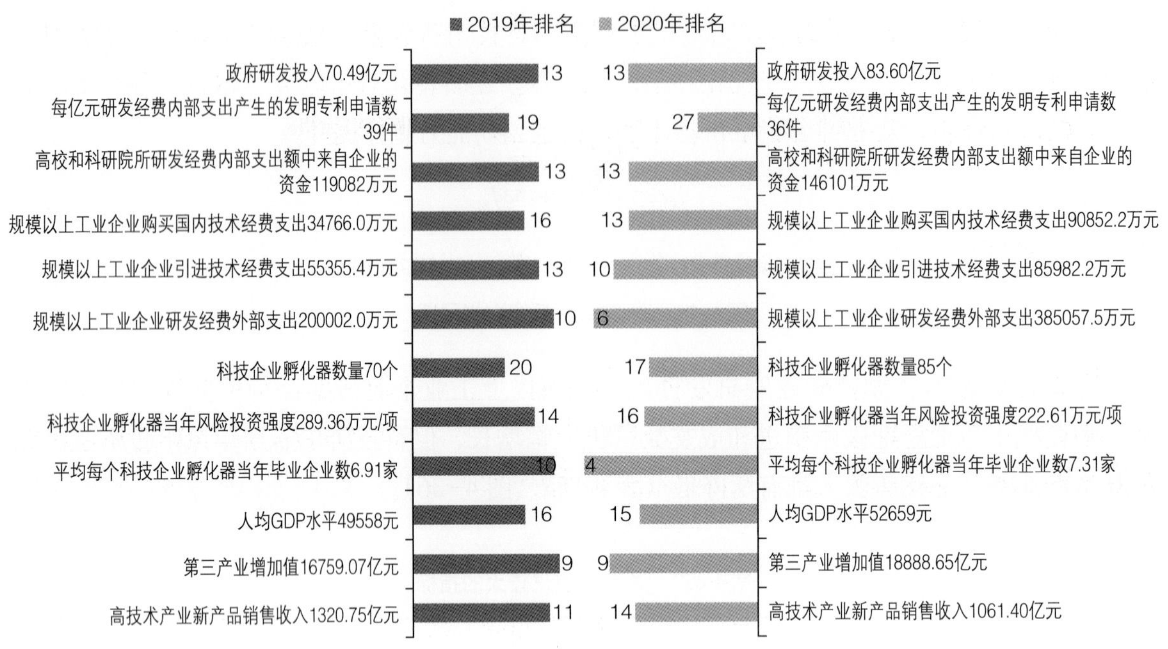

图4-36　2019—2020年湖南省部分指标排名对比

根据中国企业联合会发布数据显示，在 2019 中国企业 500 强榜单中，湖南省入围 6 家企业，比上年少一家，主要集中在重工业领域（表 4–54）。

表4-54　湖南省入围2019中国企业500强的6家企业

序号	企业名称	营业收入（亿元）	排名
1	湖南华菱钢铁集团有限责任公司	1208.85	153
2	湖南建工集团有限公司	909.78	212
3	三一集团有限公司	641.95	281
4	湖南博长控股集团有限公司	480.86	357
5	大汉控股集团有限公司	398.94	430
6	步步高投资集团股份有限公司	390.13	434

近年来，湖南省加快建设创新型省份步伐，研发经费投入实现了大幅提升，创新创业孵化体系更加完善，创新创业环境得到新改善，重大创新成果持续涌现，促进和保障了长株潭国家自主创新示范区的发展。郴州市获批建设国家可持续发展议程创新示范区，反映了湖南省在可持续发展和创新发展方面的决心。

为弥补知识创造和知识获取的短板，湖南省修订《湖南省高新技术发展条例》和《促进科技成果转化法》，建立科技成果转化综合服务平台，加快推动科技成果转化；实施《湖南省科学技术奖励办法》，激励科技人员产生更多的科技创新成果，充分释放科研人员的创新活力。接下来，湖南省应进一步优化创新环境，提升创新转化效率，通过体制机制改革，营造良好的市场环境，建立健全金融市场体系，促进创新能力整体提升。

4.19 广东省

2020 年广东省创新能力排名依然保持全国第 1 位，与上年一致。分领域看，实力指标排名第 1 位，效率指标排名第 3 位，潜力指标排名第 5 位。从指标纬度看，知识创造、知识获取均居全国第 2 位，较上年上升 1 位，创新环境排名第 2 位，较上年下降 1 位，企业创新及创新绩效均排名全国第 1 位（表 4–55，图 4–37）。

表4–55 广东省创新能力综合指标

指标名称	2020 年综合指标		2020 年分项指标排名		
	指标值	排名	实力	效率	潜力
综合值	62.14	1	1	3	5
1 知识创造综合指标	49.11	2	2	15	4
1.1 研究开发投入综合指标	47.97	2	2	7	2
1.2 专利综合指标	63.84	2	1	14	4
1.3 科研论文综合指标	21.95	17	5	31	16
2 知识获取综合指标	48.73	2	1	7	8
2.1 科技合作综合指标	32.09	6	4	24	4
2.2 技术转移综合指标	59.48	2	1	3	6
2.3 外资企业投资综合指标	53.15	2	1	6	11
3 企业创新综合指标	80.27	1	1	2	3
3.1 企业研究开发投入综合指标	88.59	1	1	3	4
3.2 设计能力综合指标	78.65	1	1	2	4
3.3 技术提升能力综合指标	68.64	1	1	5	1
3.4 新产品销售收入综合指标	81.85	1	1	2	8
4 创新环境综合指标	55.99	2	1	6	9
4.1 创新基础设施综合指标	64.29	1	1	14	12
4.2 市场环境综合指标	58.24	3	2	4	13

续表

指标名称	2020 年综合指标		2020 年分项指标排名		
	指标值	排名	实力	效率	潜力
4.3 劳动者素质综合指标	58.26	1	1	27	3
4.4 金融环境综合指标	29.91	5	3	10	22
4.5 创业水平综合指标	69.23	1	1	4	7
5 创新绩效综合指标	66.99	1	1	4	23
5.1 宏观经济综合指标	70.29	2	1	6	15
5.2 产业结构综合指标	70.51	1	1	7	20
5.3 产业国际竞争力综合指标	65.52	1	1	13	27
5.4 就业综合指标	72.83	1	1	1	13
5.5 可持续发展与环保综合指标	55.77	27	30	15	20

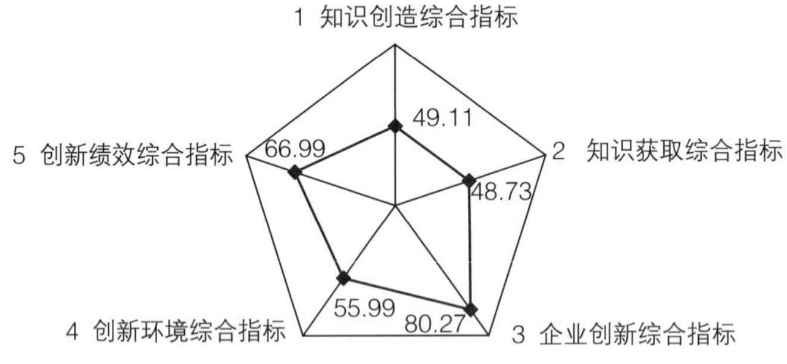

图4–37 广东省创新能力蛛网图

从基础数据看，广东省近年在知识获取和企业创新方面投入巨大，规模以上工业企业国外技术引进金额增长 66.35%，规模以上工业企业研发经费外部支出增长 68.71%；同时，科技带动产业升级，推动经济高质量发展（表 4–56，图 4–38）。

表4–56 广东省变化较大的指标

指标名称	2020 年	2019 年	增速（%）	2020 年排名	2019 年排名	排名变化
每万名研发人员发明专利申请受理数（件）	1104	1090	1.28	21	14	−7
技术市场企业平均交易额（按流向）（万元）	501.32	527.65	−4.99	9	5	−4
规模以上工业企业购买国内技术经费支出（万元）	1632762.6	443884.0	267.84	1	1	0
规模以上工业企业引进技术经费支出（万元）	1573896.9	946119.9	66.35	1	2	1
规模以上工业企业研发经费外部支出（万元）	2685920.5	1592014.0	68.71	1	1	0

续表

指标名称	2020 年	2019 年	增速（%）	2020 年排名	2019 年排名	排名变化
规模以上工业企业平均技术改造经费支出（万元）	95.4	66.5	43.46	10	22	12
科技企业孵化器当年获风险投资额（万元）	1347179	877342	53.55	1	2	1
高技术产业新产品销售收入占主营业务收入的比重（%）	44.6	47.6	−6.30	6	2	−4

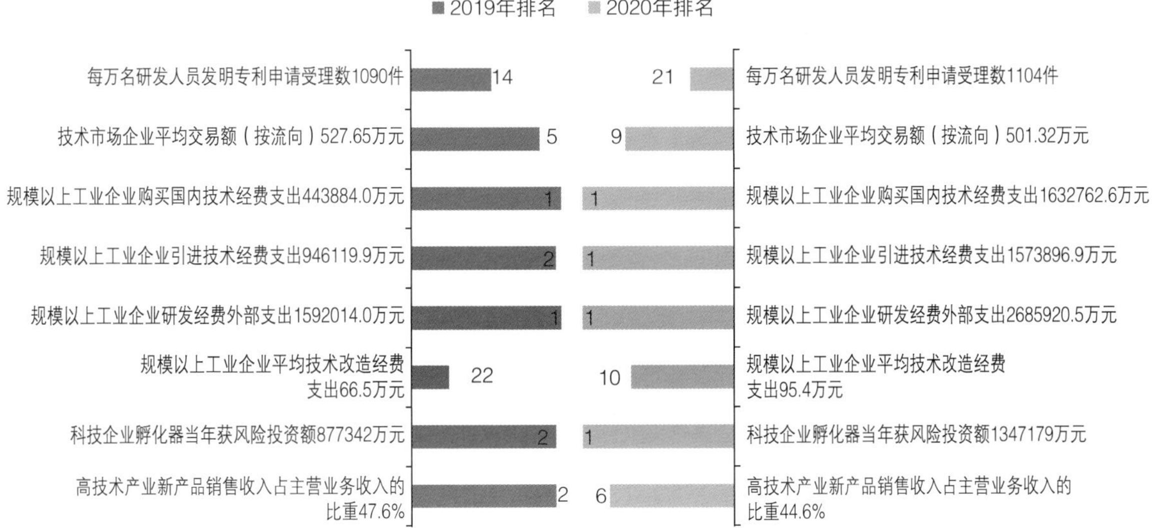

图4–38　2019—2020年广东省部分指标排名对比

根据中国企业联合会发布数据显示，在 2019 中国企业 500 强榜单中，广东省入围 57 家企业，入榜企业既有以华为、格力为代表的实业型企业，以正威集团、雪松控股为代表的跨界融合新经济参与者，也有以腾讯为代表的互联网企业，同时不乏高端制造企业，如欧菲光、立讯精密等。这些企业在各自的行业内处于龙头位置，勾勒出广东新经济的活力和创新能力（表 4–57）。

表4–57　广东省入围2019中国企业500强的前20家企业

序号	企业名称	营业收入（亿元）	排名
1	中国平安保险（集团）股份有限公司	10821.46	6
2	华为投资控股有限公司	7212.02	15
3	中国华润有限公司	6085.09	18
4	中国南方电网有限责任公司	5355.49	27

续表

序号	企业名称	营业收入（亿元）	排名
5	正威国际集团有限公司	5051.18	29
6	恒大集团有限公司	4661.96	34
7	碧桂园控股有限公司	3790.79	44
8	招商银行股份有限公司	3656.48	47
9	广州汽车工业集团有限公司	3640.54	48
10	腾讯控股有限公司	3126.94	60
11	万科企业股份有限公司	2970.83	67
12	雪松控股集团有限公司	2688.26	78
13	美的集团股份有限公司	2618.00	80
14	珠海格力电器股份有限公司	2000.24	102
15	中国南方航空集团有限公司	1443.58	131
16	比亚迪股份有限公司	1300.55	142
17	广州医药集团有限公司	1160.10	160
18	TCL 集团股份有限公司	1133.60	164
19	华侨城集团有限公司	1103.49	170
20	中国广核集团有限公司	978.51	196

总体来说，广东省创新能力突出。近年来，广东当地政府持续深化“放管服”改革，不断优化营商环境，加大科技投入力度，释放创新创业活力，一大批创新型企业和创新成果涌现出来，为新旧动能转换和经济高质量发展注入了强大动力，区域创新能力处于全国领先地位，但是对标世界级城市群还尚有差距，特别是在基础研究和科研论文产出方面。同时，广东省内各地市区域创新不协调、不平衡问题十分突出，下一步，如何发挥好粤港澳大湾区建设对粤东西北的辐射带动作用，是进一步提升广东区域创新能力的关键所在。

4.20 广西壮族自治区

2020 年广西壮族自治区创新能力全国排名第 23 位，较上年下降 2 位。从分项指标看，实力指标排名第 19 位，效率指标排名第 20 位，潜力指标排名第 20 位。从指标纬度看，知识创造排名第 13 位，较上年下降 3 位；创新环境排名第 25 位，较上年上升 6 位；企业创新和创新绩效排名分别是第 24 位和第 18 位，较上年下降 1 位；知识获取排名第 28 位，较上年上升 2 位（表 4–58，图 4–39）。

表4–58　广西壮族自治区创新能力综合指标

指标名称	2020 年综合指标		2020 年分项指标排名		
	指标值	排名	实力	效率	潜力
综合值	21.54	23	19	20	20
1　知识创造综合指标	22.83	13	19	7	22
1.1　研究开发投入综合指标	13.36	21	22	27	12
1.2　专利综合指标	35.42	8	17	3	28
1.3　科研论文综合指标	16.57	23	24	16	20
2　知识获取综合指标	9.82	28	25	30	14
2.1　科技合作综合指标	15.58	29	24	30	14
2.2　技术转移综合指标	12.69	18	25	19	4
2.3　外资企业投资综合指标	3.35	28	20	23	20
3　企业创新综合指标	17.32	24	20	25	22
3.1　企业研究开发投入综合指标	14.02	26	23	27	21
3.2　设计能力综合指标	20.46	21	20	13	23
3.3　技术提升能力综合指标	19.67	22	18	19	22
3.4　新产品销售收入综合指标	15.23	23	20	19	21
4　创新环境综合指标	20.38	25	20	26	17
4.1　创新基础设施综合指标	27.18	21	15	27	7
4.2　市场环境综合指标	23.67	17	25	19	17
4.3　劳动者素质综合指标	22.57	30	22	22	28
4.4　金融环境综合指标	12.62	12	17	9	6
4.5　创业水平综合指标	15.84	30	23	29	13
5　创新绩效综合指标	36.11	18	17	19	12
5.1　宏观经济综合指标	21.94	23	19	29	15
5.2　产业结构综合指标	19.64	25	19	29	7
5.3　产业国际竞争力综合指标	35.38	11	17	8	8

续表

指标名称	2020 年综合指标		2020 年分项指标排名		
	指标值	排名	实力	效率	潜力
5.4 就业综合指标	35.29	12	14	8	16
5.5 可持续发展与环保综合指标	68.28	16	10	22	18

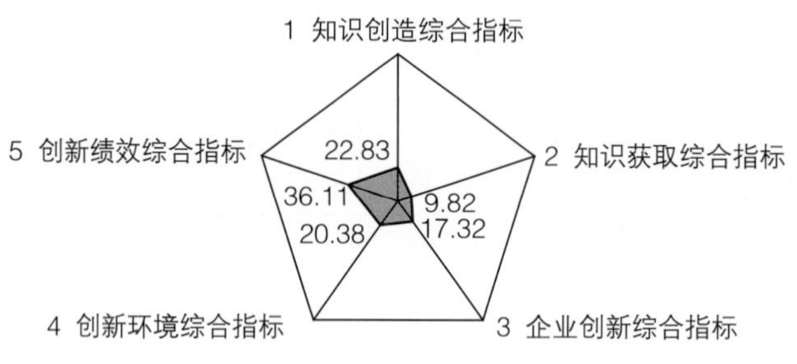

图4-39 广西壮族自治区创新能力蛛网图

从基础数据看，广西壮族自治区在研发投入、科技合作、技术转移、创新培育等方面稳步发展，技术市场交易金额（按流向）、科技企业孵化器当年获风险投资额等指标成倍增长，高技术产业新产品销售收入占主营业务收入的比重增加 96.17%，高技术产品出口额增加 44.98%。整体产业不断调整升级，高技术产业迅速发展（表 4–59，图 4–40）。

表4–59 广西壮族自治区变化较大的指标

指标名称	2020 年	2019 年	增速（%）	2020 年排名	2019 年排名	排名变化
发明专利申请受理数（不含企业）（件）	17743	35474	–49.98	16	11	–5
技术市场交易金额（按流向）（万元）	1922079.02	782951.00	145.49	24	28	4
规模以上工业企业购买国内技术经费支出（万元）	12810.7	32622.8	–60.73	23	17	–6
规模以上工业企业平均研发经费外部支出（万元）	7.64	11.35	–32.69	29	22	–7
科技企业孵化器数量（个）	89	74	20.27	15	17	2
科技企业孵化器当年获风险投资额（万元）	55305.1	10739.8	414.96	15	24	9
高技术产业新产品销售收入占主营业务收入的比重（%）	11.77	6.00	96.17	28	30	2
高技术产品出口额（百万美元）	6768.64	4668.60	44.98	17	17	0

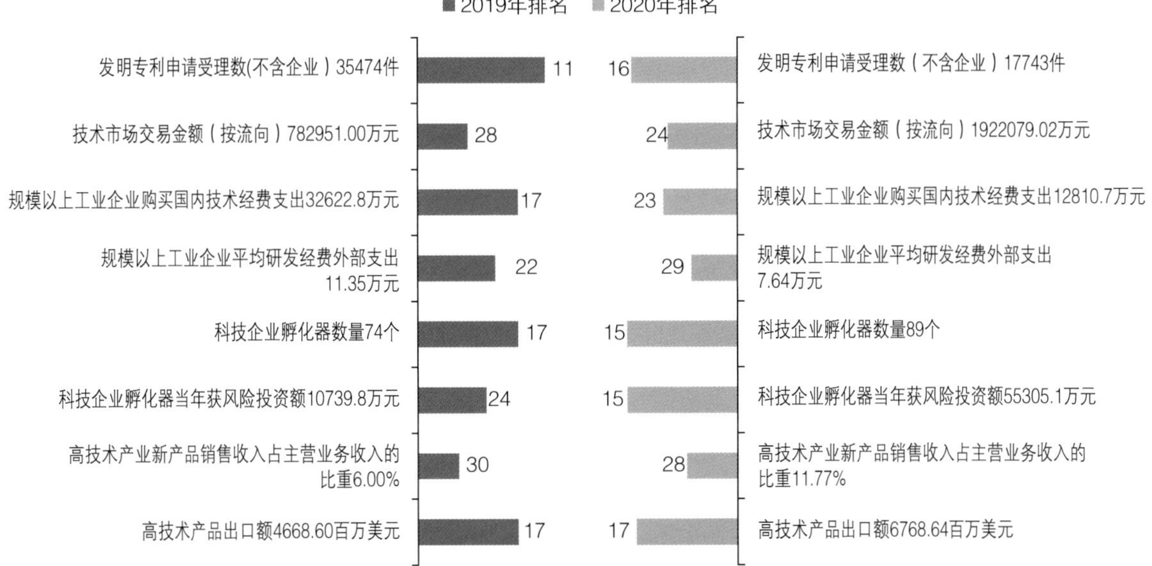

图4-40　2019—2020年广西壮族自治区部分指标排名对比

根据中国企业联合会发布数据显示，在2019中国企业500强榜单中，广西壮族自治区入围6家企业，和上年一样，企业主要分布在建筑、交通、机械制造等领域（表4-60）。

表4-60　广西壮族自治区入围2019中国企业500强的6家企业

序号	企业名称	营业收入（亿元）	排名
1	广西投资集团有限公司	1388.35	134
2	广西建工集团有限责任公司	1008.58	190
3	广西柳州钢铁集团有限公司	891.61	220
4	广西北部湾国际港务集团有限公司	691.85	265
5	广西北部湾投资集团有限公司	485.99	353
6	广西玉柴机器集团有限公司	362.09	468

近年来，广西壮族自治区创新排名略有下降，但是在科技合作、技术转移、创新培育等方面均有所提升，高技术产业迅速发展。广西壮族自治区是大湾区向内陆纵深发展的重要通道，是我国西南地区连接大湾区的重要枢纽，也是粤港澳大湾区产业转移的重要目的地。但是广西壮族自治区创新能力在全国排名相对落后，在未来几年，广西壮族自治区应继续保持高新技术产业发展势头，加快产业结构调整，依托地理优势，积极融入大湾区建设，提升整体创新能力。

4.21 海南省

2020 年海南省创新能力排名第 18 位，较上年无变化。分领域看，知识创造排名大幅提升，从第 25 位上升至第 16 位。知识获取、创新绩效排名均上升 1 位，分别排名第 6 位、第 20 位。企业创新排名与上年一致，而创新环境排名从第 7 位下降至第 17 位（表 4–61，图 4–41）。

表4–61 海南省创新能力综合指标

指标名称	2020 年综合指标		2020 年分项指标排名		
	指标值	排名	实力	效率	潜力
综合值	23.40	18	28	12	16
1 知识创造综合指标	22.63	16	28	14	5
1.1 研究开发投入综合指标	17.62	15	28	22	1
1.2 专利综合指标	23.43	19	29	13	13
1.3 科研论文综合指标	31.08	11	28	8	3
2 知识获取综合指标	22.69	6	23	6	3
2.1 科技合作综合指标	21.42	21	28	9	10
2.2 技术转移综合指标	11.60	23	29	14	12
2.3 外资企业投资综合指标	31.97	5	10	4	3
3 企业创新综合指标	14.70	27	29	18	29
3.1 企业研究开发投入综合指标	14.38	24	29	25	26
3.2 设计能力综合指标	13.35	28	29	8	31
3.3 技术提升能力综合指标	27.47	12	29	3	23
3.4 新产品销售收入综合指标	4.44	30	30	29	29
4 创新环境综合指标	24.77	17	28	7	2
4.1 创新基础设施综合指标	23.31	23	29	8	23
4.2 市场环境综合指标	28.98	12	20	18	6
4.3 劳动者素质综合指标	31.52	15	28	7	1
4.4 金融环境综合指标	8.66	17	29	8	13
4.5 创业水平综合指标	31.36	8	30	3	4
5 创新绩效综合指标	33.67	20	16	21	20

续表

指标名称	2020 年综合指标		2020 年分项指标排名		
	指标值	排名	实力	效率	潜力
5.1 宏观经济综合指标	16.46	28	28	16	26
5.2 产业结构综合指标	19.27	26	28	25	13
5.3 产业国际竞争力综合指标	21.22	17	28	28	4
5.4 就业综合指标	36.42	10	7	11	22
5.5 可持续发展与环保综合指标	74.98	7	1	16	28

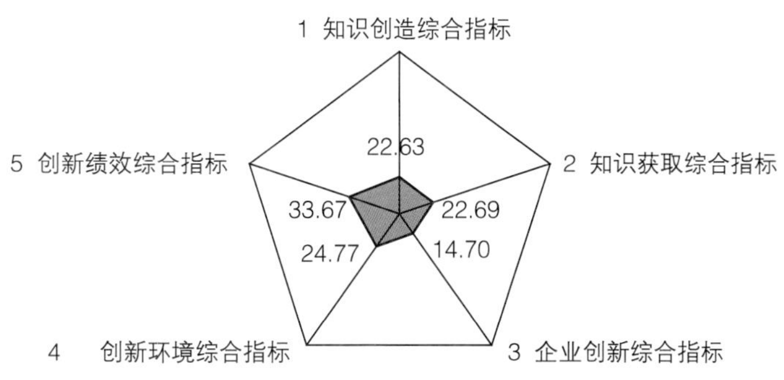

图4-41 海南省创新能力蛛网图

从基础数据看，海南省在高技术产品出口额、高技术产品出口额占地区出口总重方面高速增长，规模以上工业企业中有研发机构的企业占总企业数的比例排名变化较大，较上年上升 11 位。但科技企业孵化器当年风险投资强度、科技企业孵化器当年获风险投资额方面有所下降（表 4–62，图 4–42）。

表4–62 海南省变化较大的指标

指标名称	2020 年	2019 年	增速（%）	2020 年排名	2019 年排名	排名变化
规模以上工业企业中有研发机构的企业占总企业数的比例（%）	9.20	6.57	40.03	13	24	11
每亿元研发经费内部支出产生的发明专利授权数（件）	18.2	16.1	13.04	9	17	8
每万名研发人员发明专利授权数（件）	363	277	31.05	19	26	7
高技术产品出口额占地区出口总额的比重（%）	5.07	1.83	177.10	28	29	1
高技术产品出口额（百万美元）	235.63	78.80	199.02	28	29	1
科技企业孵化器当年风险投资强度（万元／项）	461.92	1686.40	–72.60	9	1	–8
科技企业孵化器当年获风险投资额（万元）	6005	37100	–83.80	27	17	–10

续表

指标名称	2020 年	2019 年	增速 (%)	2020 年排名	2019 年排名	排名变化
规模以上工业企业平均技术改造经费支出（万元）	39.0	74.3	−47.50	30	19	−11
平均每个科技企业孵化器当年毕业企业数（家）	4.33	24.20	−82.11	20	1	−19

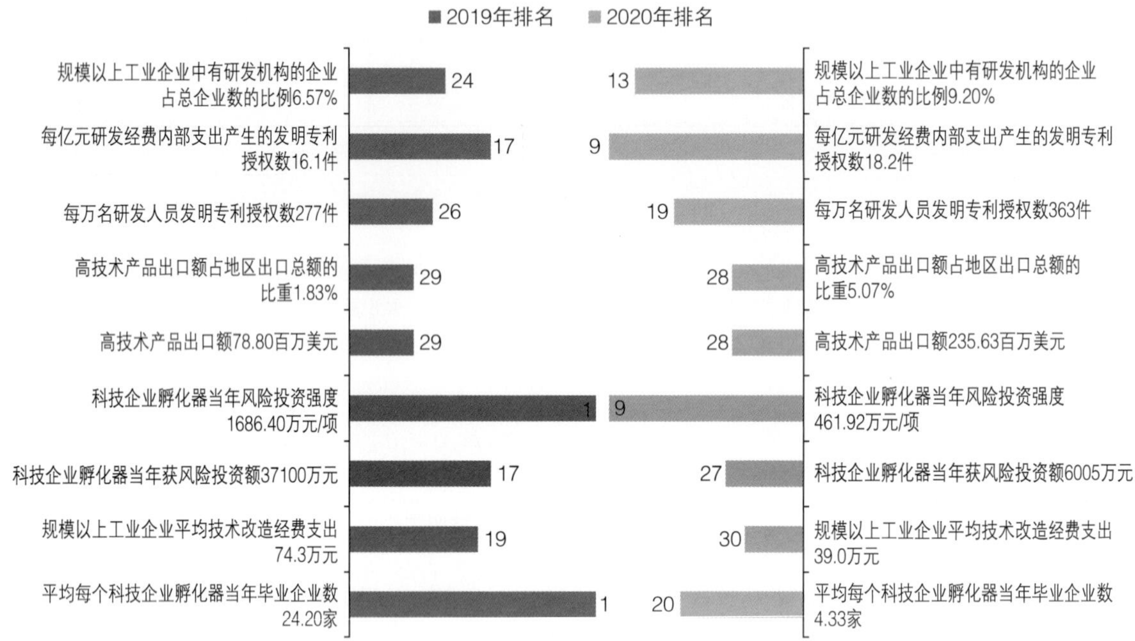

图4-42 2019—2020年海南省部分指标排名对比

根据中国企业联合会发布数据显示，在 2019 中国企业 500 强榜单中，海南省未有企业入围，较上年无变化。

近年来，海南省重视创新型企业引进与培育，在知识获取与知识创造方面表现优异，但是创新环境方面遇到瓶颈，特别是在科技型企业孵化和培育方面，亟须进一步加强。未来，海南省应紧扣《海南自由贸易港建设总体方案》要求，建设具有海南特色的区域创新体系，巩固海南省开放创新的科技创新管理制度，加强基础设施建设，建立健全金融市场体系，开拓国际科技合作机制，构建国际化的创新环境，引领自贸区企业创新发展。

4.22 重庆市

2020 年重庆市创新能力排名全国第 10 位，较上年排名下降 3 位。分领域看，知识创造下降 3 位至第 14 位、知识获取下降 1 位至第 10 位、企业创新下降 2 位至第 10 位，创新环境下降 2 位至第 12 位，创新绩效下降 2 位至第 7 位（表 4–63，图 4–43）。

表4–63　重庆市创新能力综合指标

指标名称	2020 年综合指标		2020 年分项指标排名		
	指标值	排名	实力	效率	潜力
综合值	29.38	10	17	7	12
1　知识创造综合指标	22.74	14	16	20	10
1.1　研究开发投入综合指标	22.85	10	17	12	3
1.2　专利综合指标	23.81	17	16	18	18
1.3　科研论文综合指标	20.41	19	17	15	19
2　知识获取综合指标	18.44	10	14	8	13
2.1　科技合作综合指标	25.41	15	16	11	7
2.2　技术转移综合指标	26.01	5	8	4	5
2.3　外资企业投资综合指标	7.54	15	13	10	25
3　企业创新综合指标	31.51	10	16	8	15
3.1　企业研究开发投入综合指标	46.98	6	14	5	6
3.2　设计能力综合指标	21.48	19	16	19	13
3.3　技术提升能力综合指标	23.09	16	16	11	17
3.4　新产品销售收入综合指标	31.77	9	14	8	27
4　创新环境综合指标	25.81	12	17	11	4
4.1　创新基础设施综合指标	27.55	20	22	16	14
4.2　市场环境综合指标	27.41	13	12	12	15
4.3　劳动者素质综合指标	30.83	18	20	18	4
4.4　金融环境综合指标	13.11	10	16	16	3
4.5　创业水平综合指标	30.14	11	15	6	12
5　创新绩效综合指标	44.37	7	8	6	24
5.1　宏观经济综合指标	29.51	16	17	9	25
5.2　产业结构综合指标	26.07	21	15	18	19
5.3　产业国际竞争力综合指标	54.22	5	4	2	16
5.4　就业综合指标	43.53	4	8	6	7
5.5　可持续发展与环保综合指标	68.52	15	7	18	30

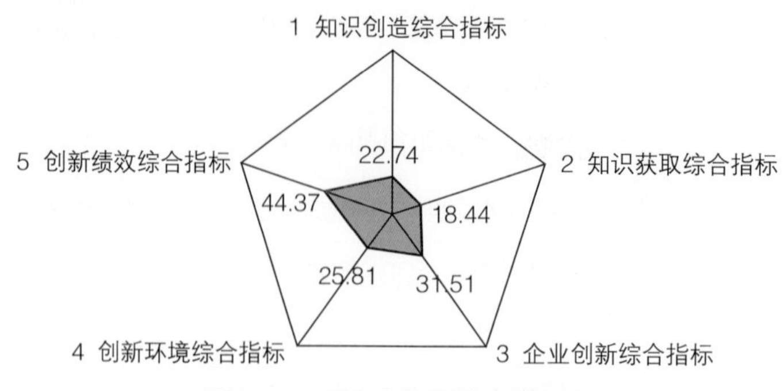

图4-43 重庆市创新能力蛛网图

从基础数据看，规模以上工业企业平均国内技术成交金额、规模以上工业企业国内技术成交金额排名下降明显，但科技企业孵化器当年毕业企业数排名有所上升。说明重庆市工业企业的技术溢出和知识流动不够，但中小型科技企业较为活跃，创业企业孵化效果显著（表4-64，图4-44）。

表4-64 重庆市变化较大的指标

指标名称	2020 年	2019 年	增速（%）	2020 年排名	2019 年排名	排名变化
规模以上工业企业平均购买国内技术经费支出（万元）	2.46	8.18	−69.93	24	7	−17
规模以上工业企业购买国内技术经费支出（万元）	16686.1	54683.9	−69.49	22	11	−11
平均每个科技企业孵化器孵化基金额（万元）	2053.23	6518.37	−68.50	9	3	−6
每亿元研发经费内部支出产生的发明专利授权数（件）	16.0	16.8	−4.76	15	15	0
科技企业孵化器孵化基金总额（万元）	133460	319400	−58.22	17	8	−9
规模以上工业企业平均引进技术经费支出（万元）	23.92	51.62	−53.66	4	3	−1
规模以上工业企业引进技术经费支出（万元）	161981.9	344998.3	−53.05	5	3	−2
规模以上工业企业有效发明专利数（件）	17579	12472	40.95	16	17	1
科技企业孵化器当年毕业企业数（家）	443	292	51.71	14	22	8
技术市场企业平均交易额（按流向）（万元）	1026.20	656.85	56.23	1	2	1
技术市场交易金额（按流向）（万元）	5179206.3	2341008.0	121.24	10	15	5

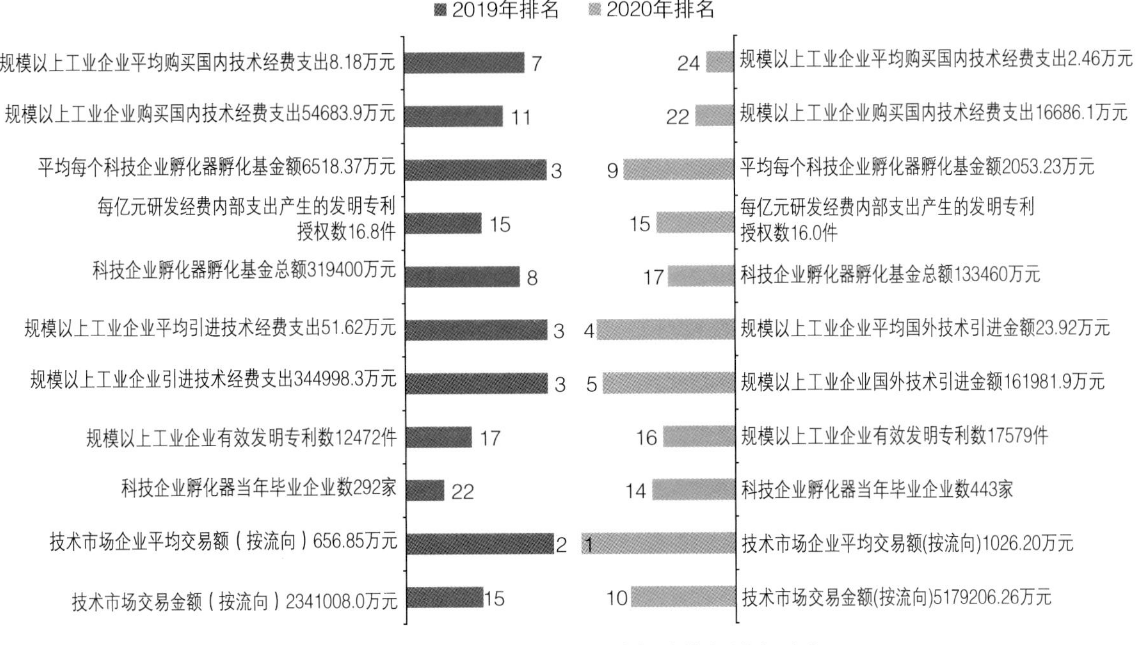

图4-44　2019—2020年重庆市部分指标排名对比

根据中国企业联合会发布数据显示，在2019中国企业500强榜单中，重庆市入围14家，较上年增加2家。新加入的龙湖集团排名比较靠前（表4-65）。

表4-65　重庆市入围2019中国企业500强的14家企业

序号	企业名称	营业收入（亿元）	排名
1	重庆市金科投资控股（集团）有限责任公司	1238.28	149
2	龙湖集团控股有限公司	1157.98	162
3	隆鑫控股有限公司	564.14	315
4	重庆商社（集团）有限公司	546.15	324
5	重庆市能源投资集团有限公司	506.32	343
6	重庆建工投资控股有限责任公司	471.11	361
7	重庆化医控股（集团）公司	467.72	364
8	重庆农村商业银行股份有限公司	459.35	370
9	重庆机电控股（集团）公司	455.82	375
10	太极集团有限公司	450.37	380
11	重庆小康控股有限公司	445.47	385
12	重庆力帆控股有限公司	407.76	421

续表

序号	企业名称	营业收入（亿元）	排名
13	重庆轻纺控股（集团）公司	351.59	480
14	重庆华宇集团有限公司	326.67	496

总体来看，重庆市创新发展步伐较上年有所放缓。近年来，重庆市在企业技术研发、基础研究投入上表现突出，国外技术引进也一直保持在较高水平，是一座充满创新活力的城市。未来，重庆市需进一步加强对大学、研究院所的人才培养，以提高知识创造的能力，促进区域创新知识流动，加快传统行业向新兴行业转型，提升技术市场活力，带动企业创新能力提升。

4.23 四川省

2020 年四川省创新能力排名全国第 11 位，连续 5 年名次稳定。分领域看，知识创造、知识获取及企业创新领域排名均下降，其中知识获取排名变化最大，居第 21 位，较上年下降 7 位；知识创造排名第 9 位，较上年下降 2 位；企业创新排名第 15 位，较上年下降 2 位；创新环境排名第 9 位，与上年相比未发生变化；创新绩效排名上升 1 位，居第 11 位（表 4–66，图 4–45）。

表4–66　四川省创新能力综合指标

指标名称	2020 年综合指标		2020 年分项指标排名		
	指标值	排名	实力	效率	潜力
综合值	28.50	11	8	14	17
1　知识创造综合指标	29.21	9	7	11	15
1.1　研究开发投入综合指标	26.96	7	6	8	14
1.2　专利综合指标	31.74	12	8	12	20
1.3　科研论文综合指标	28.67	13	8	13	14
2　知识获取综合指标	13.75	21	10	25	24
2.1　科技合作综合指标	26.39	12	5	20	25
2.2　技术转移综合指标	13.49	17	9	21	15
2.3　外资企业投资综合指标	4.47	23	14	20	28

续表

指标名称	2020 年综合指标		2020 年分项指标排名		
	指标值	排名	实力	效率	潜力
3 企业创新综合指标	26.40	15	12	14	14
3.1 企业研究开发投入综合指标	32.07	16	12	21	8
3.2 设计能力综合指标	27.04	9	10	9	18
3.3 技术提升能力综合指标	27.17	13	10	14	14
3.4 新产品销售收入综合指标	16.17	21	17	21	18
4 创新环境综合指标	27.68	9	8	15	18
4.1 创新基础设施综合指标	32.46	11	7	19	17
4.2 市场环境综合指标	25.87	14	11	11	9
4.3 劳动者素质综合指标	43.53	3	4	20	7
4.4 金融环境综合指标	8.46	18	12	18	25
4.5 创业水平综合指标	28.08	12	8	11	22
5 创新绩效综合指标	42.70	11	12	11	8
5.1 宏观经济综合指标	39.54	10	6	19	7
5.2 产业结构综合指标	26.77	19	8	22	14
5.3 产业国际竞争力综合指标	57.53	3	6	3	5
5.4 就业综合指标	24.36	24	31	14	12
5.5 可持续发展与环保综合指标	65.30	19	21	17	26

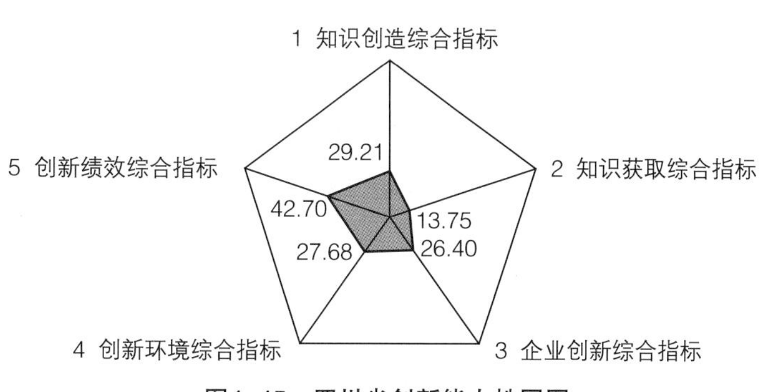

图4–45 四川省创新能力蛛网图

从基础数据看，近年来四川省正加快融入全球创新网络，规模以上工业企业平均国外技术引进金额增速达到 37.89%，重视科技企业孵化器等创新创业载体的建设，规模以上工业企业研发机构和研发投入占比也有显著提升，但规模以上工业企业国内技术成交金额及高技术产业新产品销售收入占比等指标有所下滑（表 4–67，图 4–46）。

表4–67　四川省变化较大的指标

指标名称	2020 年	2019 年	增速（%）	2020 年排名	2019 年排名	排名变化
城镇登记失业人员（万人）	53.31	55.78	−4.43	1	31	30
规模以上工业企业平均引进技术经费支出（万元）	3.53	2.56	37.89	14	20	6
平均每个科技企业孵化器当年毕业企业数（家）	5.44	4.65	16.99	14	18	4
规模以上工业企业中有研发机构的企业占总企业数的比例（%）	7.40	7.09	4.37	16	19	3
规模以上工业企业研发活动经费内部支出总额占销售收入的比例（%）	0.83	0.72	15.28	17	19	2
每万名研发人员发明专利申请受理数（件）	1695	2248	−24.60	10	4	−6
高技术产业新产品销售收入占主营业务收入的比重（%）	16.69	22.82	−26.86	24	18	−6
规模以上工业企业购买国内技术经费支出（万元）	61025.8	67239.5	−9.24	16	8	−8
技术市场企业平均交易额（按流向）（万元）	399.06	441.76	−9.67	16	6	−10

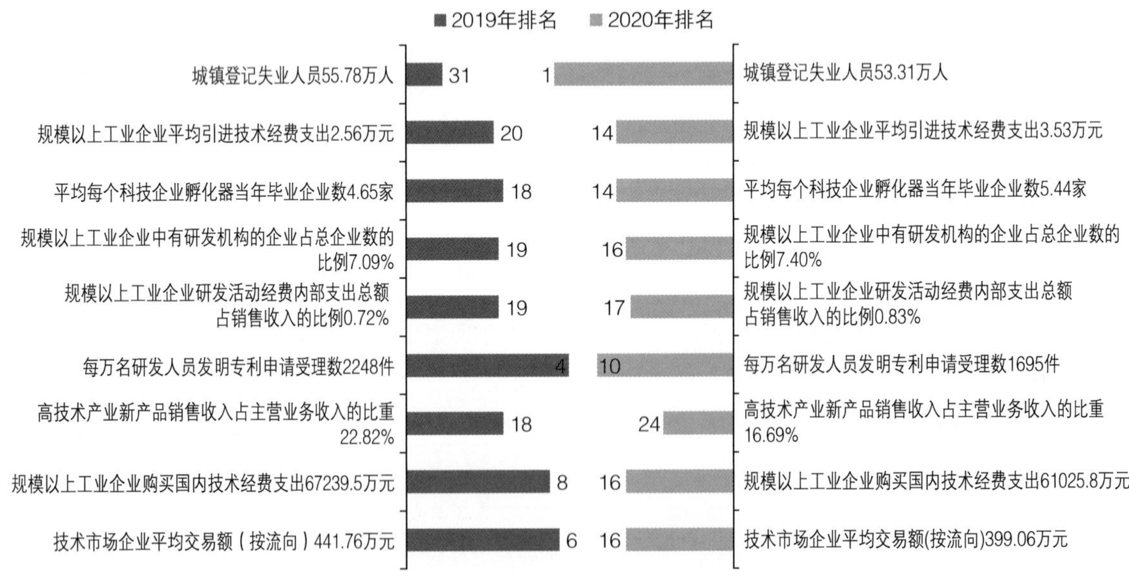

图4–46　2019—2020年四川省部分指标排名对比

根据中国企业联合会发布的数据显示，在 2019 中国企业 500 强榜单中，四川省 14 家企业入围，较上年增加了 1 家企业，即四川省铁路产业投资集团有限责任公司；从企业排名来看，其余 13 家企业“八升五降”，其中排名第 140 位的新希望集团有限公司比上年上升 92 位，升幅最大；降幅较大的为排名第 500 位的中国东方电气集团有限公司和排名第 416 位的四川科伦实业集团有限公司，较上年分别下降 48 位和 36 位（表 4–68）。

表4–68　四川省入围2019中国企业500强的企业

序号	企业名称	营业收入（亿元）	排名
1	新希望集团有限公司	1311.77	140
2	四川长虹电子控股集团有限公司	1220.59	151
3	四川省宜宾五粮液集团有限公司	931.18	206
4	四川省铁路产业投资集团有限责任公司	907.96	214
5	通威集团	705.62	258
6	四川华西集团有限公司	565.64	314
7	蓝润集团有限公司	560.86	319
8	四川省川威集团有限公司	530.27	332
9	四川省交通投资集团有限责任公司	468.86	363
10	四川德胜集团钒钛有限公司	467.01	366
11	四川省能源投资集团有限责任公司	438.33	391
12	成都兴城投资集团有限公司	436.64	394
13	四川科伦实业集团有限公司	412.44	416
14	中国东方电气集团有限公司	323.25	500

总体来看，四川省创新能力稳中求进，全面创新改革试验初见成效，在研发投入、产学研融合的技术创新体系构建、区域性创新平台优化整合等方面取得了显著成效。未来，四川省应抓住长江经济带发展、成渝城市群一体化、“一干多支”发展战略和国家数字经济创新发展试验等战略机遇，在外资引进和科技成果转化方面进一步发力，激活创新要素，培育创新动能，为推动四川高质量发展打造强劲引擎。

4.24 贵州省

2020 年贵州省创新能力排名全国第 20 位，较上年下降了 4 位。分领域看，知识创造、知识获取、企业创新排名均有上升，较上年分别上升 6 位、2 位、1 位；创新绩效排名下降 1 位，排名第 16 位；创新环境排名大幅下降，从第 18 位下降至第 28 位（表 4–69，图 4–47）。

表4–69 贵州省创新能力综合指标

指标名称	2020 年综合指标		2020 年分项指标排名		
	指标值	排名	实力	效率	潜力
综合值	23.24	20	24	21	4
1 知识创造综合指标	23.44	12	24	19	1
1.1 研究开发投入综合指标	15.49	19	25	28	6
1.2 专利综合指标	30.99	15	20	8	6
1.3 科研论文综合指标	24.26	16	26	23	2
2 知识获取综合指标	15.28	19	22	13	6
2.1 科技合作综合指标	23.45	19	26	18	2
2.2 技术转移综合指标	20.37	7	16	6	8
2.3 外资企业投资综合指标	5.33	19	22	21	5
3 企业创新综合指标	21.11	20	22	21	6
3.1 企业研究开发投入综合指标	31.59	17	21	20	2
3.2 设计能力综合指标	15.97	26	21	20	24
3.3 技术提升能力综合指标	18.73	24	19	23	21
3.4 新产品销售收入综合指标	15.45	22	24	23	6
4 创新环境综合指标	18.98	28	25	29	13
4.1 创新基础设施综合指标	16.61	31	24	31	15
4.2 市场环境综合指标	12.36	30	27	30	29
4.3 劳动者素质综合指标	34.18	13	21	9	2
4.4 金融环境综合指标	5.86	27	25	20	19
4.5 创业水平综合指标	25.90	13	24	17	1
5 创新绩效综合指标	37.03	16	23	20	1
5.1 宏观经济综合指标	29.48	17	22	27	1

续表

指标名称	2020 年综合指标		2020 年分项指标排名		
	指标值	排名	实力	效率	潜力
5.2 产业结构综合指标	21.85	24	25	27	5
5.3 产业国际竞争力综合指标	35.68	10	22	12	3
5.4 就业综合指标	36.05	11	13	19	5
5.5 可持续发展与环保综合指标	62.09	22	19	23	27

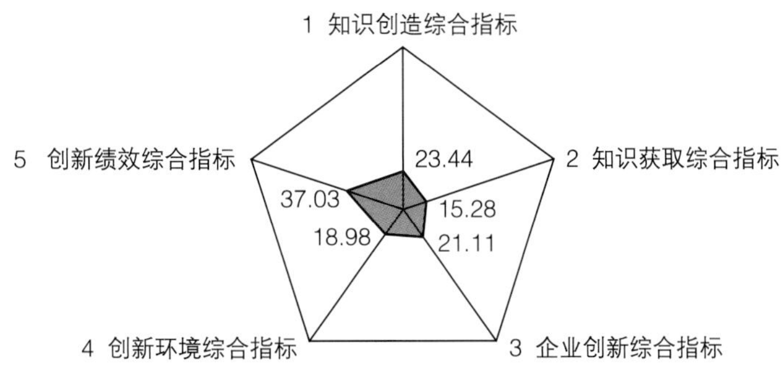

图4-47 贵州省创新能力蛛网图

从基础数据看，贵州省高度重视高技术企业发展，高技术企业数及占比明显增加，省内技术市场交易金额（按流向）大幅增长，技术市场企业平均交易额（按流向）排名从第 14 位上升至第 3 位。外商投资企业年底注册资金中外资部分稳步提升，但规模以上工业企业平均购买国内技术经费支出却明显下降（表 4–70，图 4–48）。

表4–70 贵州省变化较大的指标

指标名称	2020 年	2019 年	增速（%）	2020 年排名	2019 年排名	排名变化
技术市场企业平均交易额（按流向）（万元）	949.21	344.25	175.73	3	14	11
技术市场交易金额（按流向）（万元）	5133301.9	1932987.0	165.56	11	19	8
高技术企业数占规模以上工业企业数比重（%）	8.51	6.46	31.73	11	20	9
高技术企业数（家）	475	343	38.48	17	20	3
规模以上工业企业就业人员中研发人员比例（%）	4.57	3.51	30.20	12	20	8
高校和科研院所研发经费内部支出额中来自企业资金的比例（%）	12.30	10.14	21.30	12	17	5
人均外商投资企业年底注册资金中外资部分（万美元）	560	377	48.54	21	26	5

续表

指标名称	2020 年	2019 年	增速（%）	2020 年排名	2019 年排名	排名变化
外商投资企业年底注册资金中外资部分（亿美元）	201.68	135.00	49.39	22	26	4
规模以上工业企业购买国内技术经费支出（万元）	8151.8	66506.8	−87.74	24	10	−14
规模以上工业企业平均购买国内技术经费支出（万元）	1.46	12.52	−88.34	27	3	−24

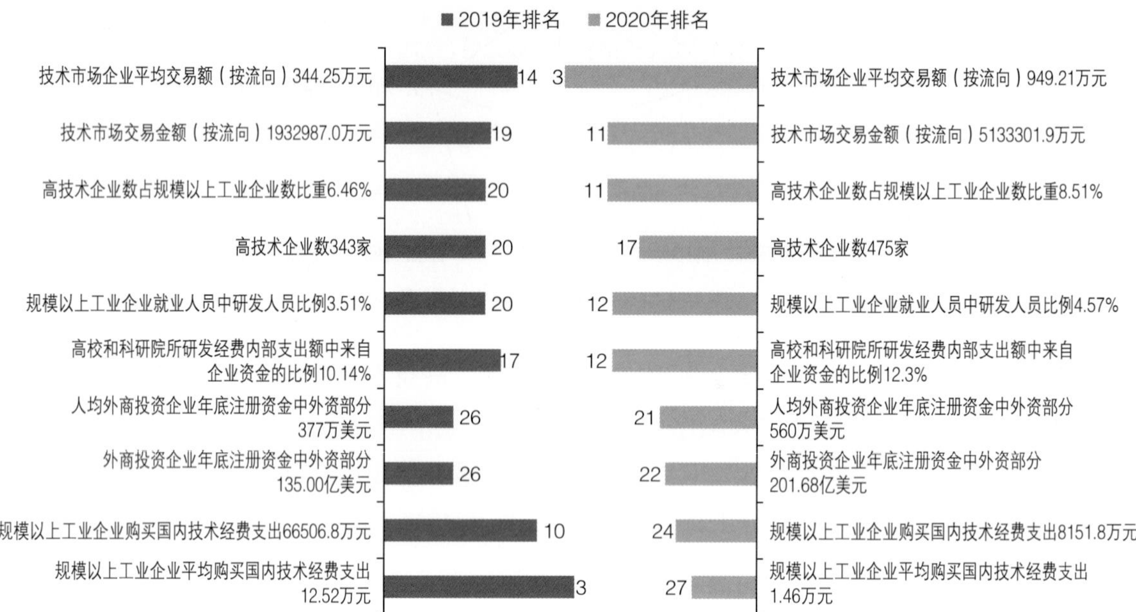

图4–48　2019—2020年贵州省部分指标排名对比

根据中国企业联合会发布数据显示，在 2019 中国企业 500 强榜单中，贵州省仅有 1 家企业入围，仍然是贵州茅台酒股份有限公司，排名较上年提升了 21 位（表 4–71）。

表4–71　贵州省入围2019中国企业500强的企业

序号	企业名称	营业收入（亿元）	排名
1	贵州茅台酒股份有限公司	771.99	248

近年来，贵州省坚持以供给侧改革为主线，基本实现深化机制体制改革、构建关键技术领域、打造创新创业平台的阶段性目标，在知识创造、知识获取和企业创新方面取得了显著成效，但是创新环境建设方面仍需要进一步提升。未来，贵州省继续以大数据为引领，深入

贯彻落实创新发展战略，持续完善创新平台建设、活跃技术交易市场、优化创新创业环境，依托大数据探索创新发展新业态。

4.25 云南省

2020 年云南省创新能力排名全国第 25 位，较上年下降 3 位。分领域看，知识创造排名下降 6 位至第 29 位，知识获取排名保持第 25 位，企业创新下降 4 位至第 22 位，创新环境排名上升 2 位至第 23 位，创新绩效排名下降 1 位至第 21 位（表 4–72，图 4–49）。

表4–72 云南省创新能力综合指标

指标名称	2020 年综合指标		2020 年分项指标排名		
	指标值	排名	实力	效率	潜力
综合值	20.92	25	20	30	10
1 知识创造综合指标	13.64	29	22	28	21
1.1 研究开发投入综合指标	11.39	25	19	24	17
1.2 专利综合指标	14.55	27	23	28	22
1.3 科研论文综合指标	16.34	24	22	17	22
2 知识获取综合指标	12.94	25	21	21	9
2.1 科技合作综合指标	15.34	30	20	22	31
2.2 技术转移综合指标	21.27	6	18	9	2
2.3 外资企业投资综合指标	4.90	21	21	26	8
3 企业创新综合指标	20.16	22	21	22	12
3.1 企业研究开发投入综合指标	30.41	20	20	18	5
3.2 设计能力综合指标	12.74	29	22	26	25
3.3 技术提升能力综合指标	22.37	17	20	17	8
3.4 新产品销售收入综合指标	13.71	24	23	26	7
4 创新环境综合指标	20.81	23	22	19	14
4.1 创新基础设施综合指标	29.49	17	21	10	11
4.2 市场环境综合指标	14.99	29	24	22	28
4.3 劳动者素质综合指标	31.22	16	15	16	10
4.4 金融环境综合指标	7.80	19	28	26	5

续表

指标名称	2020 年综合指标		2020 年分项指标排名		
	指标值	排名	实力	效率	潜力
4.5 创业水平综合指标	20.55	20	26	22	8
5 创新绩效综合指标	33.46	21	20	27	5
5.1 宏观经济综合指标	31.19	15	18	25	3
5.2 产业结构综合指标	18.46	27	23	28	17
5.3 产业国际竞争力综合指标	25.37	16	21	15	9
5.4 就业综合指标	28.40	22	17	27	8
5.5 可持续发展与环保综合指标	63.87	21	16	25	25

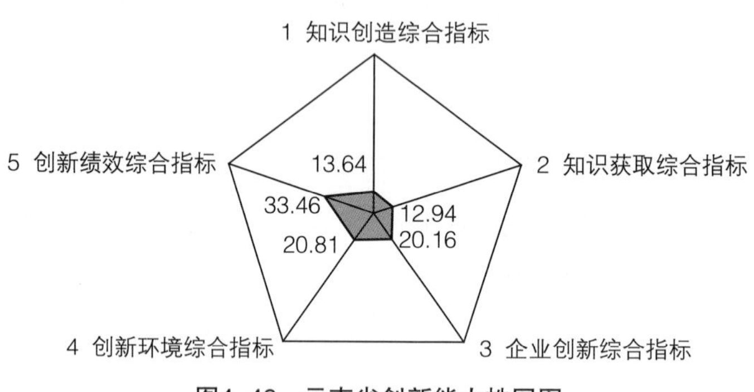

图4-49 云南省创新能力蛛网图

从基础数据看，云南省在2020年技术市场企业平均交易额及排名有所提升，说明云南省企业技术溢出、知识流动水平有所提升。规模以上工业企业平均引进技术经费支出增长较为明显，说明云南省企业积极引进国外技术，重视企业创新，但云南省孵化器建设方面还有待加强（表4–73，图4–50）。

表4–73 云南省表现较为突出的指标

指标名称	2020 年	2019 年	增速（%）	2020 年排名	2019 年排名	排名变化
科技企业孵化器当年风险投资强度（万元／项）	83.08	200.00	−58.46	30	21	−9
平均每个科技企业孵化器当年毕业企业数（家）	4.73	8.44	−43.96	19	4	−15
科技企业孵化器当年毕业企业数（家）	156	270	−42.22	26	24	−2
每亿元研发经费内部支出产生的发明专利授权数（件）	12.3	14.3	−13.99	27	23	−4

续表

指标名称	2020 年	2019 年	增速(%)	2020 年排名	2019 年排名	排名变化
人均外商投资企业年底注册资金中外资部分（万美元）	476	333	42.94	26	28	2
外商投资企业年底注册资金中外资部分（亿美元）	229.88	160.00	43.68	21	22	1
规模以上工业企业平均购买国内技术经费支出（万元）	16.19	10.61	52.59	6	5	−1
规模以上工业企业购买国内技术经费支出（万元）	68980.9	44417.8	55.3	14	14	0
技术市场企业平均交易额（按流向）（万元）	529.13	321.18	64.75	7	17	10
技术市场交易金额（按流向）（万元）	3278498.2	1770997.0	85.12	17	22	5
规模以上工业企业平均引进技术经费支出（万元）	7.32	3.00	144.00	10	19	9

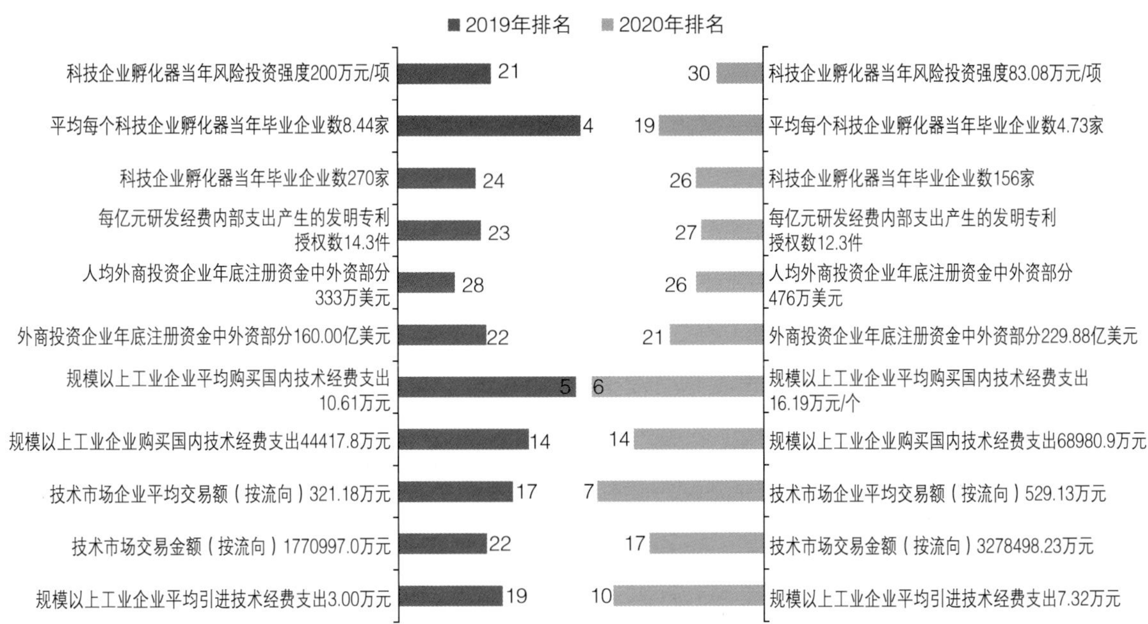

图4-50　2019—2020年云南省部分指标排名对比

根据中国企业联合会发布数据显示，在2019中国企业500强榜单中，云南省入围7家，数量与上年一致。新入围的企业为云南省城市建设投资集团有限公司（表4-74）。

表4–74 云南省入围2019中国企业500强的企业

序号	企业名称	营业收入（亿元）	排名
1	云南省建设投资控股集团有限公司	1160.5	159
2	云南省投资控股集团有限公司	1089.24	175
3	云南省能源投资集团有限公司	904.32	216
4	云南锡业集团（控股）有限责任公司	664.19	272
5	云天化集团有限责任公司	633.91	283
6	昆明钢铁控股有限公司	568.82	313
7	云南省城市建设投资集团有限公司	402.05	424

总体来看，云南省创新能力略有下降，主要表现在知识创造和创新绩效方面，但在创新环境方面得到进一步优化。科技企业孵化器孵化基金总额方面未能延续上年的增长态势，在今年出现下滑，这表明企业孵化器投资缺乏持续性和稳定性。企业技术创新方面有一定提升，创新环境整体的提升对于企业技术创新的重视程度有正向影响。未来，云南省应该进一步构建良好的企业创新环境，注重风险投资的持续性和稳定性，推动当地创新能力的持续稳定发展。

4.26 西藏自治区

2020 年西藏自治区创新能力排名全国第 31 位，与去年一致。分领域看，知识创造、知识获取、企业创新、创新环境及创新绩效分别排名全国第 23 位、第 22 位、第 31 位、第 30 位及第 30 位，知识创造和知识获取排名有所提升（表 4–75，图 4–51）。

表4–75 西藏自治区创新能力综合指标

指标名称	2020 年综合指标		2020 年分项指标排名		
	指标值	排名	实力	效率	潜力
综合值	17.08	31	31	28	25
1 知识创造综合指标	20.19	23	31	17	7
1.1 研究开发投入综合指标	8.65	28	31	31	15
1.2 专利综合指标	36.52	7	31	7	1
1.3 科研论文综合指标	10.59	31	31	22	26

续表

指标名称	2020 年综合指标		2020 年分项指标排名		
	指标值	排名	实力	效率	潜力
2 知识获取综合指标	13.30	22	31	14	5
2.1 科技合作综合指标	26.26	13	31	16	1
2.2 技术转移综合指标	16.01	12	31	7	18
2.3 外资企业投资综合指标	1.56	30	30	29	21
3 企业创新综合指标	9.73	31	31	31	25
3.1 企业研究开发投入综合指标	14.25	25	31	30	7
3.2 设计能力综合指标	3.00	31	31	31	30
3.3 技术提升能力综合指标	11.01	31	31	28	28
3.4 新产品销售收入综合指标	11.76	27	31	25	12
4 创新环境综合指标	17.37	30	31	8	26
4.1 创新基础设施综合指标	22.16	25	31	4	25
4.2 市场环境综合指标	3.95	31	31	31	31
4.3 劳动者素质综合指标	34.21	12	31	2	5
4.4 金融环境综合指标	1.38	31	31	31	30
4.5 创业水平综合指标	25.17	15	31	5	20
5 创新绩效综合指标	26.41	30	19	26	29
5.1 宏观经济综合指标	24.85	19	31	22	1
5.2 产业结构综合指标	3.92	31	31	31	31
5.3 产业国际竞争力综合指标	0	31	30	31	31
5.4 就业综合指标	31.02	18	3	25	25
5.5 可持续发展与环保综合指标	72.24	12	4	3	31

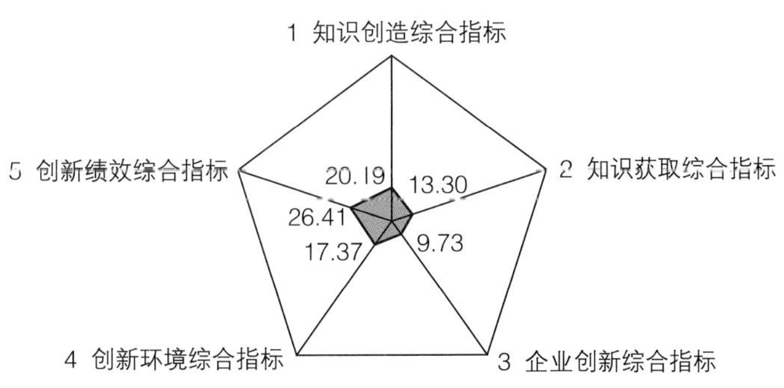

图4-51 西藏自治区创新能力蛛网图

从基础数据看，西藏自治区每十万研发人员作者异省科技论文数排名提升 7 位，技术市场企业平均交易额排名提升 6 位，说明西藏地区对技术科技创新的重视程度有所提升。另外，西藏自治区规模以上工业企业中有研发机构的企业占总企业数的比例有所下降，说明西藏地区企业对技术研发的重视程度不够。其他指标增速较大，但排名较为稳定（表 4–76，图 4–52）。

表4–76　西藏自治区变化较大的指标

指标名称	2020 年	2019 年	增速（%）	2020 年排名	2019 年排名	排名变化
规模以上工业企业中有研发机构的企业占总企业数的比例（%）	1.63	3.45	–52.75	31	29	–2
发明专利授权数（件）	73	42	73.81	31	31	0
高校和科研院所研发经费内部支出额中来自企业的资金（万元）	1250	705	77.3	31	31	0
规模以上工业企业新产品销售收入（亿元）	18.11	9.40	92.66	31	31	0
每十万研发人员作者异省科技论文数（篇）	4736	2272	108.45	1	8	7
作者异省合作科技论文数（篇）	124	57	117.54	31	31	0
技术市场企业平均交易额（按流向）（万元）	953.94	434.01	119.8	2	8	6
规模以上工业企业研发活动经费内部支出总额占销售收入的比例（%）	0.33	0.14	135.71	30	31	1
规模以上工业企业研发活动经费内部支出总额（亿元）	0.86	0.30	186.67	31	31	0
技术市场交易金额（按流向）（万元）	724997.75	219609.00	230.13	31	31	0
规模以上工业企业平均研发经费外部支出（万元）	8.31	1.09	662.39	28	31	3

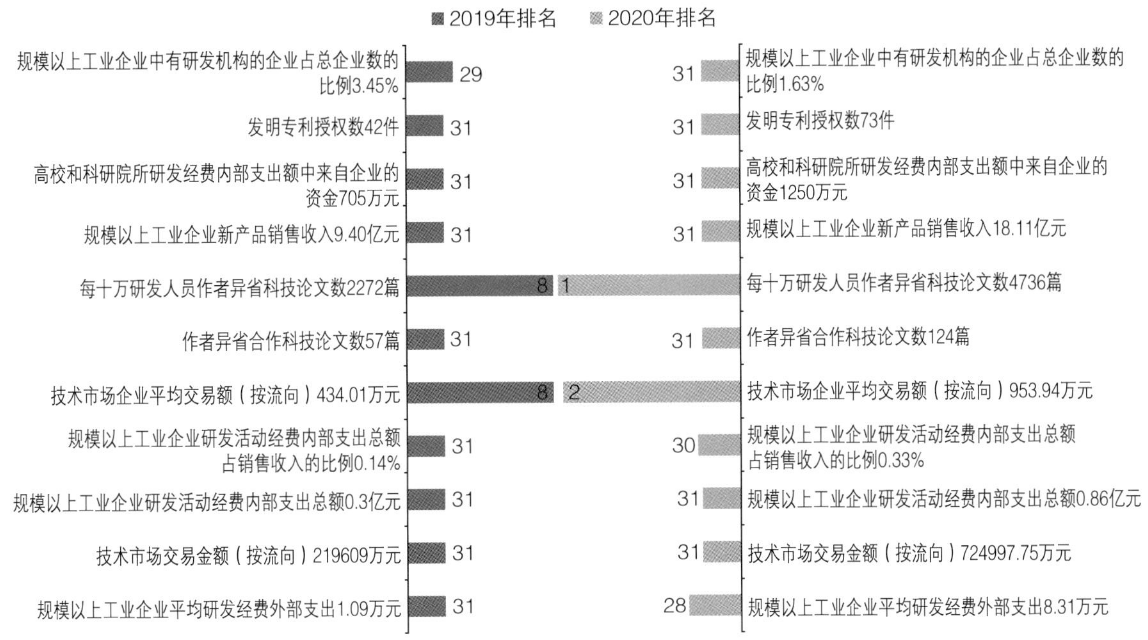

图4–52　2019—2020年西藏自治区部分指标排名对比

根据中国企业联合会发布数据显示，在2019中国企业500强榜单中，西藏自治区无入围企业。

总体来看，西藏自治区创新能力存在很大的提升空间。长期以来，西藏自治区创新动力不足，产业结构较为单一，转型困难，但是，西藏自治区的知识创造和知识获取能力相对较好，具有良好的研发基础。西藏自治区应继续投入高技术人才培养及引进、不断完善基础设施建设，根据当地独特的地理条件和资源禀赋，大力发展新能源等新兴产业。

4.27　陕西省

2020年陕西省创新能力排名全国第9位，较上年上升了3位。分领域看，企业创新、创新环境、创新绩效排名稳步上升，其中，创新环境排名第7位，上升5位，进步最大；企业创新排名第19位，上升1位；创新绩效排名第8位，上升1位；知识创造和知识获取排名与上年持平，分别排名第6位和第18位（表4–77，图4–53）。

表4-77 陕西省创新能力综合指标

指标名称	2020 年综合指标		2020 年分项指标排名		
	指标值	排名	实力	效率	潜力
综合值	30.22	9	13	8	7
1 知识创造综合指标	35.90	6	10	4	13
1.1 研究开发投入综合指标	27.20	6	8	4	22
1.2 专利综合指标	34.79	9	12	10	8
1.3 科研论文综合指标	55.50	2	4	2	5
2 知识获取综合指标	15.61	18	12	18	16
2.1 科技合作综合指标	30.78	7	9	6	19
2.2 技术转移综合指标	10.65	27	12	28	22
2.3 外资企业投资综合指标	7.95	14	17	13	6
3 企业创新综合指标	23.78	19	18	15	10
3.1 企业研究开发投入综合指标	26.50	21	18	19	20
3.2 设计能力综合指标	24.65	12	17	12	7
3.3 技术提升能力综合指标	24.20	15	17	15	6
3.4 新产品销售收入综合指标	17.98	20	18	22	5
4 创新环境综合指标	30.88	7	13	4	10
4.1 创新基础设施综合指标	30.80	13	17	6	18
4.2 市场环境综合指标	31.37	10	13	7	5
4.3 劳动者素质综合指标	30.65	20	14	15	24
4.4 金融环境综合指标	31.44	3	7	2	4
4.5 创业水平综合指标	30.15	10	16	7	6
5 创新绩效综合指标	44.15	8	13	9	6
5.1 宏观经济综合指标	36.35	13	14	12	5
5.2 产业结构综合指标	16.57	29	18	30	21
5.3 产业国际竞争力综合指标	63.69	2	7	1	2
5.4 就业综合指标	30.62	20	16	15	21
5.5 可持续发展与环保综合指标	73.51	9	12	10	19

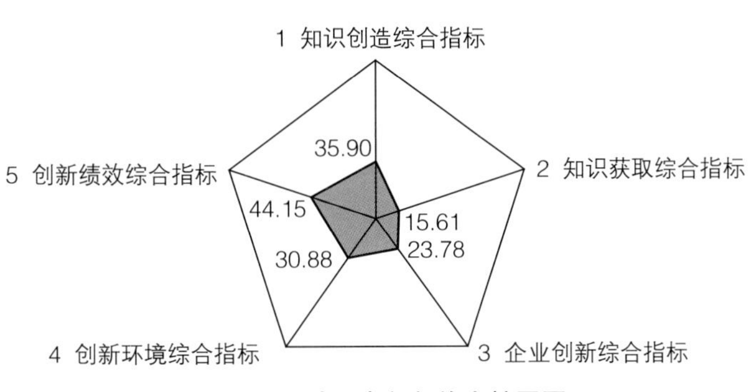

图4-53 陕西省创新能力蛛网图

从基础数据看，陕西省在创新环境的优化和培育方面进步明显，科技企业孵化器孵化基金总额较上年增长5倍，平均每个科技企业孵化器孵化基金额较上年增长6倍且排名跃居全国第1位；在企业创新相关指标中，规模以上工业企业每万名研发人员平均发明专利申请数排名上升10位，但规模以上工业企业平均引进技术经费支出、就业人员中研发人员比例等下降较明显；在知识创造相关指标中，每亿元研发经费内部支出产生的专利申请数排名也有明显下降（表4-78，图4-54）。

表4-78 陕西省变化较大的指标

指标名称	2020年	2019年	增速(%)	2020年排名	2019年排名	排名变化
规模以上工业企业每万名研发人员平均发明专利申请数（件）	779	561	38.86	13	23	10
平均每个科技企业孵化器孵化基金额（万元）	16646.28	2204.49	655.11	1	10	9
科技企业孵化器孵化基金总额（万元）	1148593.5	187381.4	512.97	4	10	6
平均每个科技企业孵化器当年毕业企业数（家）	6.74	6.09	10.67	7	13	6
规模以上工业企业平均购买国内技术经费支出（万元）	6.81	4.07	67.32	13	17	4
规模以上工业企业平均引进技术经费支出（万元）	1.67	4.82	−65.35	19	14	−5
规模以上工业企业中有研发机构的企业占总企业数的比例（%）	5.79	7.14	−18.91	24	18	−6
规模以上工业企业就业人员中研发人员比例（%）	3.88	4.14	−6.28	18	11	−7

续表

指标名称	2020 年	2019 年	增速（%）	2020 年排名	2019 年排名	排名变化
高技术产业新产品销售收入占主营业务收入的比重（%）	13.29	18.74	−29.08	27	20	−7
规模以上工业企业平均研发经费外部支出（万元）	14.87	22.72	−34.55	18	9	−9
每亿元研发经费内部支出产生的发明专利申请数（件）	50	93	−46.24	14	4	−10

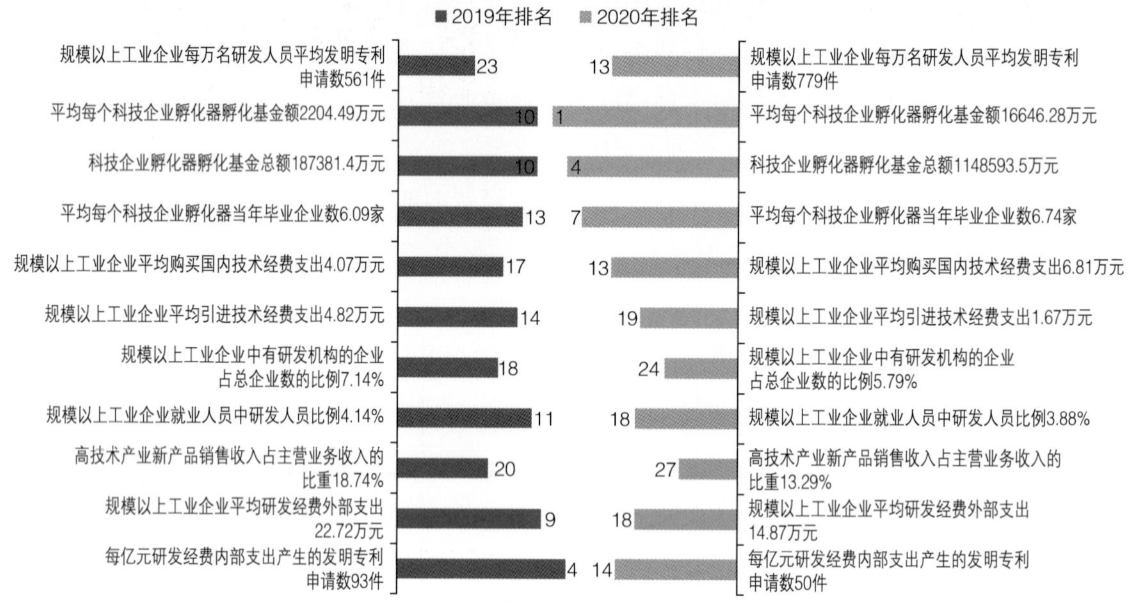

图4–54　2019—2020年陕西省部分指标排名对比

根据中国企业联合会发布数据显示，在 2019 中国企业 500 强榜单中，陕西省 8 家企业入围，比上年新增 1 家企业，即陕西投资集团有限公司。从业务范围看，上榜企业多为能源产业、制造业、重化工业企业（表 4–79）。

表4–79　陕西省入围2019中国企业500强的企业

序号	企业名称	营业收入（亿元）	排名
1	陕西延长石油（集团）有限责任公司	2951.37	68
2	陕西煤业化工集团有限责任公司	2805.87	73
3	陕西有色金属控股集团有限责任公司	1355.09	137

续表

序号	企业名称	营业收入（亿元）	排名
4	东岭集团股份有限公司	1096.57	172
5	西安迈科金属国际集团有限公司	1086.26	177
6	陕西建工集团有限公司	1006.04	191
7	陕西汽车控股集团有限公司	654.55	276
8	陕西投资集团有限公司	371.77	453

陕西省连续 4 年被国务院办公厅列为“实施创新驱动发展战略、推进自主创新和发展高新技术产业成效明显”的省份，在培育和优化创新环境、激发创新主体科技创新和推进产学研用融合等方面取得了明显的进步，综合创新能力排名稳步提升，但是，陕西省依然存在产业结构不合理、劳动者素质相对较低等问题。未来，陕西省可以充分发挥其科教资源富集的优势，促进创新要素在各类创新主体之间的流动，激发技术市场活力，加大高新技术企业培育力度，促进产业转型升级，进一步释放发展新动能。

4.28 甘肃省

2020 年甘肃省创新能力排名全国第 27 位，较上年下降 2 位。从分项指标看，实力指标排名第 25 位，效率指标排名第 24 位，潜力指标排名第 21 位。分领域看，知识创造排名第 26 位，较上年下降 2 位；知识获取排名第 12 位，较上年上升 1 位；企业创新排名第 28 位，与上年持平；创新环境排名第 27 位，较上年下降 7 位；创新绩效排名第 22 位，较上年上升 2 位（表 4–80，图 4–55）。

表4–80 甘肃省创新能力综合指标

指标名称	2020 年综合指标		2020 年分项指标排名		
	指标值	排名	实力	效率	潜力
综合值	19.83	27	25	24	21
1 知识创造综合指标	16.25	26	25	12	30
1.1 研究开发投入综合指标	11.97	24	24	16	26
1.2 专利综合指标	13.31	29	25	22	30
1.3 科研论文综合指标	30.67	12	20	4	31

续表

指标名称	2020 年综合指标		2020 年分项指标排名		
	指标值	排名	实力	效率	潜力
2 知识获取综合指标	17.81	12	26	16	2
2.1 科技合作综合指标	25.82	14	22	5	18
2.2 技术转移综合指标	4.60	31	26	29	31
2.3 外资企业投资综合指标	21.72	9	26	19	1
3 企业创新综合指标	14.20	28	26	24	28
3.1 企业研究开发投入综合指标	12.79	27	26	26	27
3.2 设计能力综合指标	21.71	18	27	11	16
3.3 技术提升能力综合指标	18.97	23	23	7	31
3.4 新产品销售收入综合指标	0.26	31	28	31	31
4 创新环境综合指标	19.31	27	27	24	16
4.1 创新基础设施综合指标	21.26	26	23	29	8
4.2 市场环境综合指标	20.57	26	30	21	10
4.3 劳动者素质综合指标	29.28	21	27	6	19
4.4 金融环境综合指标	4.84	30	26	28	17
4.5 创业水平综合指标	20.60	19	20	19	15
5 创新绩效综合指标	31.74	22	21	22	21
5.1 宏观经济综合指标	12.48	29	27	31	23
5.2 产业结构综合指标	31.90	12	27	8	11
5.3 产业国际竞争力综合指标	17.54	23	25	19	22
5.4 就业综合指标	31.37	16	11	22	17
5.5 可持续发展与环保综合指标	65.43	18	9	28	16

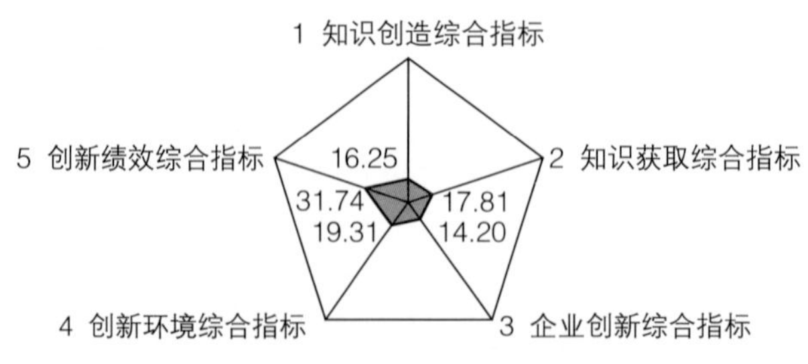

图4-55 甘肃省创新能力蛛网图

从基础数据分析，甘肃省研究开发、企业创新能力逐步提升，规模以上工业企业购买国内技术经费支出增加 72.37%，规模以上工业企业每万名研发人员平均发明专利申请数增加 44.44%，科技企业孵化器当年毕业企业数增加 46.13%。但创新环境方面下降明显（表 4–81，图 4–56）。

表4–81　甘肃省变化较大的指标

指标名称	2020 年	2019 年	增速（%）	2020 年排名	2019 年排名	排名变化
政府研发投入（亿元）	41.20	33.51	22.95	22	22	0
每亿元研发经费内部支出产生的发明专利授权数（件）	13.2	15.2	–13.16	22	21	–1
规模以上工业企业购买国内技术经费支出（万元）	7736.6	4488.3	72.37	25	26	1
规模以上工业企业引进技术经费支出（万元）	190.3	861.9	–77.92	28	28	0
规模以上工业企业中有研发机构的企业占总企业数的比例（%）	6.62	8.03	–17.56	21	16	–5
规模以上工业企业每万名研发人员平均发明专利申请数（件）	871	603	44.44	10	19	9
规模以上工业企业平均研发经费外部支出（万元）	8.80	15.18	–42.03	27	17	–10
6 岁及 6 岁以上人口中大专以上学历所占的比例（%）	12.59	13.90	–9.42	21	16	–5
科技企业孵化器当年毕业企业数（家）	434	297	46.13	16	20	4

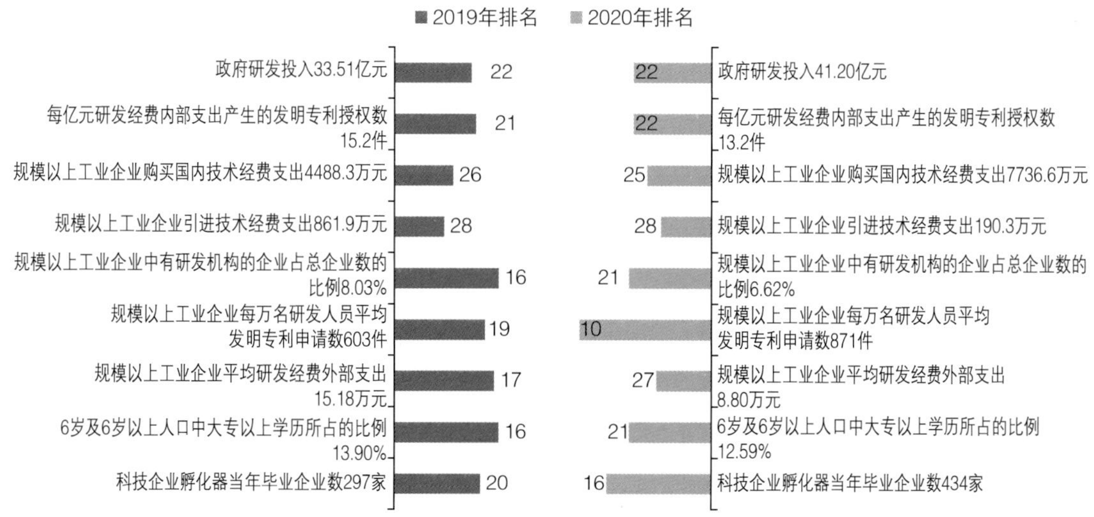

图4–56　2019—2020年甘肃省部分指标排名对比

根据中国企业联合会发布数据显示，在 2019 中国企业 500 强榜单中，甘肃省入围 5 家，主要是能源领域企业（表 4–82）。

表4-82 甘肃省入围2019中国企业500强的企业

序号	企业名称	营业收入（亿元）	排名
1	金川集团股份有限公司	2208.75	96
2	甘肃省公路航空旅游投资集团有限公司	974.75	197
3	酒泉钢铁（集团）有限责任公司	960.72	199
4	白银有色集团股份有限公司	619.47	291
5	甘肃省建设投资（控股）集团总公司	604.73	298

总体来说，近年来甘肃省通过体制机制创新，不断加大对外开放水平，加快产业结构调整，在外资企业投资、产业结构等方面取得了显著成效。然而，甘肃省整体创新能力不强，在金融环境、技术转移、企业研发和专利申请等方面相对落后。未来，甘肃省应完善金融市场体系，鼓励企业基础研发投入，引导高校和企业之间的产学研合作，构建完善的创新创业生态体系，推动整体创新能力的提升。

4.29 青海省

2020 年青海省创新能力排名全国第 21 位，较上年上升 3 位。分领域看，知识创造排名第 22 位，较上年上升 4 位；知识获取排名第 31 位，较上年没有变化；创新绩效排名第 26 位，较上年下降 2 位；企业创新排名第 21 位，较上年上升 1 位；创新环境排名第 13 位，较上年没有变化（表 4–83，图 4–57）。

表4-83 青海省创新能力综合指标

指标名称	2020 年综合指标		2020 年分项指标排名		
	指标值	排名	实力	效率	潜力
综合值	21.95	21	30	23	1
1 知识创造综合指标	20.58	22	30	18	6
1.1 研究开发投入综合指标	12.37	23	30	26	9
1.2 专利综合指标	21.49	23	30	15	14
1.3 科研论文综合指标	35.17	7	30	10	1
2 知识获取综合指标	7.08	31	30	28	29
2.1 科技合作综合指标	16.87	27	30	19	22

续表

指标名称	2020年综合指标		2020年分项指标排名		
	指标值	排名	实力	效率	潜力
2.2 技术转移综合指标	6.71	30	30	30	21
2.3 外资企业投资综合指标	0	31	31	31	31
3 企业创新综合指标	21.05	21	30	26	2
3.1 企业研究开发投入综合指标	10.21	29	30	31	19
3.2 设计能力综合指标	33.03	5	30	5	1
3.3 技术提升能力综合指标	16.93	27	30	21	16
3.4 新产品销售收入综合指标	23.45	16	29	28	1
4 创新环境综合指标	25.54	13	30	5	5
4.1 创新基础设施综合指标	43.58	3	30	2	4
4.2 市场环境综合指标	29.42	11	28	13	4
4.3 劳动者素质综合指标	24.47	29	30	3	17
4.4 金融环境综合指标	11.98	14	27	5	7
4.5 创业水平综合指标	18.25	24	29	20	17
5 创新绩效综合指标	30.76	26	24	31	2
5.1 宏观经济综合指标	18.40	27	30	23	12
5.2 产业结构综合指标	27.77	17	30	19	1
5.3 产业国际竞争力综合指标	17.12	24	30	30	7
5.4 就业综合指标	37.16	9	5	24	4
5.5 可持续发展与环保综合指标	53.34	29	13	30	24

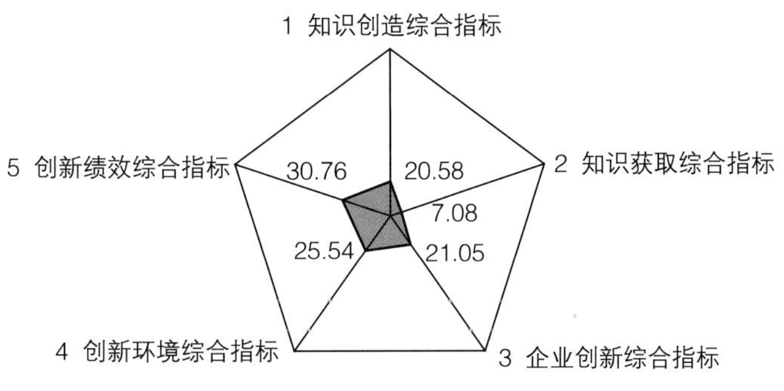

图4-57 青海省创新能力蛛网图

从基础数据看，青海省规模以上工业企业有效发明专利增长率指标排名变化最大，上升22位；每亿元研发经费内部支出产生的发明专利申请数指标排名上升10位；规模以上工业企业每万名研发人员平均发明专利申请数指标排名也有所提升；每十万研发人员作者异国科技论文数和规模以上工业企业平均技术改造经费支出两个指标排名较2019年有所下降（表4–84，图4–58）。

表4–84　青海省变化较大的指标

指标名称	2020年	2019年	增速(%)	2020年排名	2019年排名	排名变化
每亿元研发经费内部支出产生的发明专利申请数（件）	56	38	47.37	13	23	10
每十万研发人员作者异国科技论文数（篇）	38	72	−47.22	24	14	−10
规模以上工业企业每万名研发人员平均发明专利申请数（件）	1281	706	81.44	4	12	8
规模以上工业企业有效发明专利增长率（%）	28.88	18.90	52.80	7	29	22
规模以上工业企业平均技术改造经费支出（万元）	54.1	101.0	− 46.44	27	11	− 16

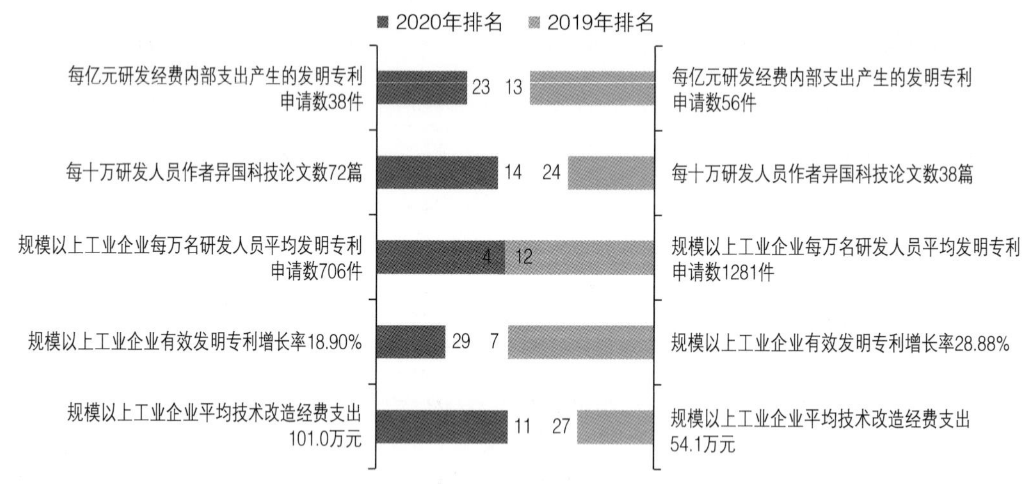

图4–58　2019—2020年青海省部分指标排名对比

根据中国企业联合会发布数据显示，在2019中国企业500强榜单中，青海省入围1家，即西部矿业集团有限公司，与上年一致，缺乏标杆企业。

总体来看，青海省创新基础较为薄弱，但是青海省创新环境持续优化，拥有良好的基础设施、市场环境和金融环境。青海省近年来大力发展第三产业，借助自身的农牧业优势，发展农牧特色产业，在企业创新等方面取得一定成效。未来，青海省要利用良好的创新创业环境，积极吸引国内外投资，提升研究开发能力和企业创新能力。

4.30 宁夏回族自治区

2020 年宁夏回族自治区创新能力排名全国第 22 位，较上年上升 1 位。分领域看，知识创造排名第 24 位，较上年下降 3 位；知识获取排名第 13 位，较上年下降 2 位；企业创新排名第 17 位，与上年持平；创新环境排名第 29 位，较上年下降 2 位；创新绩效排名上升 3 位至第 28 位（表 4–85，图 4–59）。

表4–85 宁夏回族自治区创新能力综合指标

指标名称	2020 年综合指标		2020 年分项指标排名		
	指标值	排名	实力	效率	潜力
综合值	21.83	22	29	25	2
1 知识创造综合指标	18.37	24	29	23	8
1.1 研究开发投入综合指标	16.16	18	29	19	7
1.2 专利综合指标	21.64	22	28	19	10
1.3 科研论文综合指标	16.26	25	29	26	4
2 知识获取综合指标	16.44	13	29	22	1
2.1 科技合作综合指标	17.65	25	29	23	5
2.2 技术转移综合指标	11.66	21	28	15	10
2.3 外资企业投资综合指标	19.10	10	28	11	2
3 企业创新综合指标	25.62	17	27	13	4
3.1 企业研究开发投入综合指标	30.86	18	28	16	3
3.2 设计能力综合指标	20.86	20	28	18	10
3.3 技术提升能力综合指标	30.82	10	25	4	11
3.4 新产品销售收入综合指标	19.71	19	26	16	4
4 创新环境综合指标	18.11	29	29	28	8
4.1 创新基础设施综合指标	18.11	30	28	22	22
4.2 市场环境综合指标	24.28	16	22	29	11
4.3 劳动者素质综合指标	17.21	31	29	11	29
4.4 金融环境综合指标	12.18	13	30	27	2
4.5 创业水平综合指标	18.78	22	28	28	2
5 创新绩效综合指标	28.39	28	29	29	17

续表

指标名称	2020 年综合指标		2020 年分项指标排名		
	指标值	排名	实力	效率	潜力
5.1 宏观经济综合指标	19.75	26	29	20	14
5.2 产业结构综合指标	36.76	8	29	2	9
5.3 产业国际竞争力综合指标	9.72	30	29	27	30
5.4 就业综合指标	31.42	15	6	30	6
5.5 可持续发展与环保综合指标	44.29	31	20	31	21

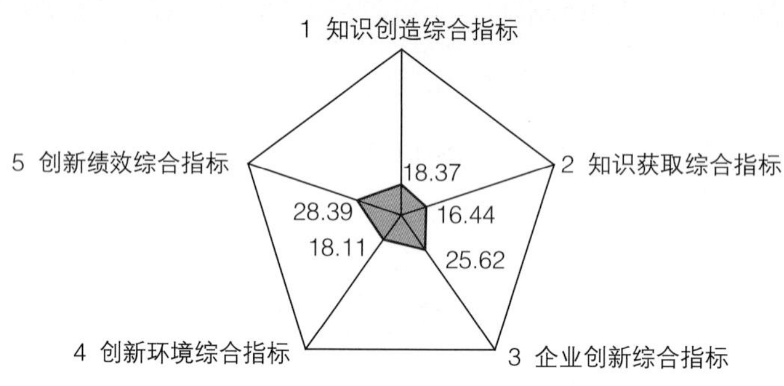

图4-59 宁夏回族自治区创新能力蛛网图

从基础数据看，宁夏回族自治区规模以上工业企业技术改造经费支出增长率、规模以上工业企业研发经费内部支出额中获得金融机构贷款增长率和高技术产业新产品销售收入占主营业务收入的比重排名较 2019 年上升较大；科技企业孵化器当年风险投资强度和规模以上工业企业每万名研发人员平均发明专利申请数指标排名出现明显下降（表 4–86，图 4–60）。

表4–86 宁夏回族自治区变化较大的指标

指标名称	2020 年	2019 年	增速 (%)	2020 年排名	2019 年排名	排名变化
规模以上工业企业每万名研发人员平均发明专利申请数（件）	745	882	−15.53	15	6	−9
规模以上工业企业技术改造经费支出增长率（%）	22.72	−9.94	328.57	2	20	18
科技企业孵化器增长率（%）	14.66	179.37	−91.83	22	2	−20
科技服务业从业人员增长率（%）	−4.94	2.55	−293.73	26	6	−20
规模以上工业企业研发经费内部支出额中获得金融机构贷款增长率（%）	79.25	−20.74	482.11	3	27	24

续表

指标名称	2020 年	2019 年	增速 (%)	2020 年排名	2019 年排名	排名变化
科技企业孵化器当年风险投资强度（万元 / 项）	219.29	718.22	−69.47	17	5	−12
高技术产业新产品销售收入占主营业务收入的比重 (%)	60.92	33.34	82.72	1	12	11

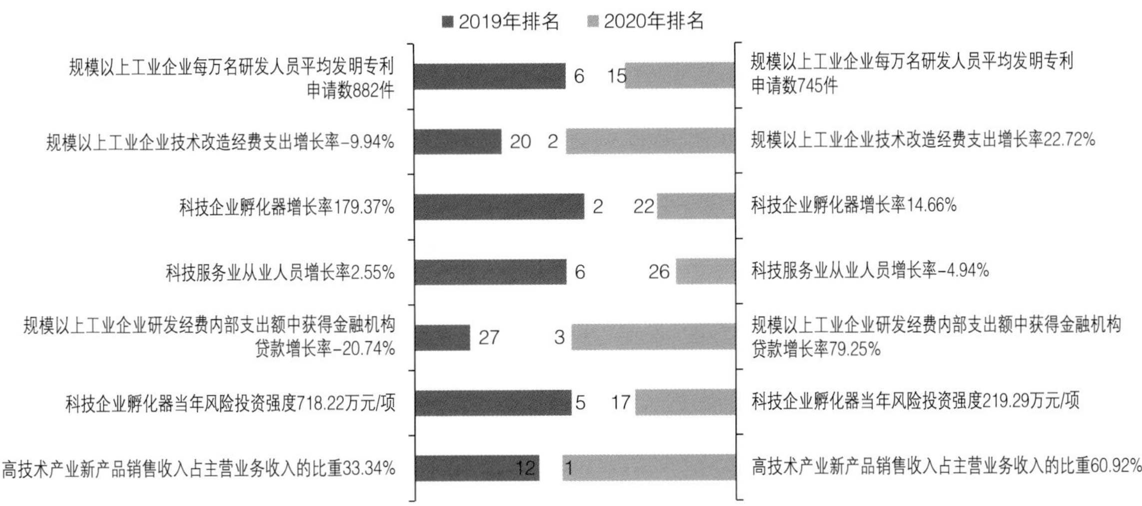

图4-60　2019—2020年宁夏回族自治区部分指标排名对比

根据中国企业联合会发布数据显示，在 2019 中国企业 500 强榜单中，宁夏回族自治区只入围 1 家企业，即宁夏天元锰业集团有限公司（表 4—87）。

表4-87　宁夏回族自治区入选2019中国企业500强的企业

序号	企业名称	营业收入（亿元）	排名
1	宁夏天元锰业集团有限公司	793.47	245

总体来说，宁夏回族自治区的创新绩效方面有所提升，但知识创造、知识获取与创新环境方面有所下降。具体来看，高技术产业新产品销售收入占主营业务收入的比重方面有较大幅度上升，科技企业孵化器当年风险投资强度有所下降。宁夏未来应继续大力发展高新技术产业和第三产业，保持新产品创新的优势；优化金融市场体系，提升劳动者素质，提升风险投资强度，提高企业在国内外市场的参与度和竞争力，大力发展以经济增长为核心的创新驱动战略。

4.31 新疆维吾尔自治区

2020 年新疆维吾尔自治区创新能力排名全国第 26 位，较上年提升 3 位。分领域看，知识创造排名第 28 位，与上年一致；知识获取、企业创新、创新环境、创新绩效分别较上年上升了 6 位、4 位、6 位、1 位，分别排名第 20 位、第 25 位、第 18 位、第 25 位（表 4–88，图 4–61）。

表4–88 新疆维吾尔自治区创新能力综合指标

指标名称	2020 年综合指标		2020 年分项指标排名		
	指标值	排名	实力	效率	潜力
综合值	20.21	26	27	27	14
1 知识创造综合指标	14.18	28	26	21	27
1.1 研究开发投入综合指标	7.70	29	27	30	25
1.2 专利综合指标	11.30	30	26	24	31
1.3 科研论文综合指标	32.89	8	25	6	10
2 知识获取综合指标	13.80	20	28	10	12
2.1 科技合作综合指标	30.19	8	23	2	26
2.2 技术转移综合指标	10.98	26	27	24	9
2.3 外资企业投资综合指标	3.61	27	29	30	7
3 企业创新综合指标	16.19	25	28	28	19
3.1 企业研究开发投入综合指标	10.96	28	27	28	24
3.2 设计能力综合指标	27.67	8	26	6	9
3.3 技术提升能力综合指标	18.52	25	27	25	4
3.4 新产品销售收入综合指标	4.46	29	27	30	28
4 创新环境综合指标	23.07	18	26	18	1
4.1 创新基础设施综合指标	31.16	12	27	13	3
4.2 市场环境综合指标	21.66	21	26	20	14
4.3 劳动者素质综合指标	30.98	17	24	8	16
4.4 金融环境综合指标	15.68	8	24	19	1
4.5 创业水平综合指标	15.85	29	27	27	14
5 创新绩效综合指标	30.99	25	26	28	7
5.1 宏观经济综合指标	20.42	25	25	18	24

续表

指标名称	2020 年综合指标		2020 年分项指标排名		
	指标值	排名	实力	效率	潜力
5.2 产业结构综合指标	21.98	23	26	20	15
5.3 产业国际竞争力综合指标	16.84	25	24	29	10
5.4 就业综合指标	40.94	5	10	18	1
5.5 可持续发展与环保综合指标	54.76	28	26	29	4

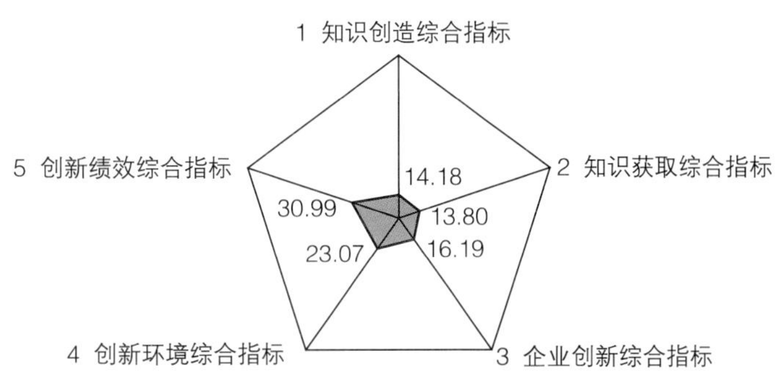

图4–61 新疆维吾尔自治区创新能力蛛网图

从基础数据看，新疆维吾尔自治区规模以上工业企业平均引进技术经费支出、规模以上工业企业引进技术经费支出增速明显，排名也有所上升，说明新疆地区对企业引进国外技术重视程度较高，注重企业通过技术引进提升技术能力。规模以上工业企业平均技术改造经费支出排名增长较快，说明新疆地区开始重视为企业技术发展创造良好环境（表 4–89，图 4–62）。

表4–89 新疆维吾尔自治区变化较大的指标

指标名称	2020 年	2019 年	增速（%）	2020 年排名	2019 年排名	排名变化
规模以上工业企业中有研发机构的企业占总企业数的比例（%）	2.64	3.89	−32.13	29	27	−2
规模以上工业企业有研发机构的企业数（个）	80	115	−30.43	28	28	0
科技企业孵化器当年获风险投资额（万元）	13984.3	8617.0	62.29	24	26	2
规模以上工业企业平均购买国内技术经费支出（万元）	0.75	0.44	70.45	29	29	0
规模以上工业企业购买国内技术经费支出（万元）	2278.4	1312.6	73.58	28	28	0

续表

指标名称	2020 年	2019 年	增速（%）	2020 年排名	2019 年排名	排名变化
科技企业孵化器当年风险投资强度（万元／项）	177.02	95.74	84.90	23	30	7
规模以上工业企业平均技术改造经费支出（万元）	81.2	43.9	84.97	18	30	12
规模以上工业企业技术改造经费支出（万元）	245751.0	129708.6	89.46	27	28	1
规模以上工业企业平均引进技术经费支出（万元）	2.35	0.77	205.19	17	26	9
规模以上工业企业引进技术经费支出（万元）	7105.3	2285.2	210.93	21	26	5

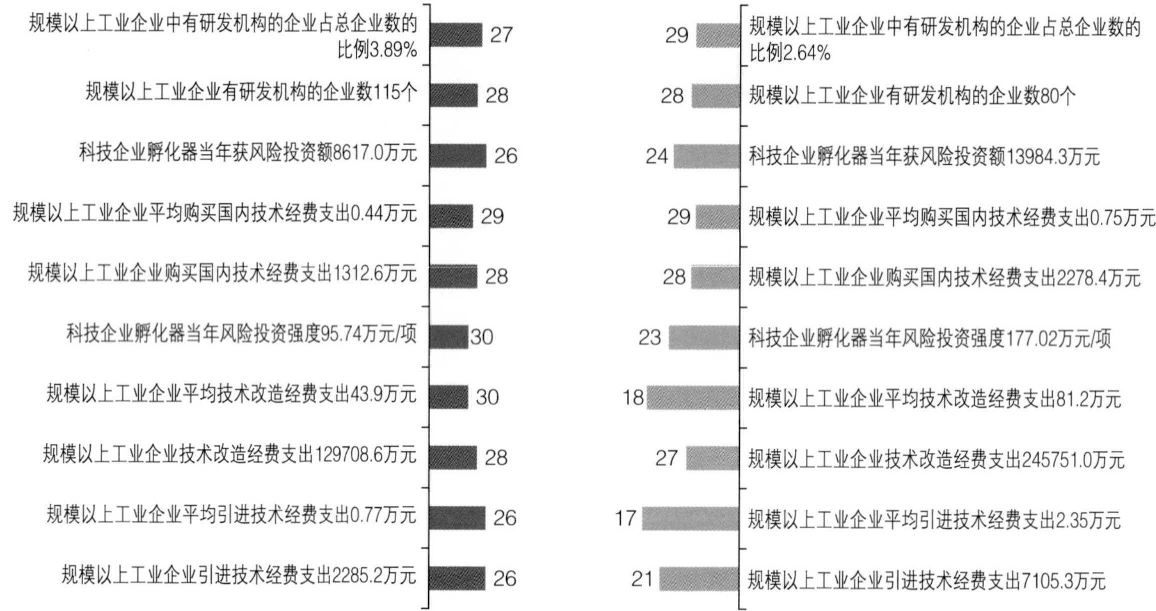

图4-62　2019—2020年新疆维吾尔自治区部分指标排名对比

根据中国企业联合会发布数据显示，在 2019 中国企业 500 强榜单中，新疆维吾尔自治区入围 5 家，较上年增加了 1 家企业，新入围的企业为新疆天业（集团）有限公司（表 4–90）。

表4-90　新疆维吾尔自治区入围2019中国企业500强的企业

序号	企业名称	营业收入（亿元）	排名
1	新疆广汇实业投资（集团）有限责任公司	1889.42	104
2	新疆中泰（集团）有限责任公司	1004.64	193
3	新疆特变电工集团有限公司	537.28	327
4	新疆生产建设兵团建设工程（集团）有限责任公司	365.8	463
5	新疆天业（集团）有限公司	358.71	470

总体来看，新疆维吾尔自治区企业技术创新能力较之前有所提升，创新能力综合值也开始回升，特别是在科技合作、金融环境和技术市场方面表现优异。在今后的发展中，要进一步增加研发投入，提升知识创造能力；活跃技术交易市场，鼓励企业将引入国外技术与自主创新进行结合，提升企业消化吸收再创新的能力；结合当地特点发展新能源等核心技术，推动本地区产业升级。

第三篇

附　录

附录A

区域创新能力评价指标含义和数据来源

大类	代码	指标名称	指标含义	数据来源
知识创造	11101	研究与试验发展人员全时当量（人年）	衡量一个地区的科技人力投入情况	《中国科技统计年鉴》
	11102	每万人平均研究与试验发展人员全时当量（人年）	研究与试验发展人员全时当量与常住人口之比	根据数据计算
	11103	研究与试验发展全时人员当量增长率（%）	同上年相比的增长情况	根据数据计算
	11201	政府研发投入（亿元）	衡量地方政府的研发投入情况	《中国科技统计年鉴》
	11202	政府研发投入占 GDP 的比例（%）	政府研发投入与地区 GDP 之比	根据数据计算
	11203	政府研发投入增长率（%）	同上年相比的增长情况	根据数据计算
	12101	发明专利申请受理数（不含企业）（件）	衡量一个地区的高校和科研院所的技术研发水平	《中国科技统计年鉴》
	12102	每万名研发人员发明专利申请受理数（件）	发明专利申请受理数与研发人员之比	根据数据计算
	12103	发明专利申请受理数（不含企业）增长率（%）	同上年相比的增长情况	根据数据计算
	12104	每亿元研发经费内部支出产生的发明专利申请数（件）	发明专利申请受理数与研发经费投入之比	根据数据计算
	12201	发明专利授权数（件）	衡量一个地区的高校和科研院所的技术研发水平	《中国科技统计年鉴》
	12202	每万名研发人员发明专利授权数（件）	发明专利授权数与研发人员之比	根据数据计算
	12203	发明专利授权数增长率（%）	同上年相比的增长情况	根据数据计算

续表

大类	代码	指标名称	指标含义	数据来源
知识创造	12204	每亿元研发经费内部支出产生的发明专利授权数（件）	发明专利授权数与研发经费投入之比	根据数据计算
	13101	国内论文数（篇）	衡量一个地区在国内期刊发表论文的水平	《中国科技论文统计与分析》
	13102	每十万研发人员平均发表的国内论文数（篇）	国内论文数与研发人员之比	根据数据计算
	13103	国内论文数增长率（%）	同上年相比的增长情况	根据数据计算
	13201	国际论文数（篇）	衡量一个地区在国际期刊发表论文的水平	《中国科技论文统计与分析》
	13202	每十万研发人员平均发表的国际论文数（篇）	国际论文数与研发人员之比	根据数据计算
	13203	国际论文数增长率（%）	同上年相比的增长情况	根据数据计算
知识获取	21111	作者同省异单位科技论文数（篇）	衡量地区内部不同单位之间的知识合作水平	《中国科技论文统计与分析》
	21112	每十万研发人员作者同省异单位科技论文数（篇）	作者同省异单位科技论文数与研发人员之比	根据数据计算
	21113	同省异单位科技论文数增长率（%）	同上年相比的增长情况	根据数据计算
	21121	作者异省合作科技论文数（篇）	衡量不同地区之间的知识合作水平	《中国科技论文统计与分析》
	21122	每十万研发人员作者异省科技论文数（篇）	作者异省科技论文数与研发人员之比	根据数据计算
	21123	作者异省科技论文数增长率（%）	同上年相比的增长情况	根据数据计算
	21131	作者异国合作科技论文数（篇）	衡量一个地区与国际机构的知识合作水平	《中国科技论文统计与分析》
	21132	每十万研发人员作者异国科技论文数（篇）	作者异国科技论文数与研发人员之比	根据数据计算
	21133	作者异国科技论文数增长率（%）	同上年相比的增长情况	根据数据计算
	21201	高校和科研院所研发经费内部支出额中来自企业的资金（万元）	衡量企业与高校、科研院所的合作情况	《中国科技统计年鉴》
	21202	高校和科研院所研发经费内部支出额中来自企业资金的比例（%）	来自企业的资金与研发经费内部支出额之比	根据数据计算
	21203	高校和科研院所研发经费内部支出额中来自企业资金的增长率（%）	同上年相比的增长情况	根据数据计算

续表

大类	代码	指标名称	指标含义	数据来源
知识获取	22101	技术市场交易金额（按流向）（万元）	衡量技术流动情况	《中国科技统计年鉴》
	22102	技术市场企业平均交易额（按流向）（万元）	技术交易金额与交易项目数之比	根据数据计算
	22103	技术市场交易金额的增长率（按流向）（%）	同上年相比的增长情况	根据数据计算
	22201	规模以上工业企业购买国内技术经费支出（万元）	衡量一个地区的企业从国内获取技术的情况	《中国科技统计年鉴》
	22202	规模以上工业企业平均购买国内技术经费支出（万元）	购买国内技术经费支出额与交易项目数之比	根据数据计算
	22203	规模以上工业企业购买国内技术经费支出增长率（%）	同上年相比的增长情况	根据数据计算
	22301	规模以上工业企业引进技术经费支出（万元）	衡量一个地区的企业从国外获取技术的情况	《中国科技统计年鉴》
	22302	规模以上工业企业平均引进技术经费支出（万元）	国外技术引进合同金额与引进项目数之比	根据数据计算
	22303	规模以上工业企业引进技术经费支出增长率（%）	同上年相比的增长情况	根据数据计算
	23001	外商投资企业年底注册资金中外资部分（亿美元）	衡量利用外资的情况	《中国统计年鉴》
	23002	人均外商投资企业年底注册资金中外资部分（万美元）	外资企业注册资金中外资金额与常住人口之比	根据数据计算
	23003	外商投资企业年底注册资金中外资部分增长率（%）	同上年相比的增长情况	根据数据计算
企业创新	31101	规模以上工业企业研发人员数（万人）	衡量企业研发人员投入能力	《中国科技统计年鉴》
	31102	规模以上工业企业就业人员中研发人员比例（%）	企业研发人员数量与企业员工总数之比	根据数据计算
	31103	规模以上工业企业研发人员增长率（%）	同上年相比的增长情况	根据数据计算
	31201	规模以上工业企业研发活动经费内部支出总额（亿元）	衡量企业研发经费投入能力	《中国科技统计年鉴》
	31202	规模以上工业企业研发活动经费内部支出总额占销售收入的比例（%）	企业研发经费投入与销售收入之比	根据数据计算

续表

大类	代码	指标名称	指标含义	数据来源
企业创新	31203	规模以上工业企业研发活动经费内部支出总额增长率（%）	同上年相比的增长情况	根据数据计算
	31301	规模以上工业企业有研发机构的企业数（个）	衡量企业的研发基础设施建设情况	《中国科技统计年鉴》
	31302	规模以上工业企业中有研发机构的企业占总企业数的比例（%）	有研发机构的企业数与全部企业数之比	根据数据计算
	31303	规模以上工业企业有研发机构的企业数量增长率（%）	同上年相比的增长情况	根据数据计算
	32101	规模以上工业企业发明专利申请数（件）	衡量企业的研发产出能力	《中国科技统计年鉴》
	32102	规模以上工业企业每万名研发人员平均发明专利申请数（件）	企业发明专利申请数与研发人员数之比	根据数据计算
	32103	规模以上工业企业发明专利申请增长率（%）	同上年相比的增长情况	根据数据计算
	32201	规模以上工业企业有效发明专利数（件）	衡量企业的核心技术水平	《中国科技统计年鉴》
	32202	每万家规模以上工业企业平均有效发明专利数（件）	企业有效发明专利数与全部企业数之比	根据数据计算
	32203	规模以上工业企业有效发明专利增长率（%）	同上年相比的增长情况	根据数据计算
	33101	规模以上工业企业研发经费外部支出（万元）	衡量企业与外单位之间的研发合作情况	《中国科技统计年鉴》
	33102	规模以上工业企业平均研发经费外部支出（万元）	企业研发经费外部支出额与全部企业数之比	根据数据计算
	33103	规模以上工业企业研发经费外部支出增长率（%）	同上年相比的增长情况	根据数据计算
	33201	规模以上工业企业技术改造经费支出（万元）	衡量企业的技术提升能力	《中国科技统计年鉴》
	33202	规模以上工业企业平均技术改造经费支出（万元）	企业技术改造经费支出额与全部企业数之比	根据数据计算
	33203	规模以上工业企业技术改造经费支出增长率（%）	同上年相比的增长情况	根据数据计算
	33301	有电子商务交易活动的企业数（个）	衡量企业应用现代信息技术的能力	《中国统计年鉴》
	33302	有电子商务交易活动的企业数占总企业数的比例（%）	有电子商务交易活动的企业数与全部企业数之比	根据数据计算

续表

大类	代码	指标名称	指标含义	数据来源
企业创新	33303	有电子商务交易活动的企业数增长率（%）	同上年相比的增长情况	根据数据计算
	34001	规模以上工业企业新产品销售收入（亿元）	衡量企业的新产品开发能力	《中国科技统计年鉴》
	34002	规模以上工业企业新产品销售收入占销售收入的比重（%）	企业新产品销售收入与销售收入总额之比	根据数据计算
	34003	规模以上工业企业新产品销售收入增长率（%）	同上年相比的增长情况	根据数据计算
创新环境	41111	移动电话用户数（万户）	衡量通信基础设施条件	《中国统计年鉴》
	41112	移动电话普及率（部／百人）	衡量通信基础设施条件	中国统计年鉴
	41113	移动电话用户数增长率（%）	同上年相比的增长情况	根据数据计算
	41121	互联网上网人数（万人）	衡量信息基础设施条件	《中国统计年鉴》
	41122	互联网普及率（%）	衡量信息基础设施条件	《中国统计年鉴》
	41123	互联网上网人数增长率（%）	同上年相比的增长情况	根据数据计算
	41211	科技企业孵化器数量（个）	衡量一个地区的创业孵化基础设施情况	《中国火炬统计年鉴》
	41212	平均每个科技企业孵化器创业导师人数（人）	孵化器创业导师人数与孵化器数量之比	根据数据计算
	41213	科技企业孵化器增长率（%）	同上年相比的增长情况	根据数据计算
	42101	按目的地和货源地划分进出口总额（亿美元）	衡量一个地区的市场开放程度	《中国统计年鉴》
	42102	按目的地和货源地划分进出口总额占 GDP 比重（%）	进出口总额与地区 GDP 之比	根据数据计算
	42103	按目的地和货源地划分进出口总额增长率（%）	同上年相比的增长情况	根据数据计算
	42201	科技服务业从业人员数（万人）	衡量一个地区的科技服务水平	《中国统计年鉴》
	42202	科技服务业从业人员占第三产业从业人员比重（%）	科技服务业与第三产业从业人员数之比	根据数据计算
	42203	科技服务业从业人员增长率（%）	同上年相比的增长情况	根据数据计算
	42301	居民消费水平（元）	衡量一个地区的市场环境	《中国统计年鉴》
	42303	居民消费水平增长率（%）	同上年相比的增长情况	根据数据计算
	43101	教育经费支出（亿元）	衡量一个地区对人才培养的重视程度	《中国统计年鉴》
	43102	教育经费支出占 GDP 的比例（%）	教育经费投入与地区 GDP 之比	根据数据计算

续表

大类	代码	指标名称	指标含义	数据来源
创新环境	43103	教育经费支出增长率（%）	同上年相比的增长情况	根据数据计算
	43201	6岁及6岁以上人口中大专以上学历人口数（抽样数）（人）	衡量一个地区的劳动者素质	《中国统计年鉴》
	43202	6岁及6岁以上人口中大专以上学历所占的比例（%）	大专以上学历人口数与抽样人口数之比	根据数据计算
	43203	6岁及6岁以上人口中大专以上人口增长率（%）	同上年相比的增长情况	根据数据计算
	44111	规模以上工业企业研发经费内部支出额中获得金融机构贷款额（万元）	衡量企业研发的金融环境	《中国科技统计年鉴》
	44112	规模以上工业企业研发经费内部支出额中平均获得金融机构贷款额（万元）	企业研发经费贷款额与企业数之比	根据数据计算
	44113	规模以上工业企业研发经费内部支出额中获得金融机构贷款增长率（%）	同上年相比的增长情况	根据数据计算
	44211	科技企业孵化器当年获风险投资额（万元）	衡量一个地区科技企业孵化器的融资能力	《中国火炬统计年鉴》
	44212	科技企业孵化器当年风险投资强度（万元／项）	获得风险投资总额与投资项目数之比	根据数据计算
	44213	科技企业孵化器当年获风险投资额增长率（%）	同上年相比的增长情况	根据数据计算
	44221	科技企业孵化器孵化基金总额（万元）	衡量一个地区科技企业孵化器的融资能力	《中国火炬统计年鉴》
	44222	平均每个科技企业孵化器孵化基金额（万元）	孵化基金总额与科技企业孵化器数之比	根据数据计算
	44223	科技企业孵化器孵化基金总额增长率（%）	同上年相比的增长情况	根据数据计算
	45101	高技术企业数（家）	衡量一个地区高技术产业创业水平	《中国科技统计年鉴》
	45102	高技术企业数占规模以上工业企业数比重（%）	高技术企业与企业总数之比	根据数据计算
	45103	高技术企业数增长率（%）	同上年相比的增长情况	根据数据计算
	45201	科技企业孵化器当年毕业企业数（家）	衡量一个地区科技企业孵化器的孵化能力	《中国火炬统计年鉴》
	45202	平均每个科技企业孵化器当年毕业企业数（家）	当年毕业企业总数与孵化器总数之比	根据数据计算
	45203	科技企业孵化器当年毕业企业数增长率（%）	同上年相比的增长情况	根据数据计算

续表

大类	代码	指标名称	指标含义	数据来源
创新绩效	51001	地区 GDP（亿元）	衡量一个地区的经济发展水平	《中国统计年鉴》
	51002	人均 GDP 水平（元）	衡量一个地区的经济发展水平	根据数据计算
	51003	地区 GDP 增长率（%）	同上年相比的增长情况	根据数据计算
	52101	第三产业增加值（亿元）	衡量一个地区的产业结构	《中国统计年鉴》
	52102	第三产业增加值占 GDP 的比例（%）	第三产业增加值与地区 GDP 之比	根据数据计算
	52103	第三产业增加值增长率（%）	同上年相比的增长情况	根据数据计算
	52201	高技术产业新产品销售收入（亿元）	衡量一个地区的高技术产业发展情况	《中国高技术产业统计年鉴》
	52202	高技术产业新产品销售收入占主营业务收入的比重（%）	高技术产业新产品销售收入与主营业务收入之比	根据数据计算
	52203	高技术产业新产品销售收入增长率（%）	同上年相比的增长情况	根据数据计算
	53001	高技术产品出口额（百万美元）	衡量一个地区高技术产业的国际竞争力	《中国统计年鉴》
	53002	高技术产品出口额占地区出口总额的比重（%）	高技术产品出口额与出口总额之比	根据数据计算
	53003	高技术产品出口额增长率（%）	同上年相比的增长情况	根据数据计算
	54101	城镇登记失业人员数（万人）	衡量一个地区的就业水平	《中国统计年鉴》
	54102	城镇登记失业率（%）	衡量一个地区的就业水平	《中国统计年鉴》
	54103	城镇登记失业率增长率（%）	同上年相比的增长情况	根据数据计算
	54201	高技术产业就业人数（人）	衡量一个地区高技术产业吸纳就业的能力	《中国高技术产业统计年鉴》
	54202	高技术产业从业人数占总就业人数的比例（%）	高技术产业就业人数与全部就业人数之比	根据数据计算
	54203	高技术产业就业人数增长率（%）	同上年相比的增长情况	根据数据计算
	55101	万元地区生产总值能耗（等价值）（吨标准煤）	衡量一个地区的能耗水平和可持续发展能力	《中国统计年鉴》
	55103	万元地区生产总值能耗（等价值）增长率（%）	同上年相比的增长情况	根据数据计算
	55201	电耗总量（亿千瓦时）	衡量一个地区的电耗水平和可持续发展能力	《中国统计年鉴》
	55202	每万元 GDP 电耗总量（千瓦时）	电耗总量与地区 GDP 之比	根据数据计算

续表

大类	代码	指标名称	指标含义	数据来源
创新绩效	55203	电耗总量增长率（%）	同上年相比的增长情况	根据数据计算
	55301	工业污水排放总量（万吨）	衡量一个地区工业污水排放量和可持续发展能力	《中国统计年鉴》
	55302	每万元 GDP 工业污水排放量（吨）	工业污水排放总量与地区 GDP 之比	根据数据计算
	55303	工业污水排放总量增长率（%）	同上年相比的增长情况	根据数据计算
	55401	废气中主要污染物排放量（万吨）	衡量一个地区的废气排放量和可持续发展能力	《中国统计年鉴》
	55402	每亿元 GDP 废气中主要污染物排放量（吨）	废气中主要污染物排放量与地区 GDP 之比	根据数据计算
	55403	废气中主要污染物排放量增长率（%）	同上年相比的增长情况	根据数据计算

附录 B

区域创新能力分地区基本指标

图B-1 11101 研究与试验发展人员全时当量（人年）

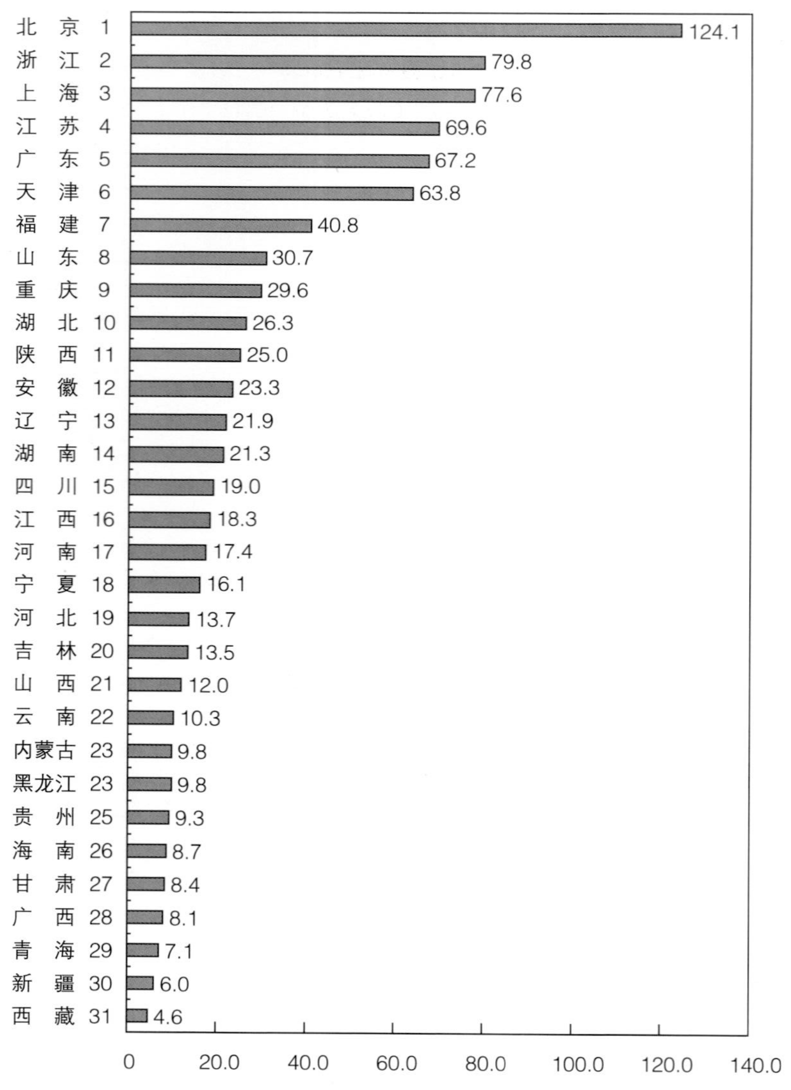

图B-2 11102 每万人平均研究与试验发展人员全时当量/（人年）

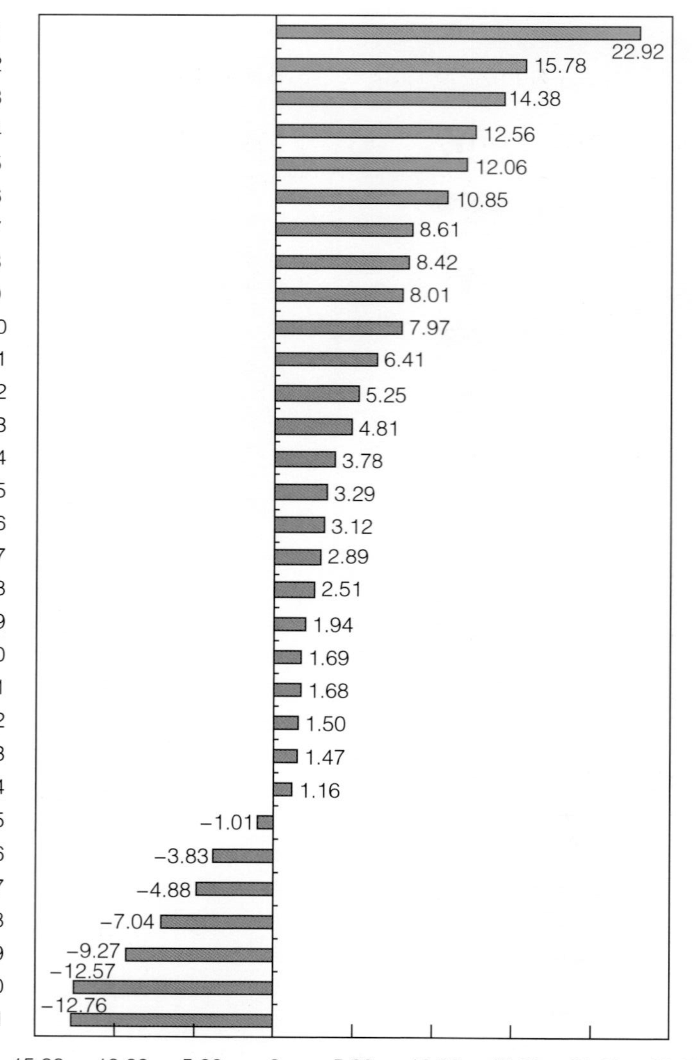

图B-3 11103 研究与试验发展全时人员当量增长率（%）

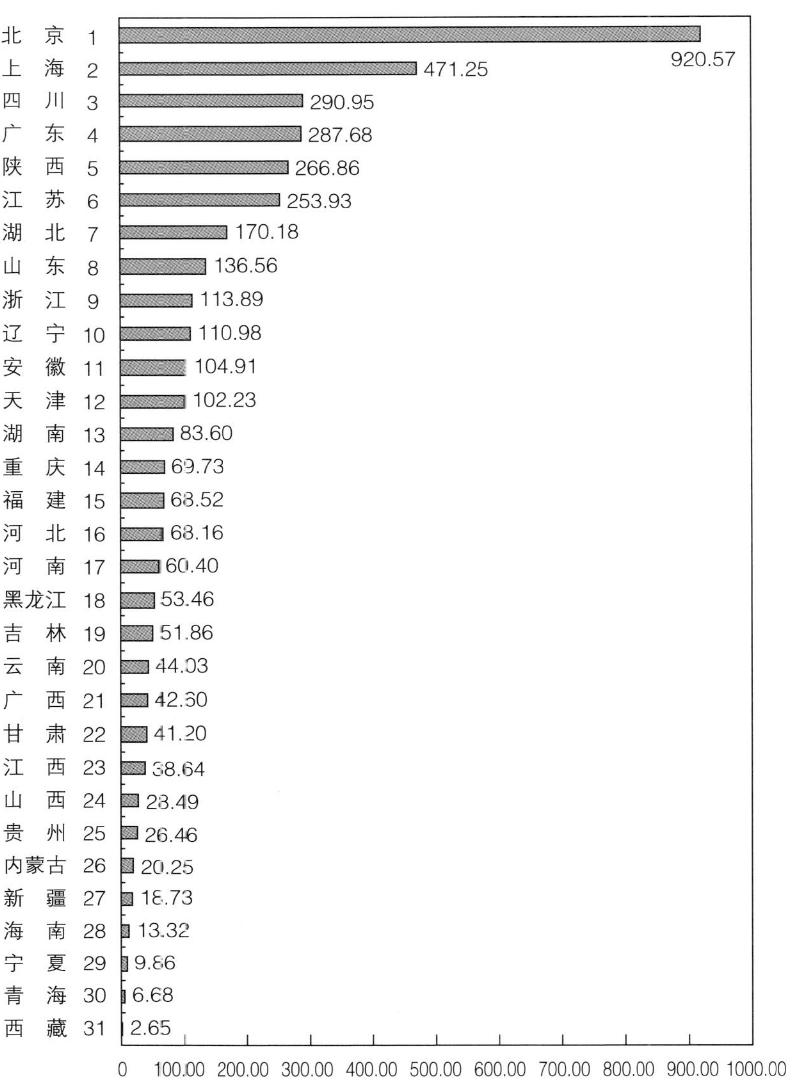

图B-4 11201 政府研发投入（亿元）

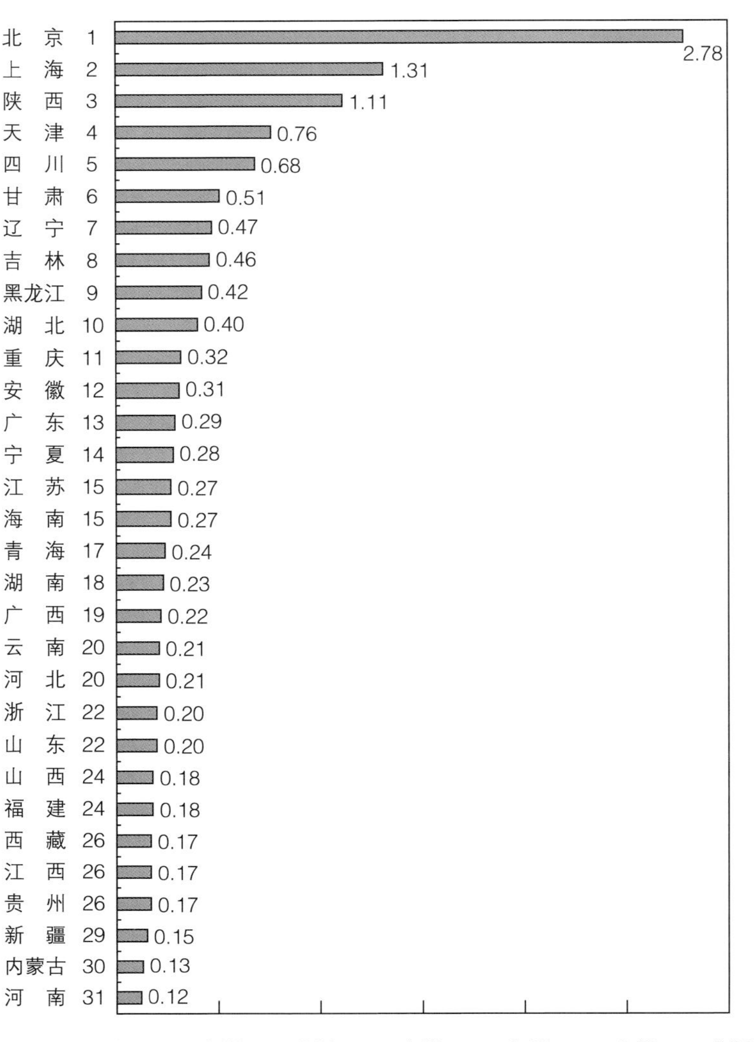

图B-5 11202 政府研发投入占GDP的比例（%）

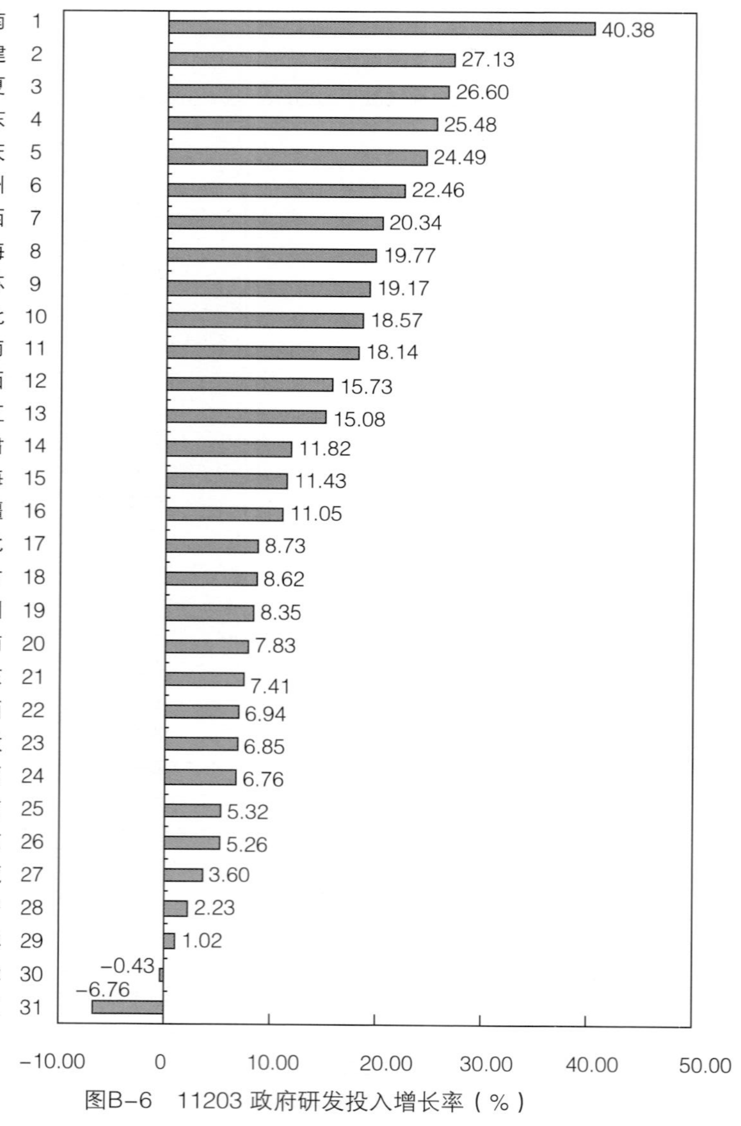

图B-6 11203 政府研发投入增长率（%）

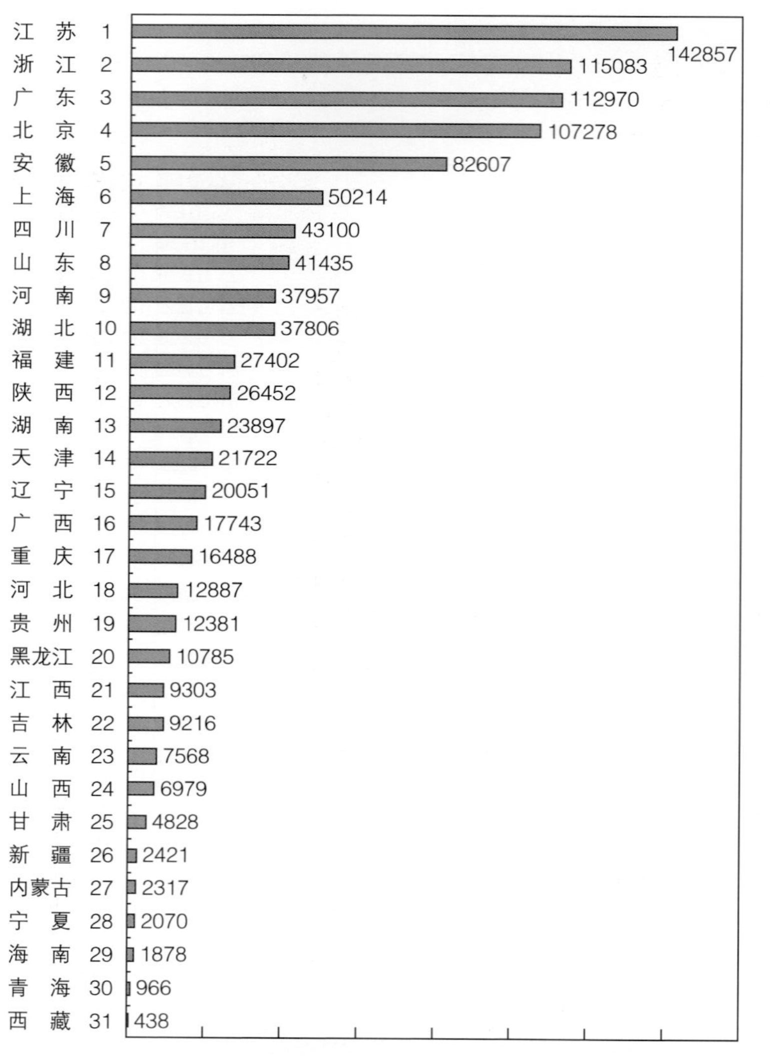

图B-7 12101 发明专利申请受理数（不含企业）（件）

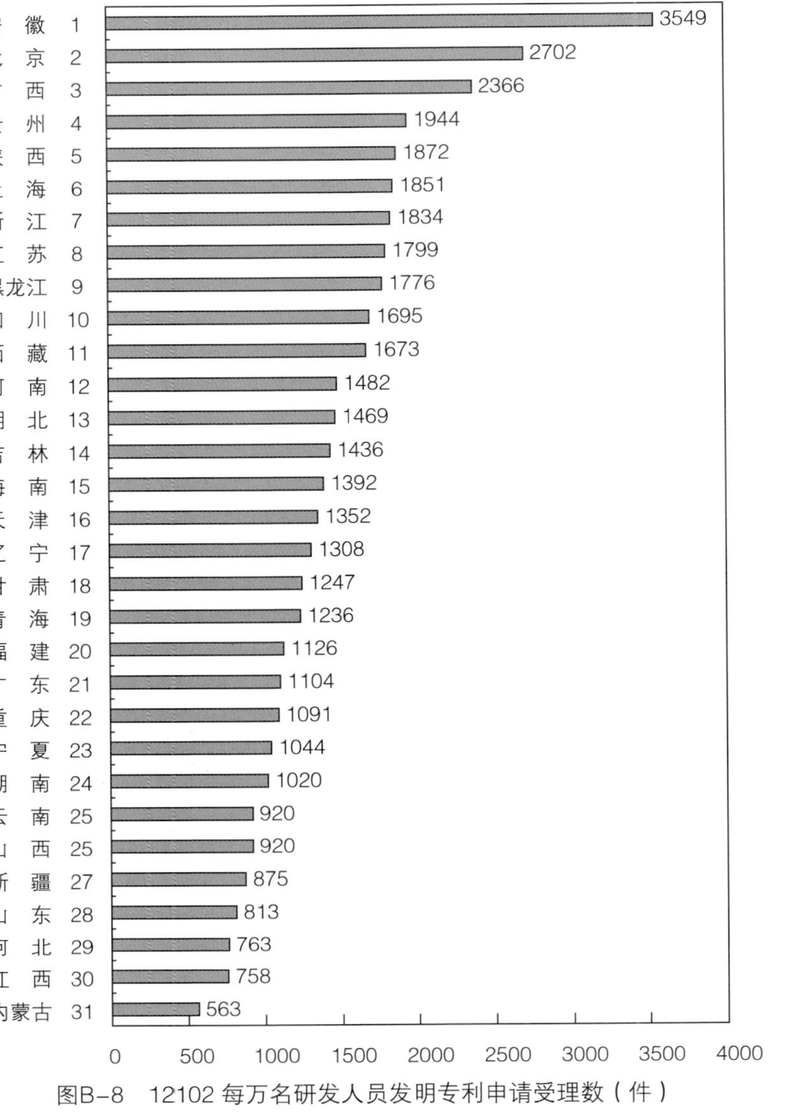

图B-8 12102 每万名研发人员发明专利申请受理数（件）

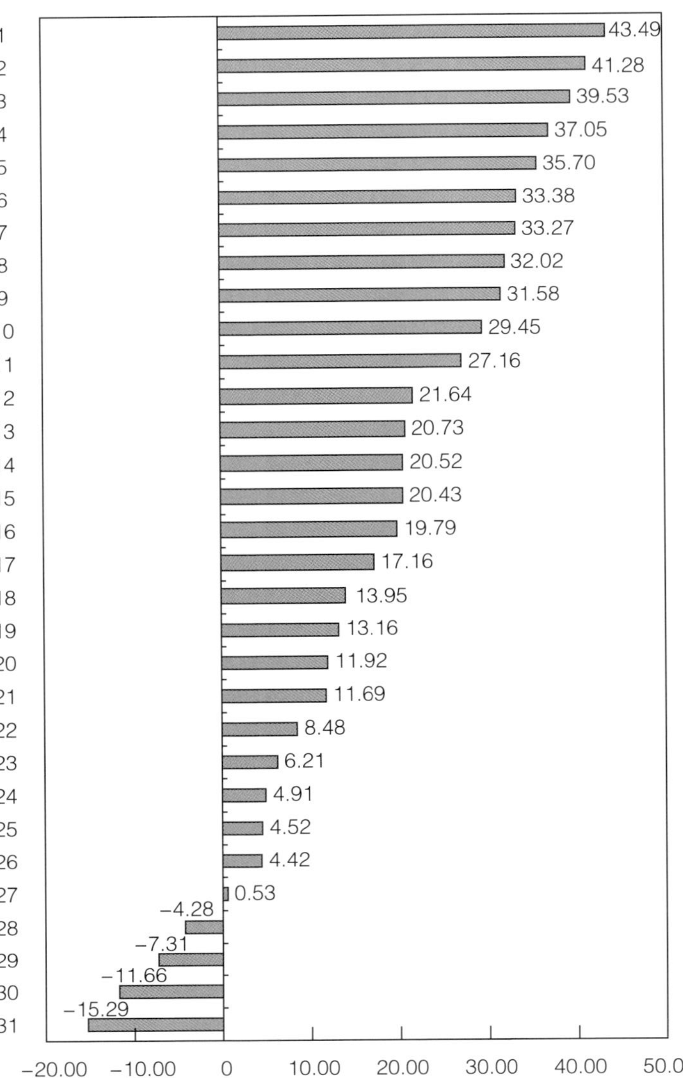

图B-9 12103 发明专利申请受理数（不含企业）增长率（%）

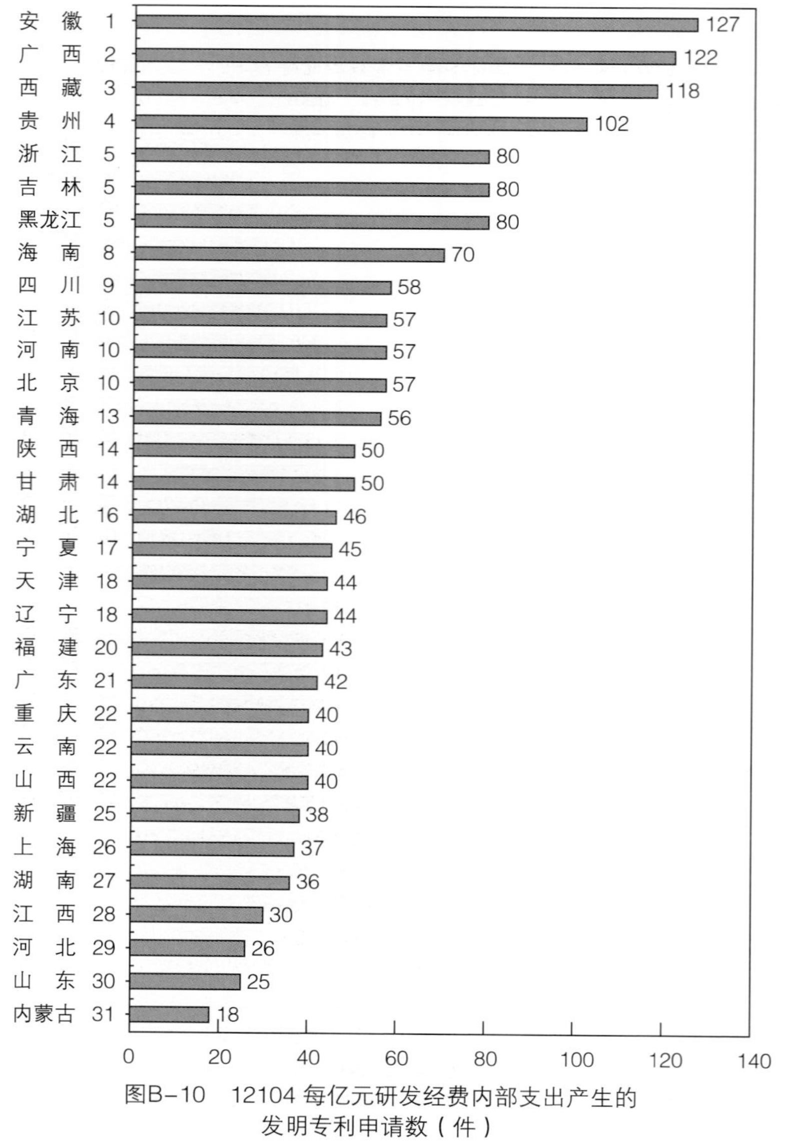

图B-10 12104 每亿元研发经费内部支出产生的发明专利申请数（件）

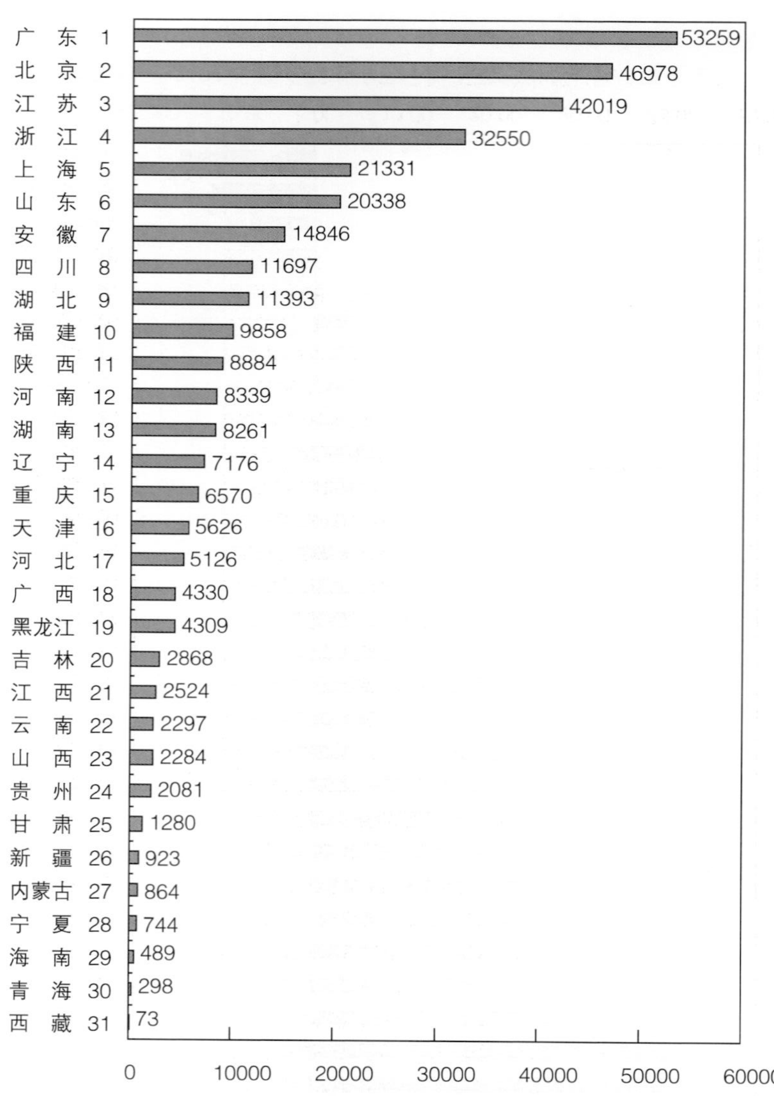

图B-11 12201 发明专利授权数（件）

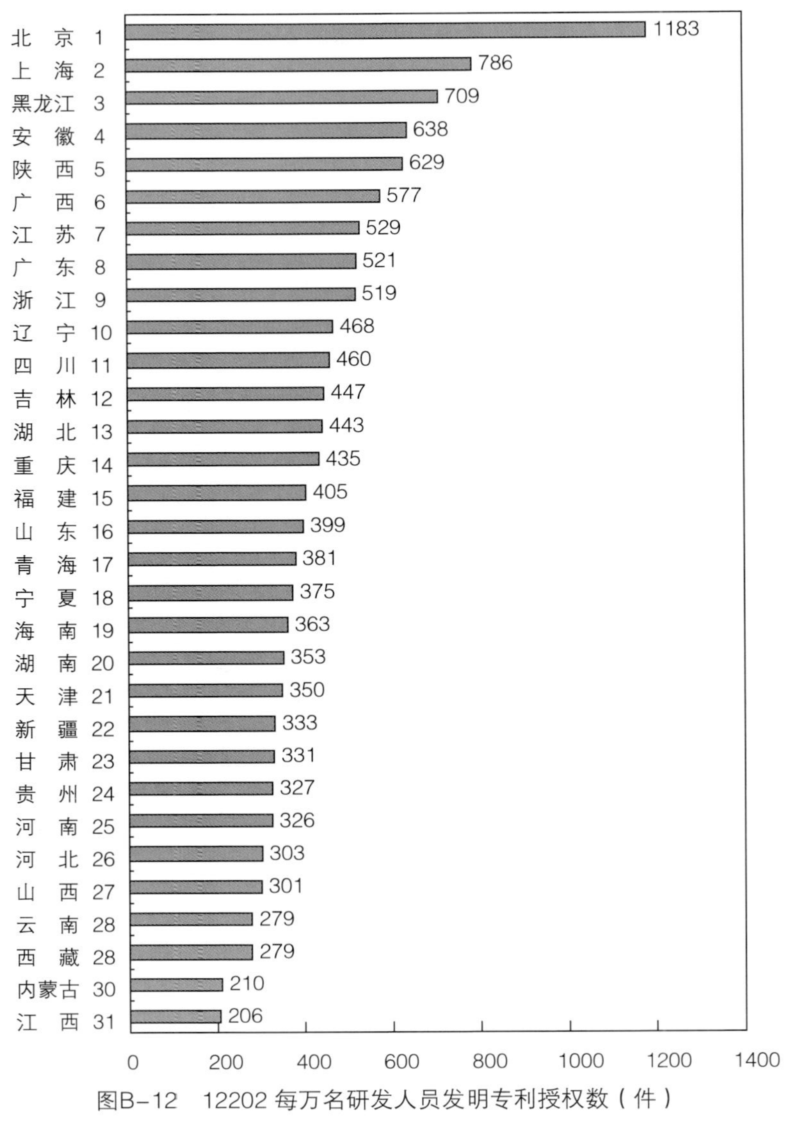

图B-12 12202 每万名研发人员发明专利授权数（件）

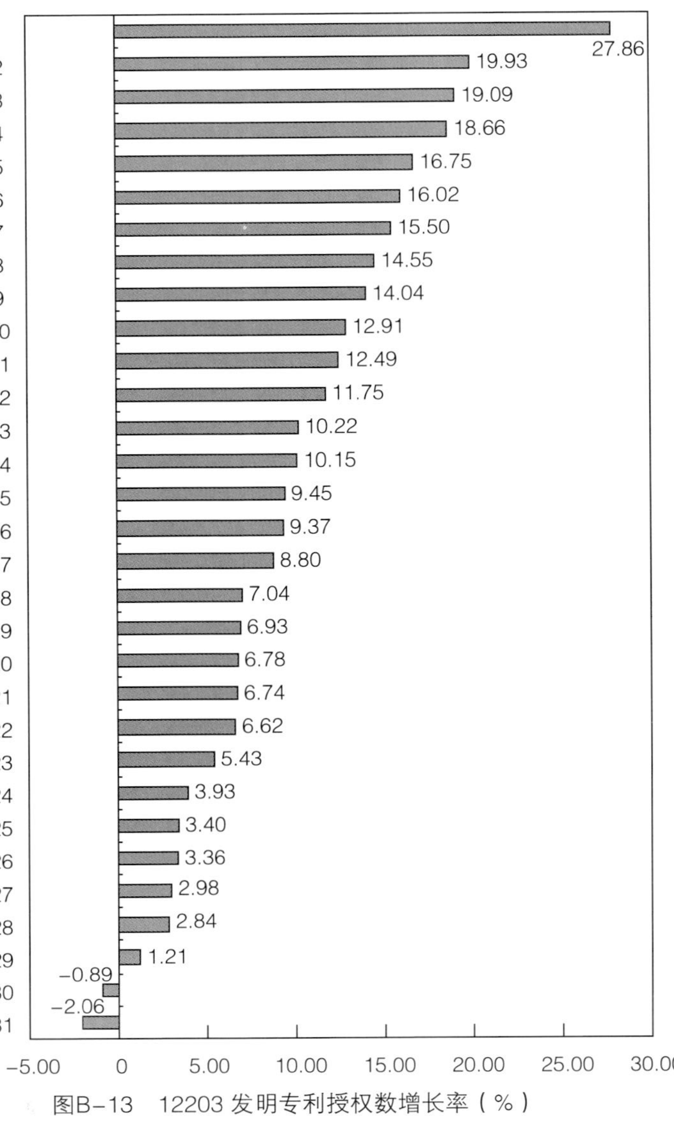

图B-13 12203 发明专利授权数增长率（%）

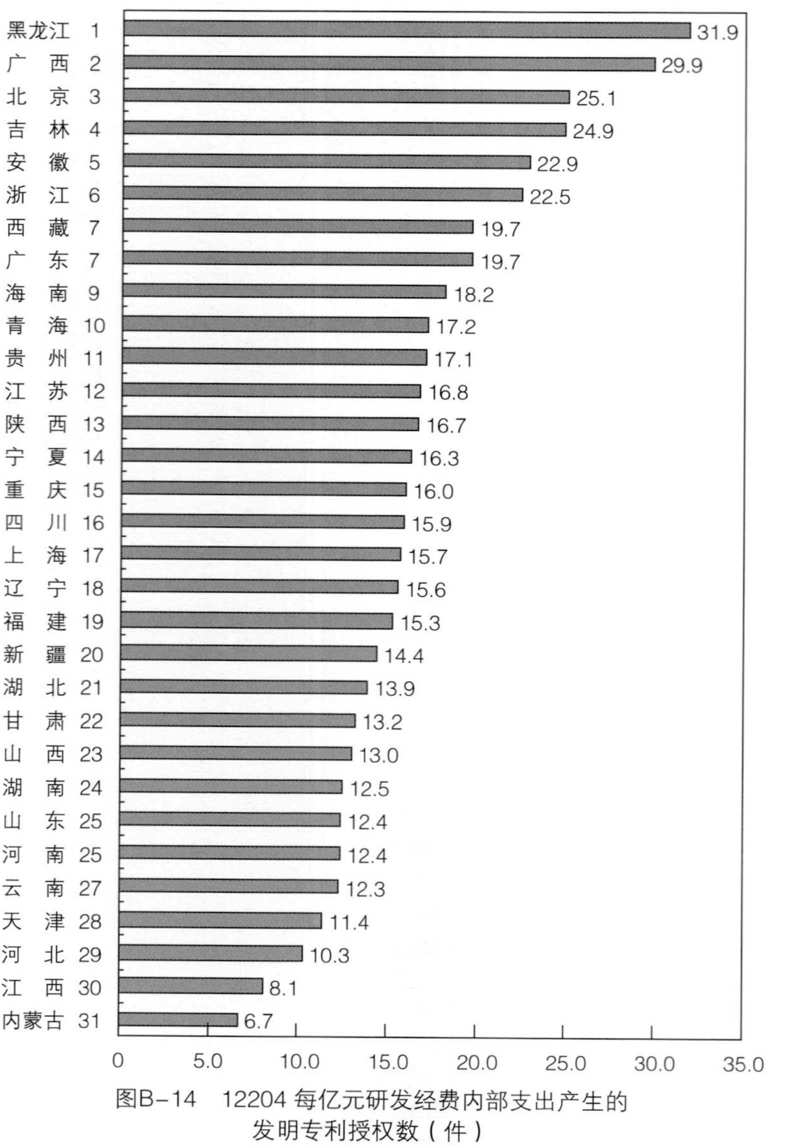

图B-14 12204 每亿元研发经费内部支出产生的发明专利授权数（件）

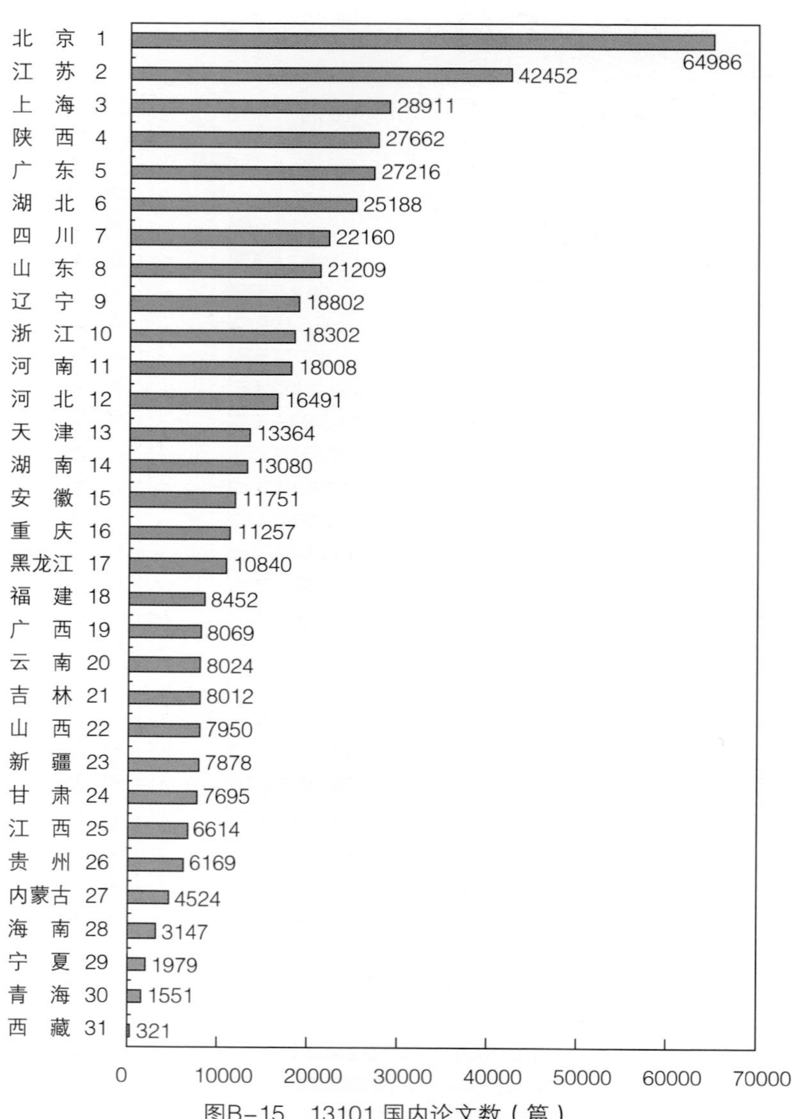

图B-15 13101 国内论文数（篇）

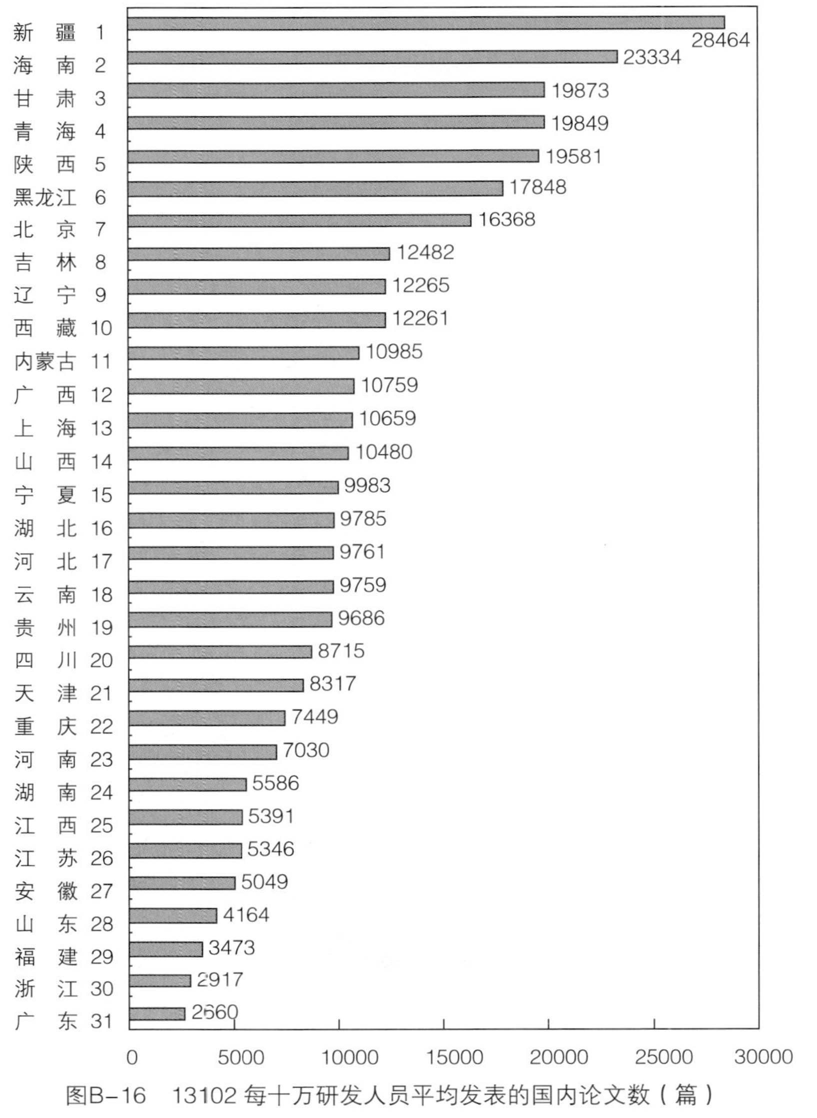

图B−16 13102 每十万研发人员平均发表的国内论文数（篇）

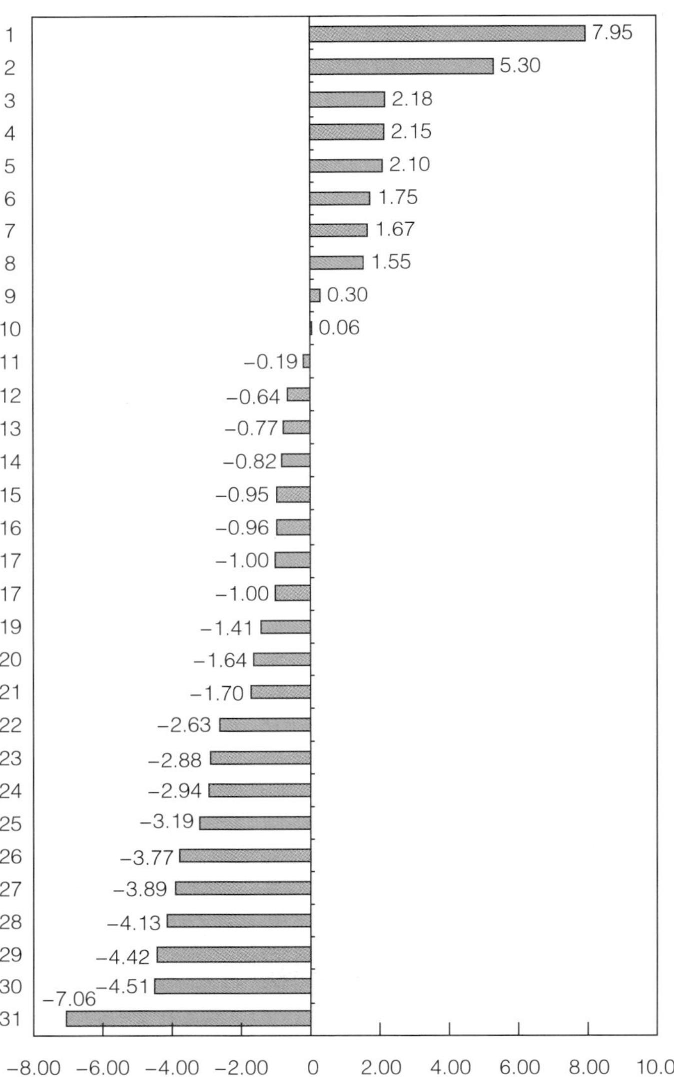

图B−17 13103 国内论文数增长率（%）

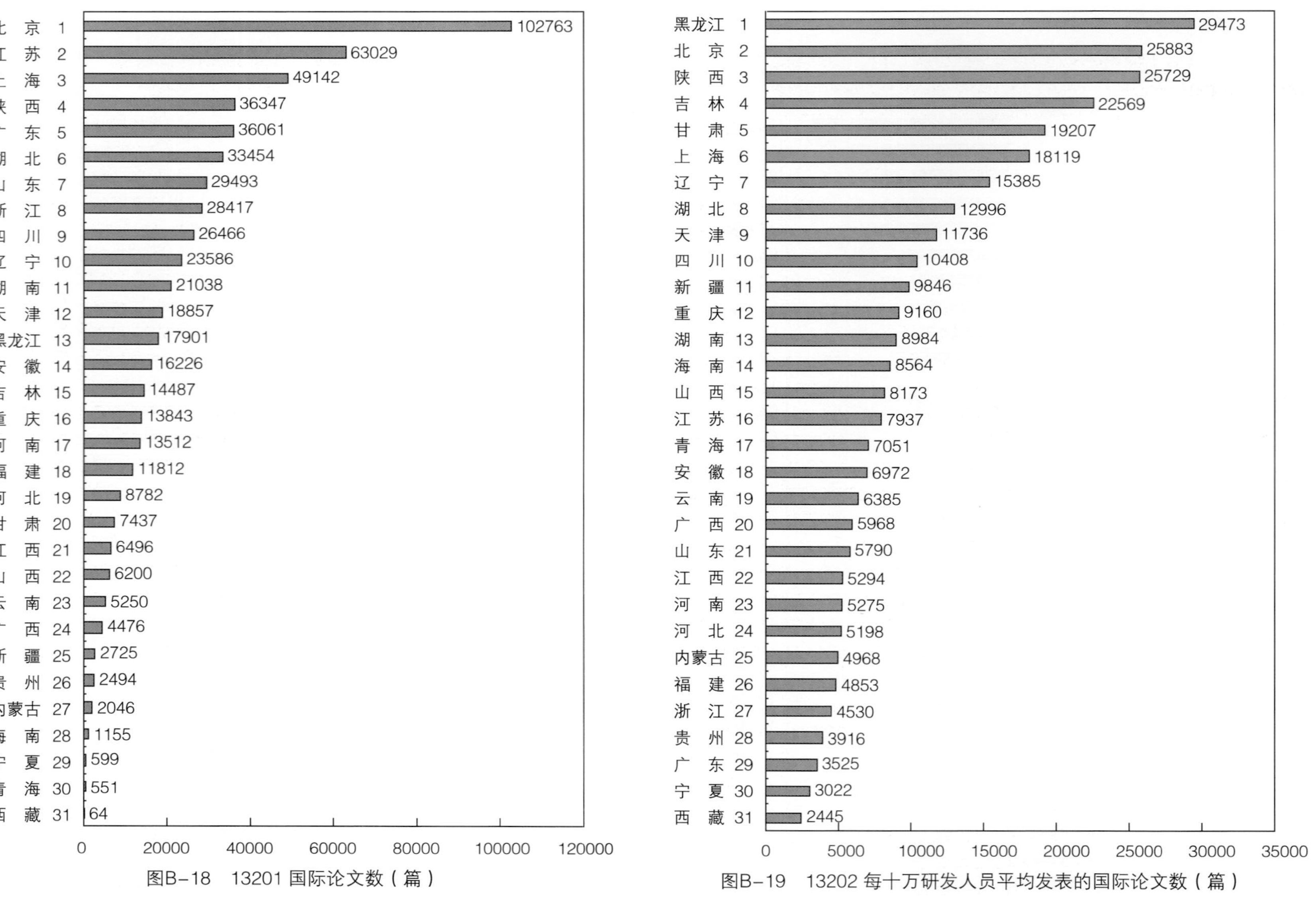

图B-18 13201 国际论文数（篇）

图B-19 13202 每十万研发人员平均发表的国际论文数（篇）

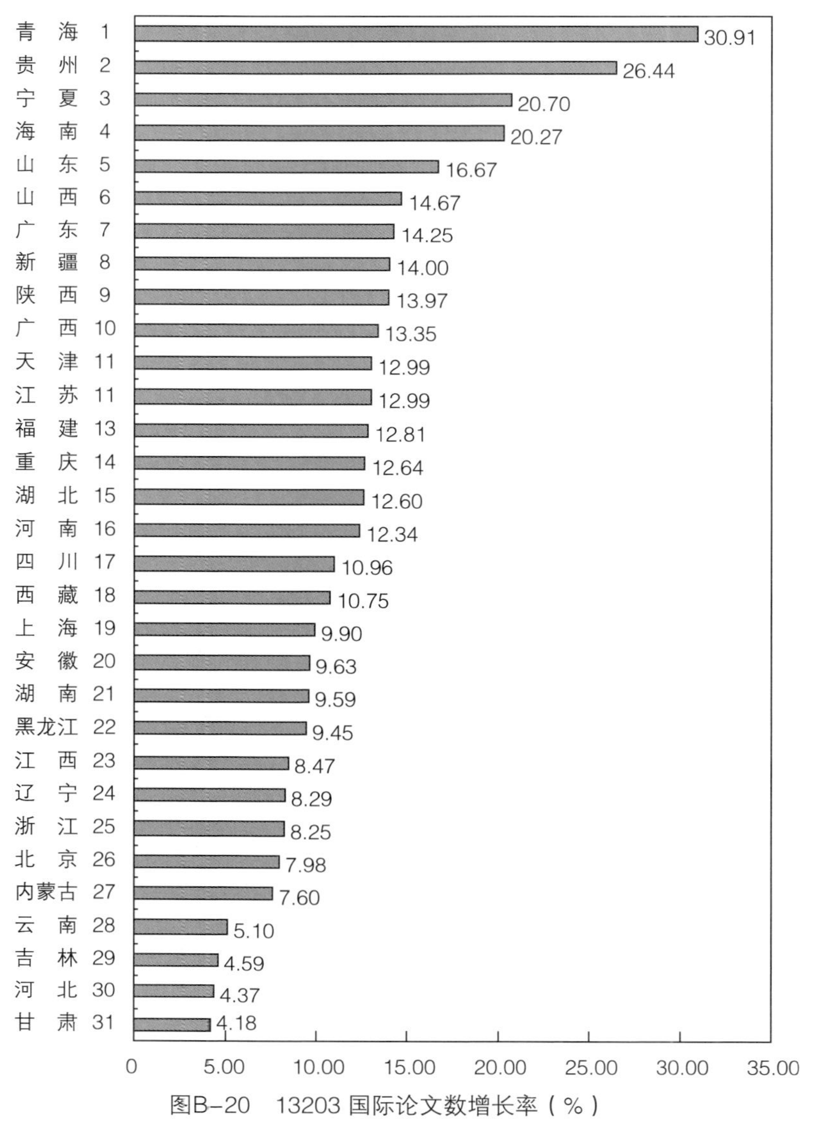

图B-20 13203 国际论文数增长率（%）

图B-21 21111 作者同省异单位科技论文数（篇）

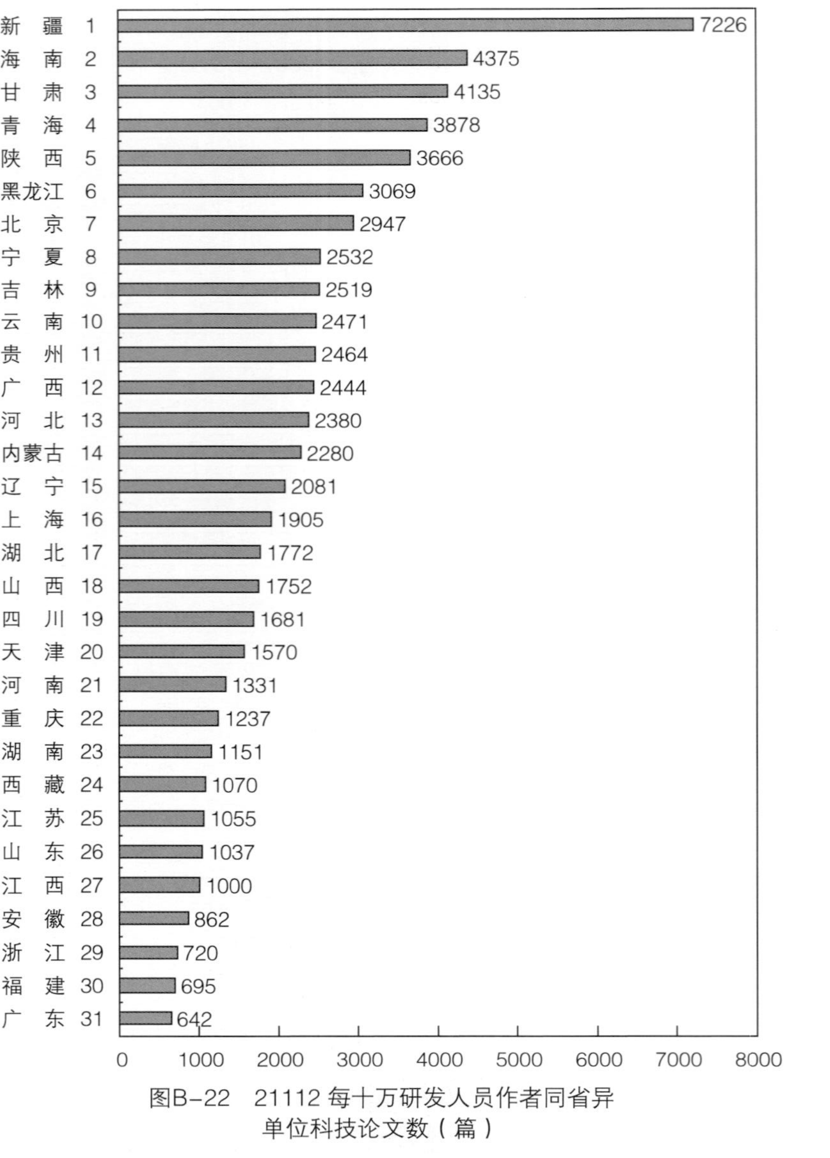

图B-22 21112 每十万研发人员作者同省异单位科技论文数（篇）

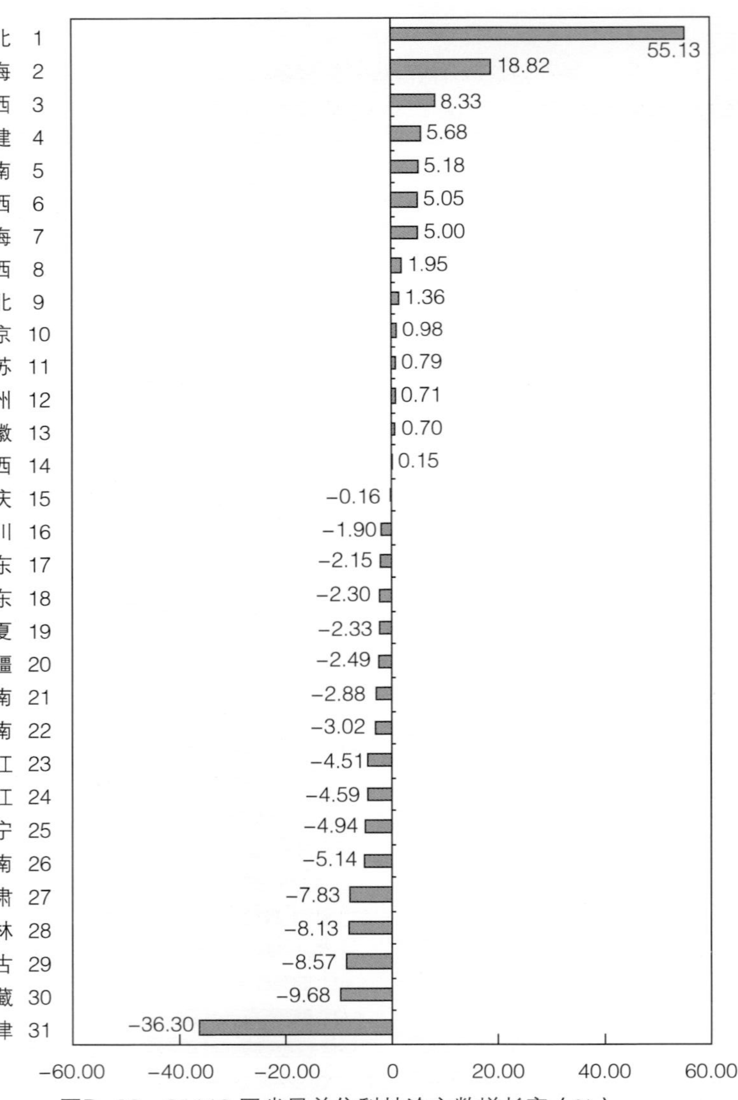

图B-23 21113 同省异单位科技论文数增长率（%）

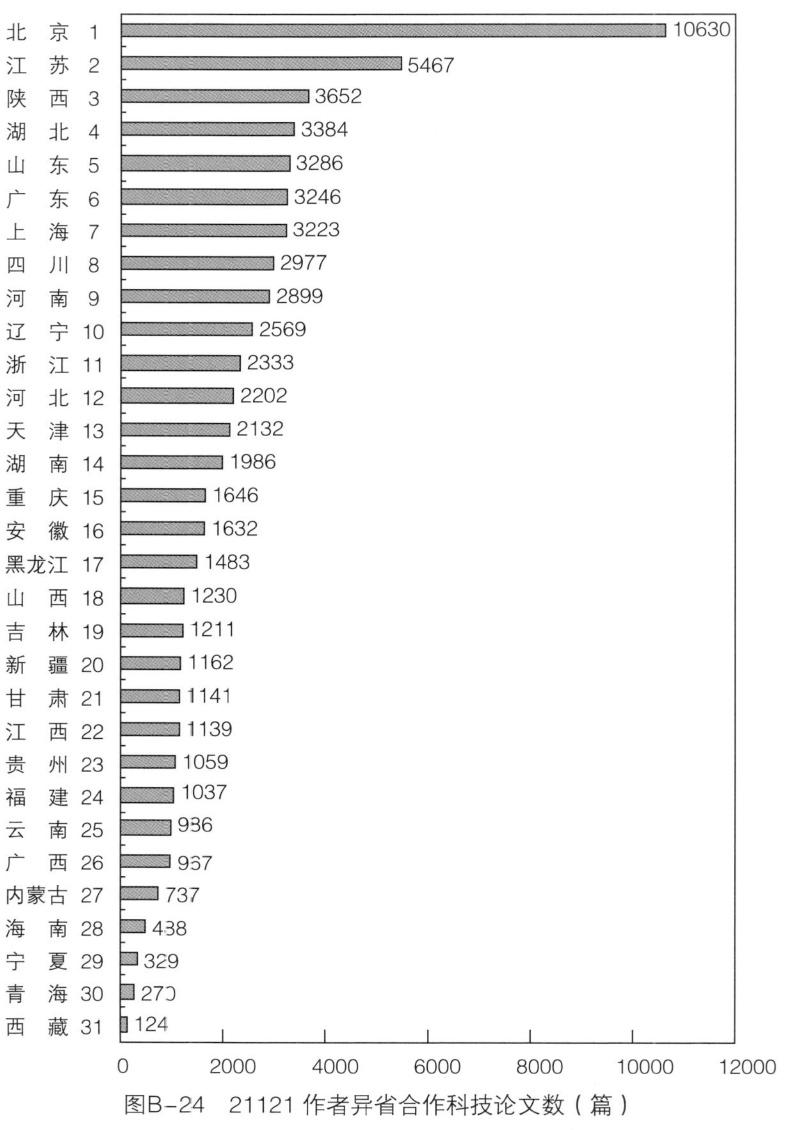

图B-24 21121 作者异省合作科技论文数（篇）

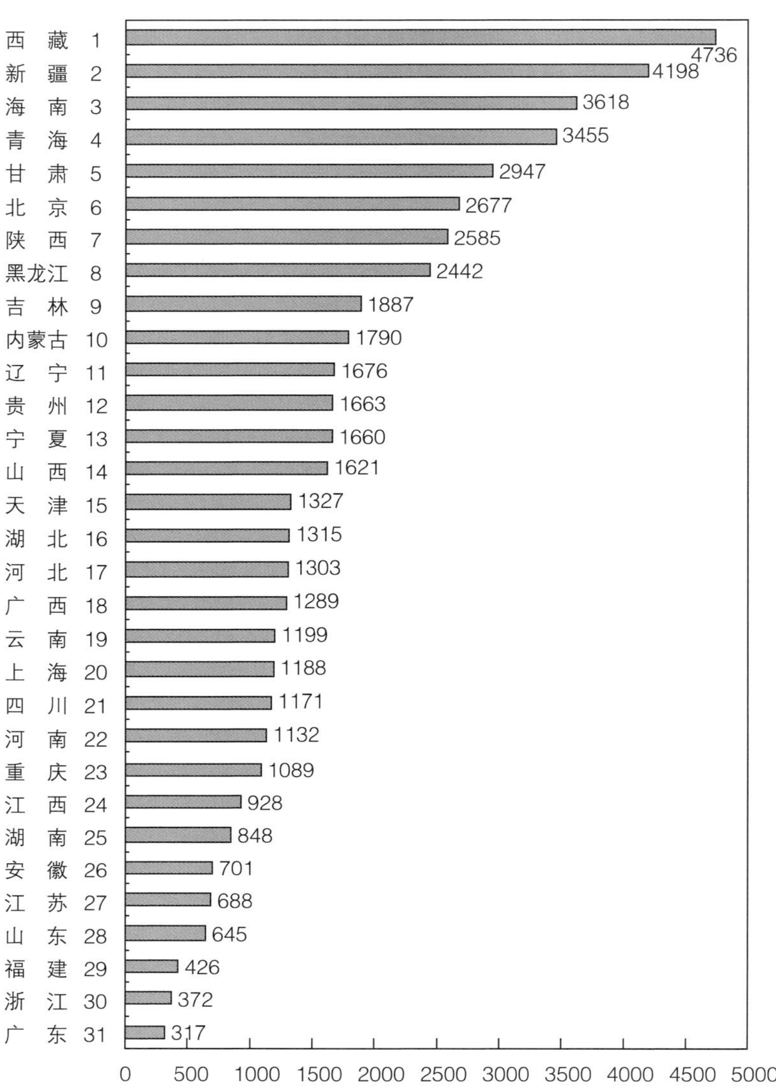

图B-25 21122 每十万研发人员作者异省科技论文数（篇）

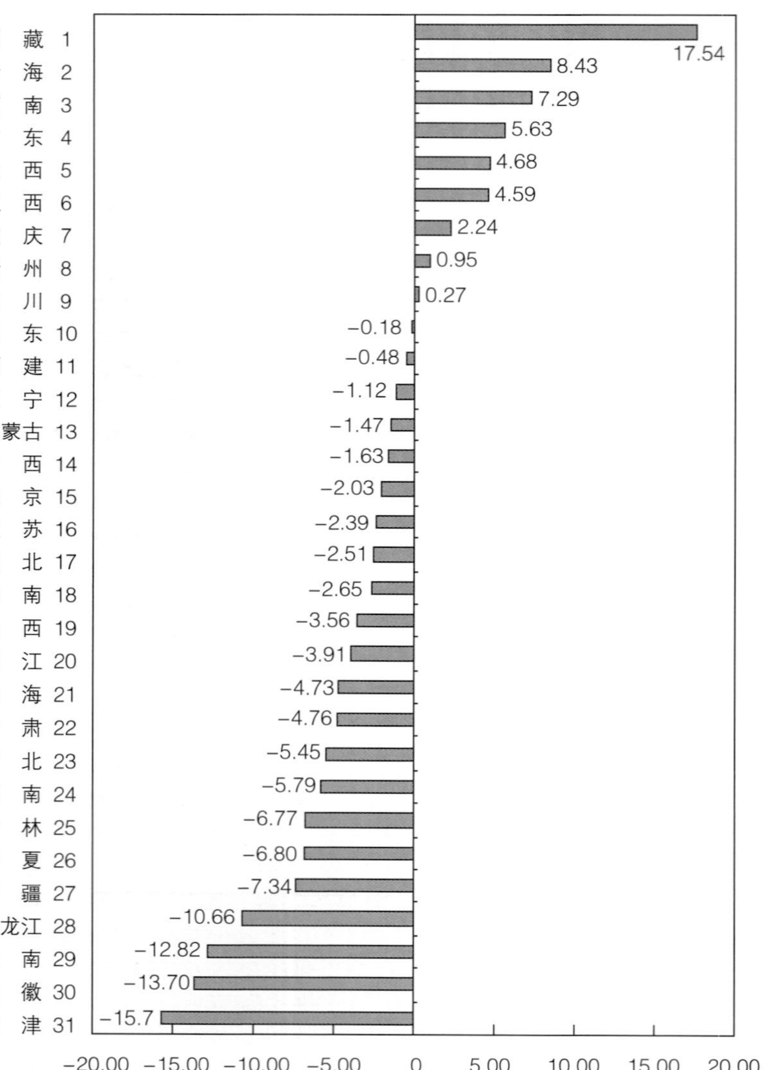

图B-26 21123 作者异省科技论文数增长率（%）

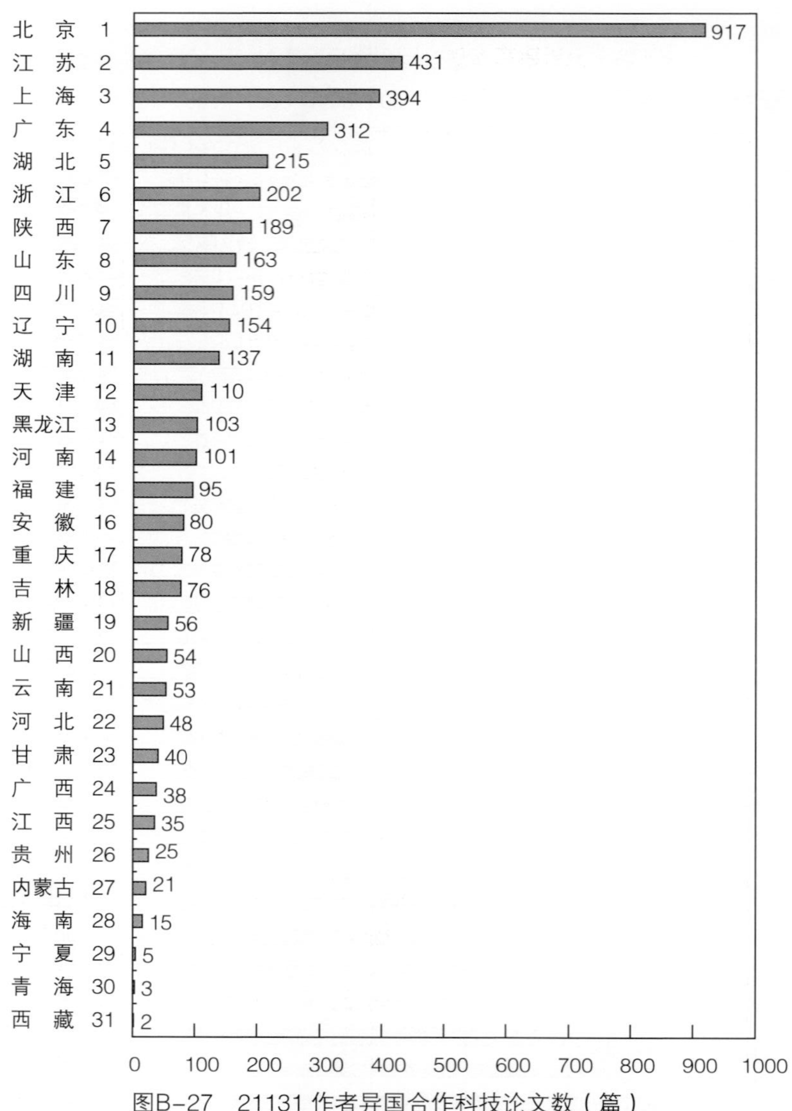

图B-27 21131 作者异国合作科技论文数（篇）

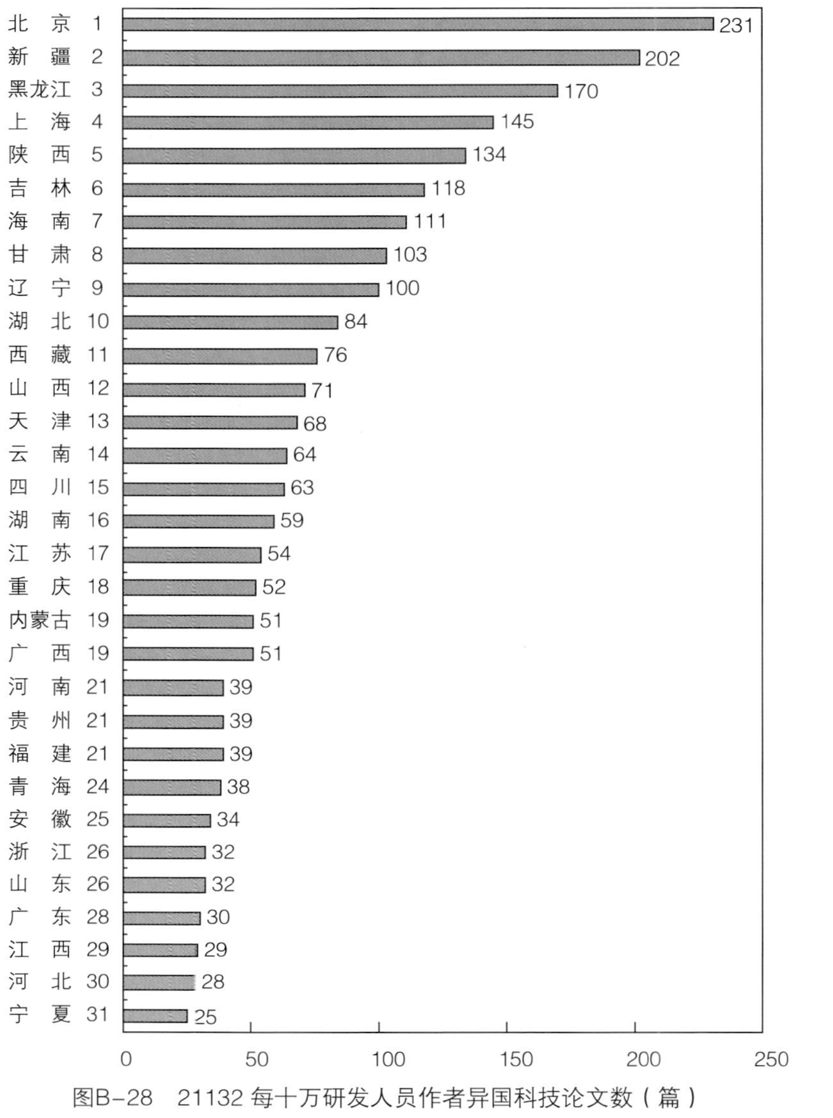

图B-28　21132 每十万研发人员作者异国科技论文数（篇）

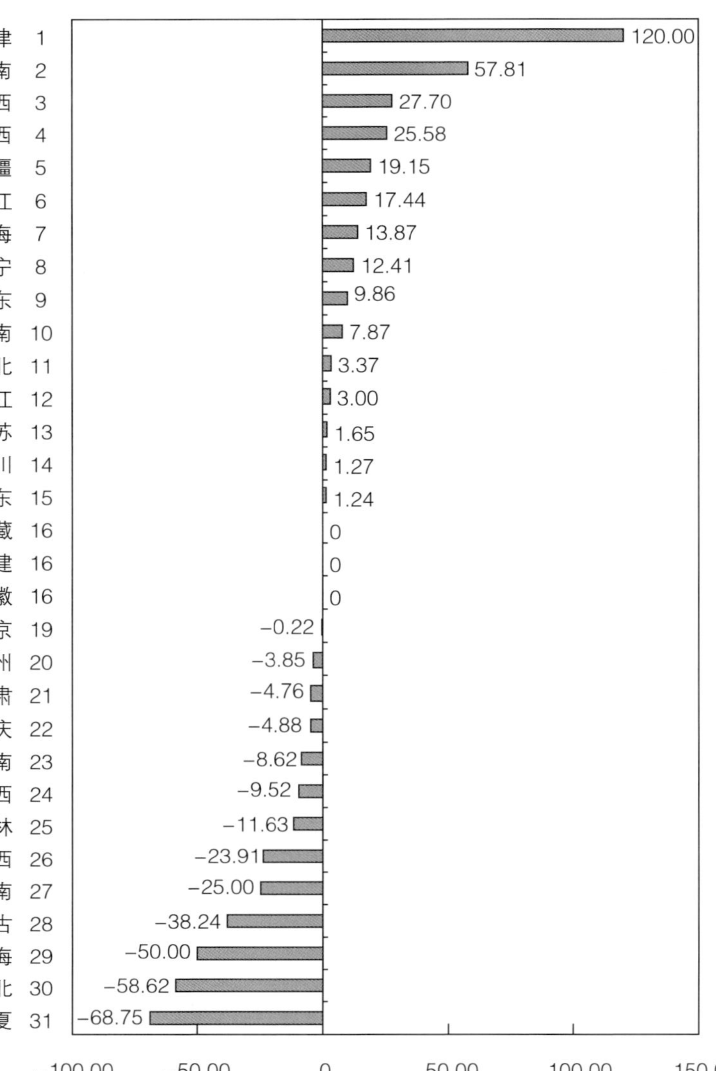

图B-29　21133 作者异国科技论文数增长率（%）

图B-30 21201 高校和科研院所研发经费内部支出额中来自企业的资金（万元）

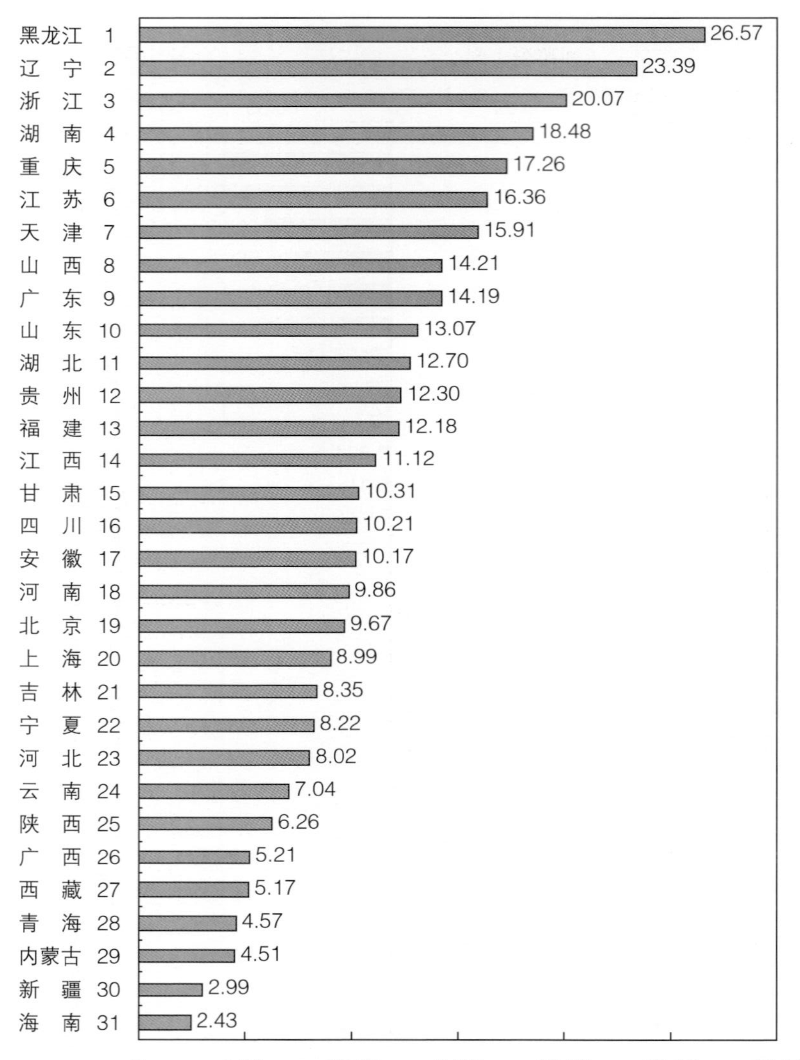

图B-31 21202 高校和科研院所研发经费内部支出额中来自企业资金的比例（%）

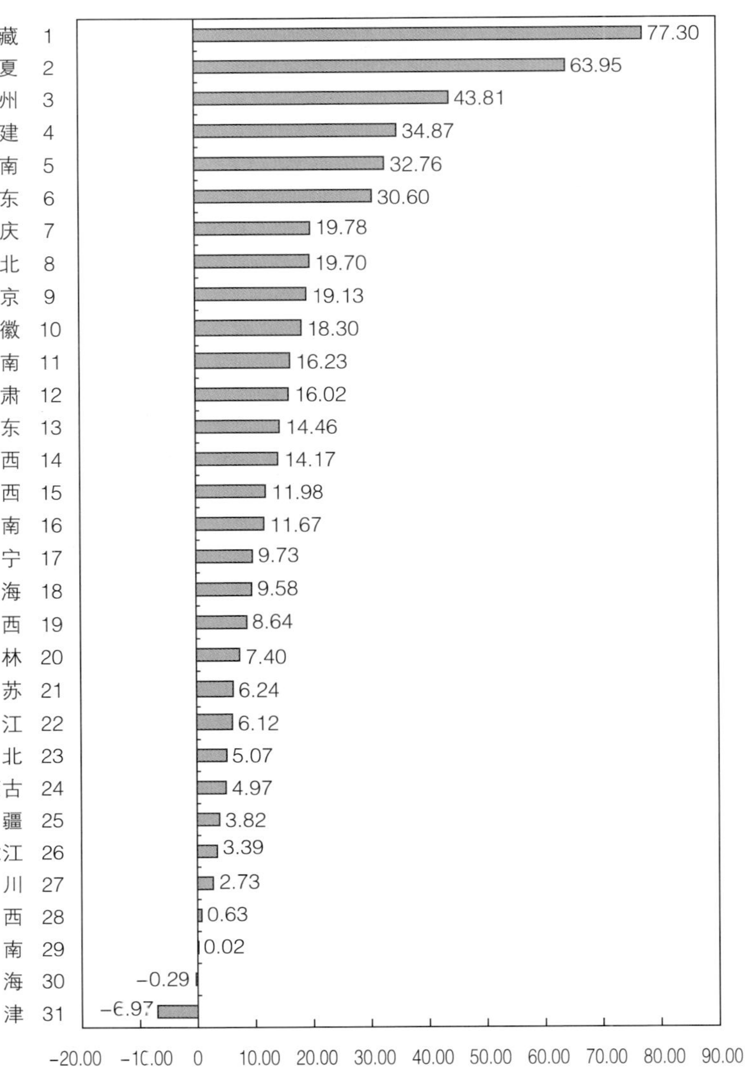

图B-32　21203 高校和科研院所研发经费内部支出额中来自企业资金的增长率（%）

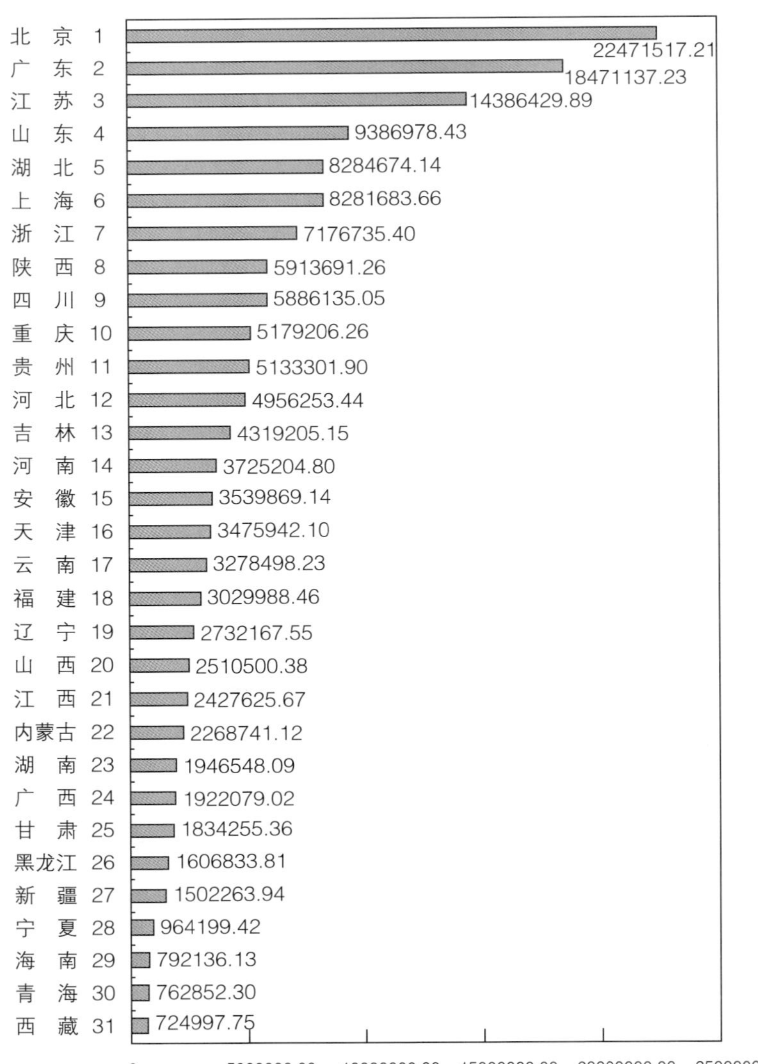

图B-33　22101 技术市场交易金额（按流向）（万元）

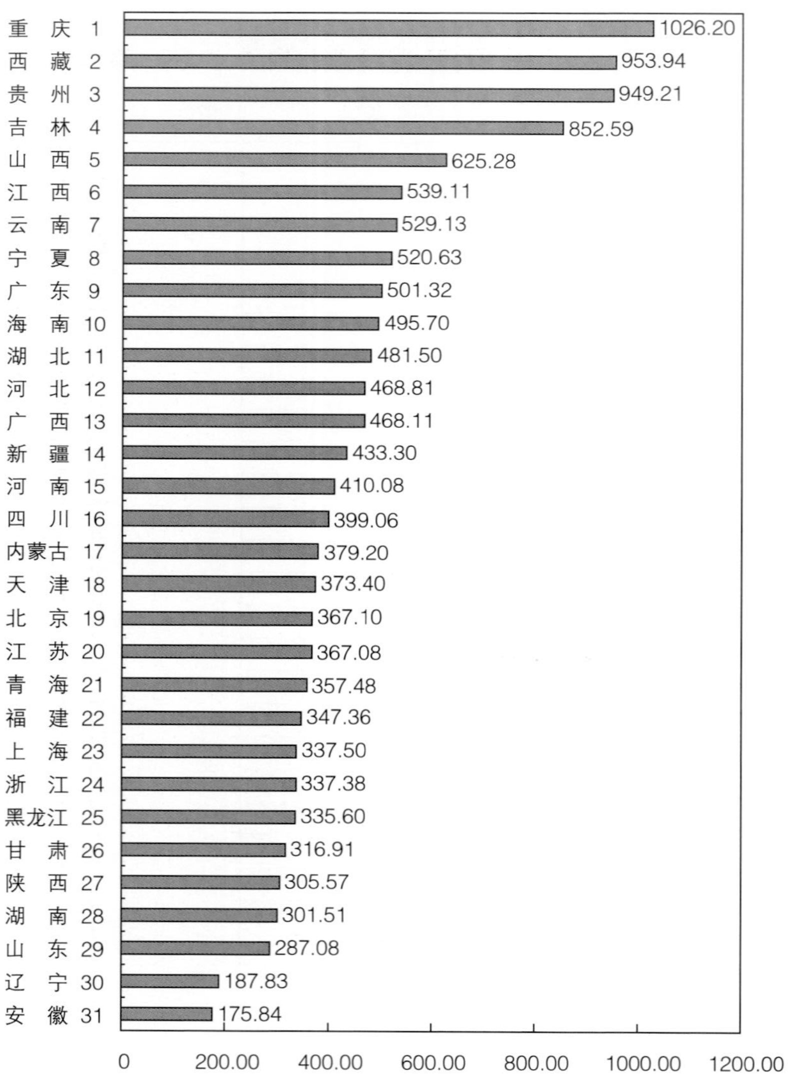

图B-34 22102 技术市场企业平均交易额（按流向）（万元）

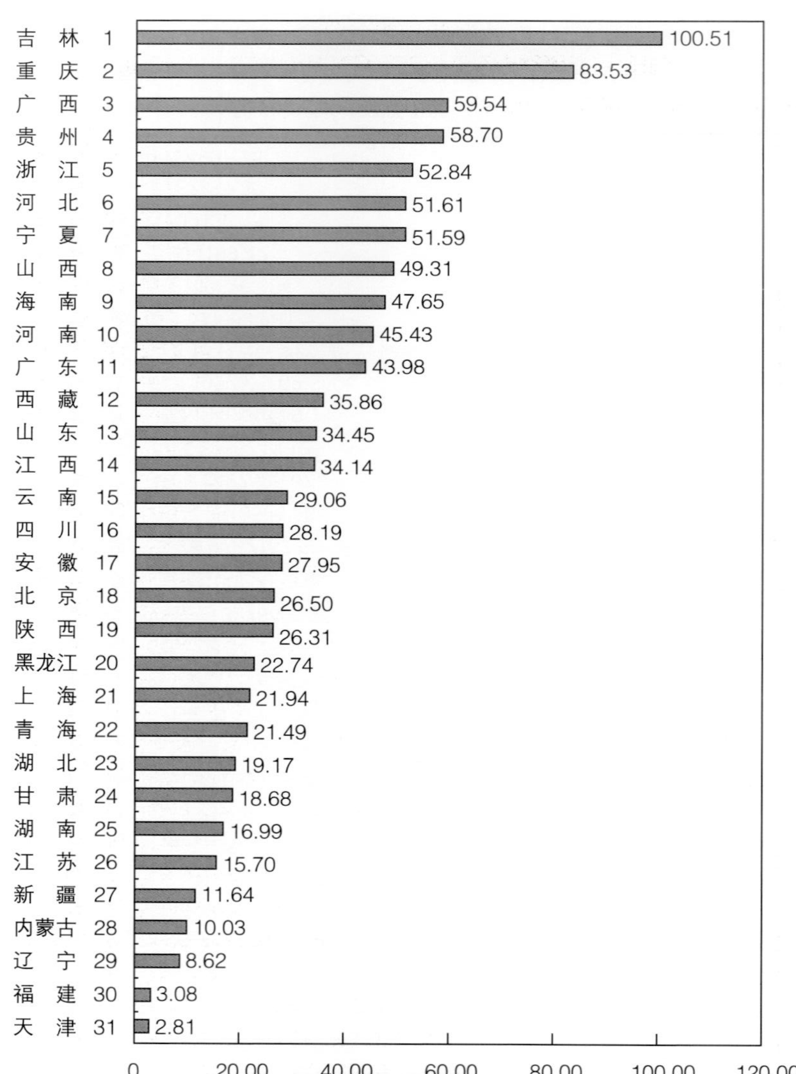

图B-35 22103 技术市场交易金额的增长率（按流向）（%）

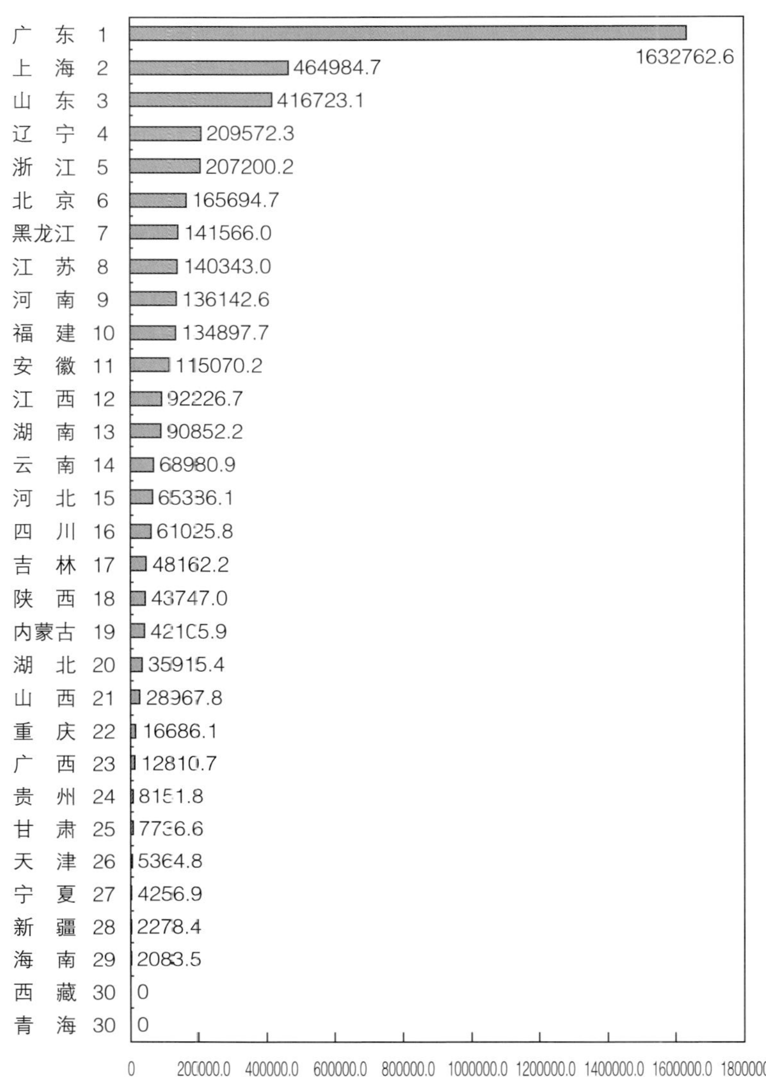

图B-36 22201 规模以上工业企业国内技术经费支出（万元）

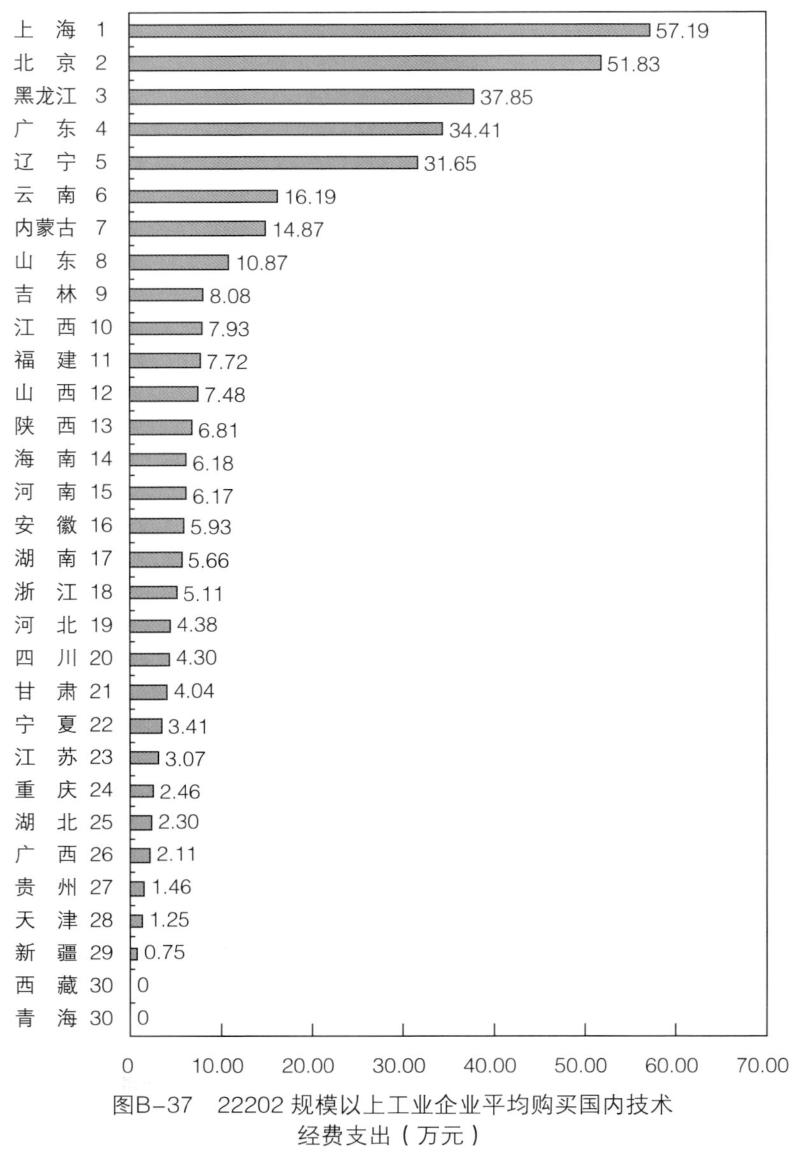

图B-37 22202 规模以上工业企业平均购买国内技术经费支出（万元）

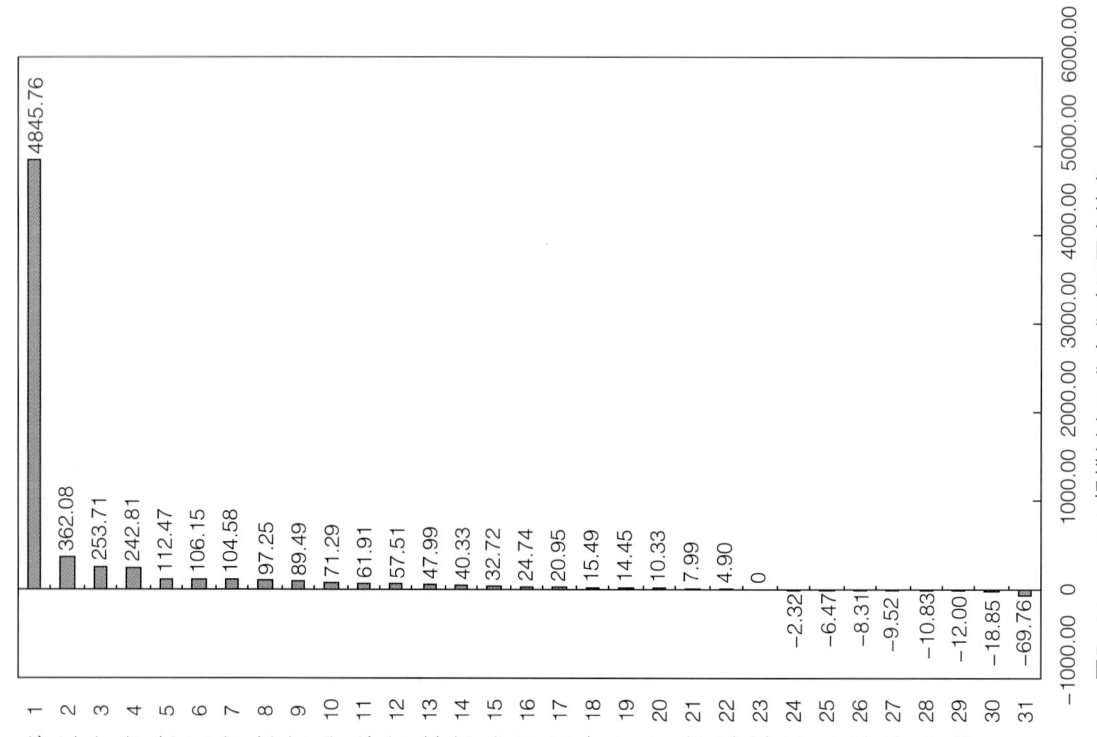

图B-38 22203 规模以上工业企业购买国内技术经费支出增长率（%）

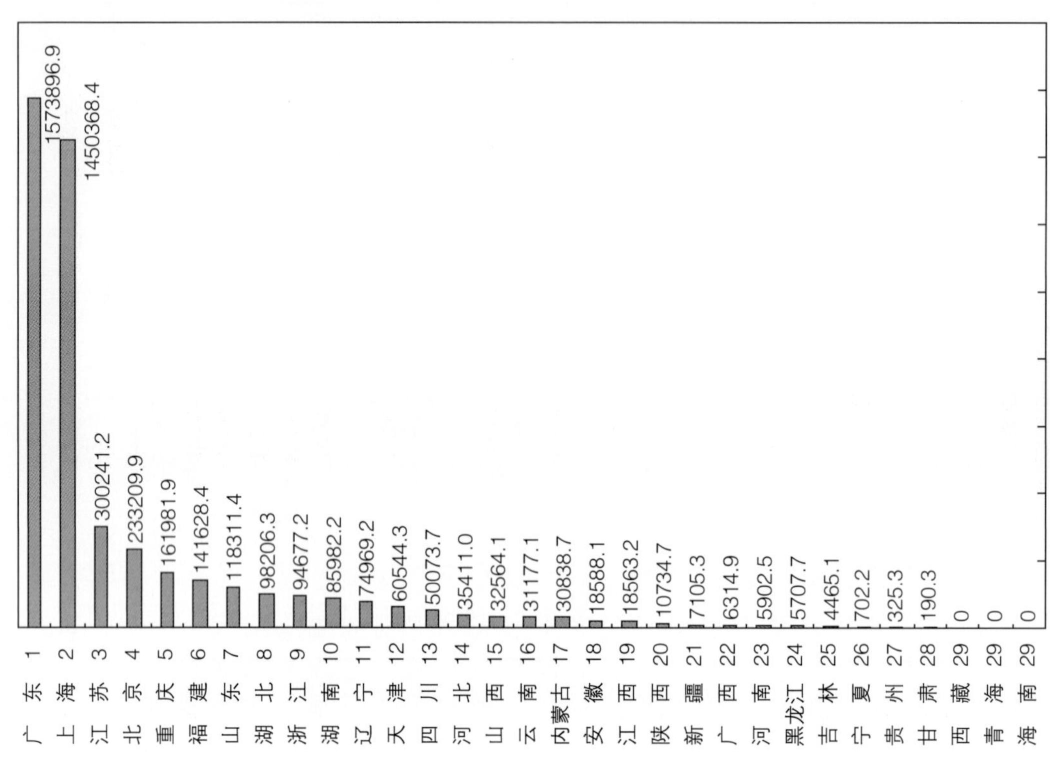

图B-39 22301 规模以上工业企业引进技术经费支出（万元）

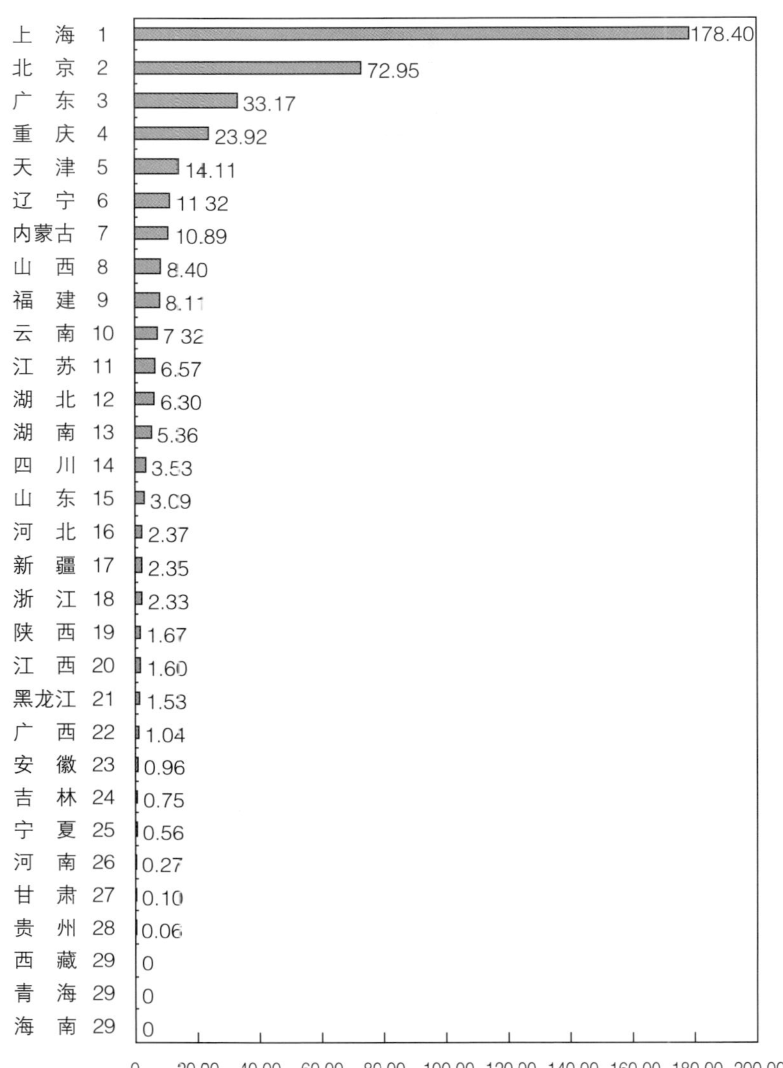

图B-40 22302 规模以上工业企业平均引进技术经费支出（万元）

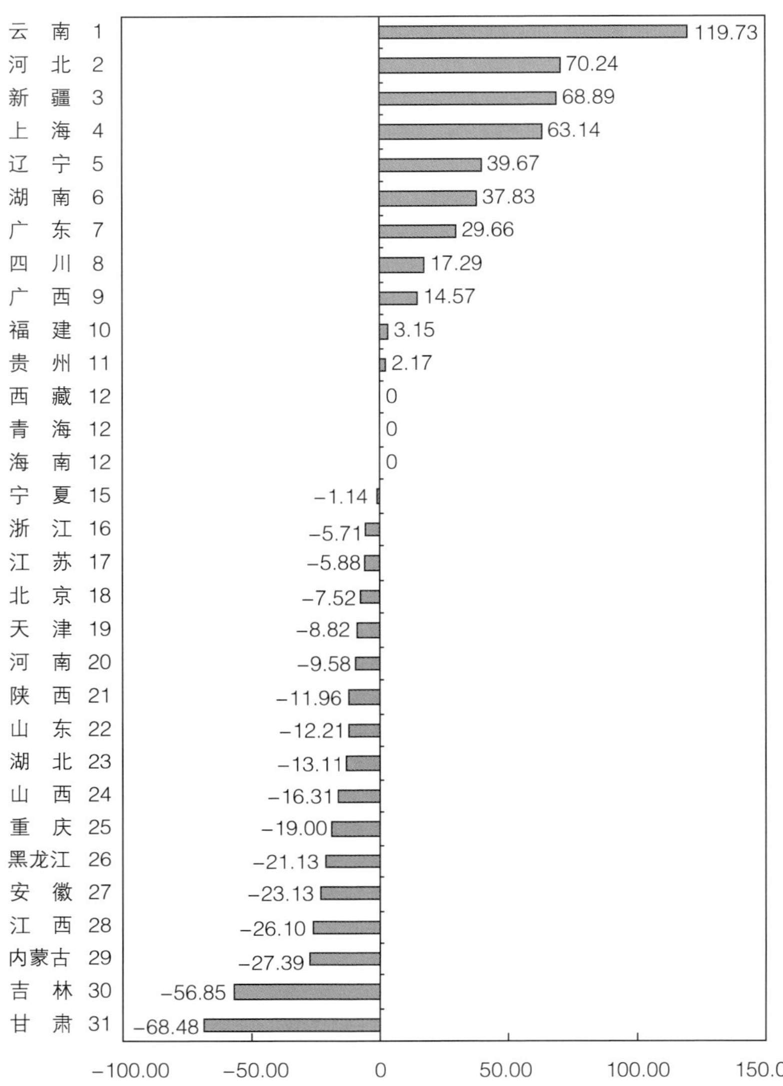

图B-41 22303 规模以上工业企业引进技术经费支出增长率（%）

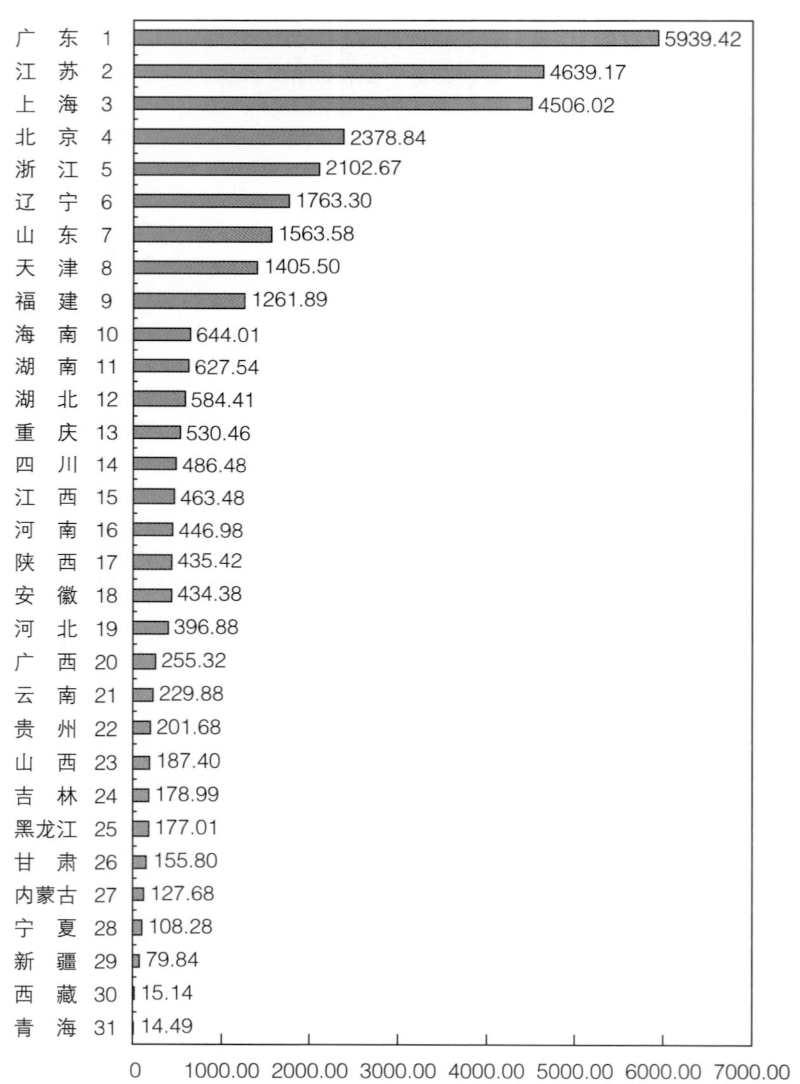

图B-42 23001 外商投资企业年底注册资金中外资部分（亿美元）

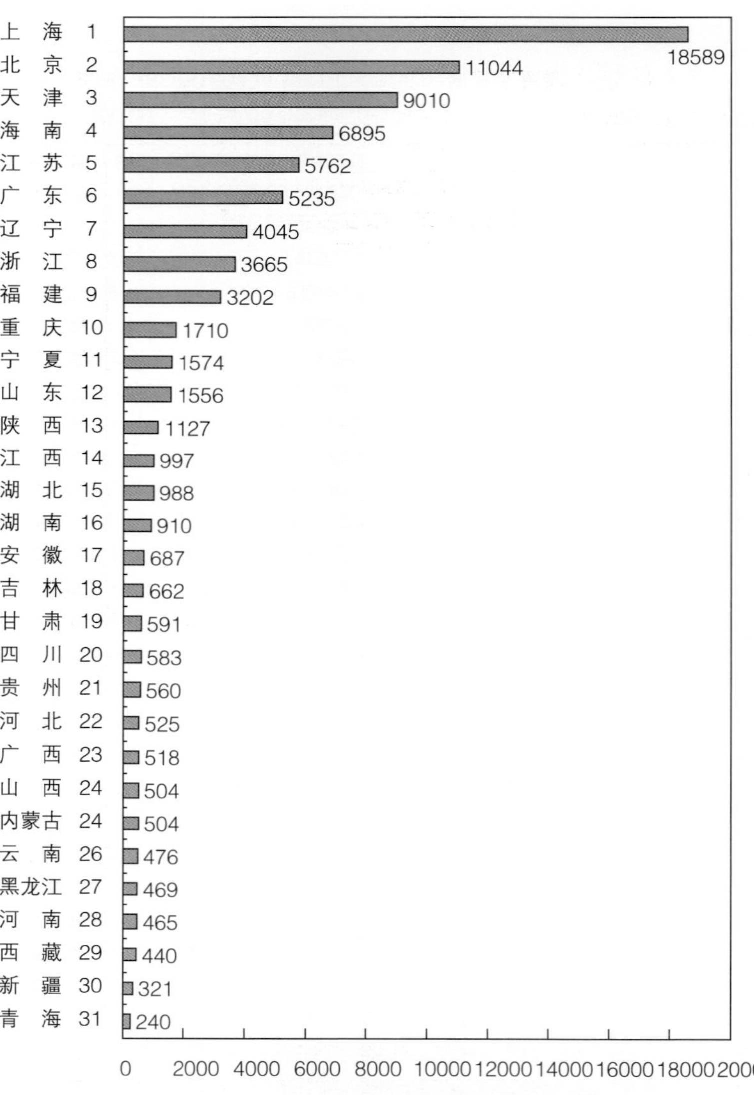

图B-43 23002 人均外商投资企业年底注册资金中外资部分（万美元）

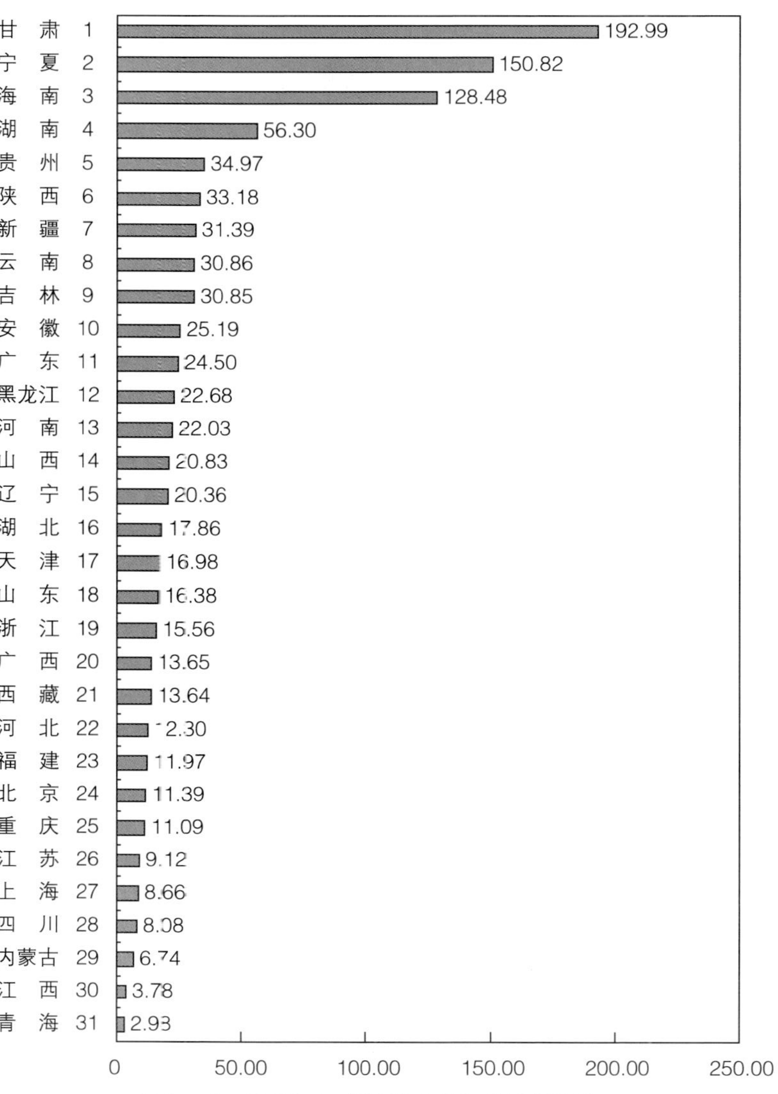

图B-44 23003 外商投资企业年底注册资金中外资部分增长率（%）

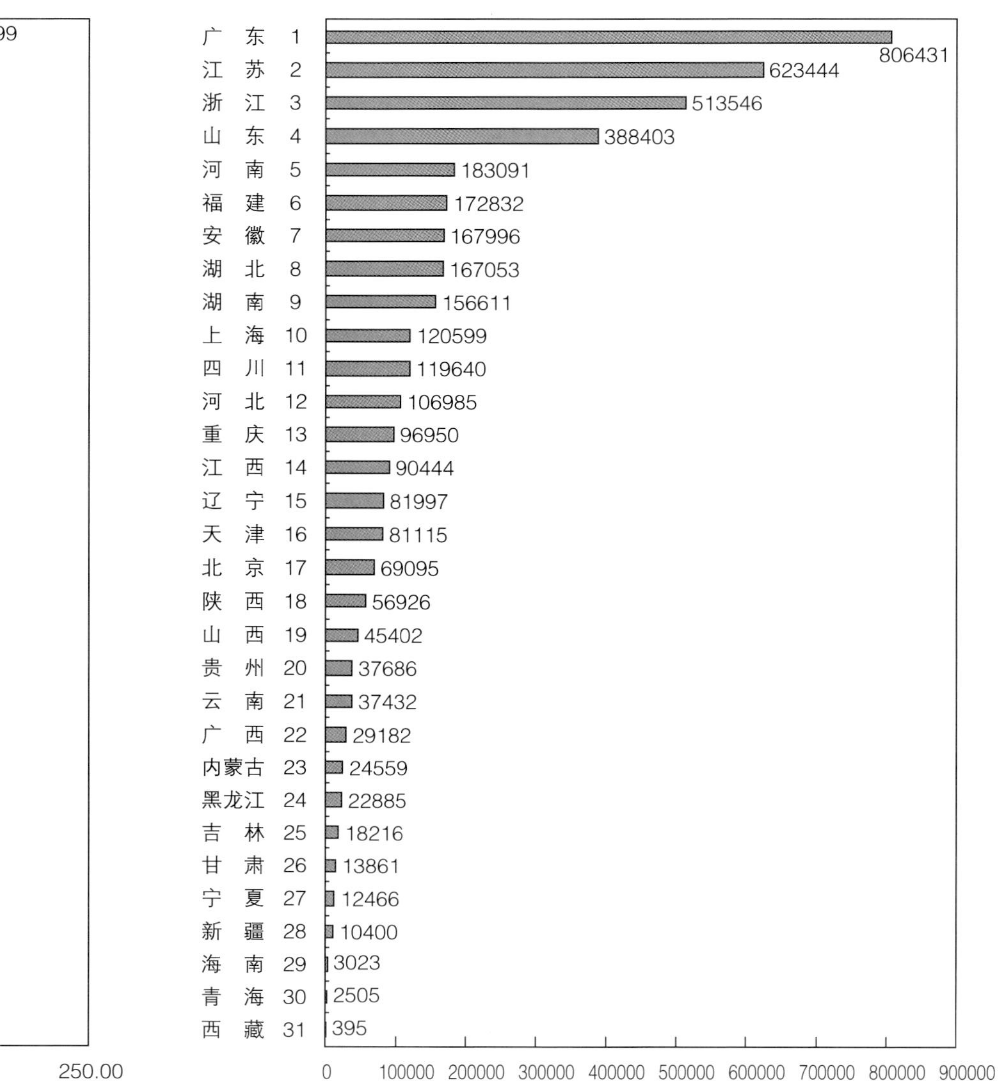

图B-45 31101 规模以上工业企业研发人员数（万人）

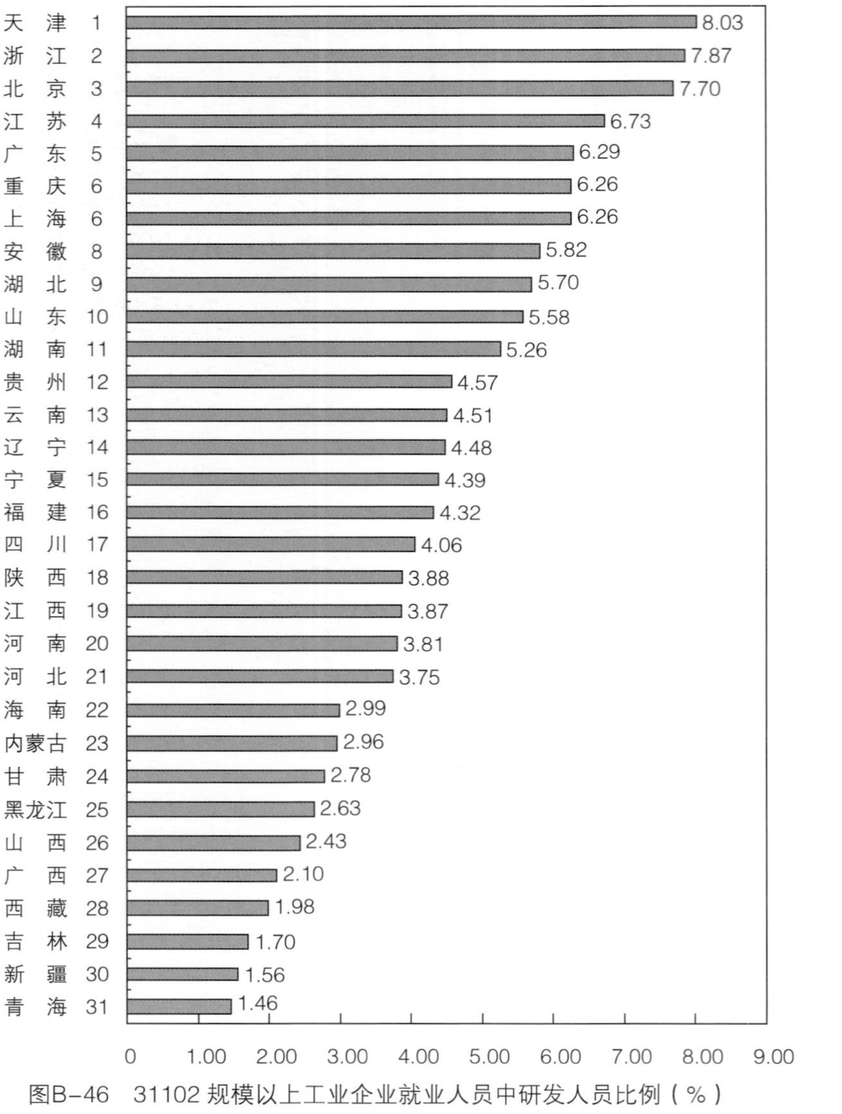

图B-46 31102 规模以上工业企业就业人员中研发人员比例（%）

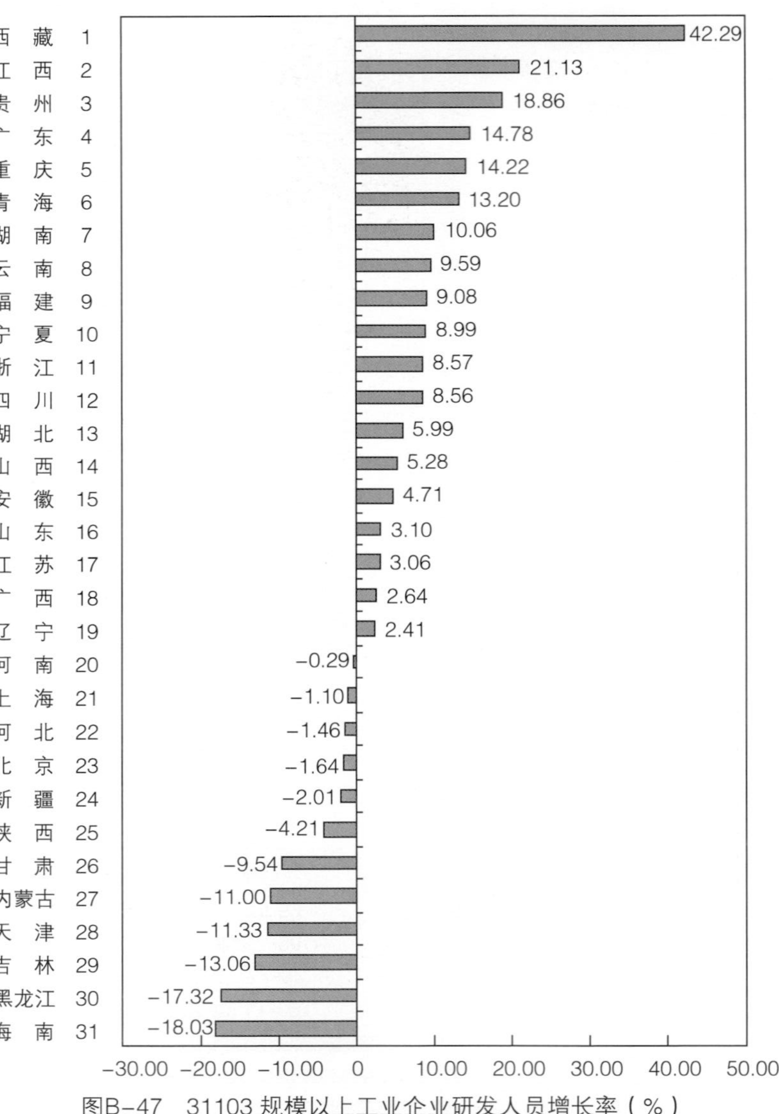

图B-47 31103 规模以上工业企业研发人员增长率（%）

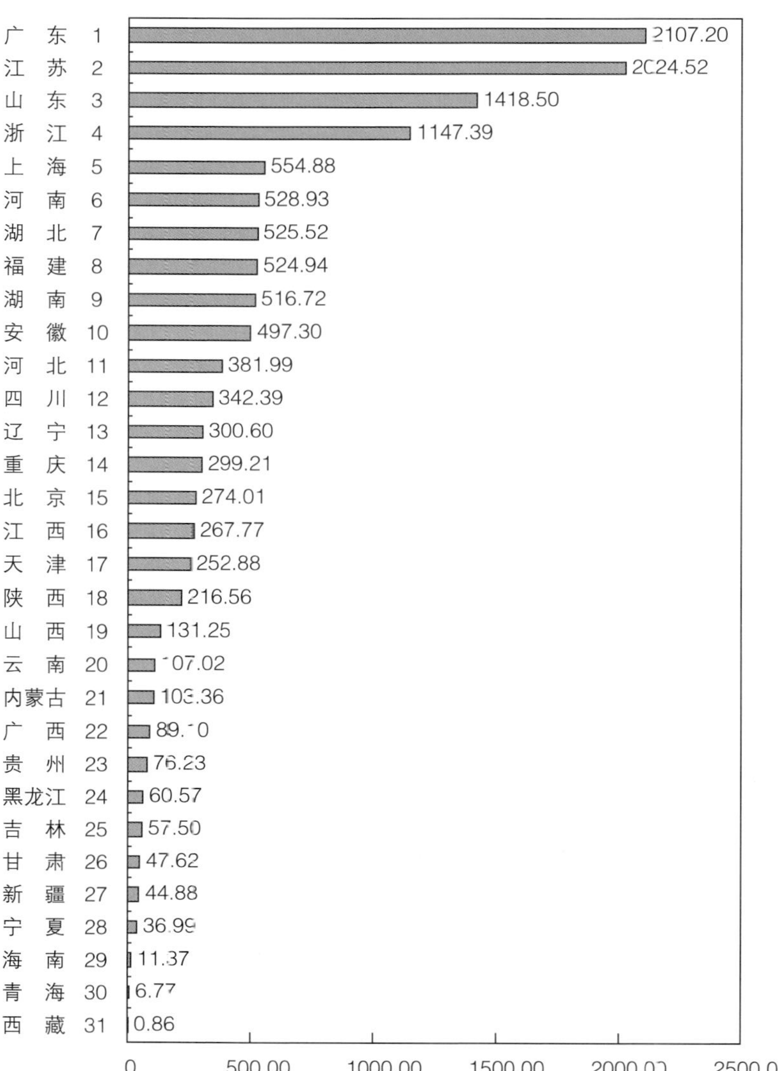

图B-48 31201 规模以上工业企业研发活动经费内部支出总额（亿元）

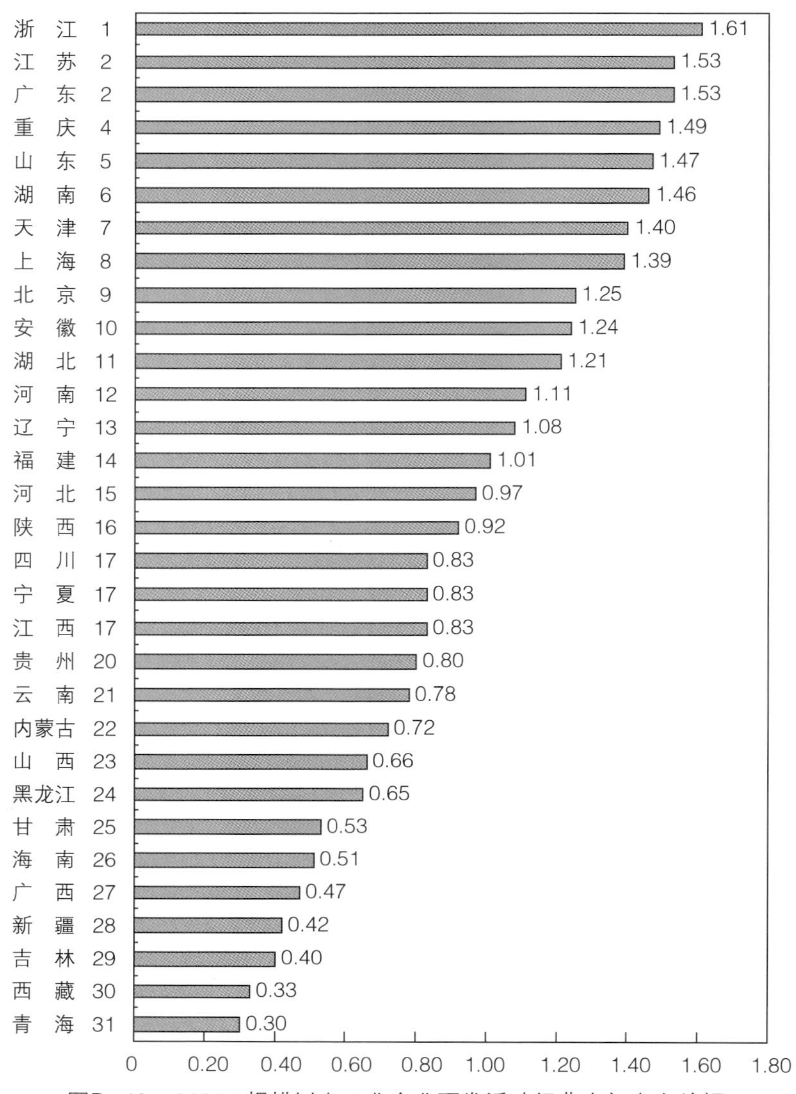

图B-49 31202 规模以上工业企业研发活动经费内部支出总额占销售收入的比例（%）

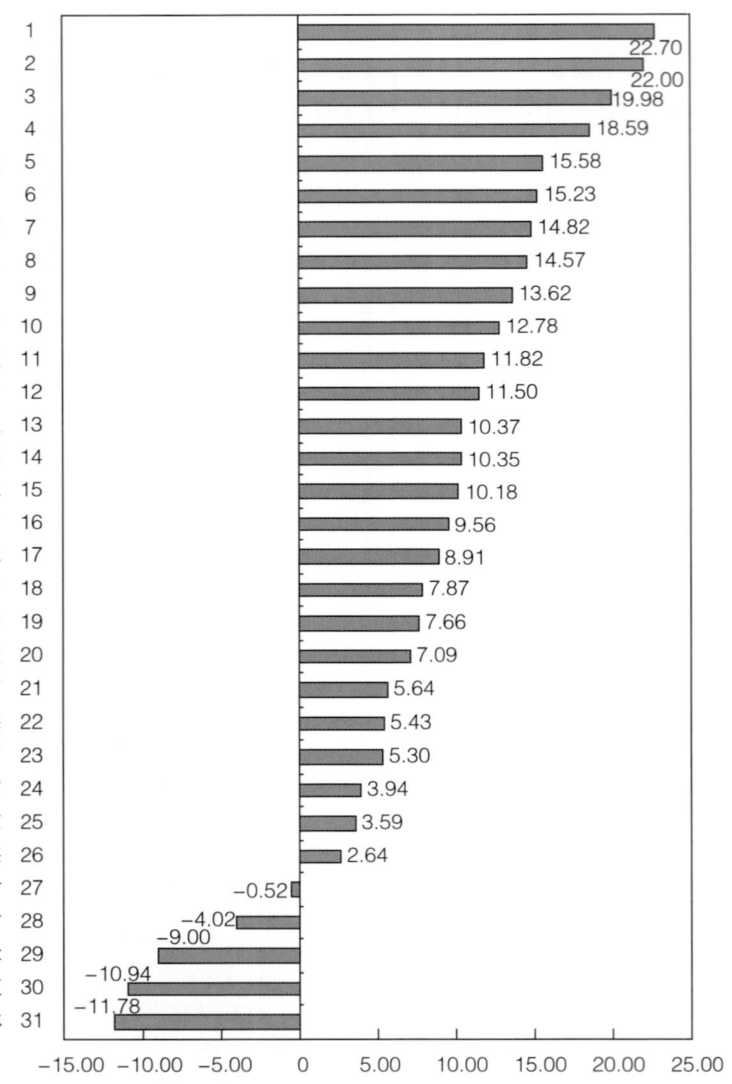

图B-50　31203 规模以上工业企业研发活动经费内部支出总额增长率（%）

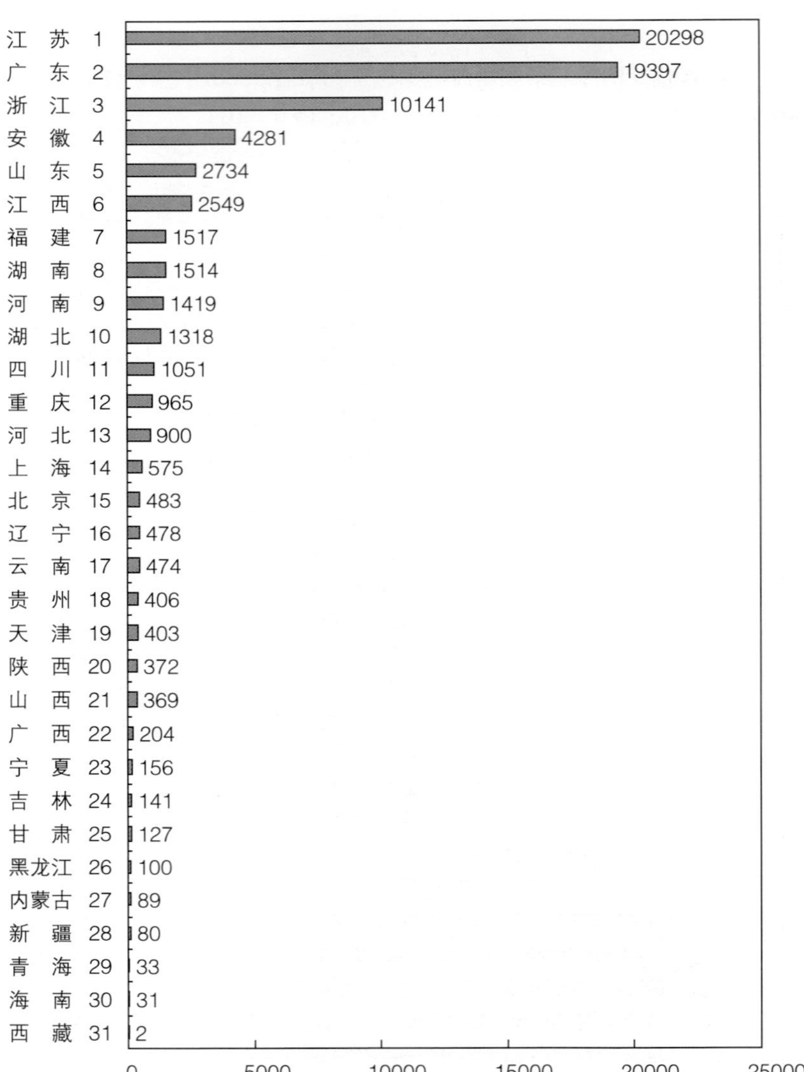

图B-51　31301 规模以上工业企业有研发机构的企业数（个）

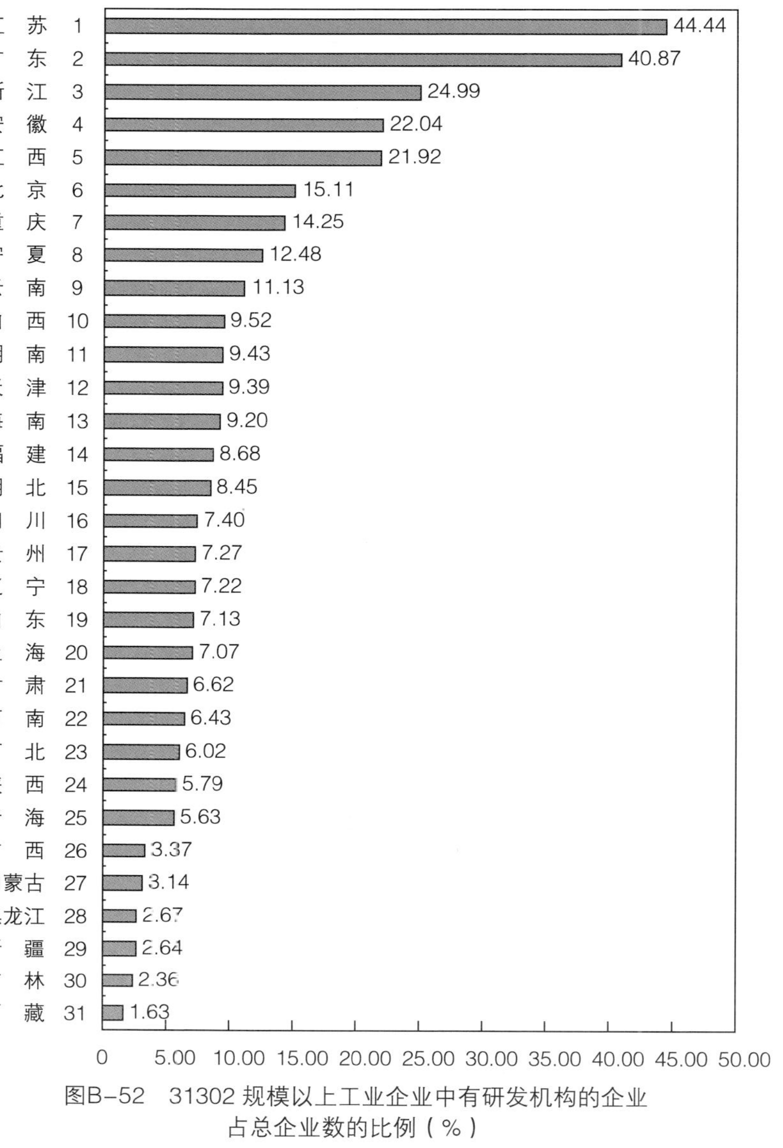

图B-52 31302 规模以上工业企业中有研发机构的企业占总企业数的比例（%）

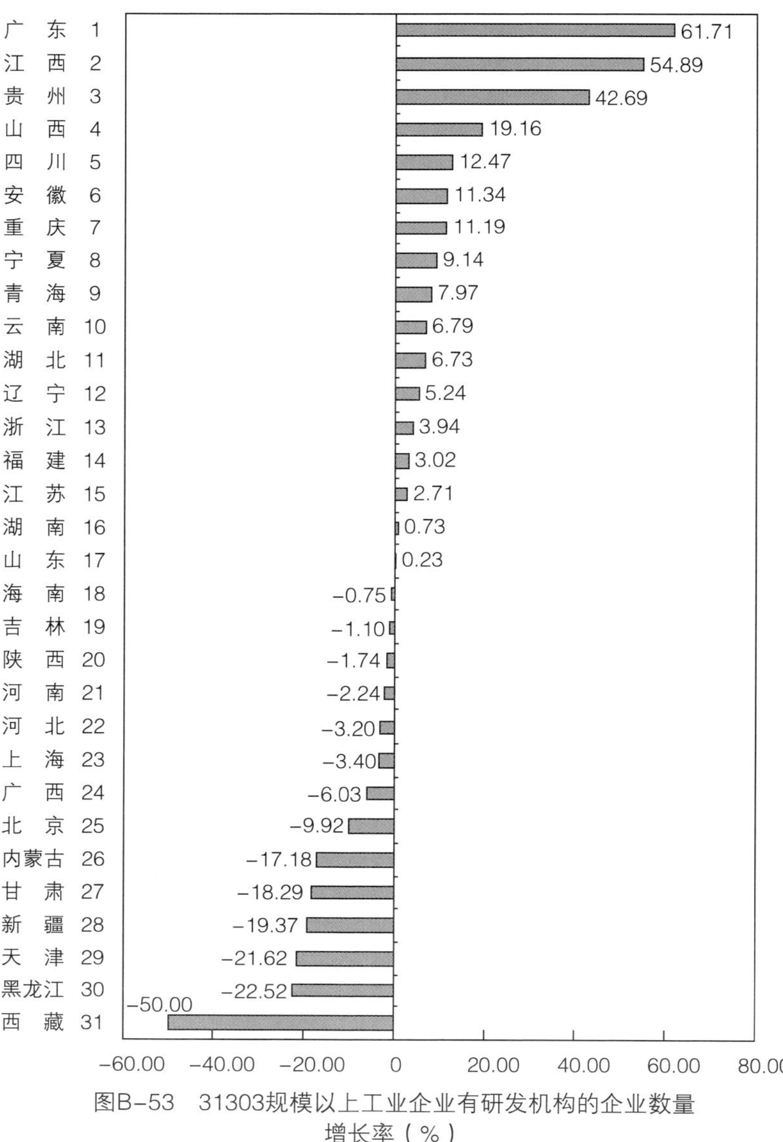

图B-53 31303规模以上工业企业有研发机构的企业数量增长率（%）

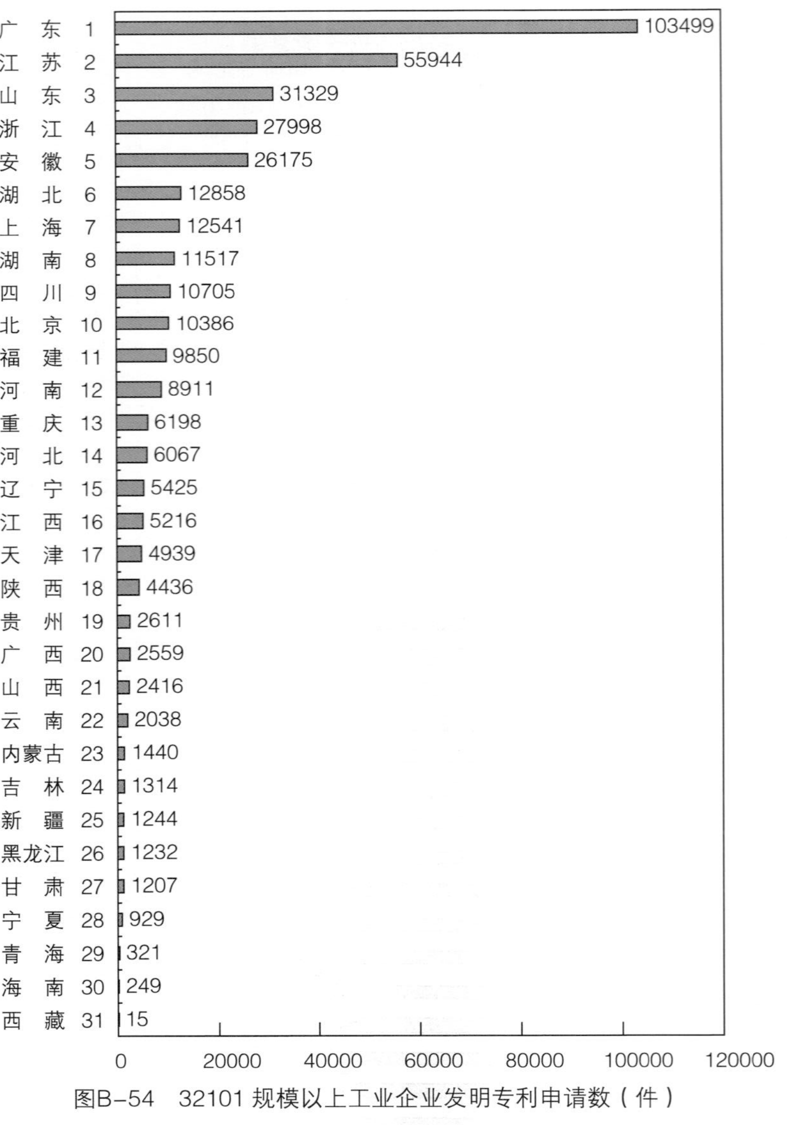

图B-54 32101 规模以上工业企业发明专利申请数（件）

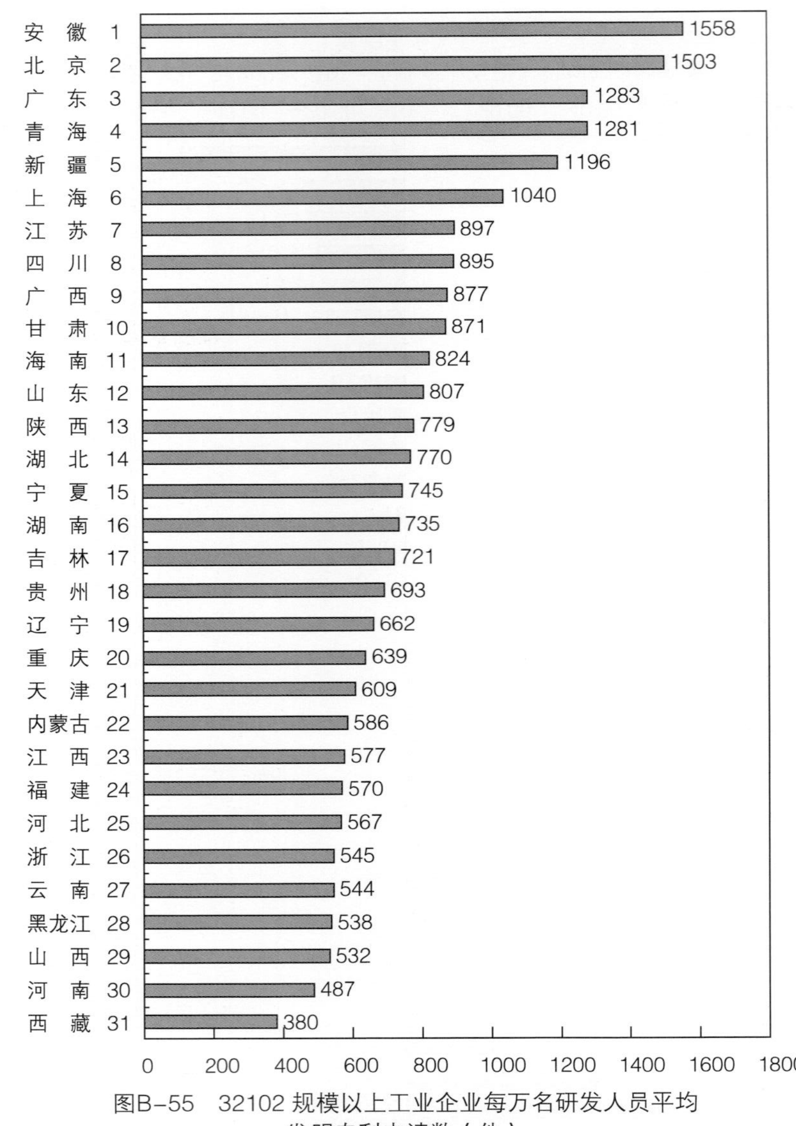

图B-55 32102 规模以上工业企业每万名研发人员平均发明专利申请数（件）

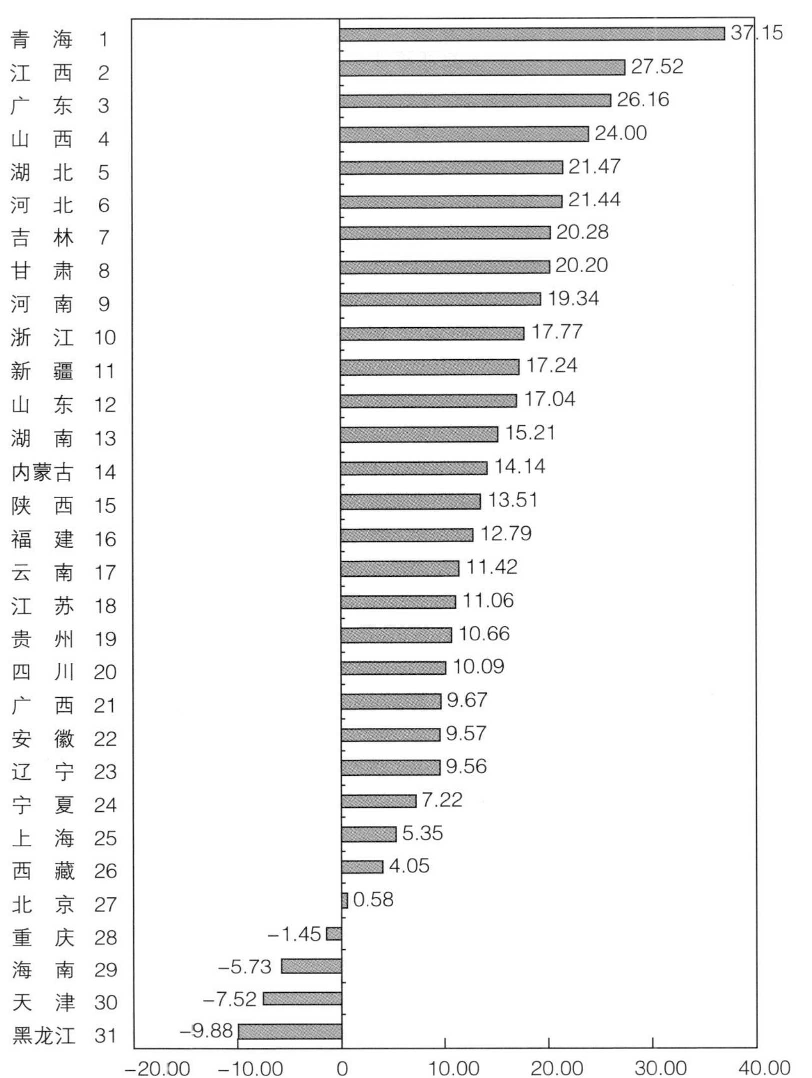

图B-56 32103 规模以上工业企业发明专利申请增长率（%）

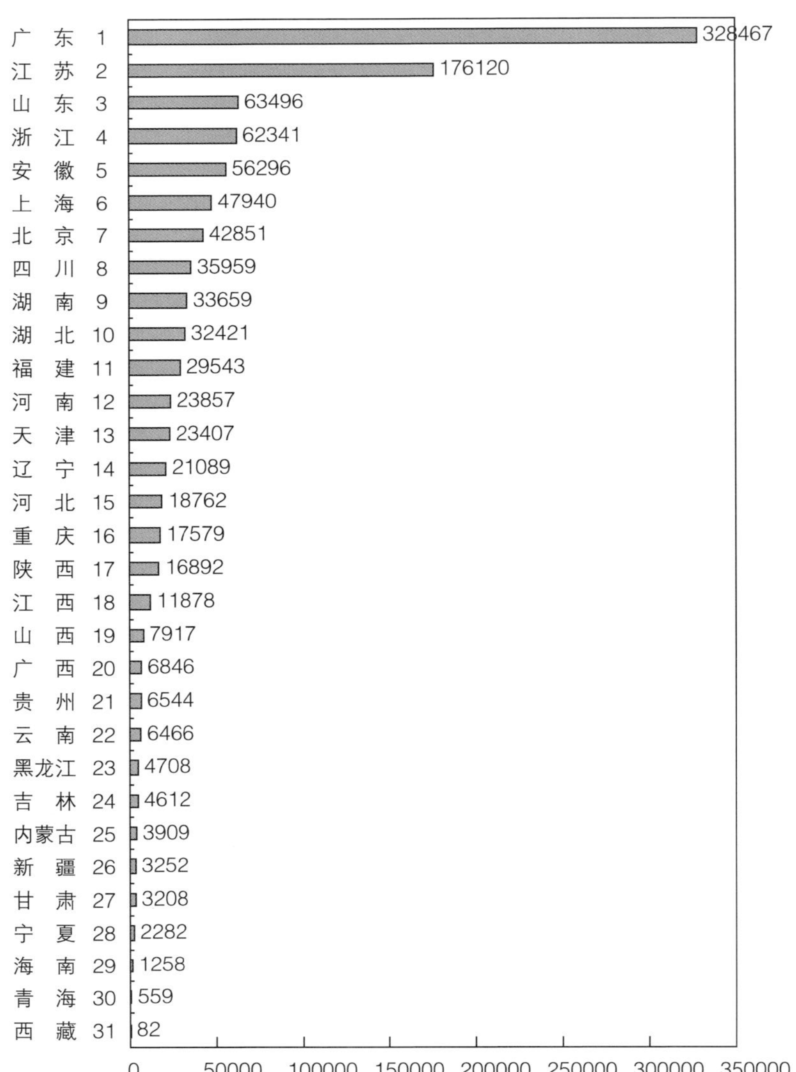

图B-57 32201 规模以上工业企业有效发明专利数（件）

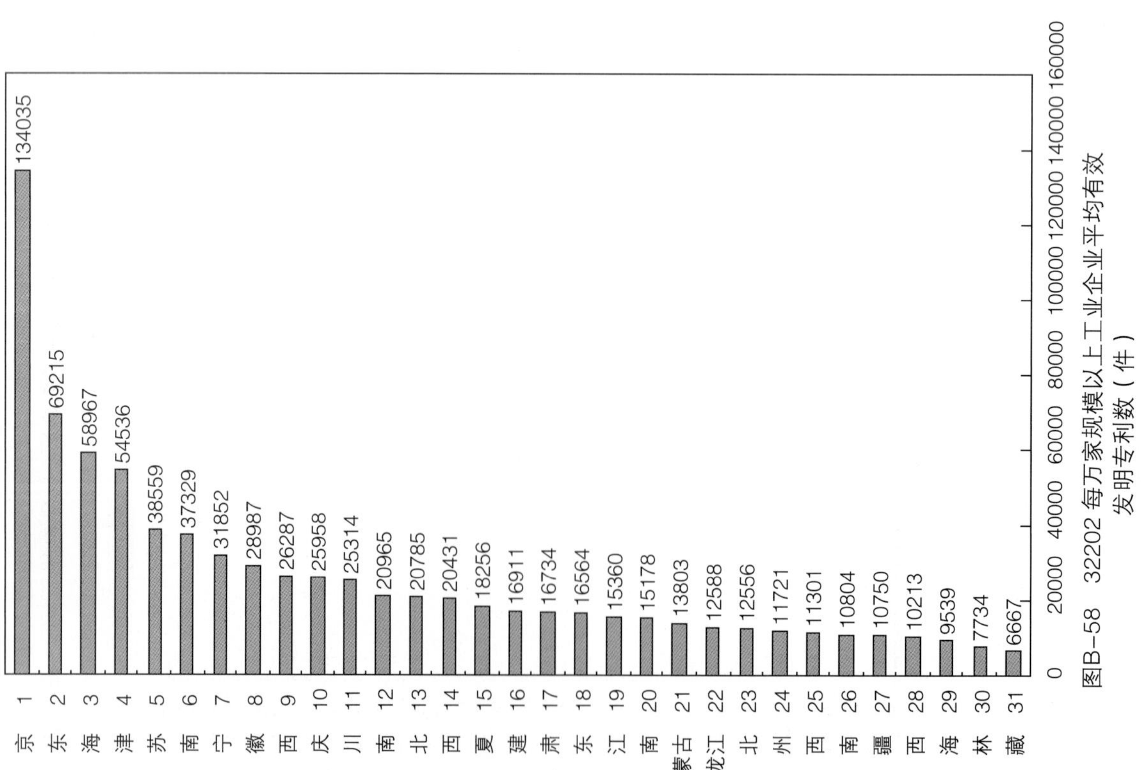

图B-58　32202 每万家规模以上工业企业平均有效发明专利数（件）

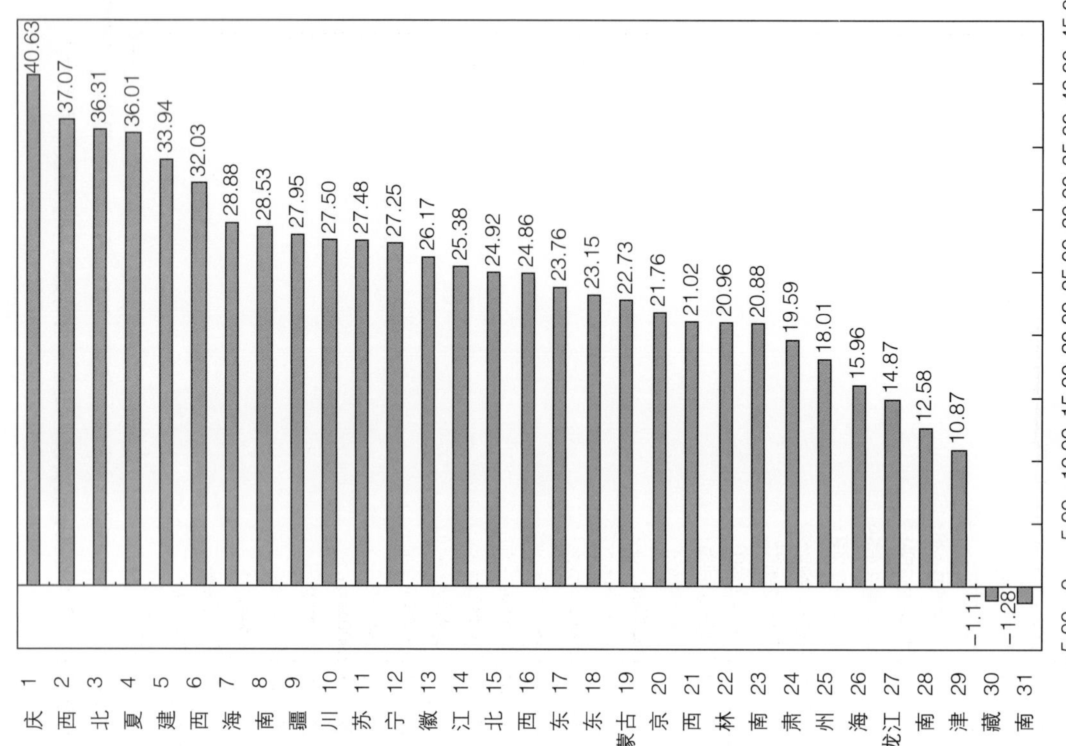

图B-59　32203 规模以上工业企业有效发明专利增长率（%）

图B-60 33101 规模以上工业企业研发经费外部支出（万元）

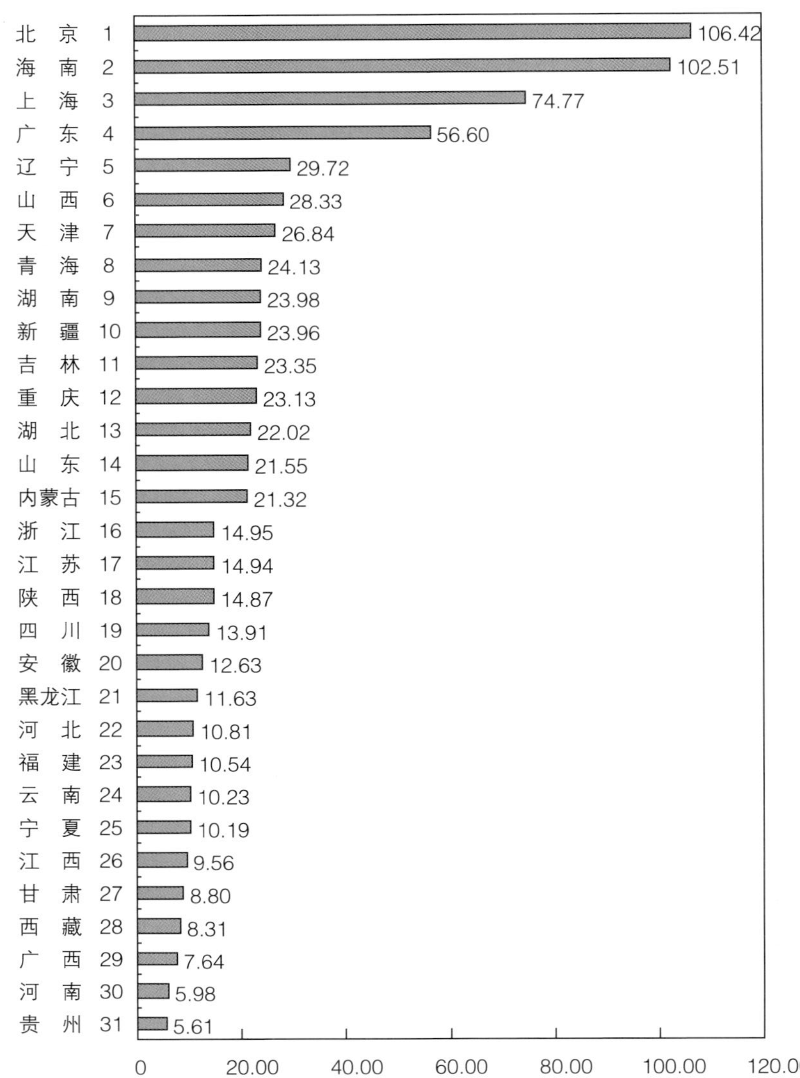

图B-61 33102 规模以上工业企业平均研发经费外部支出（万元）

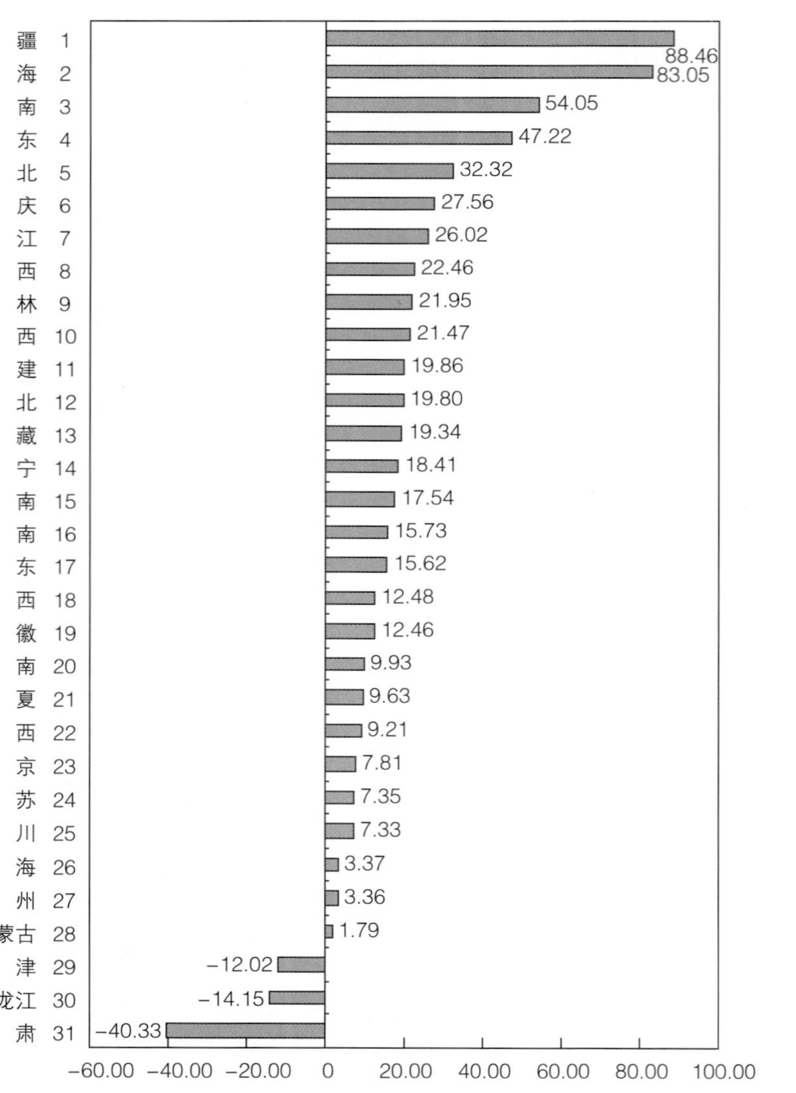

图B-62 33103 规模以上工业企业研发经费外部支出增长率（%）

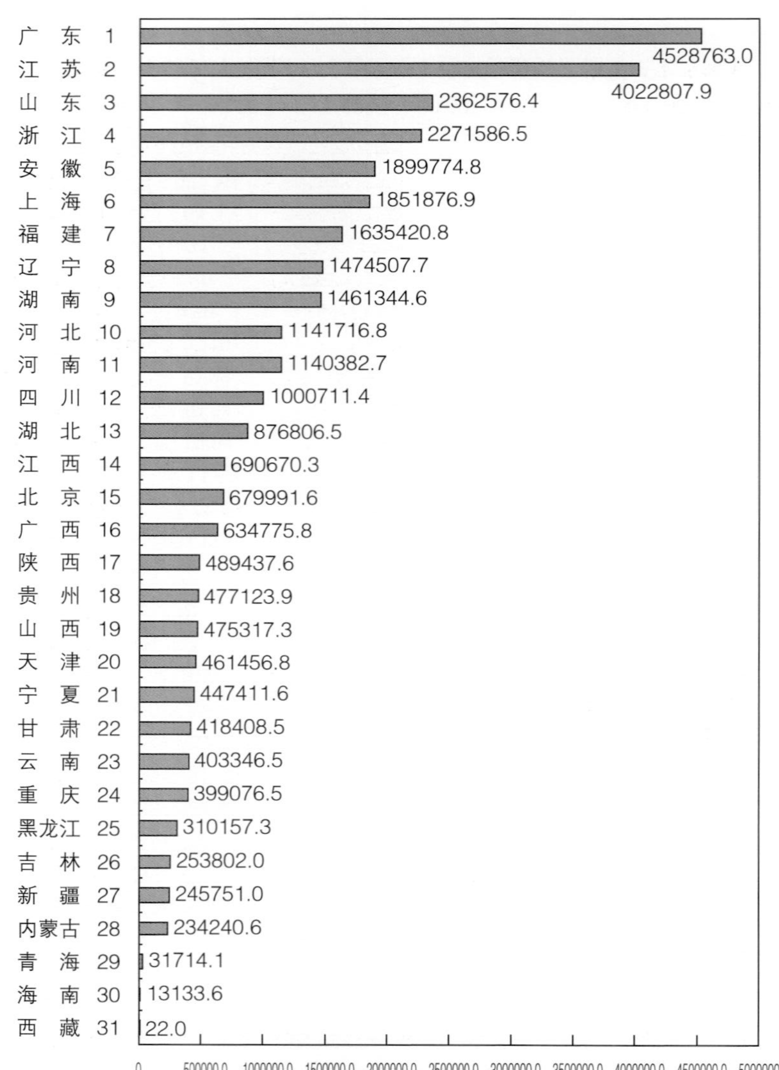

图B-63 33201 规模以上工业企业技术改造经费支出（万元）

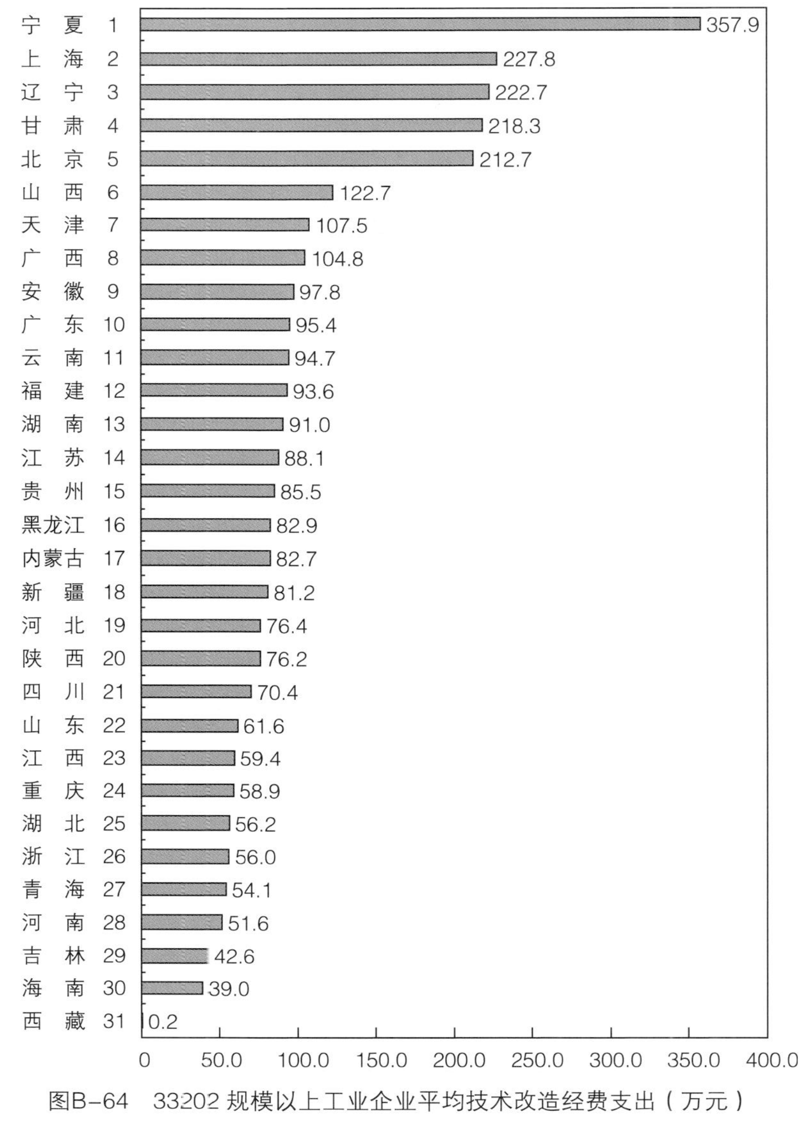

图B-64 33202 规模以上工业企业平均技术改造经费支出（万元）

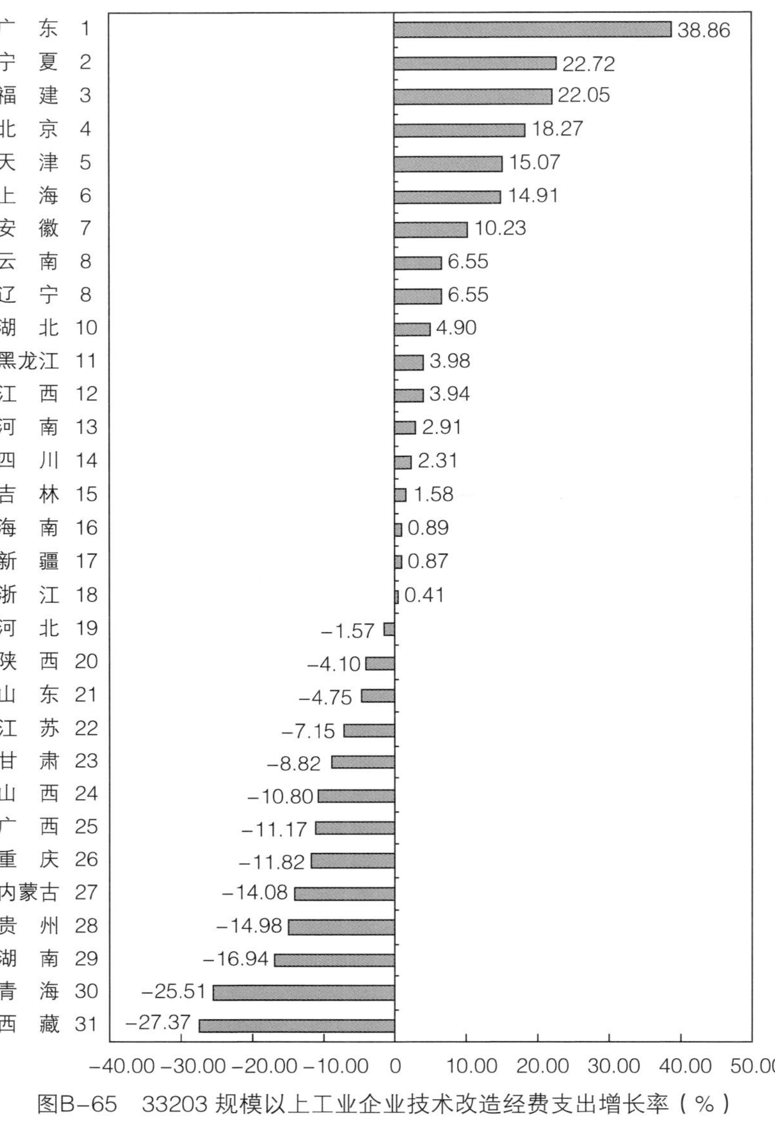

图B-65 33203 规模以上工业企业技术改造经费支出增长率（%）

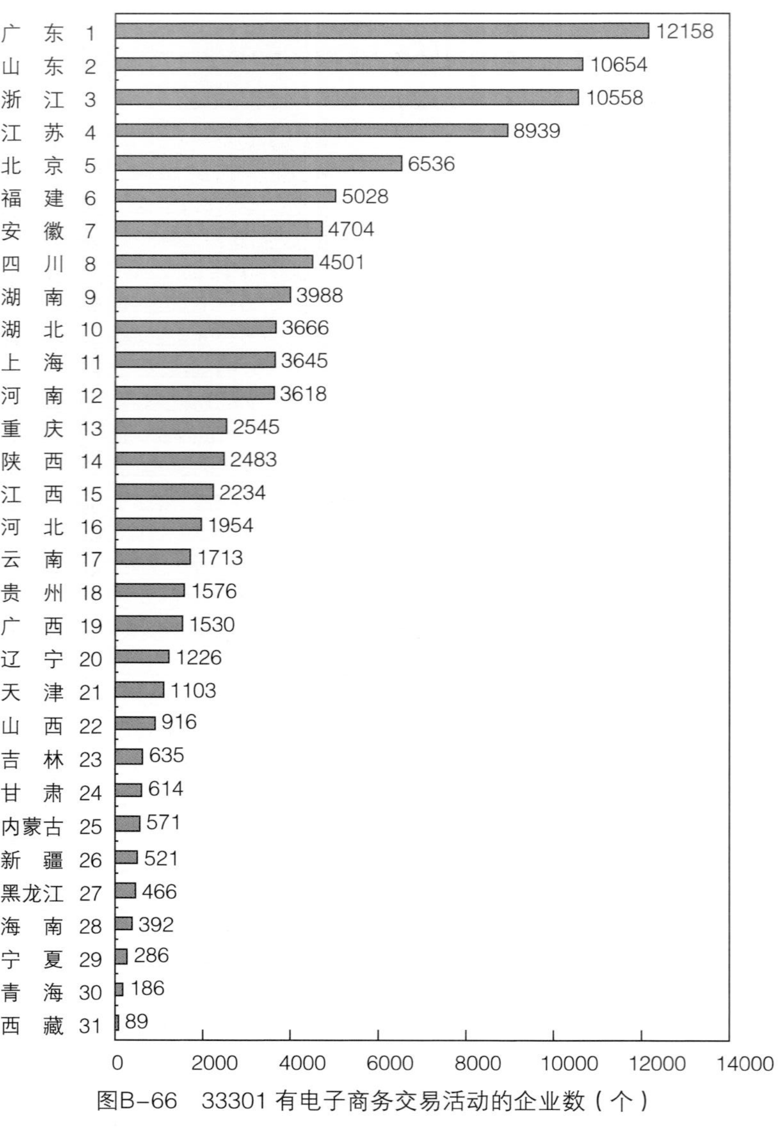

图B-66 33301 有电子商务交易活动的企业数（个）

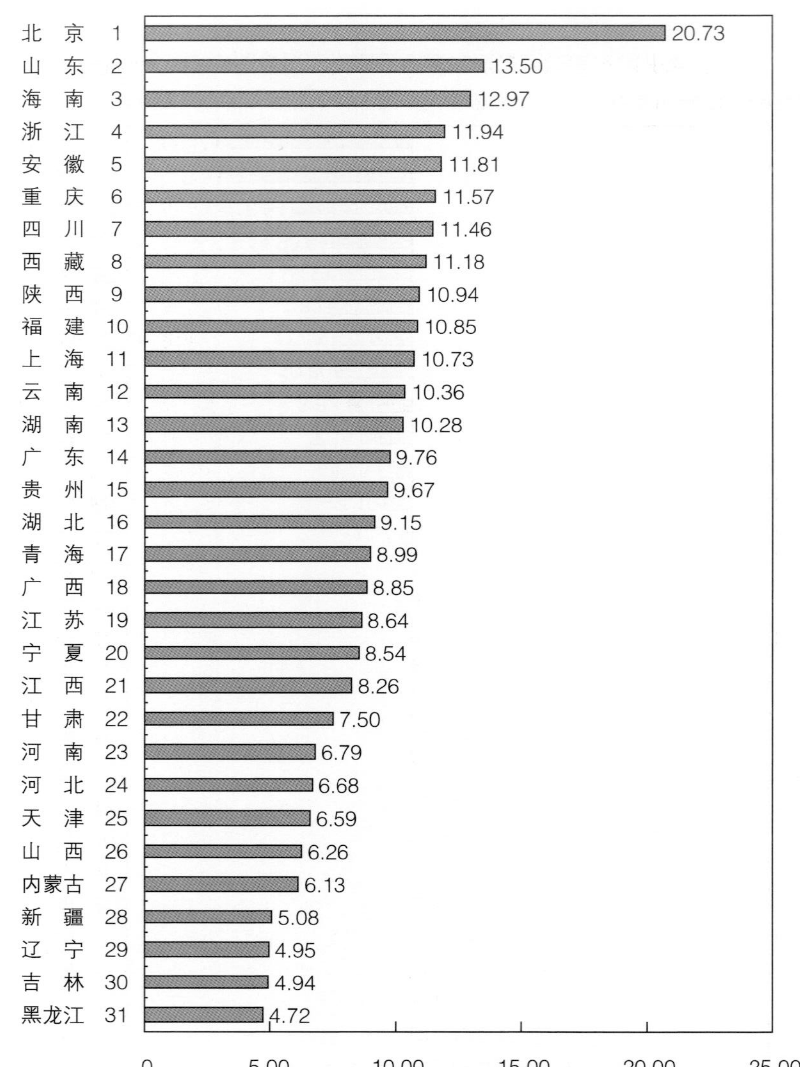

图B-67 33302 有电子商务交易活动的企业数占总企业数的比例（%）

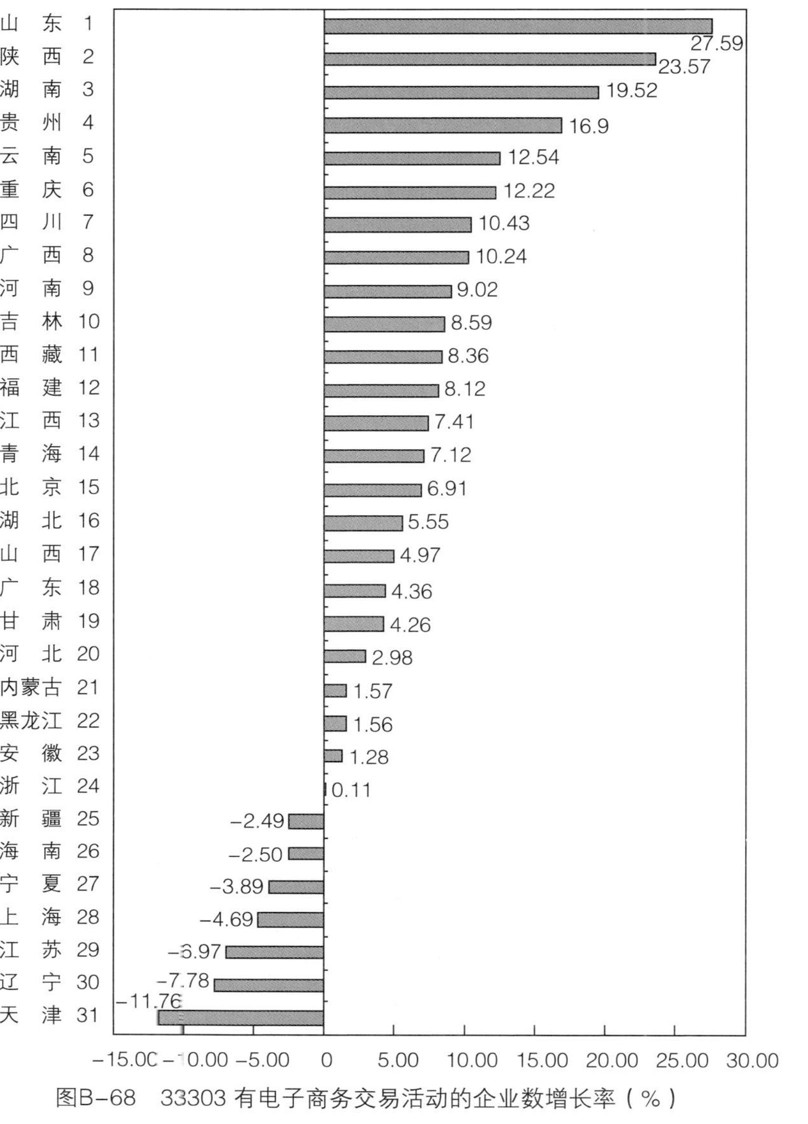

图B-68　33303 有电子商务交易活动的企业数增长率（%）

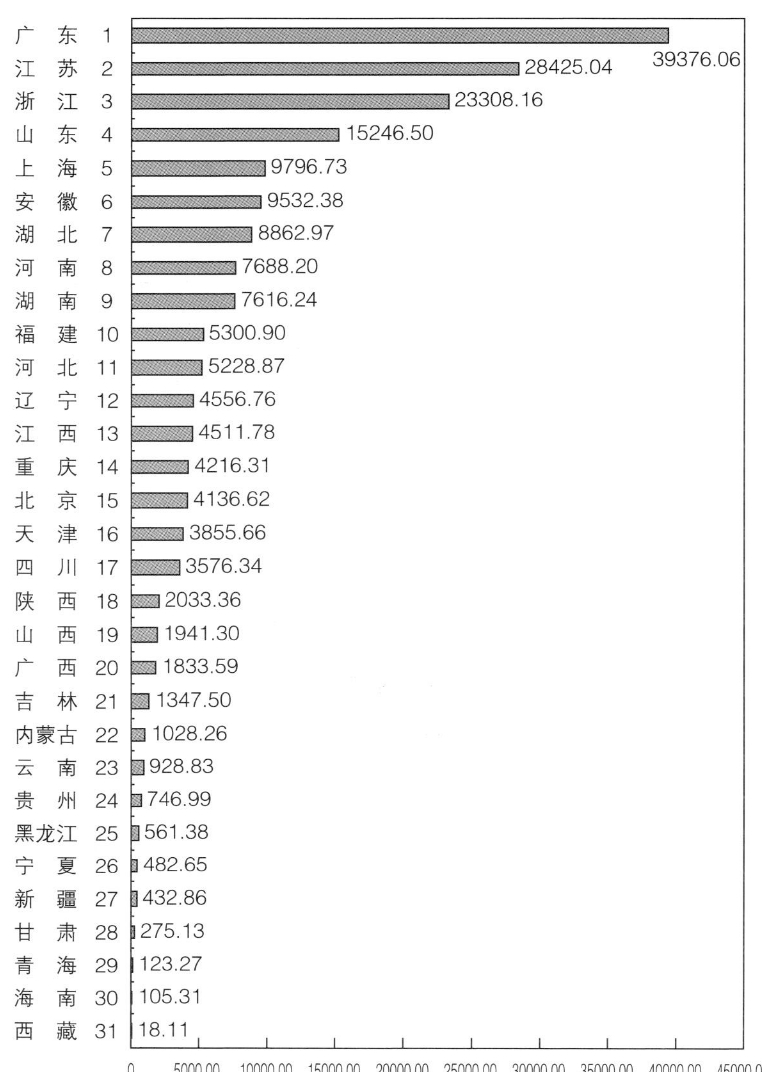

图B-69　34001 规模以上工业企业新产品销售收入（亿元）

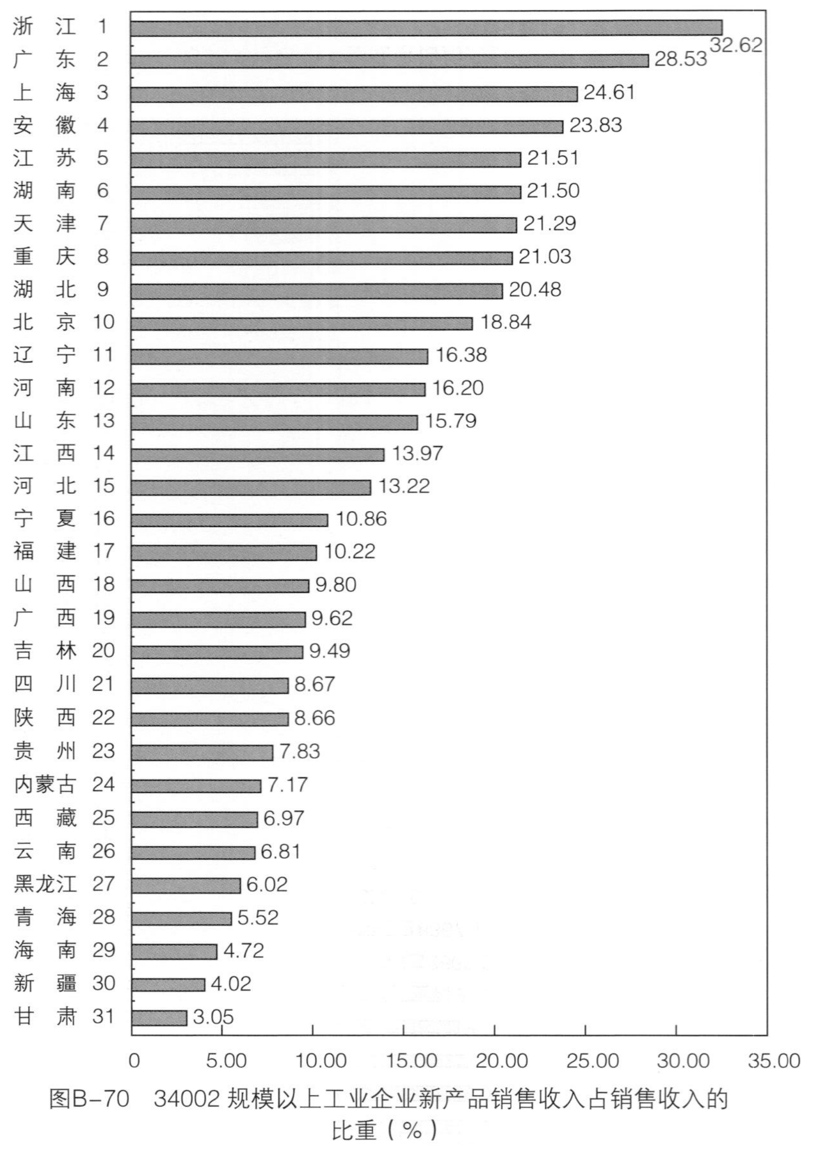

图B-70　34002 规模以上工业企业新产品销售收入占销售收入的比重（%）

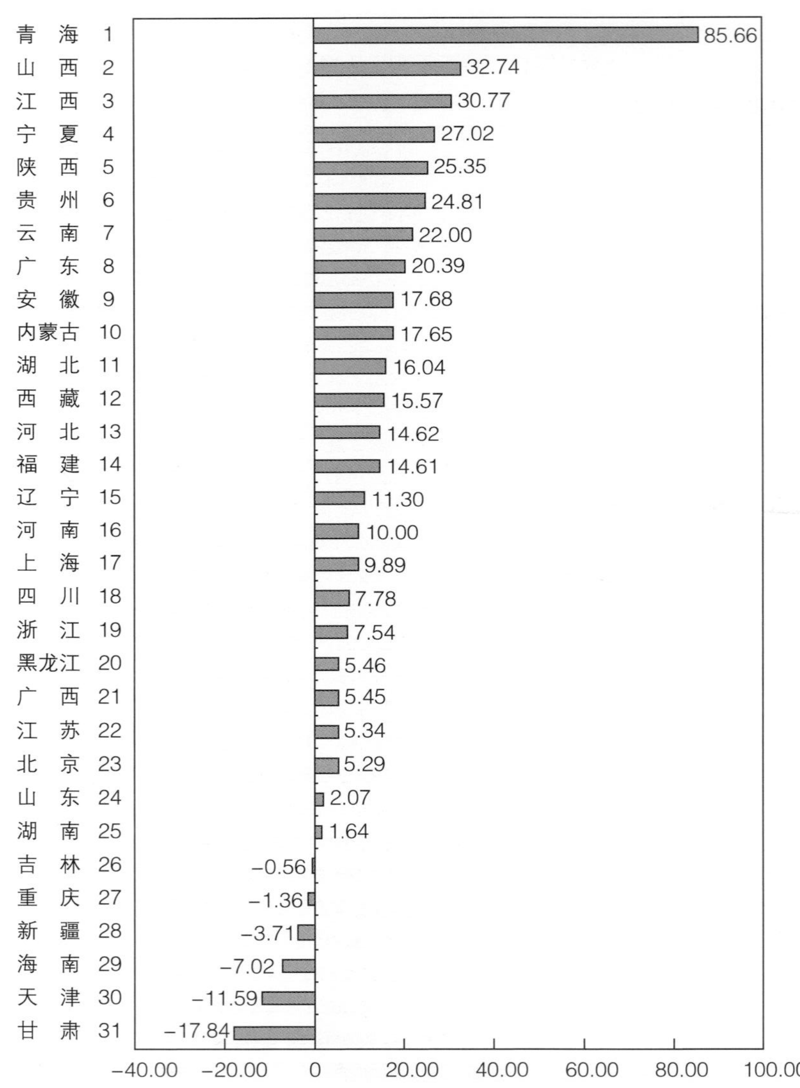

图B-71　34003 规模以上工业企业新产品销售收入增长率（%）

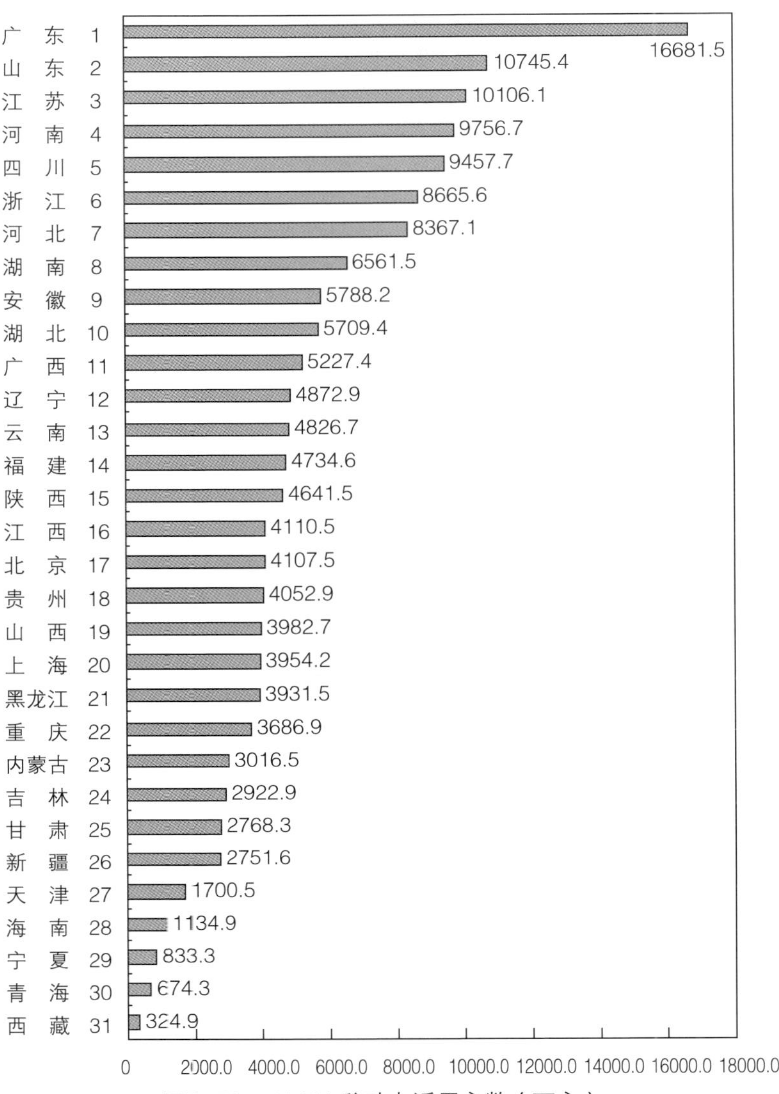

图B-72 41111 移动电话用户数（万户）

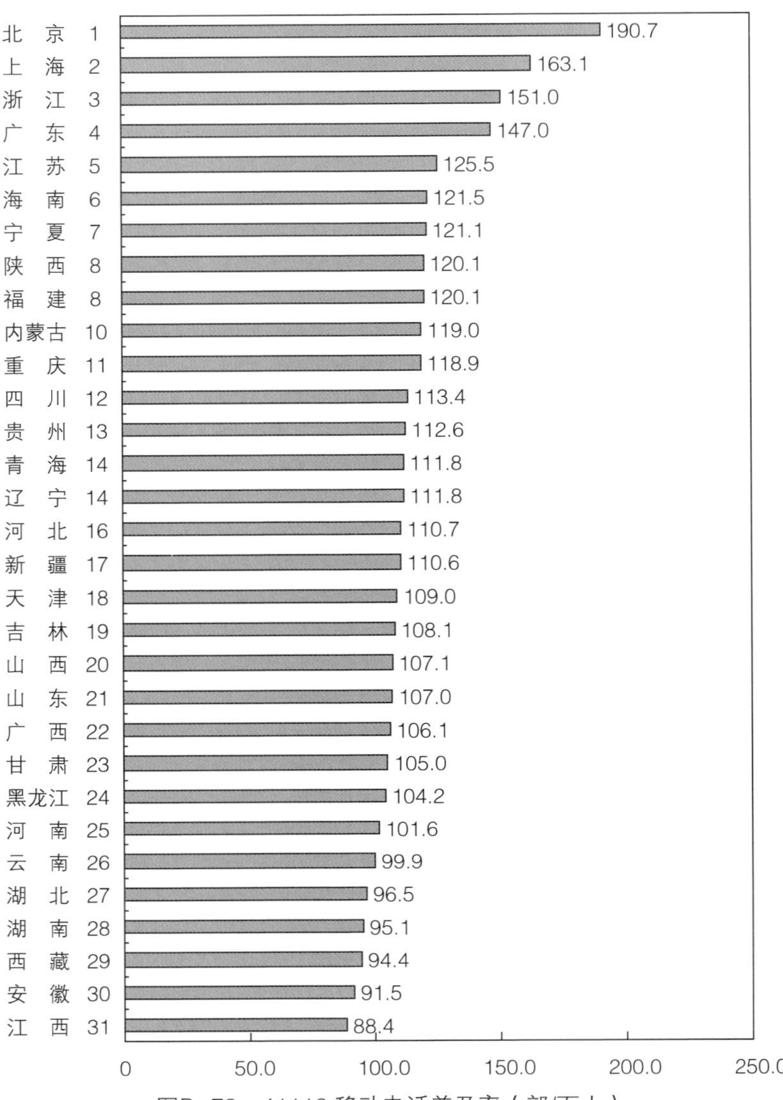

图B-73 41112 移动电话普及率（部/百人）

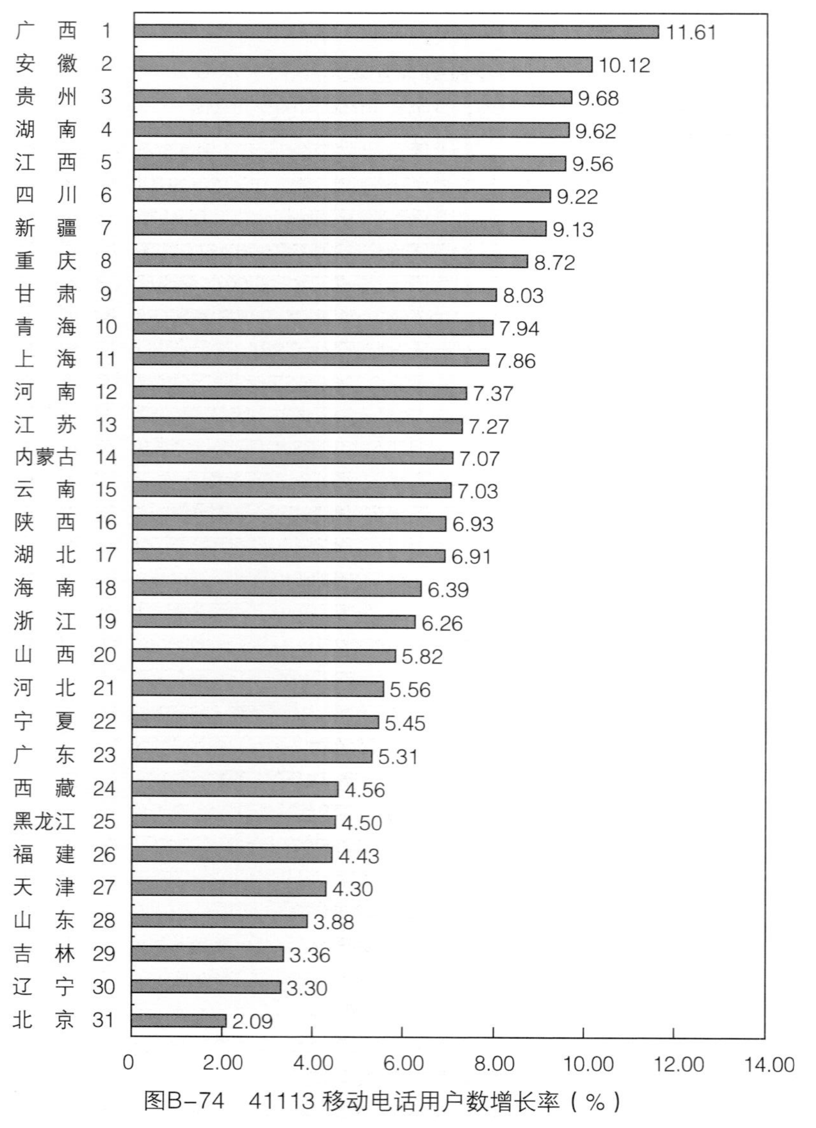

图B-74 41113 移动电话用户数增长率（%）

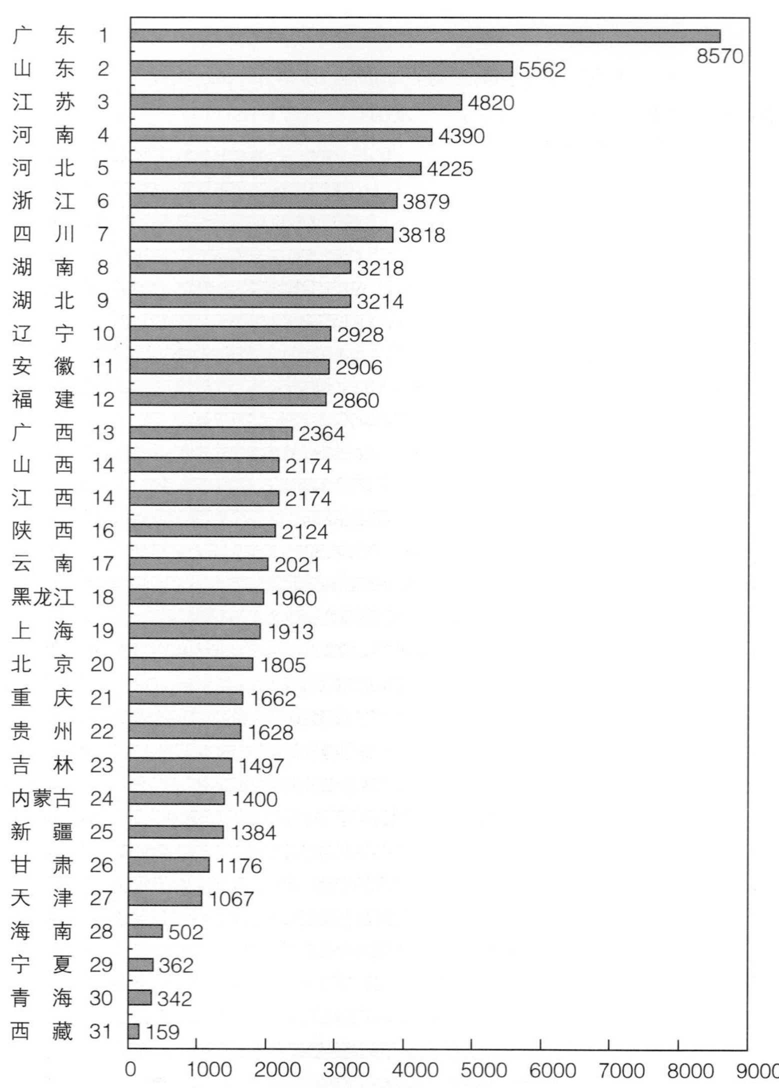

图B-75 41121 互联网上网人数（万人）

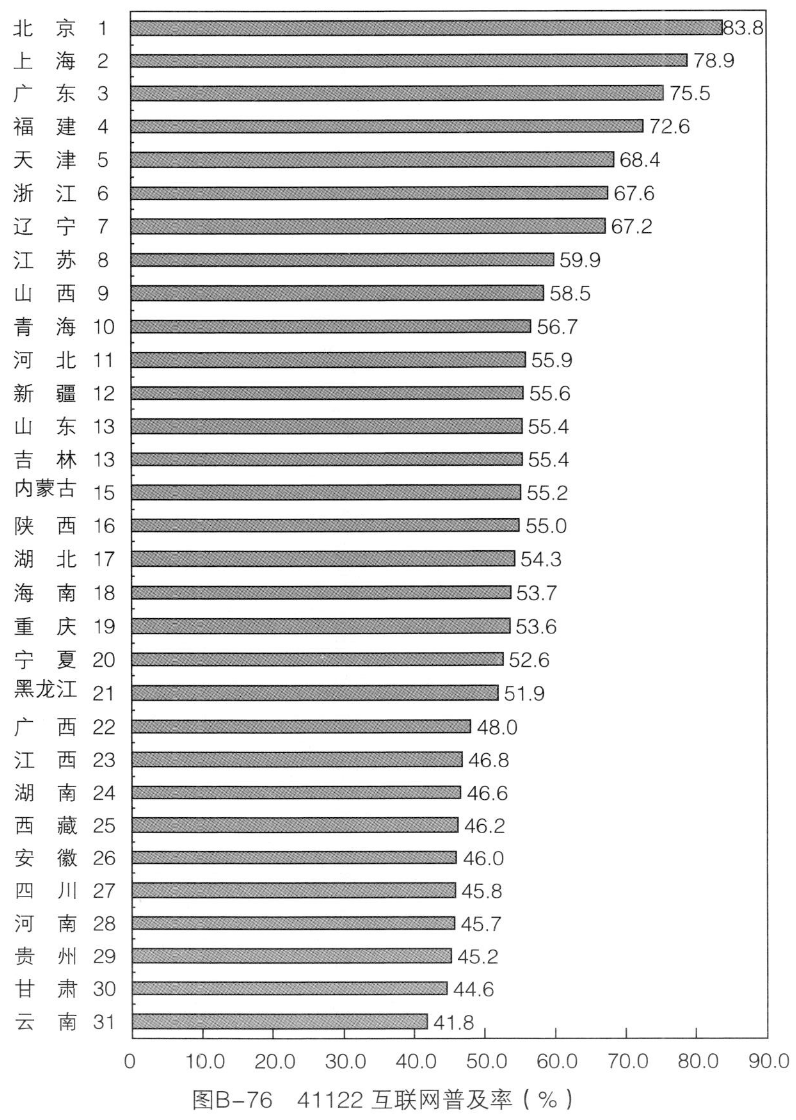

图B-76 41122 互联网普及率（%）

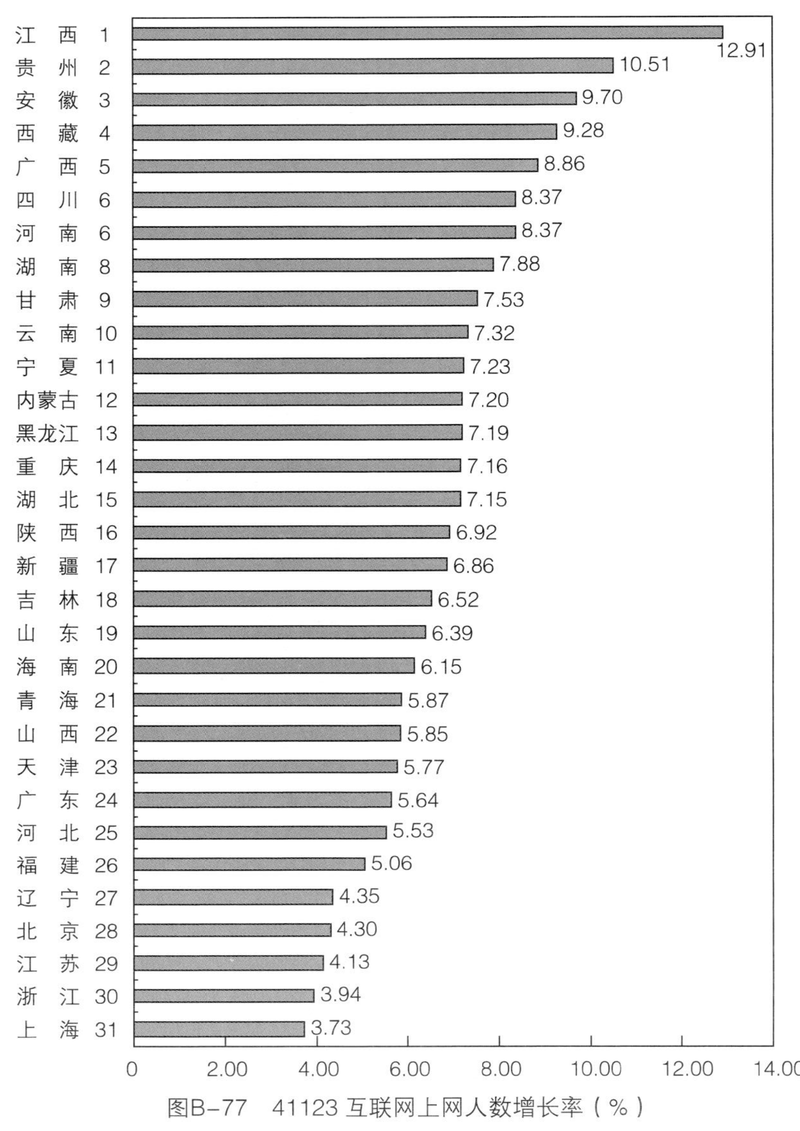

图B-77 41123 互联网上网人数增长率（%）

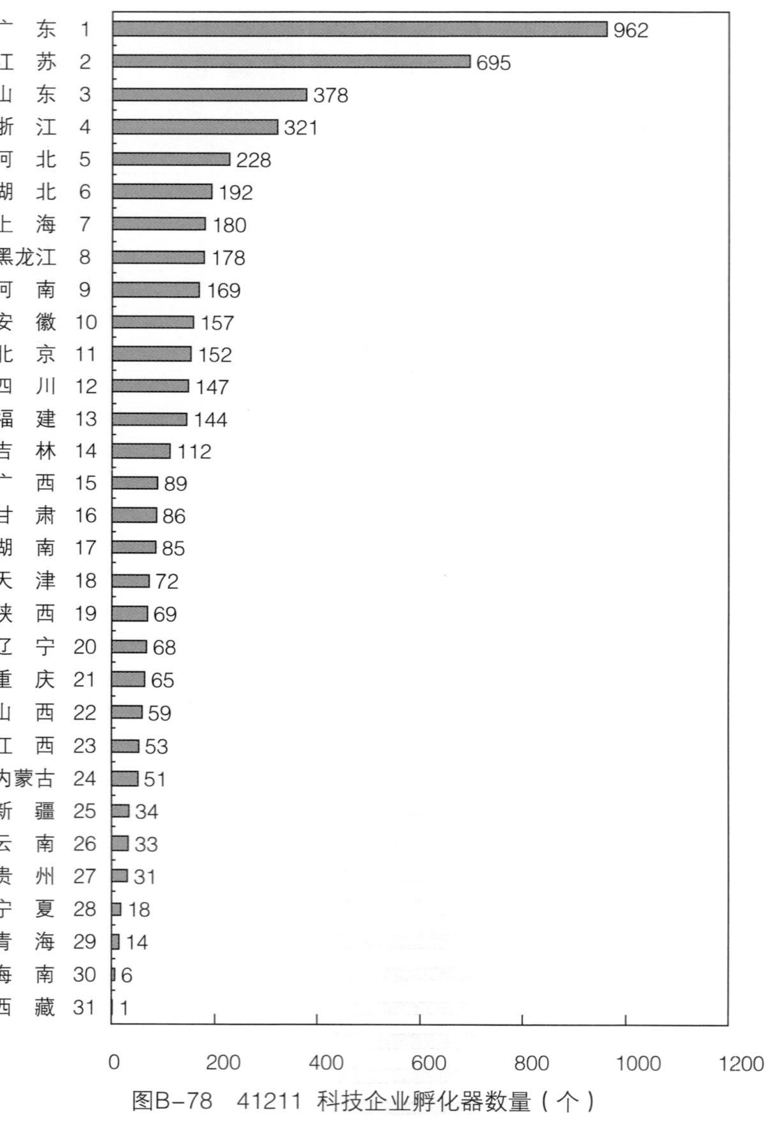

图B-78 41211 科技企业孵化器数量（个）

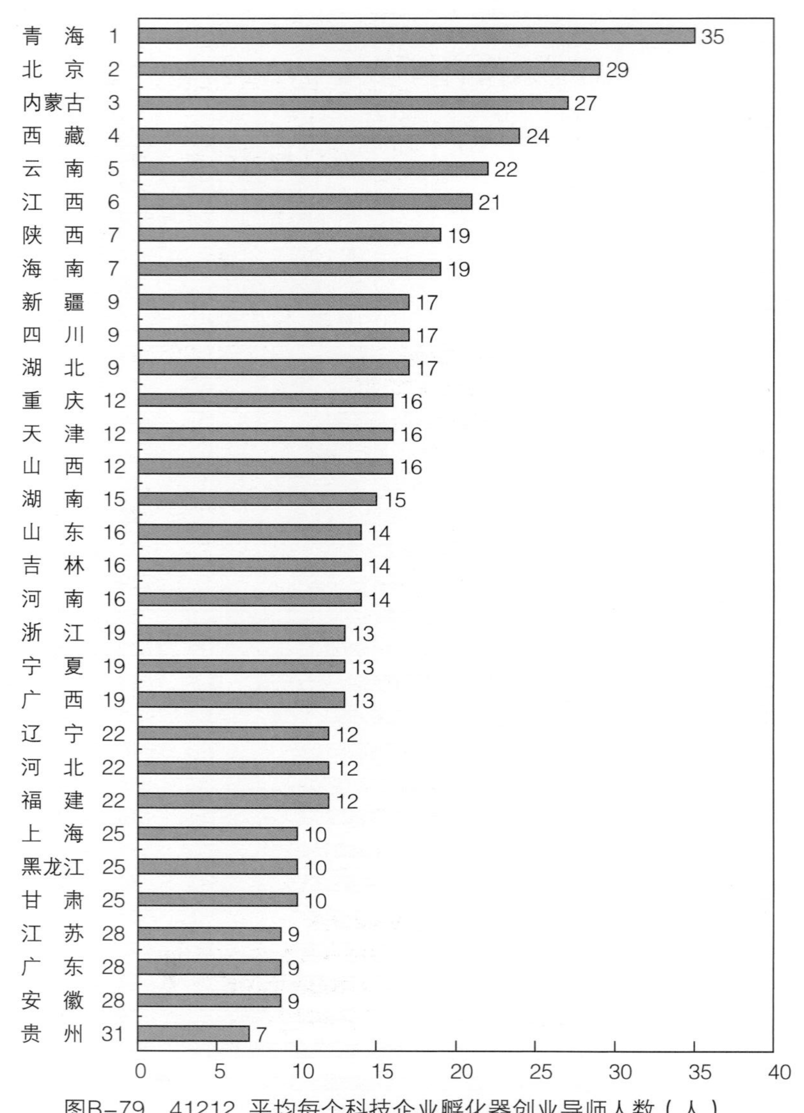

图B-79 41212 平均每个科技企业孵化器创业导师人数（人）

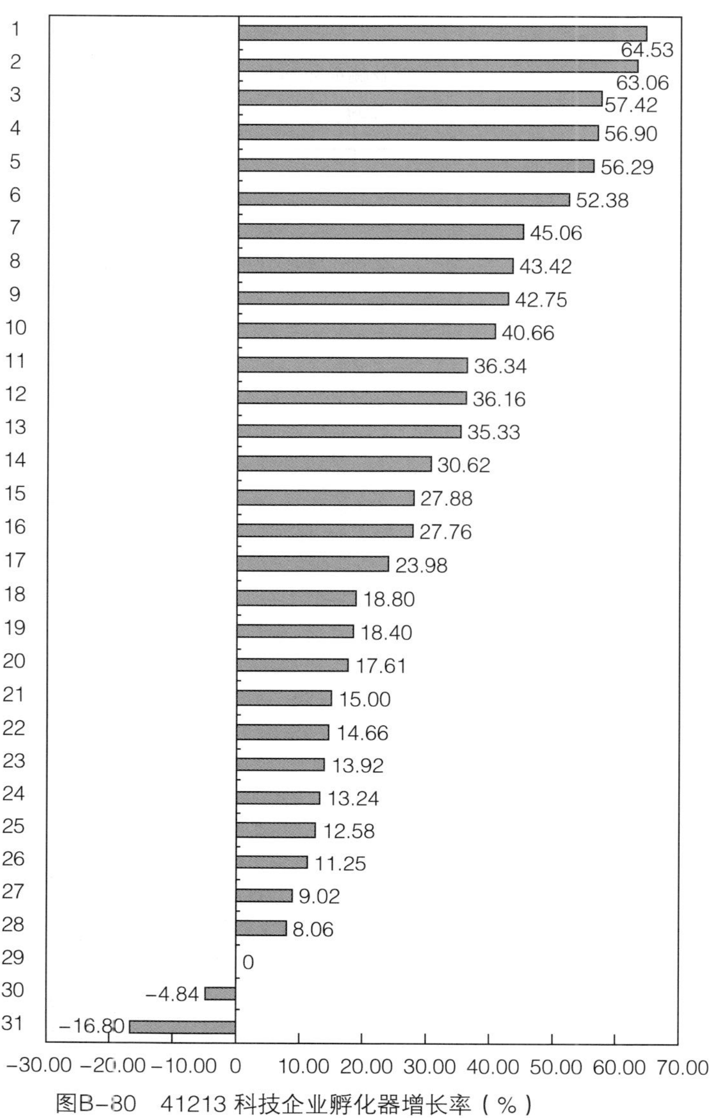

图B-80 41213 科技企业孵化器增长率（%）

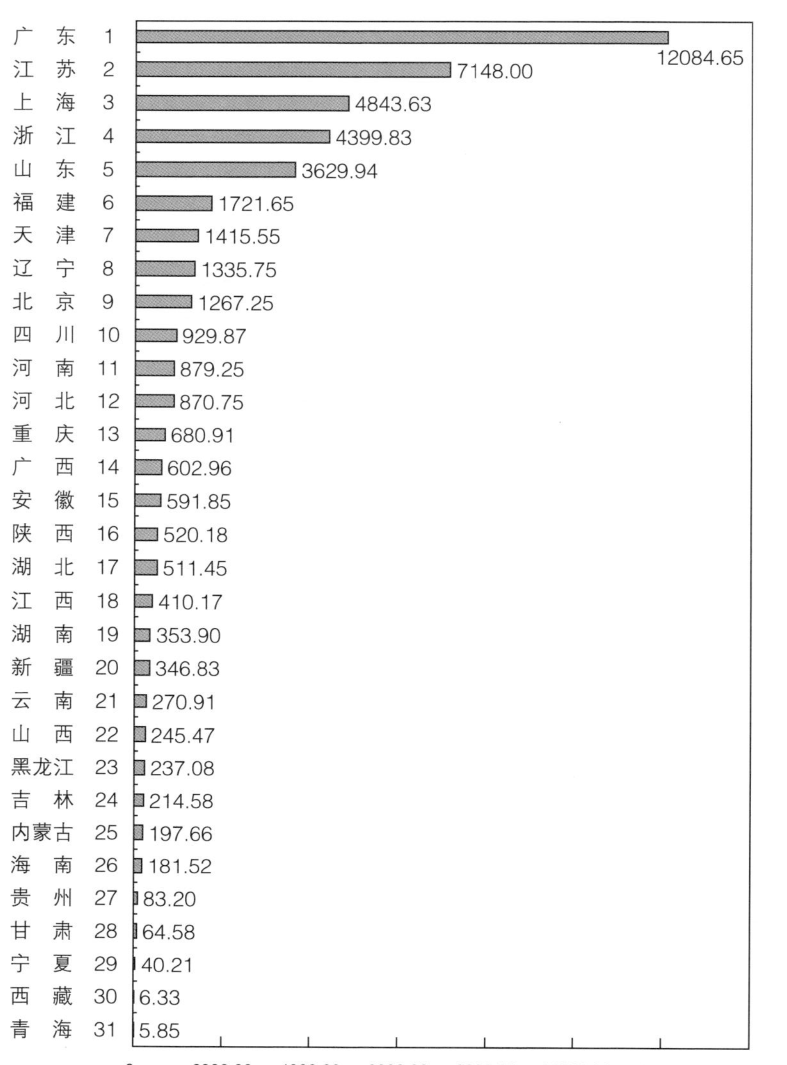

图B-81 42101 按目的地和货源地划分进出口总额（亿美元）

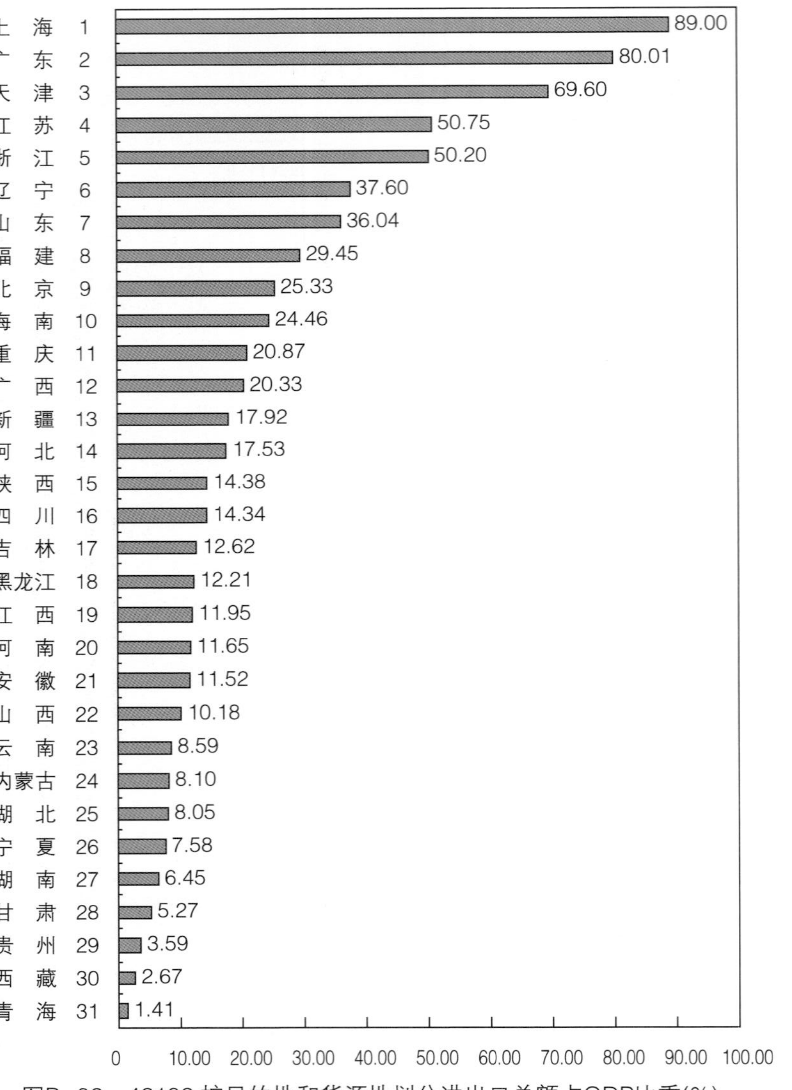

图B-82 42102 按目的地和货源地划分进出口总额占GDP比重(%)

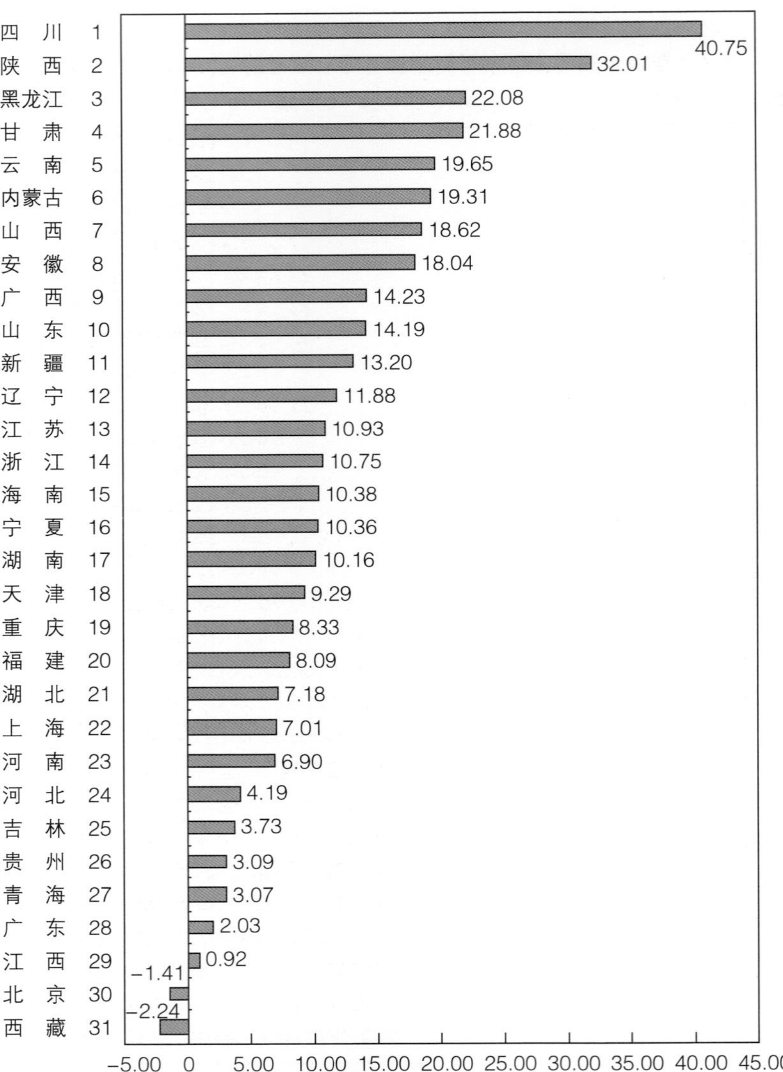

图B-83 42103 按目的地和货源地划分进出口总额增长率（%）

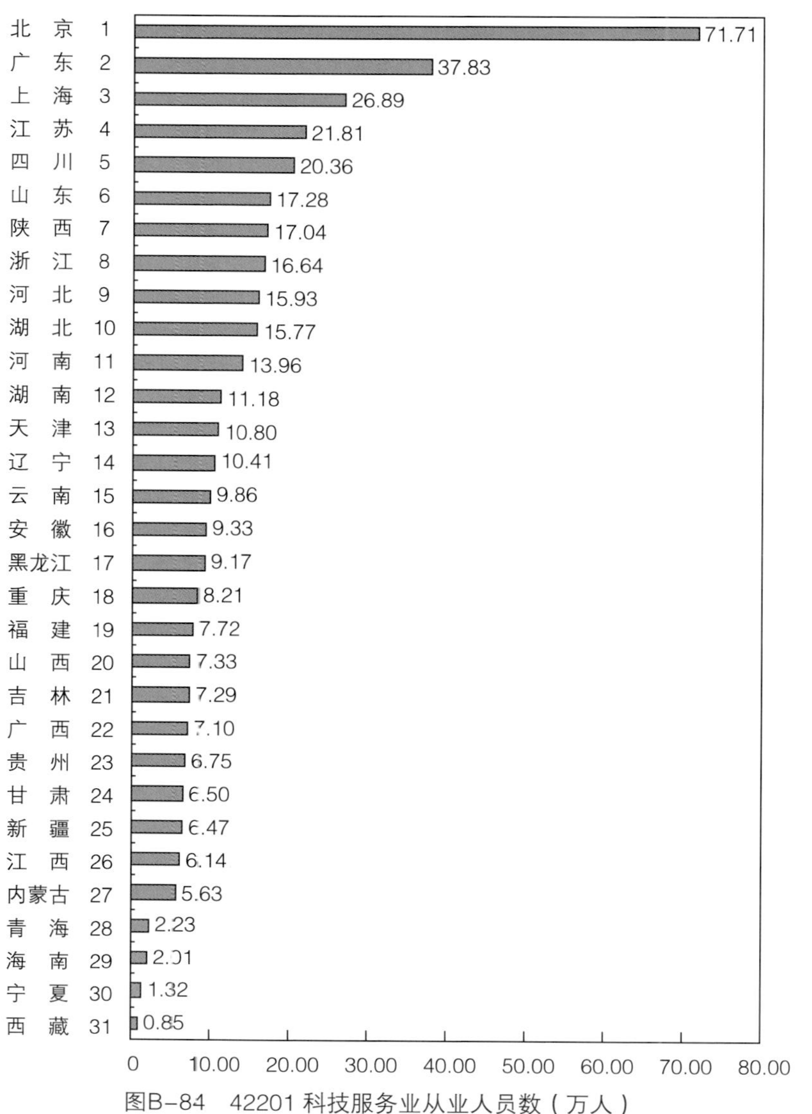

图B-84 42201 科技服务业从业人员数（万人）

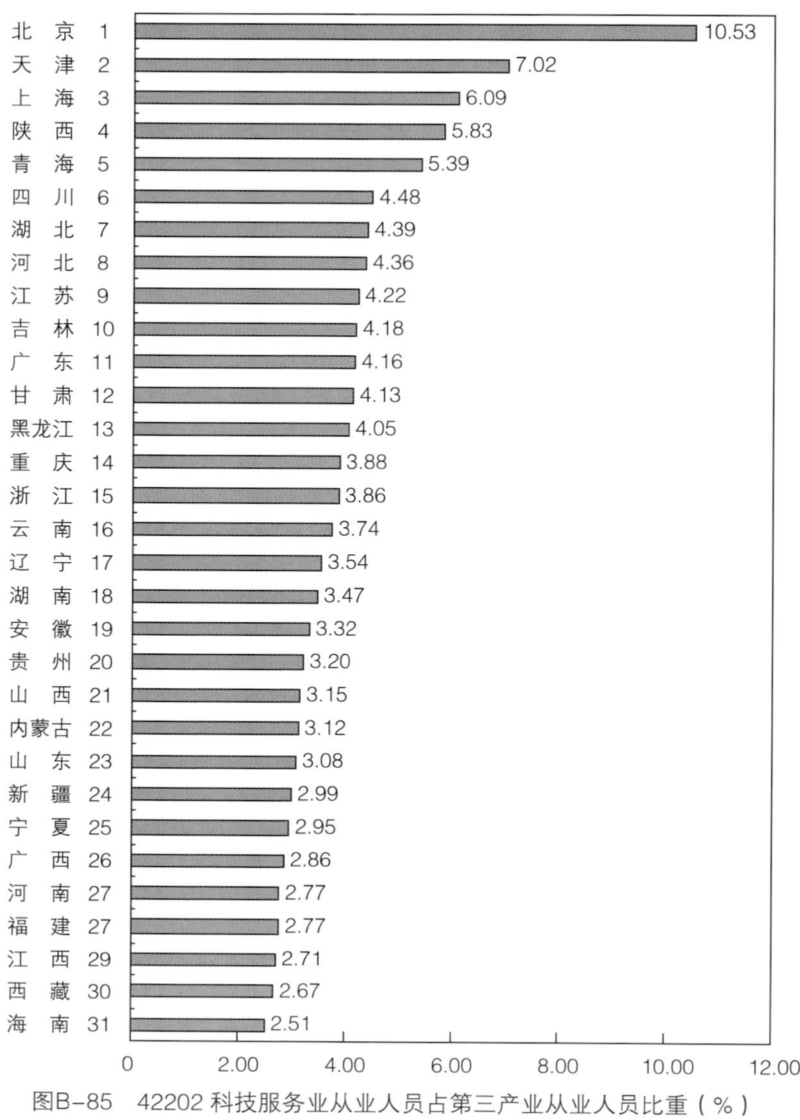

图B-85 42202 科技服务业从业人员占第三产业从业人员比重（%）

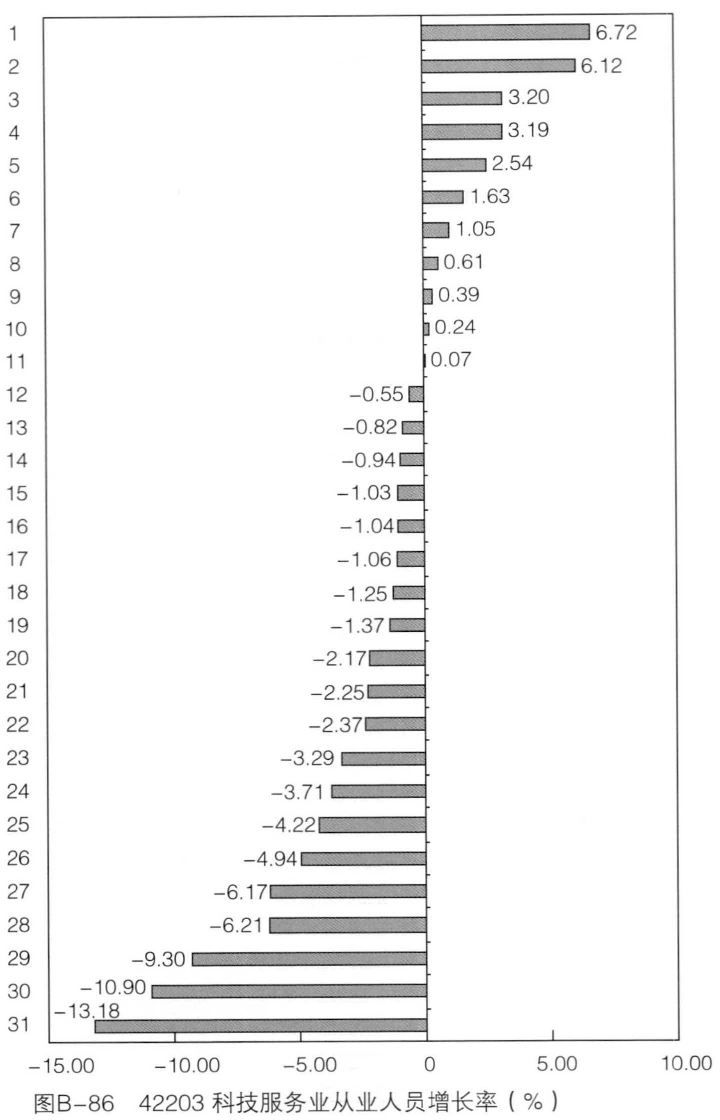

图B-86 42203 科技服务业从业人员增长率（%）

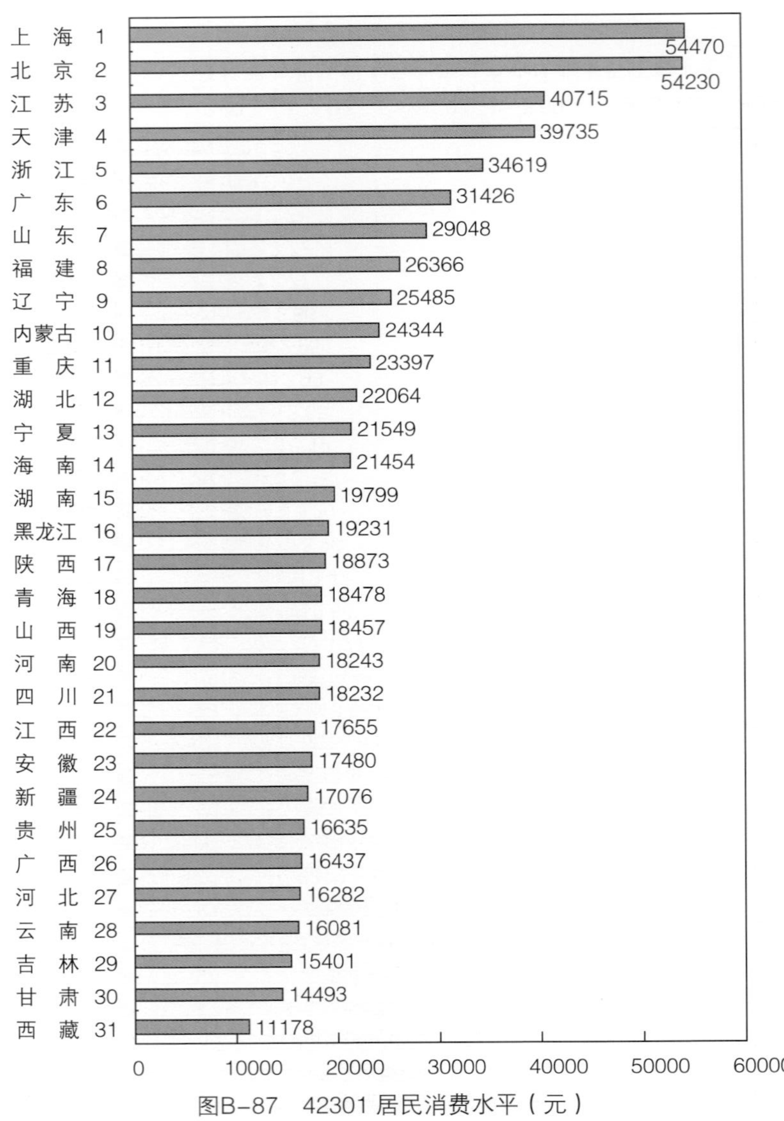

图B-87 42301 居民消费水平（元）

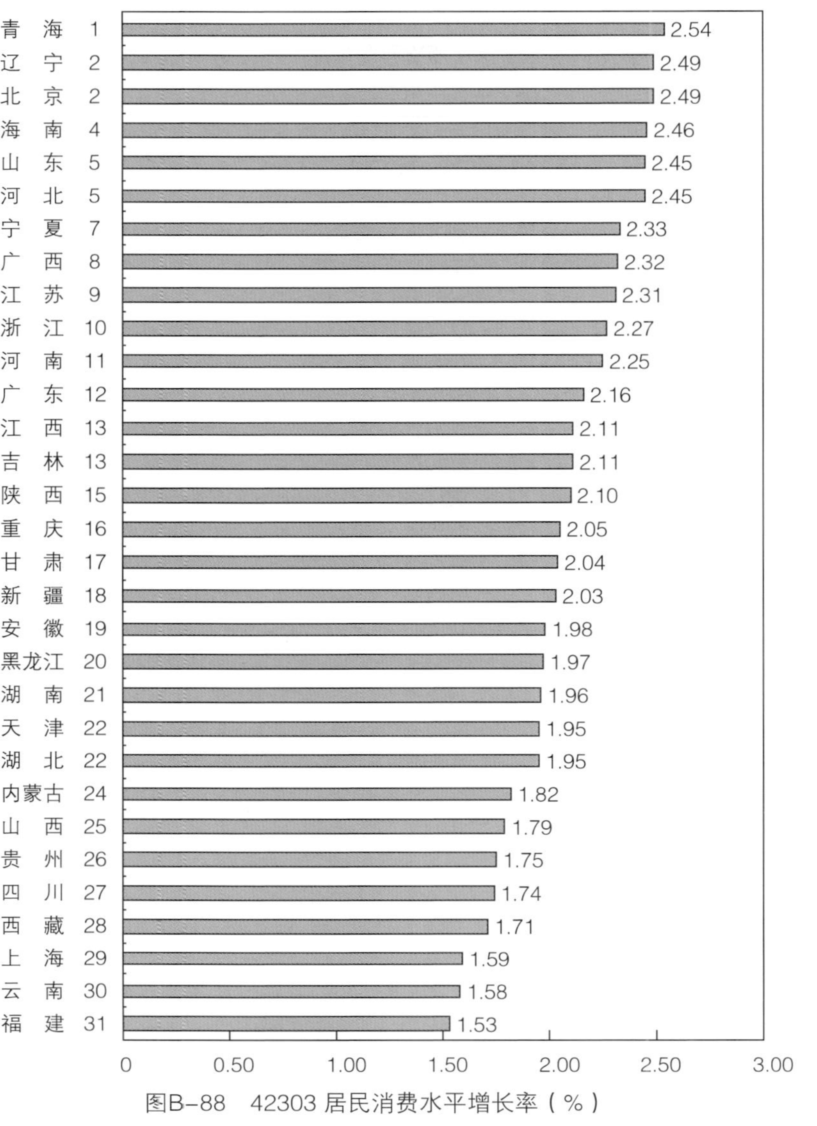

图B-88 42303 居民消费水平增长率（%）

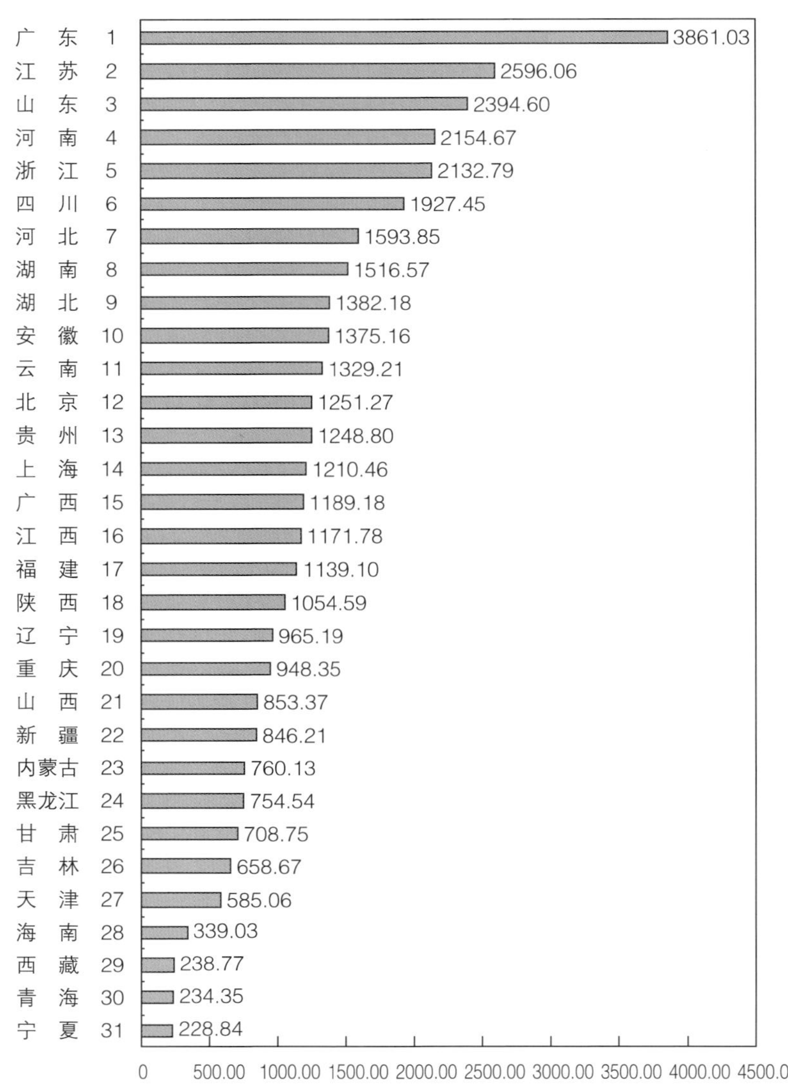

图B-89 43101 教育经费支出（亿元）

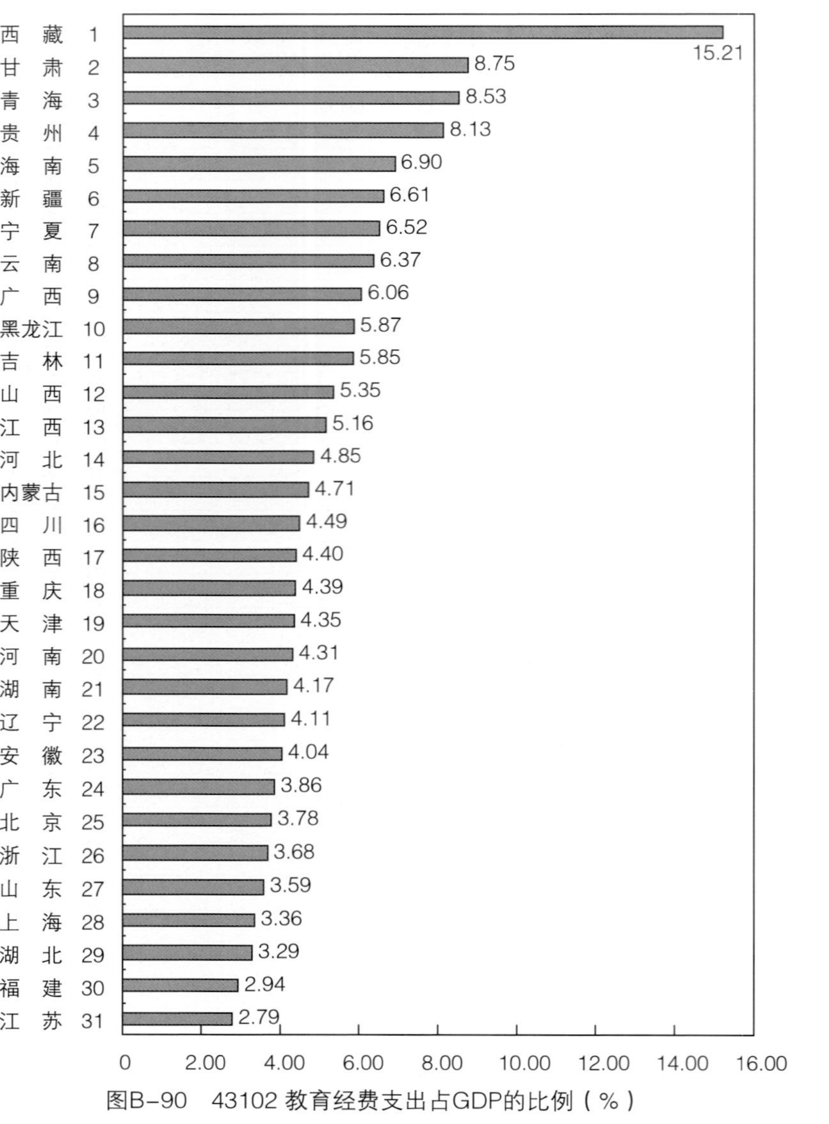

图B-90　43102 教育经费支出占GDP的比例（%）

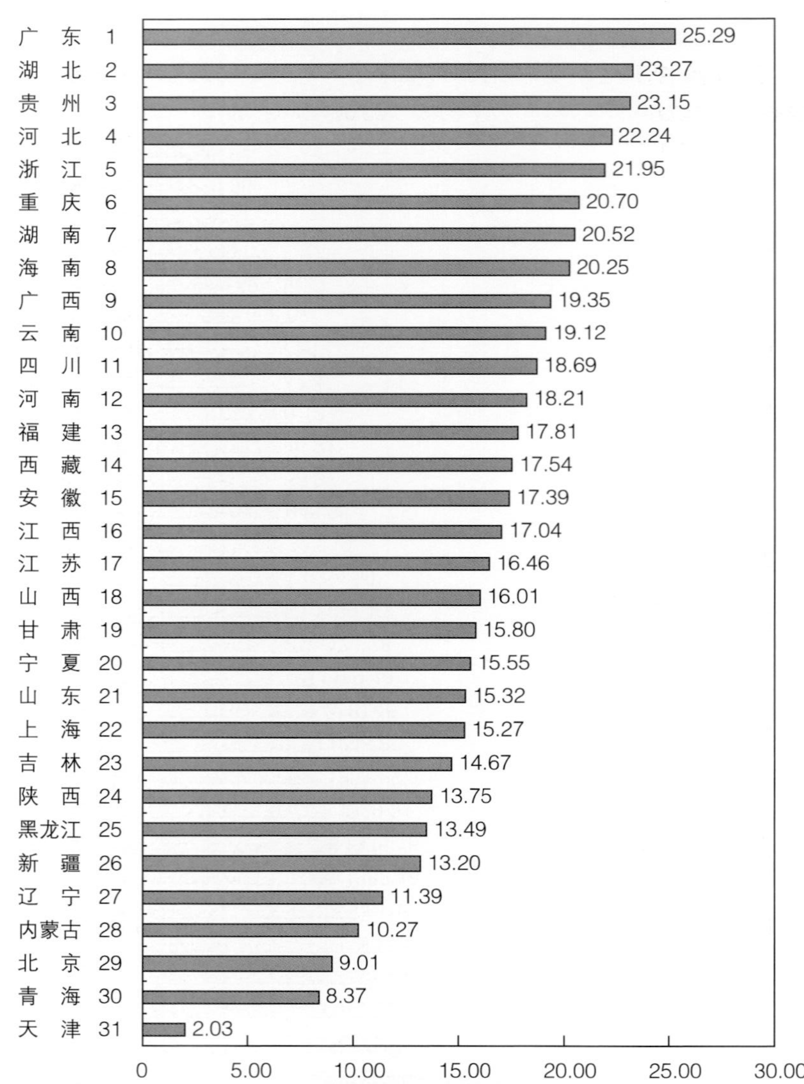

图B-91　43103 教育经费支出增长率（%）

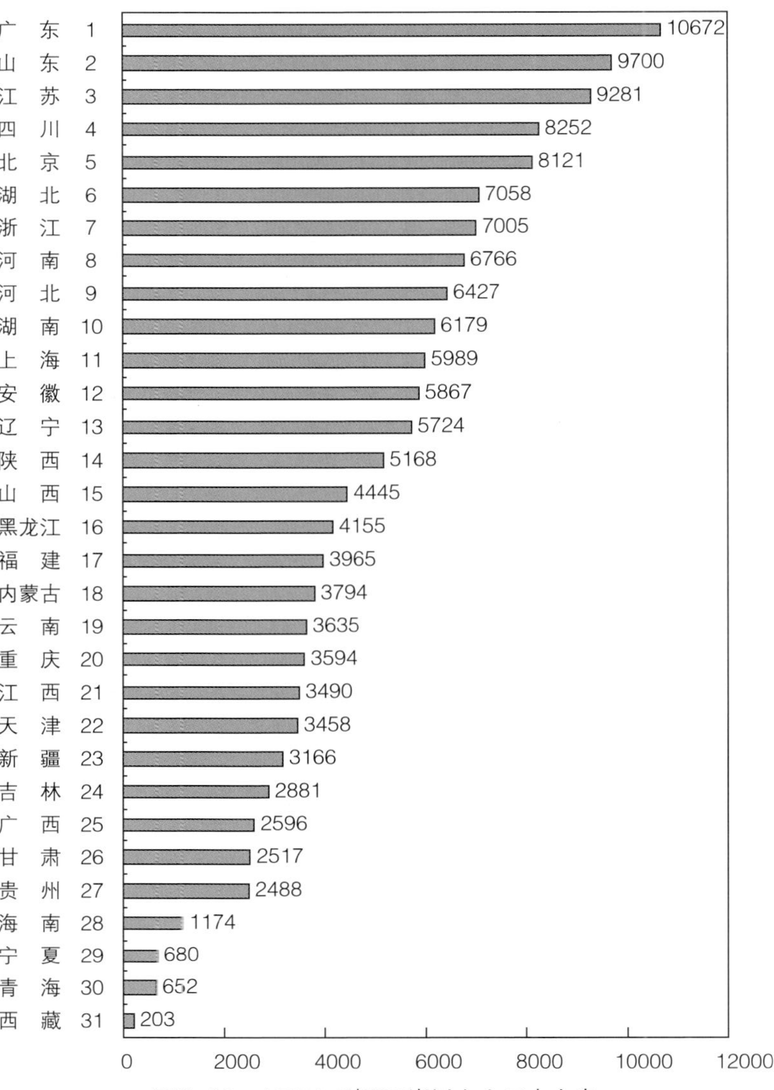

图B-92　43201 6岁及6岁以上人口中大专以上学历人口数（抽样数）（人）

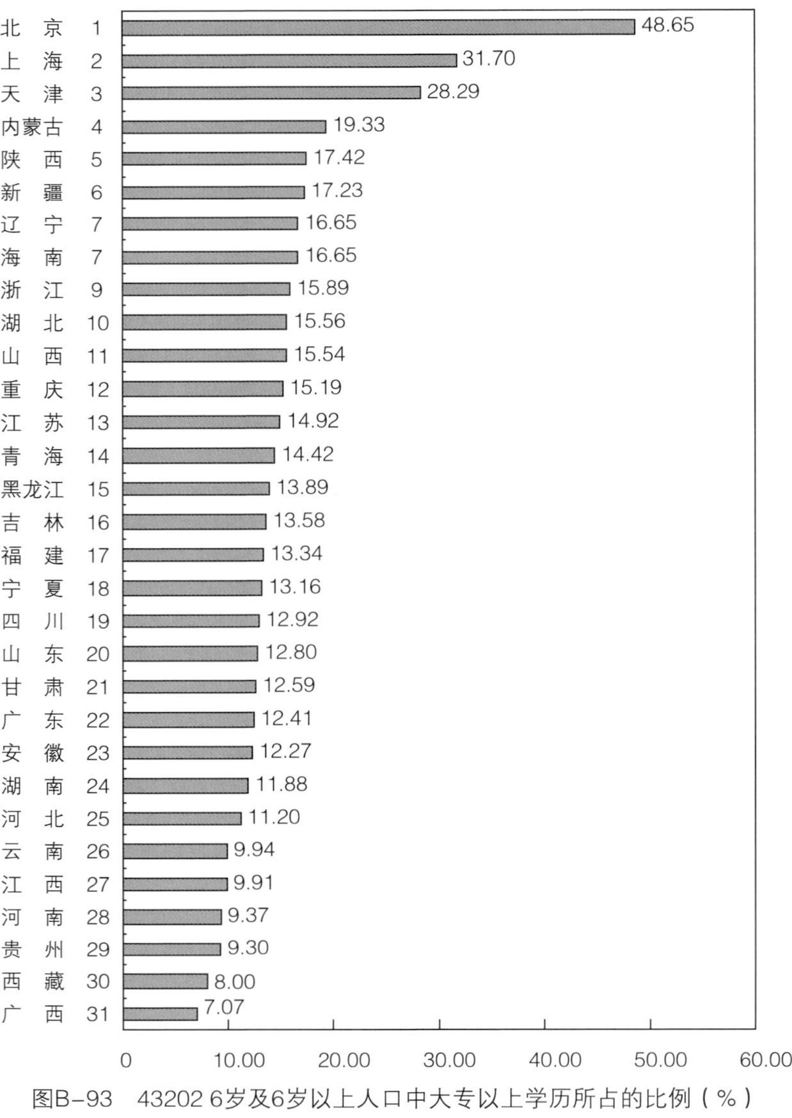

图B-93　43202 6岁及6岁以上人口中大专以上学历所占的比例（%）

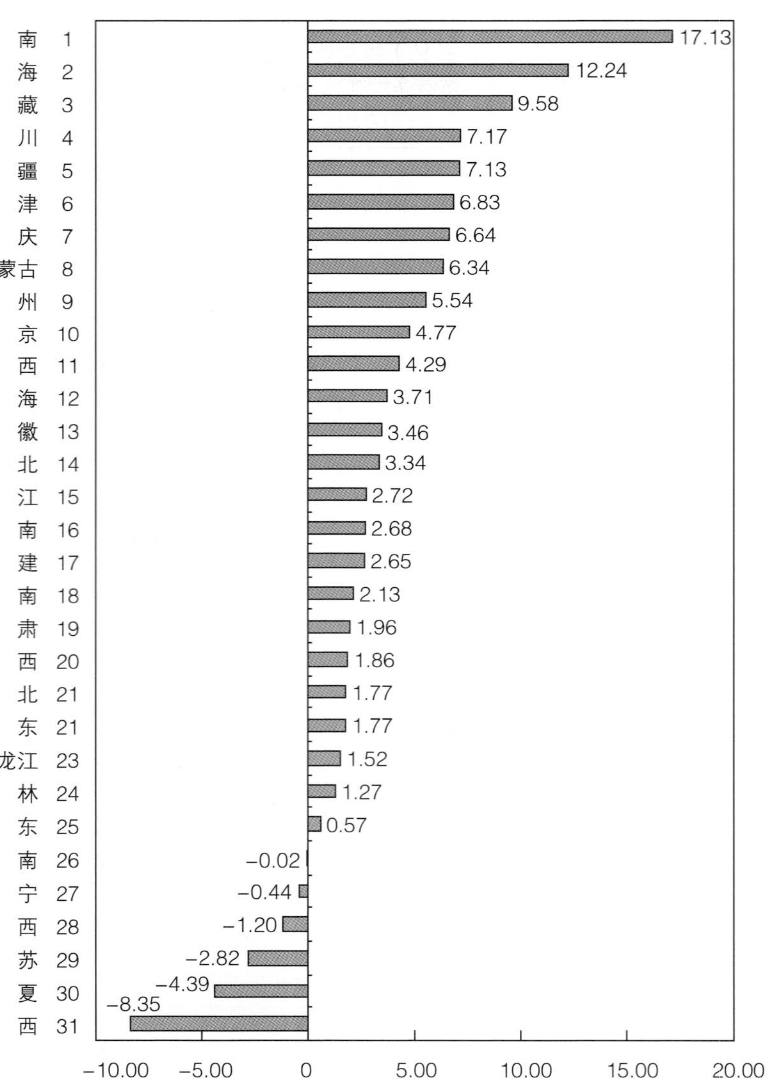

图B-94 43203 6岁及6岁以上人口中大专以上人口增长率（%）

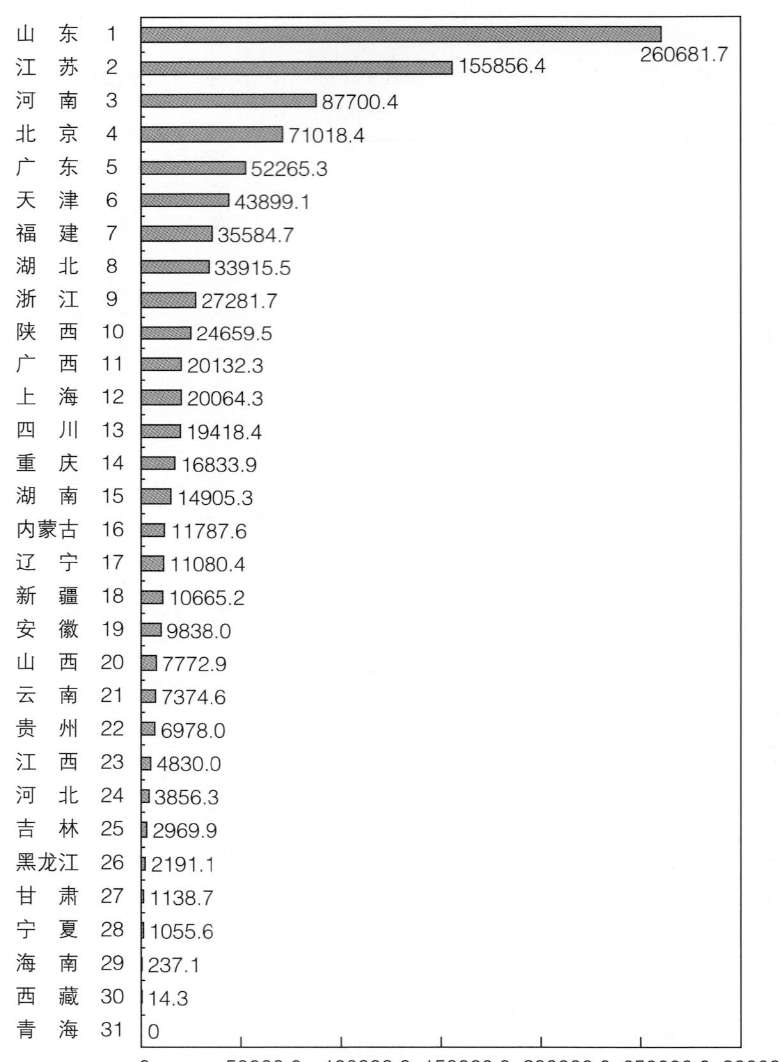

图B-95 44111 规模以上工业企业研发经费内部支出额中获得金融机构贷款额（万元）

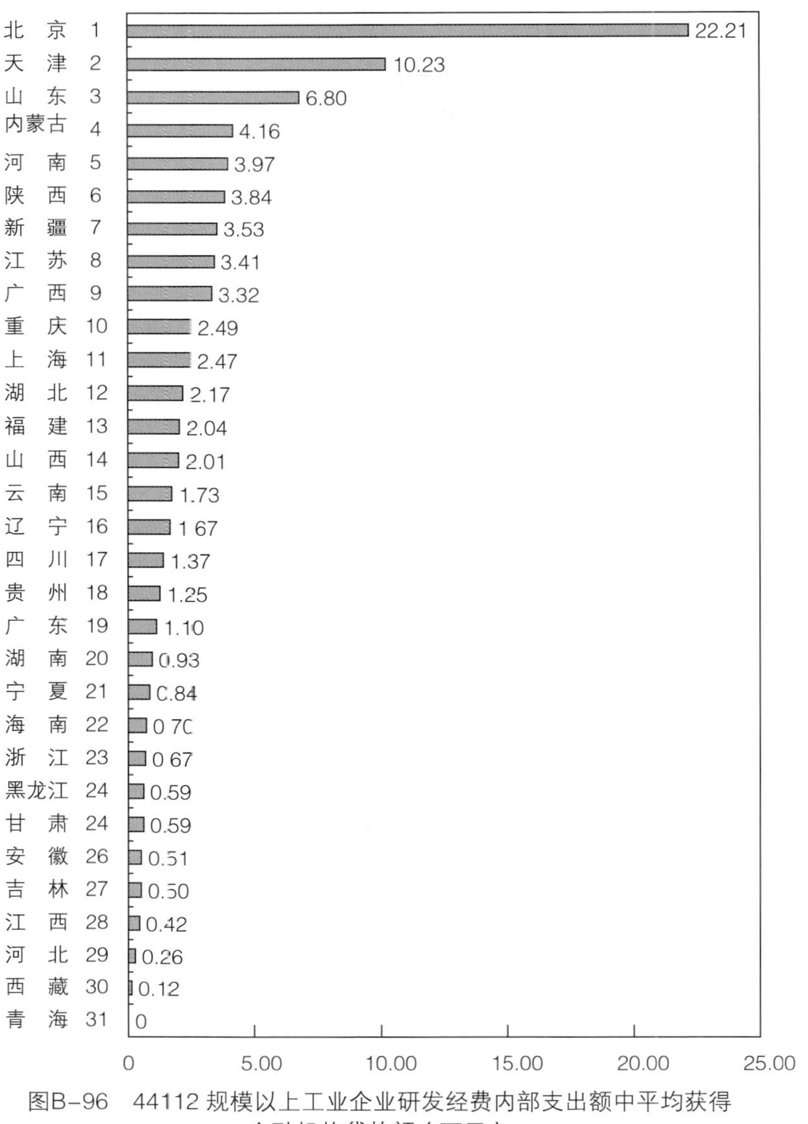

图B-96 44112 规模以上工业企业研发经费内部支出额中平均获得金融机构贷款额（万元）

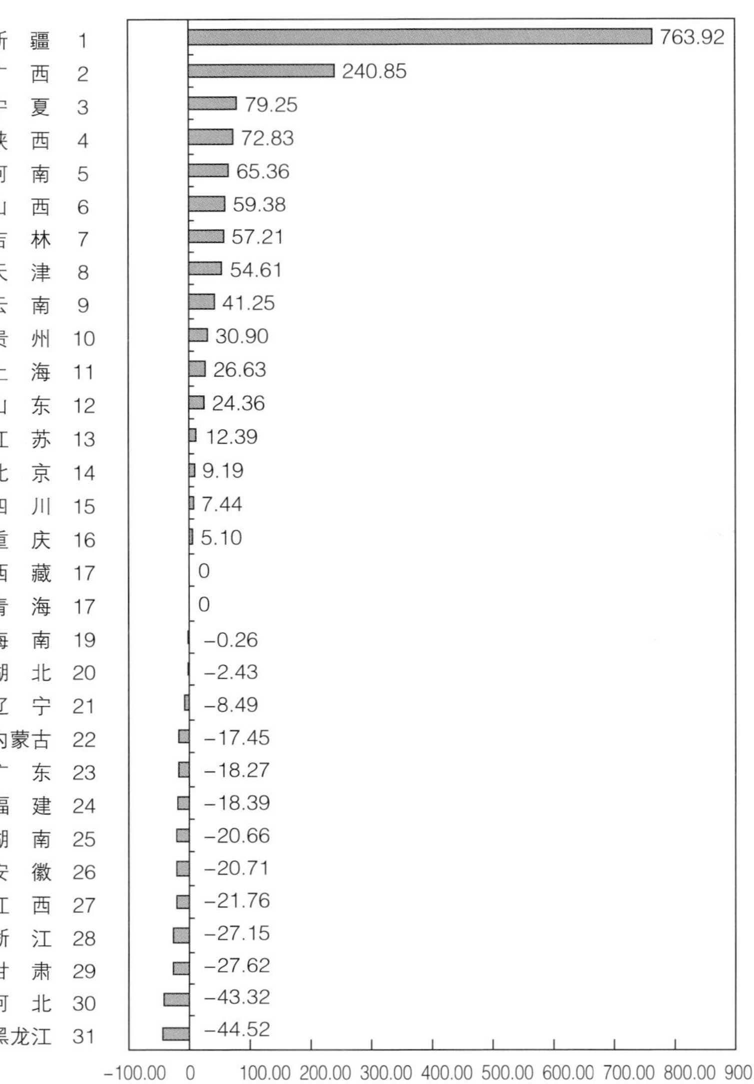

图B-97 44113 规模以上工业企业研发经费内部支出额中获得金融机构贷款增长率（%）

图B-98　44211 科技企业孵化器当年获风险投资额（万元）

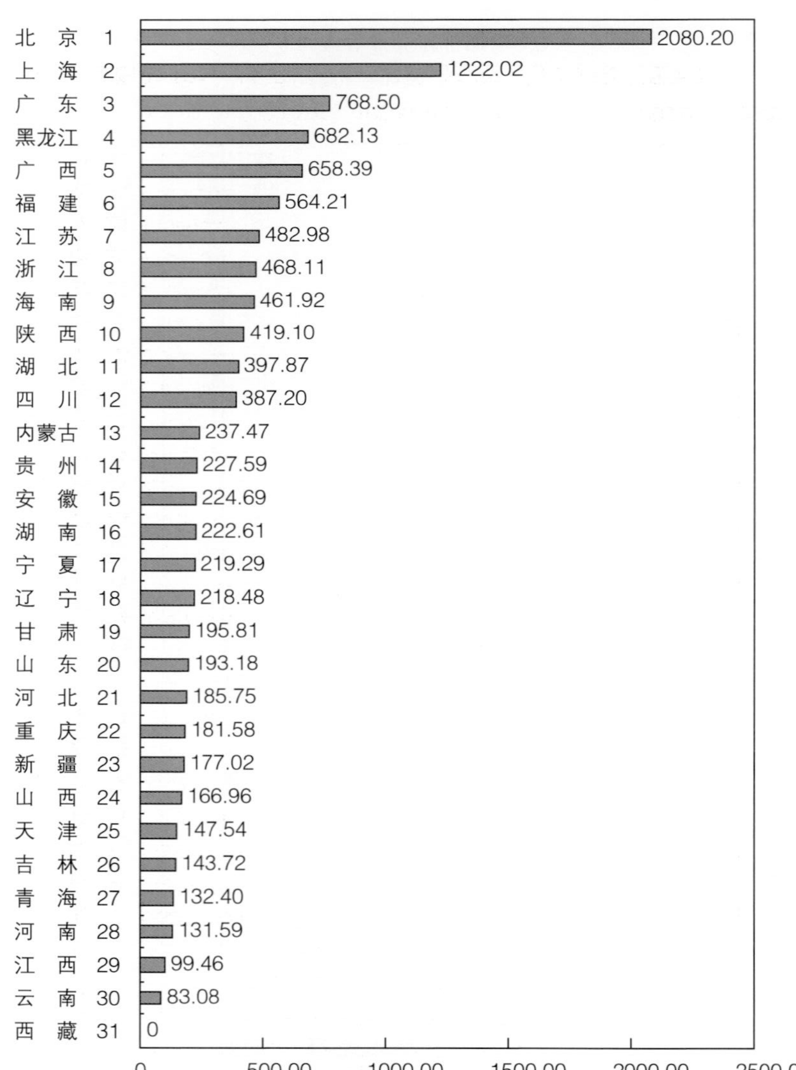

图B-99　44212 科技企业孵化器当年风险投资强度（万元/项）

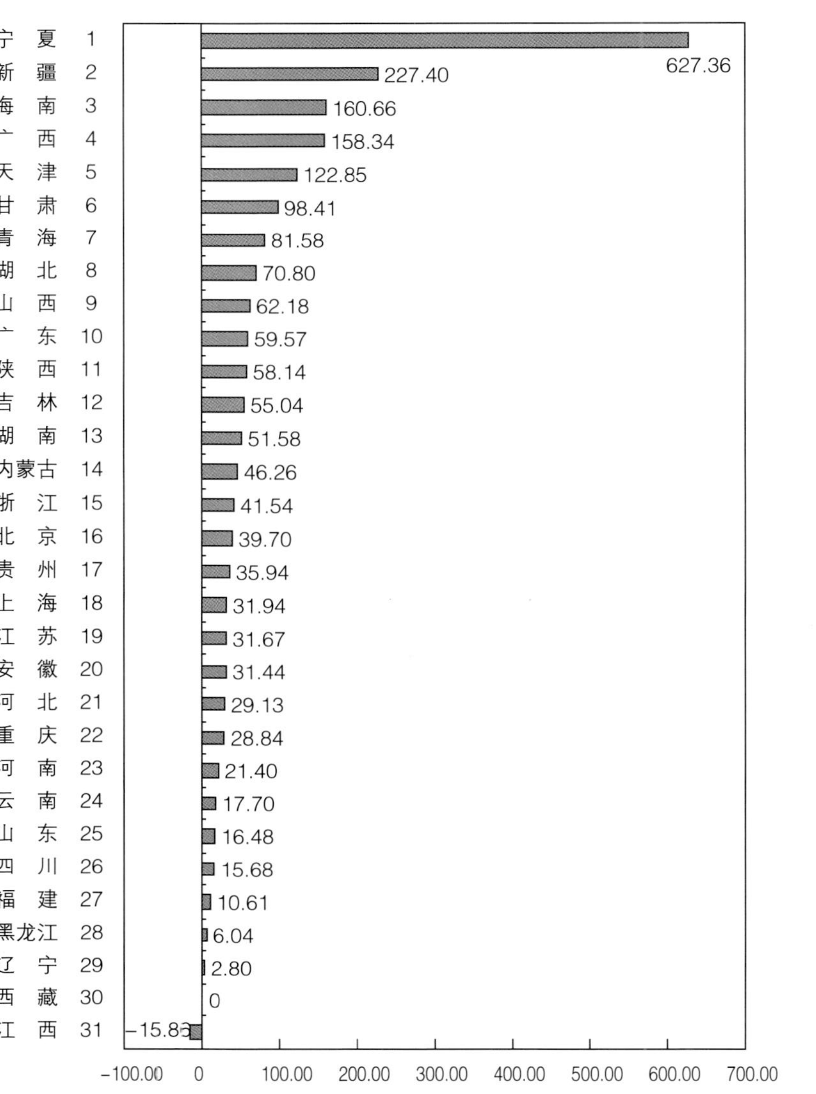

图B-100 44213 科技企业孵化器当年获风险投资额增长率（%）

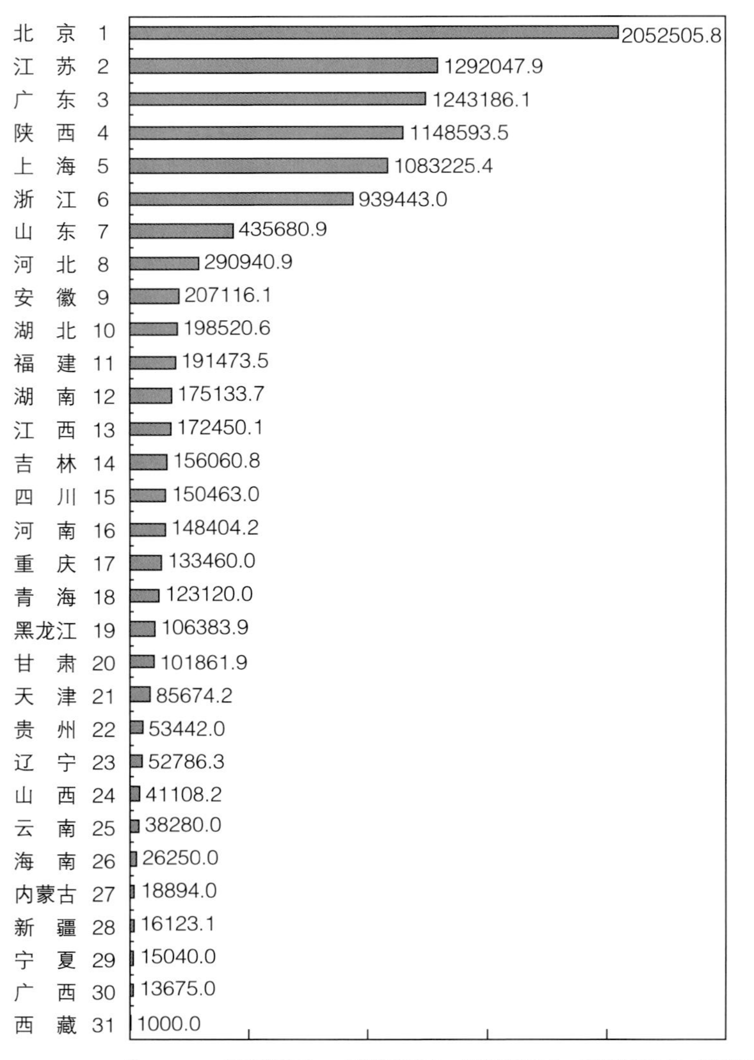

图B-101 44221 科技企业孵化器孵化基金总额（万元）

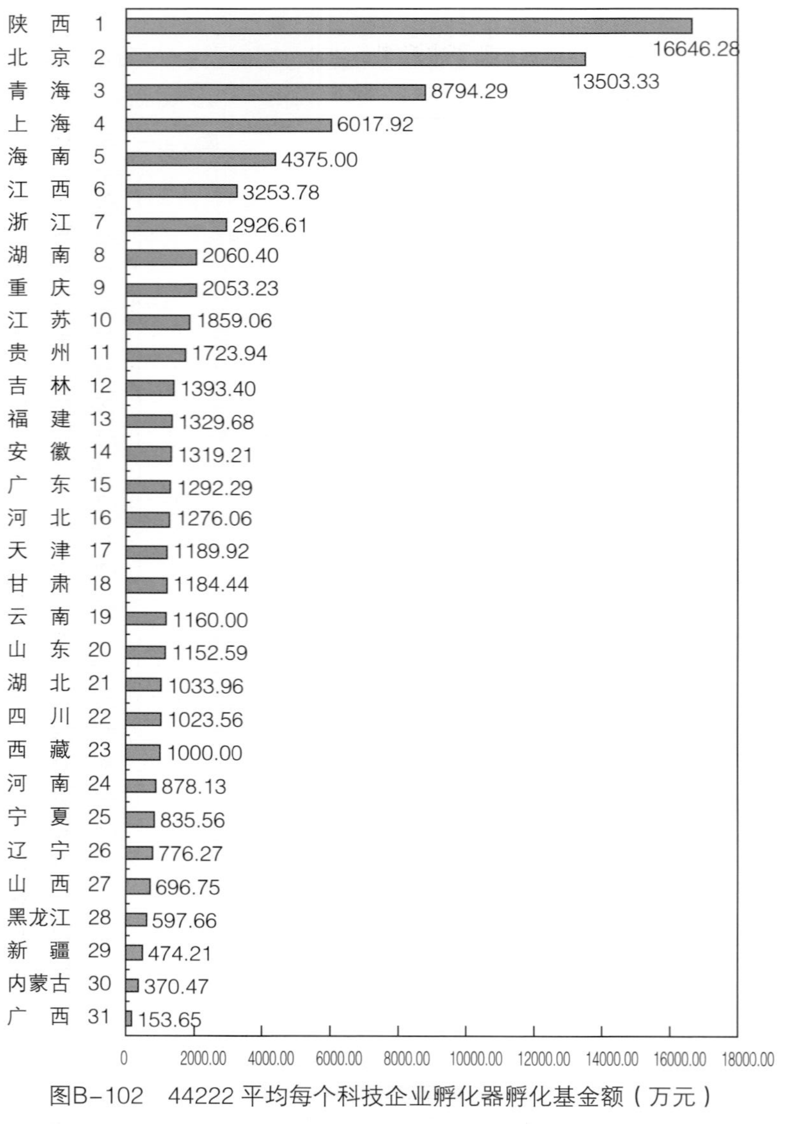

图B-102 44222 平均每个科技企业孵化器孵化基金额（万元）

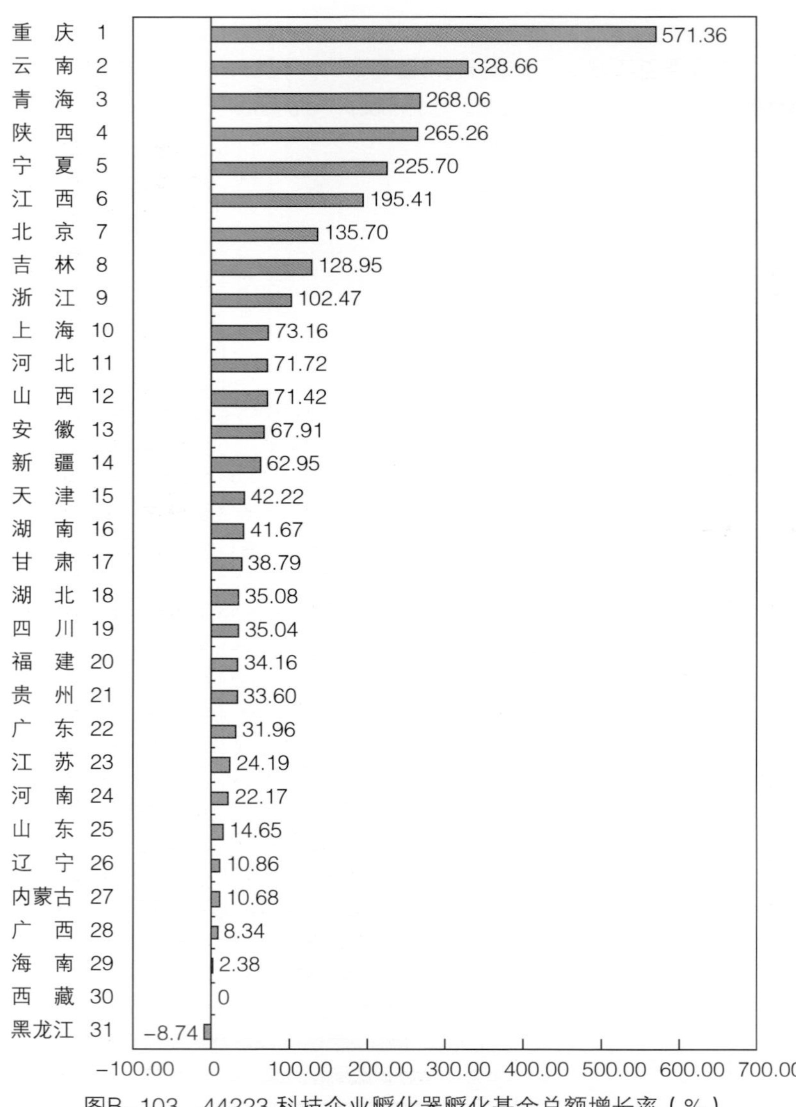

图B-103 44223 科技企业孵化器孵化基金总额增长率（%）

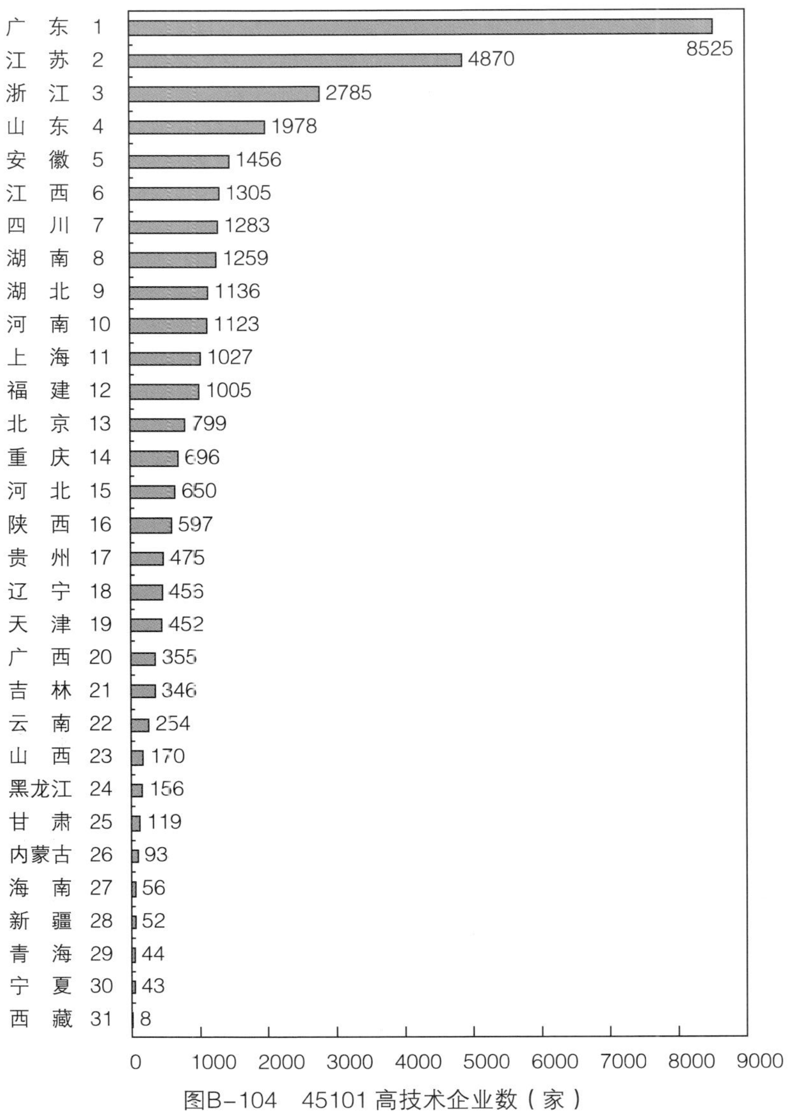

图B-104 45101 高技术企业数（家）

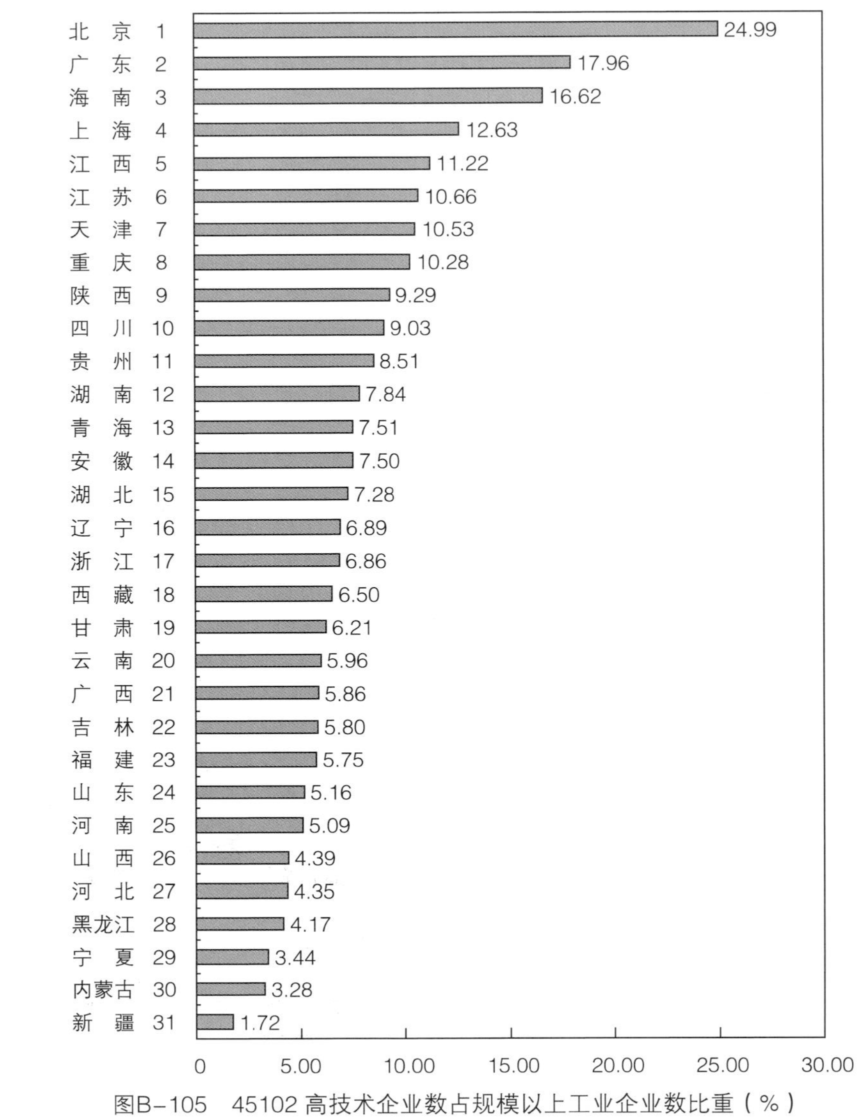

图B-105 45102 高技术企业数占规模以上工业企业数比重（%）

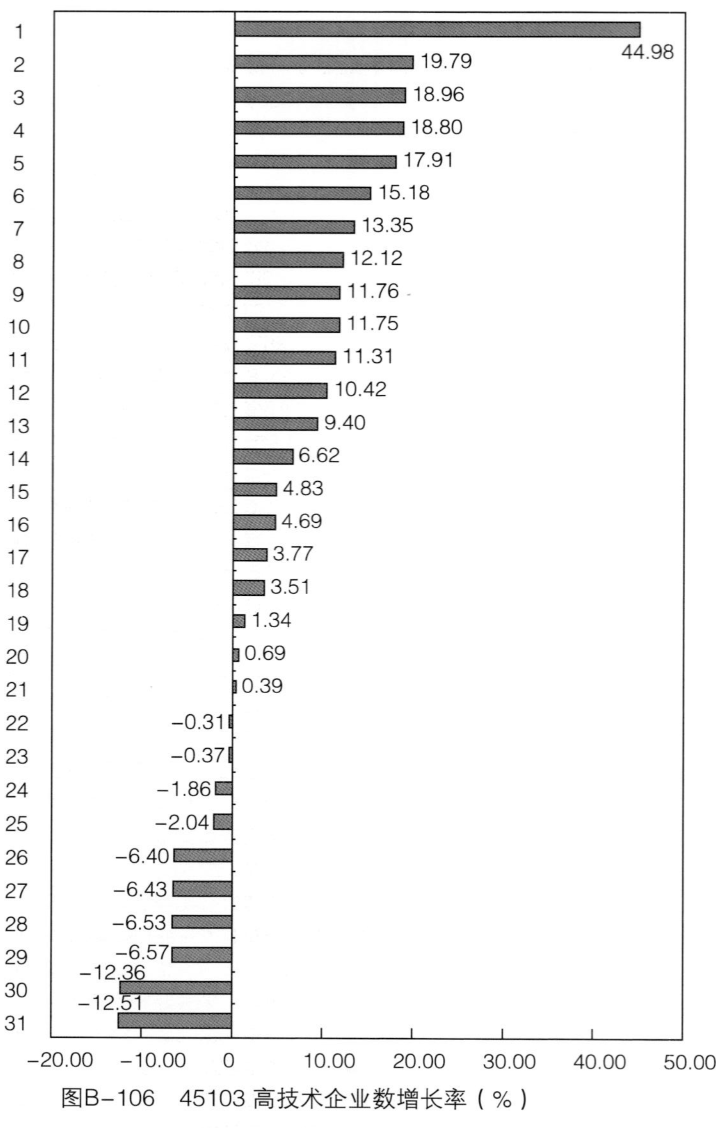

图B-106 45103 高技术企业数增长率（%）

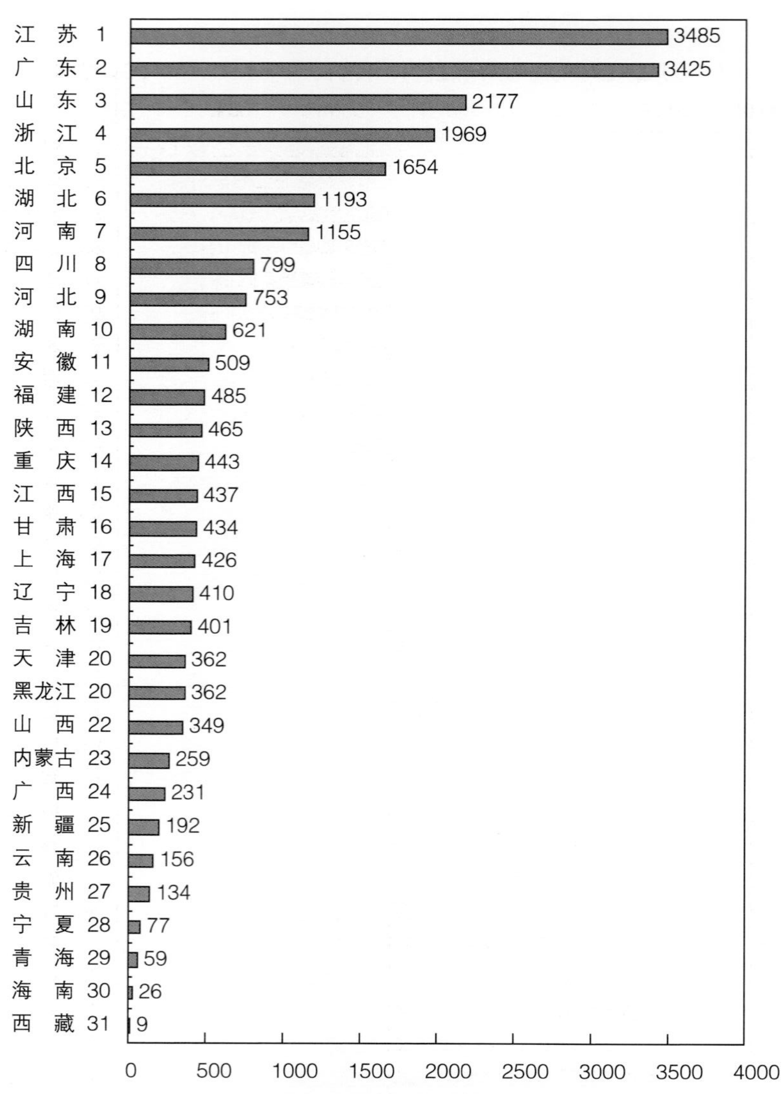

图B-107 45201 科技企业孵化器当年毕业企业数（家）

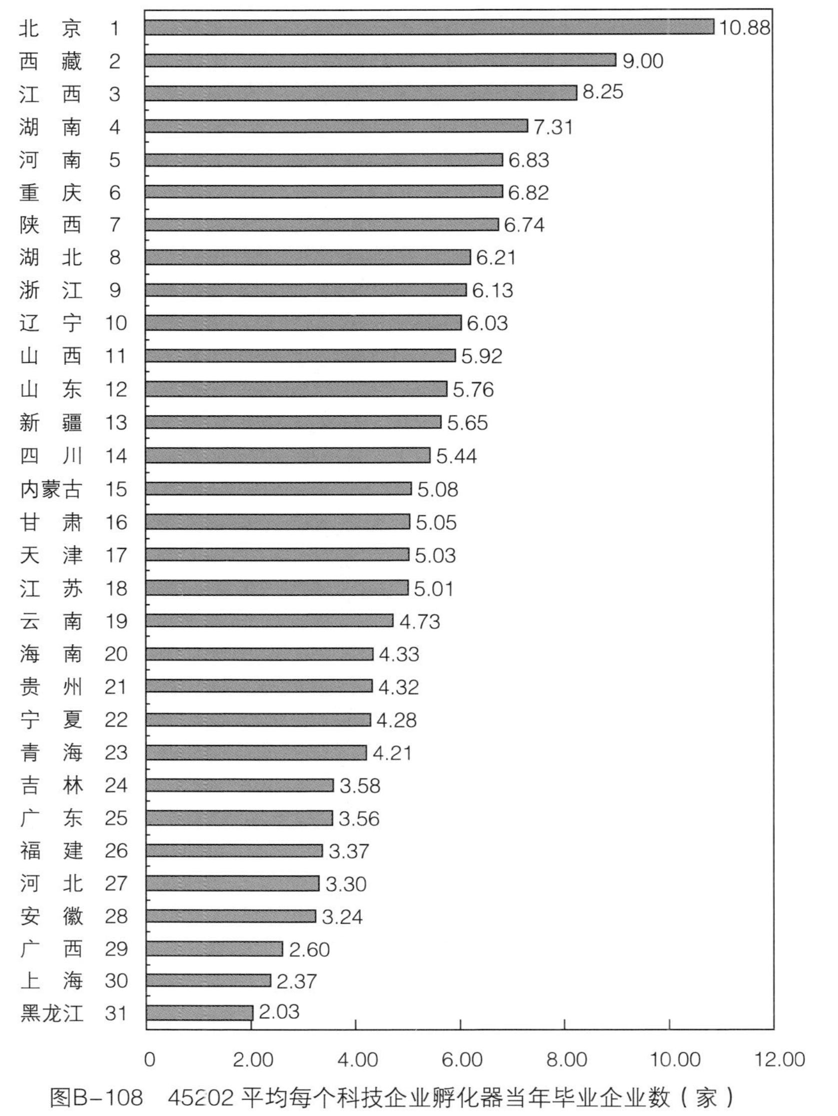

图B-108 45202 平均每个科技企业孵化器当年毕业企业数（家）

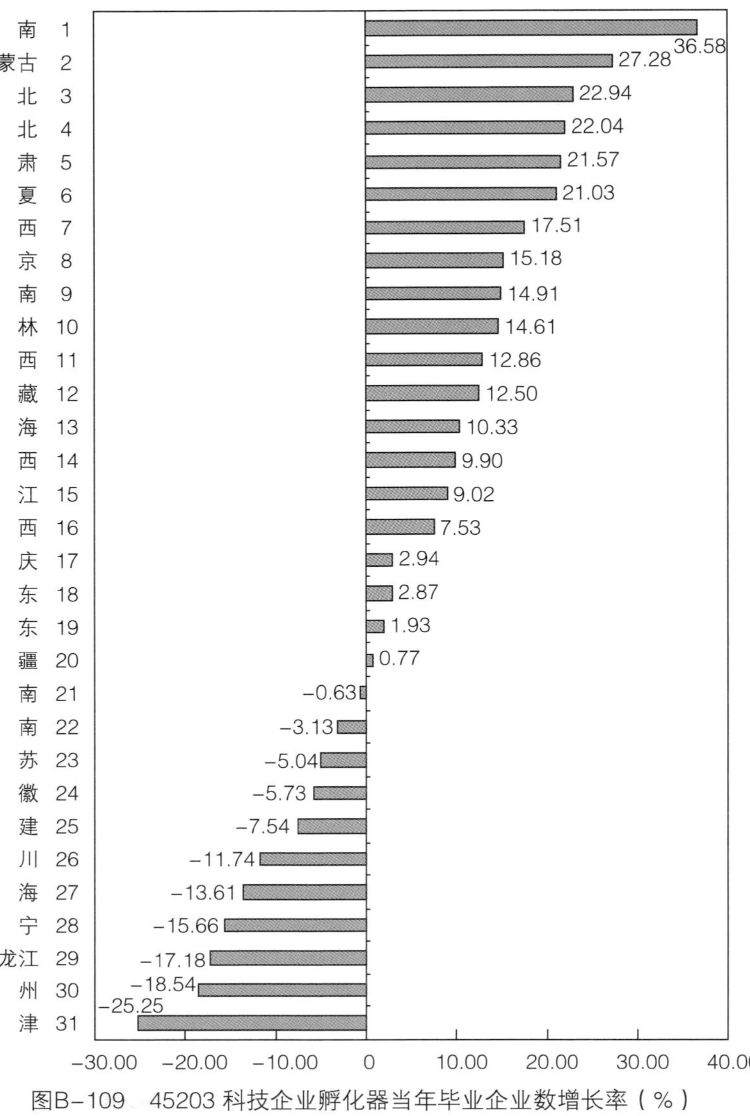

图B-109 45203 科技企业孵化器当年毕业企业数增长率（%）

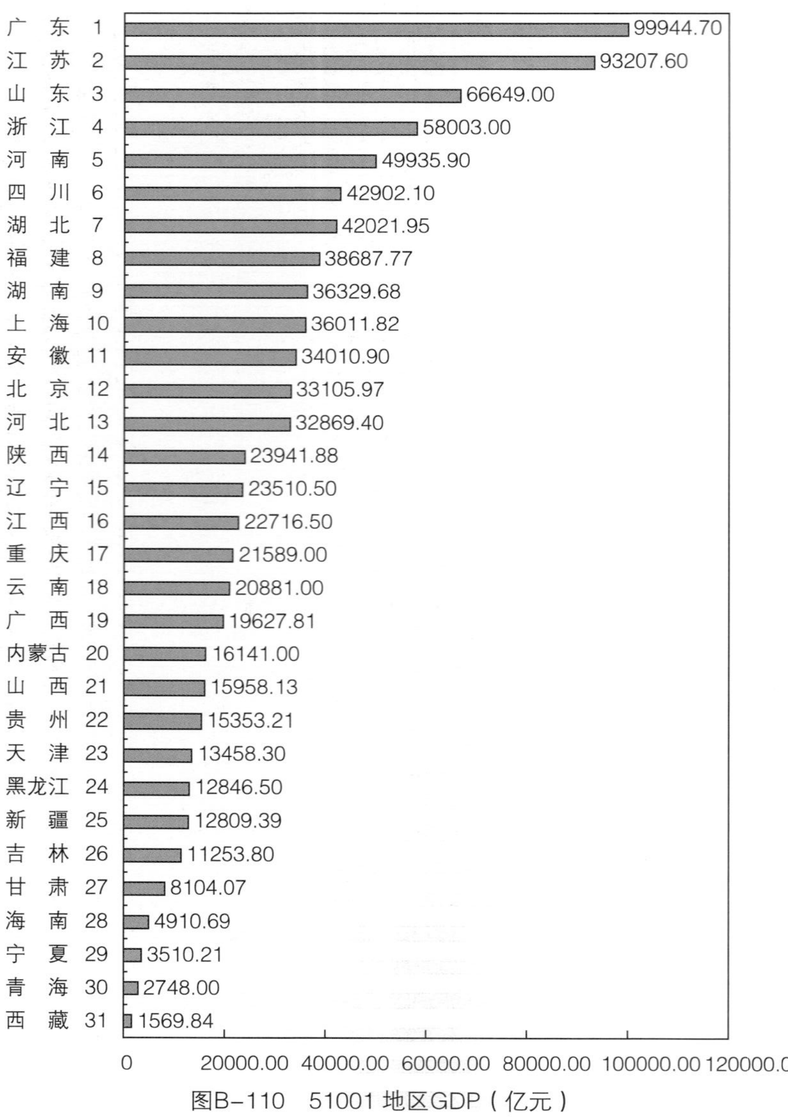

图B-110　51001 地区GDP（亿元）

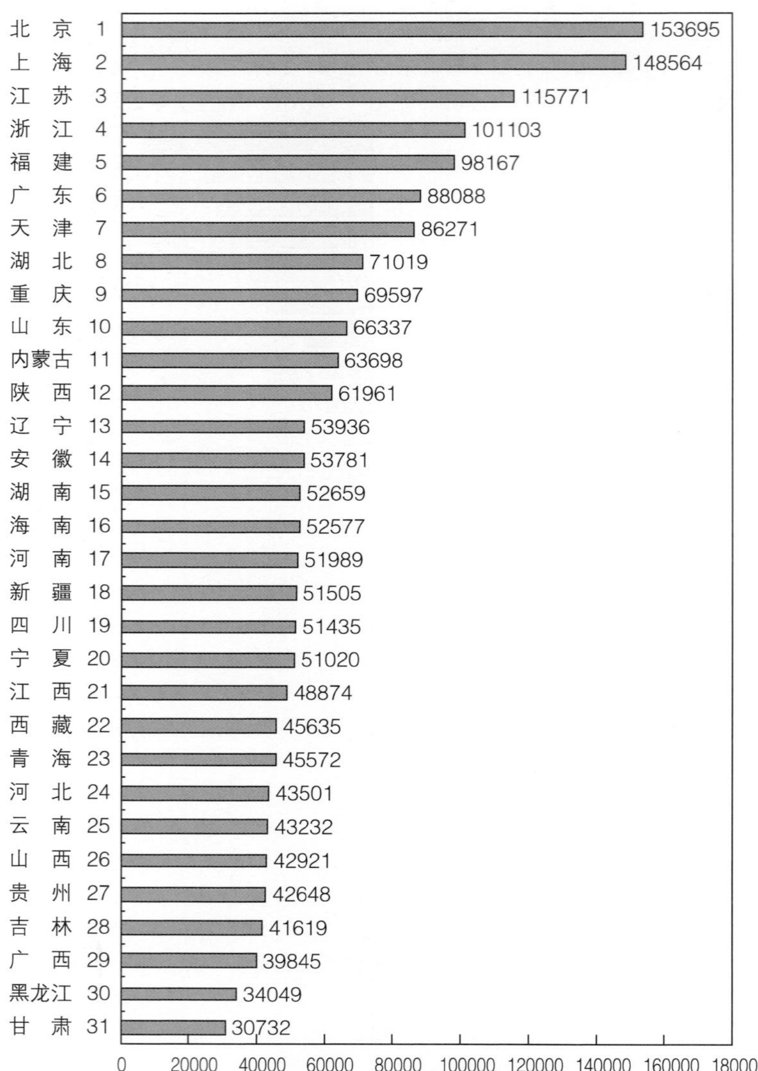

图B-111　51002 人均GDP水平（元）

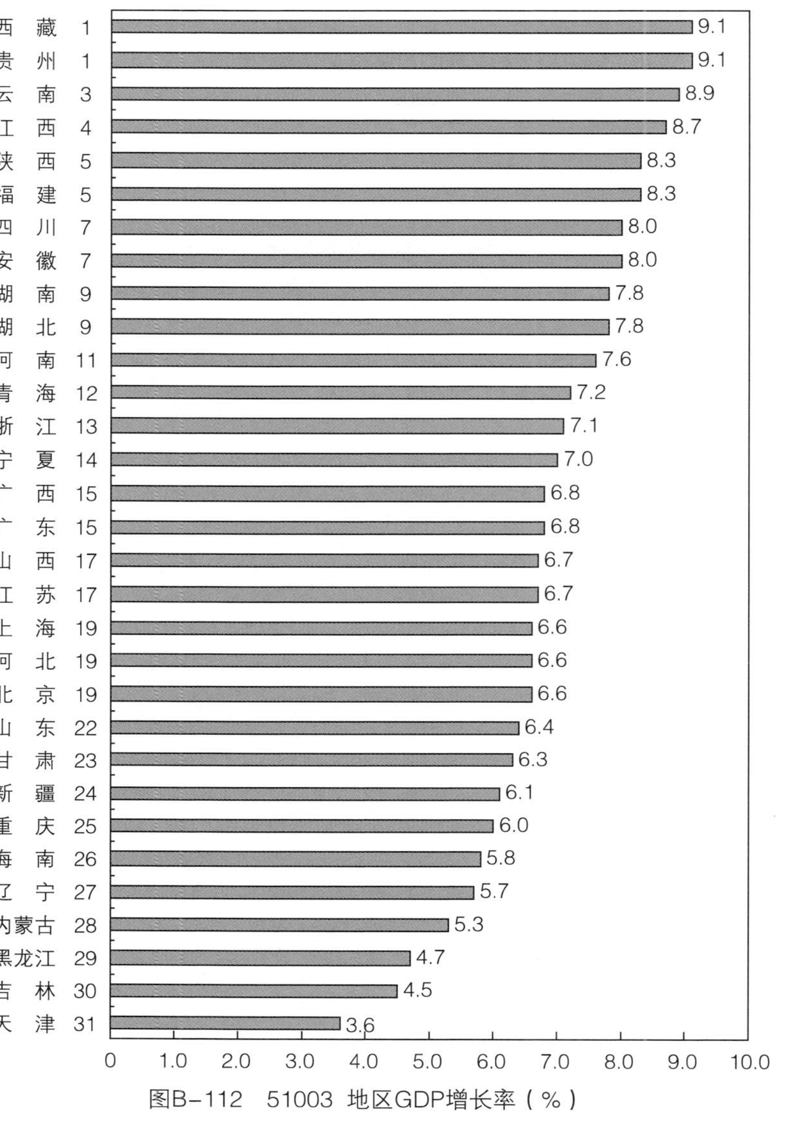

图B-112　51003 地区GDP增长率（%）

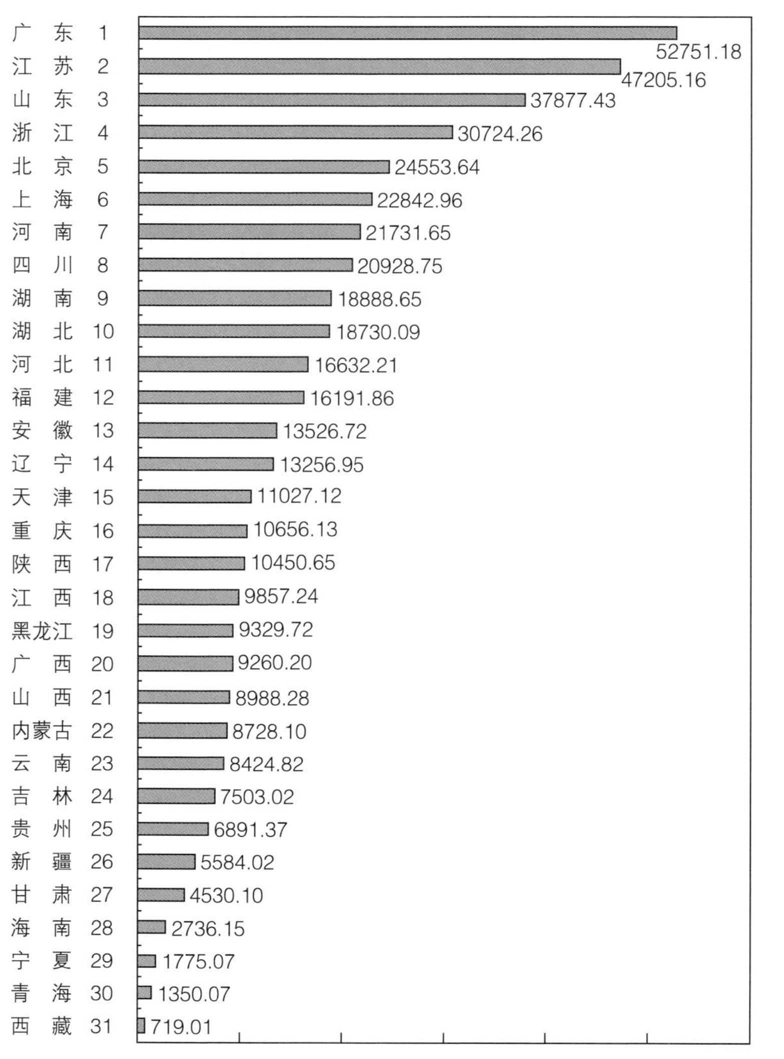

图B-113　52101 第三产业增加值（亿元）

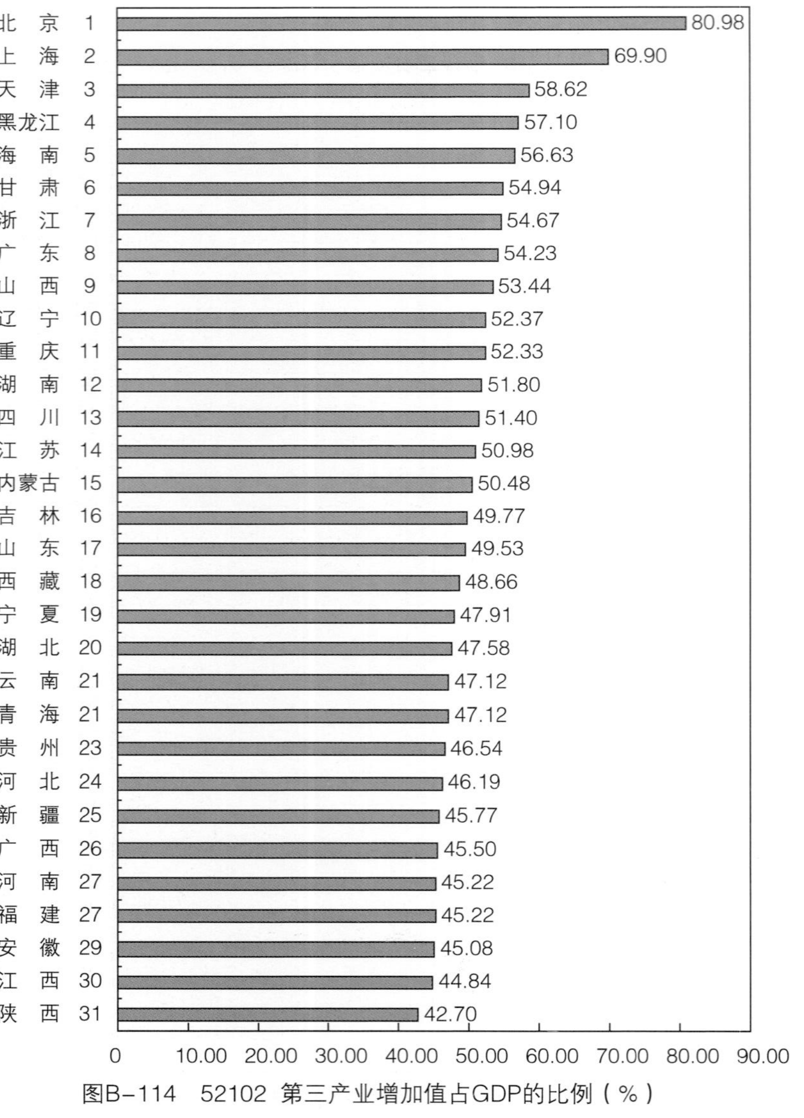

图B-114 52102 第三产业增加值占GDP的比例（%）

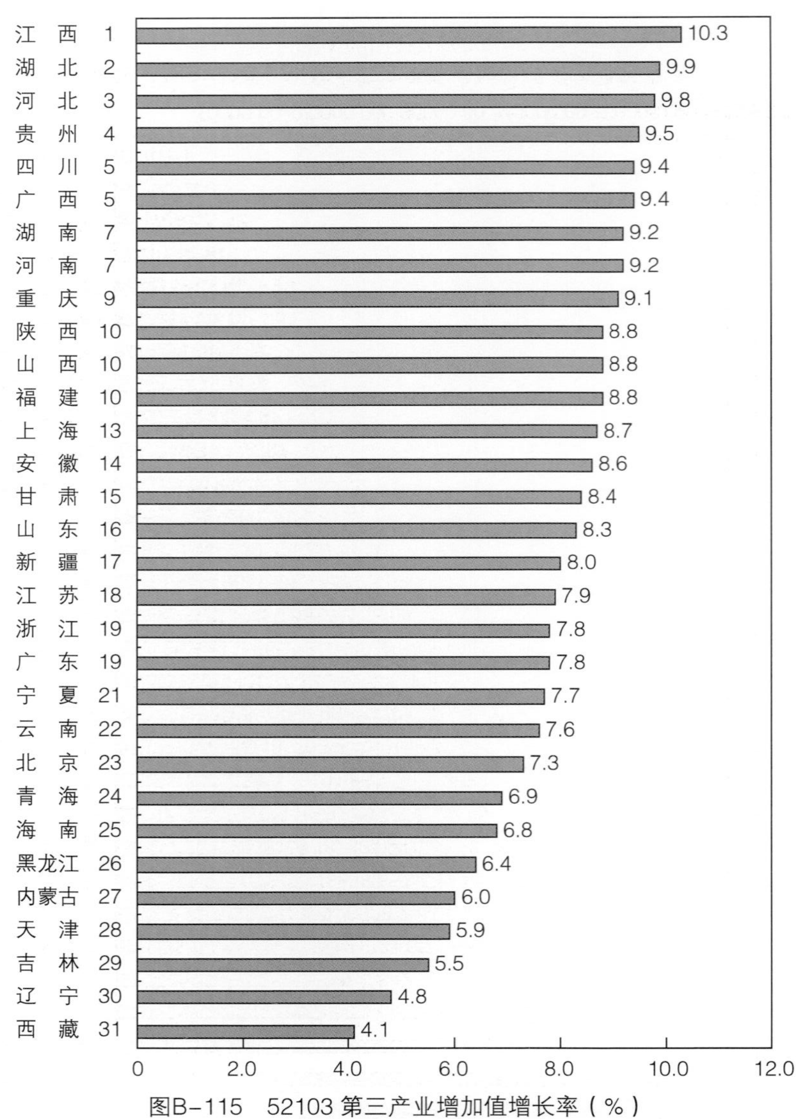

图B-115 52103 第三产业增加值增长率（%）

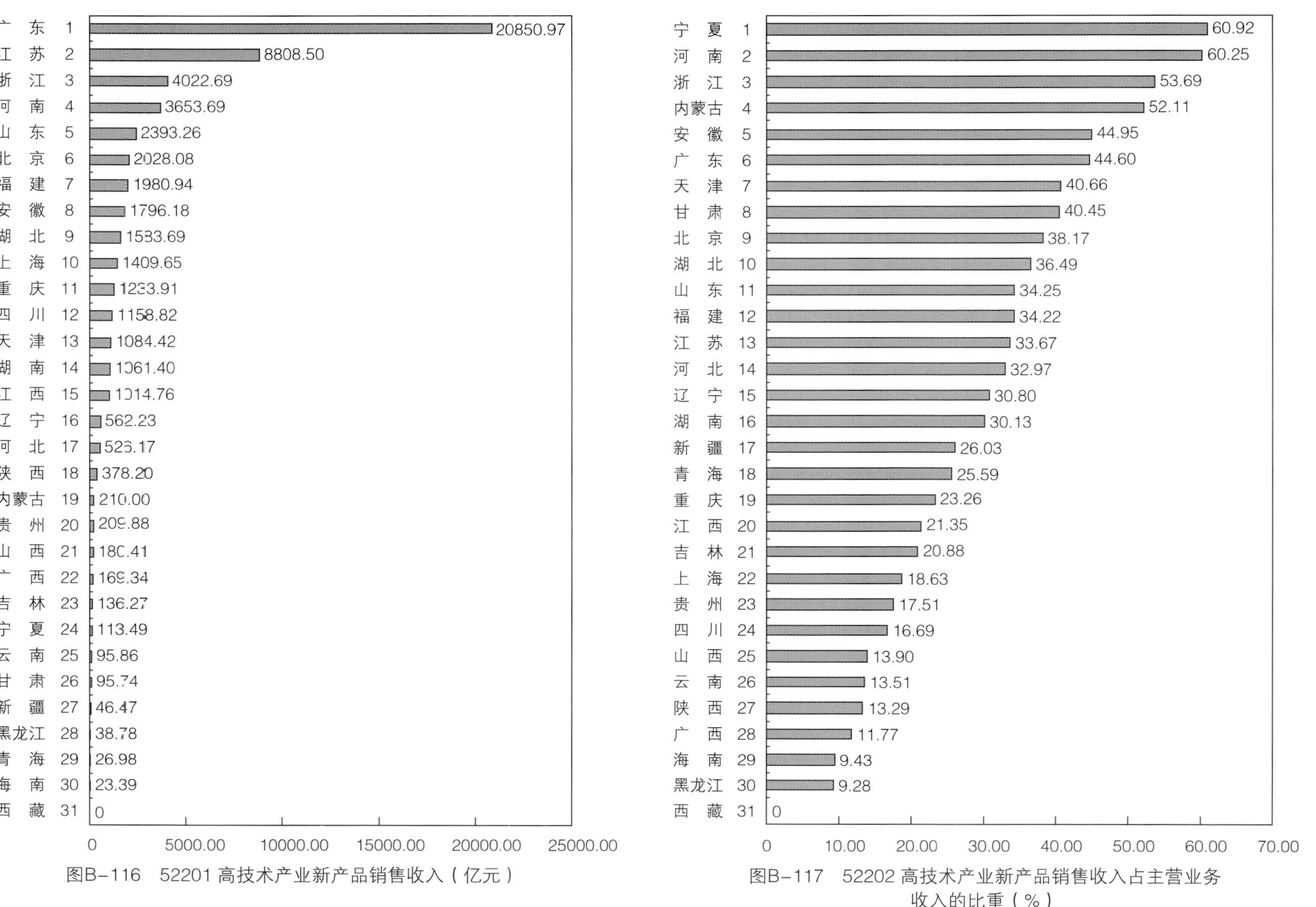

图B-116 52201 高技术产业新产品销售收入（亿元）

图B-117 52202 高技术产业新产品销售收入占主营业务收入的比重（%）

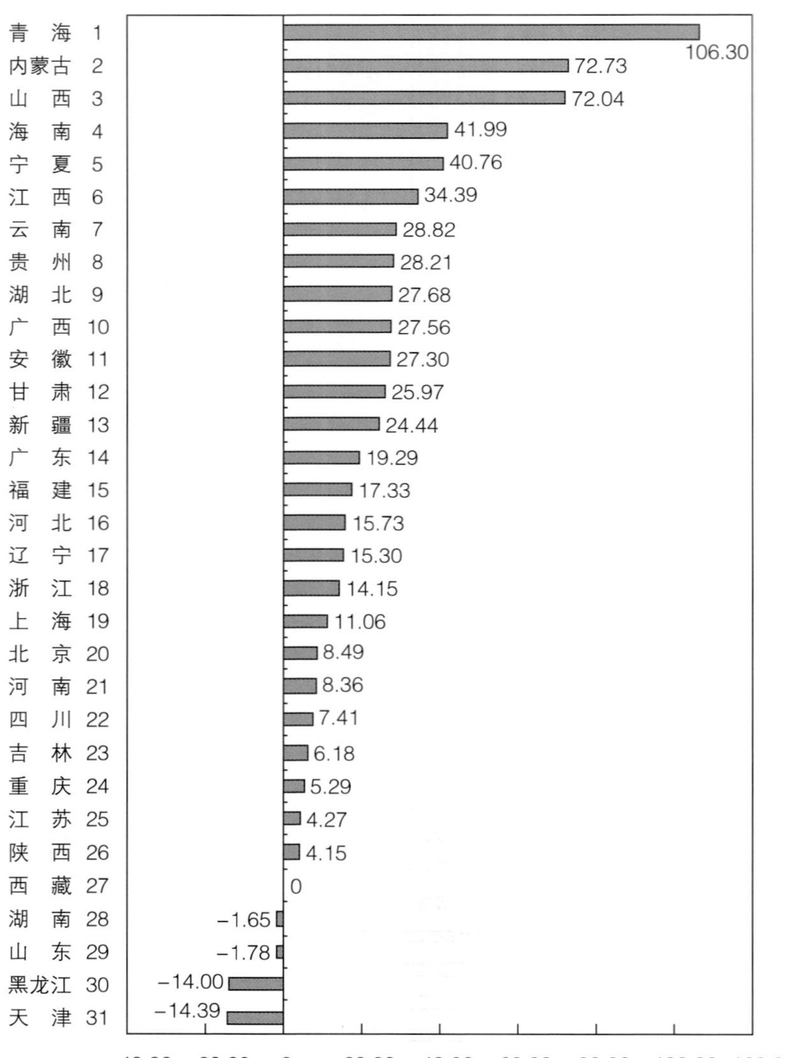

图B-118 52203 高技术产业新产品销售收入增长率（%）

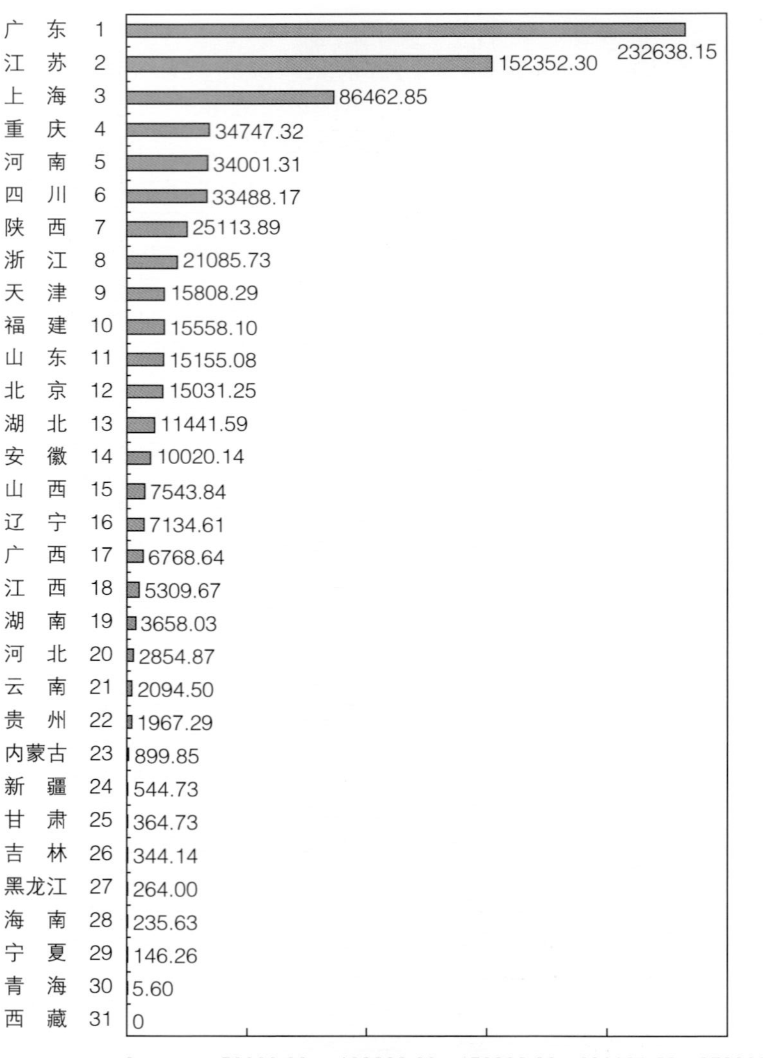

图B-119 53001 高技术产品出口额（百万美元）

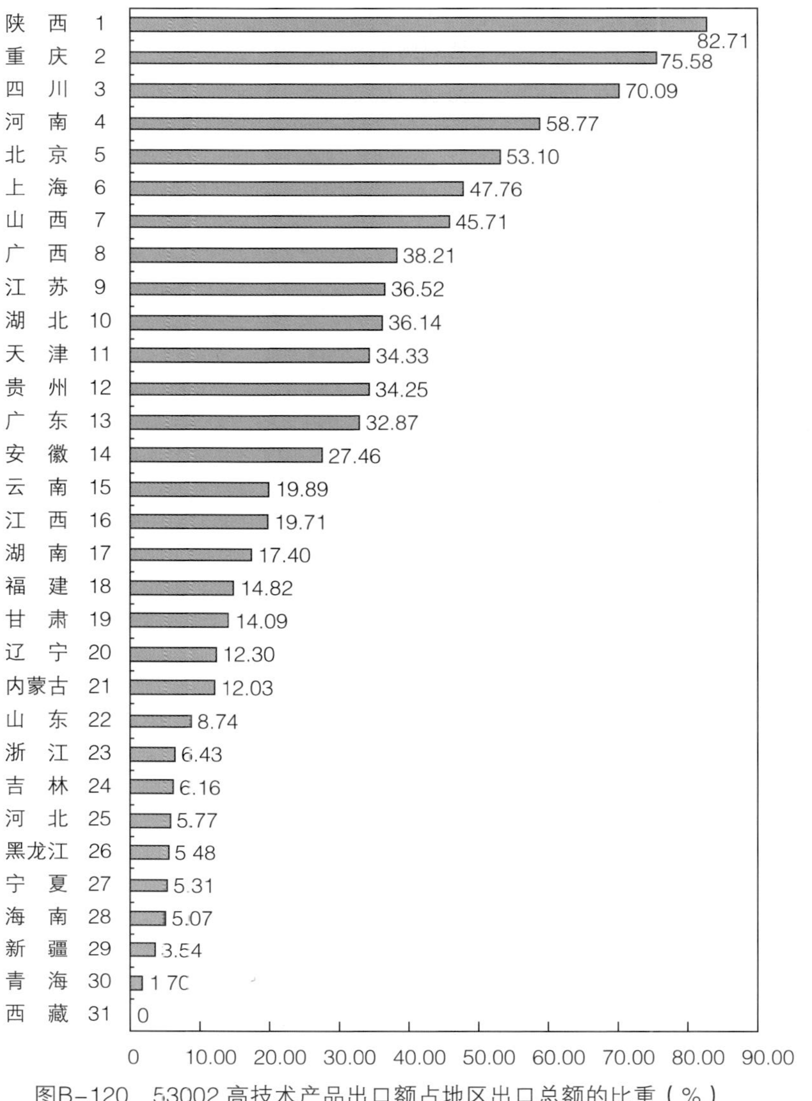

图B-120 53002 高技术产品出口额占地区出口总额的比重（%）

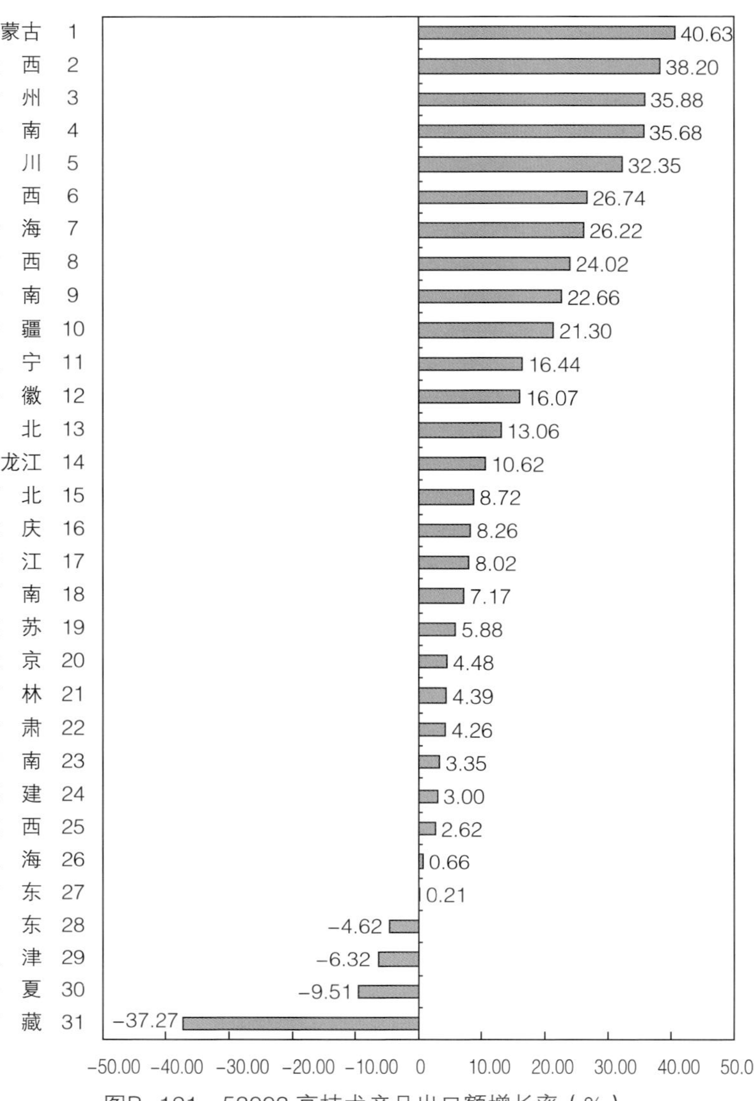

图B-121 53003 高技术产品出口额增长率（%）

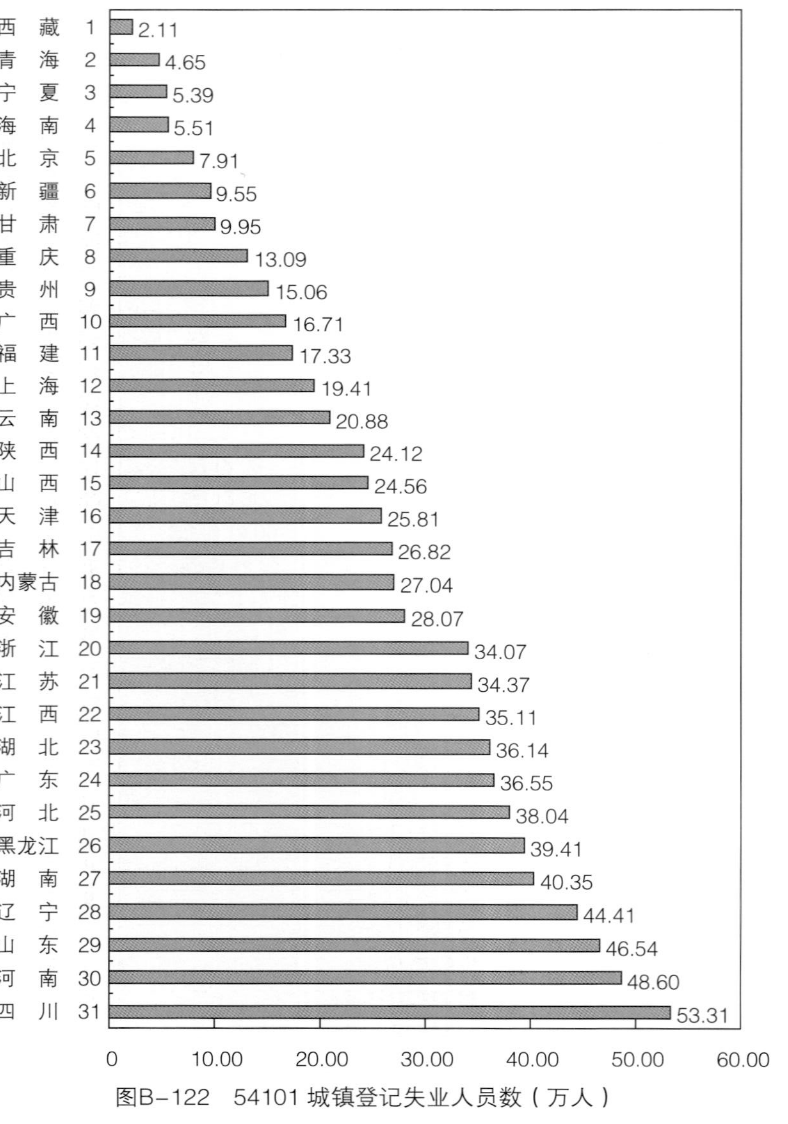

图B-122 54101 城镇登记失业人员数（万人）

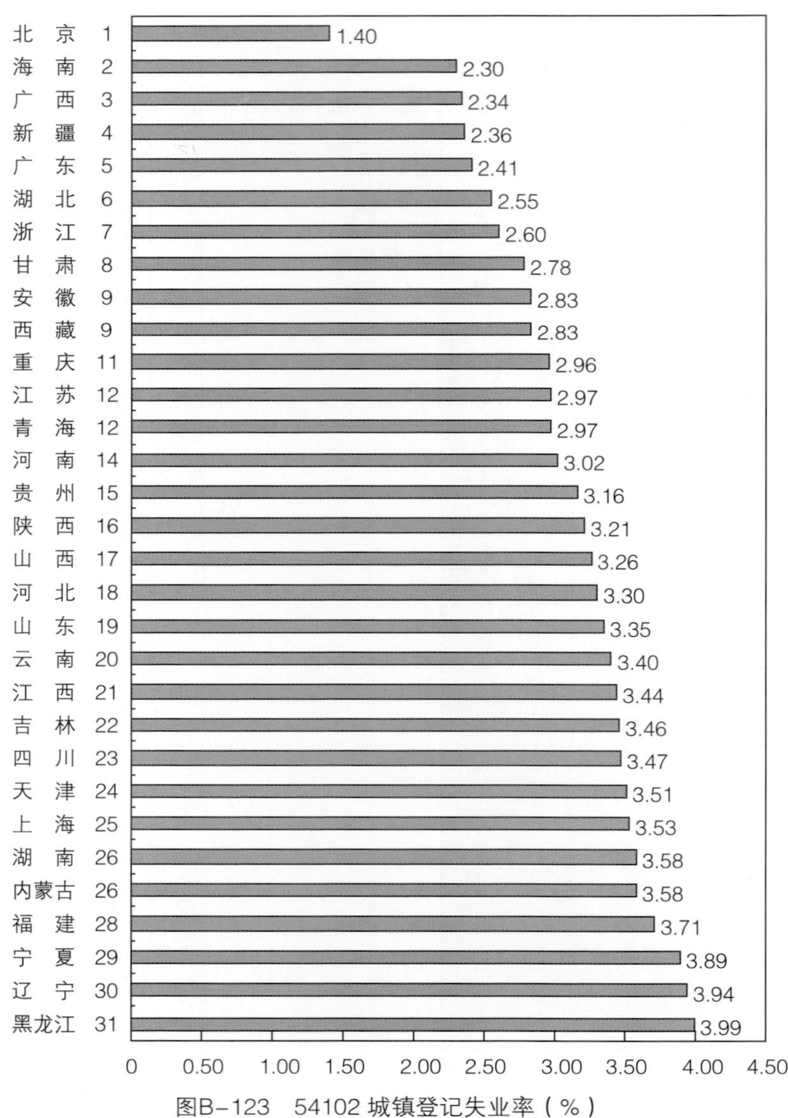

图B-123 54102 城镇登记失业率（%）

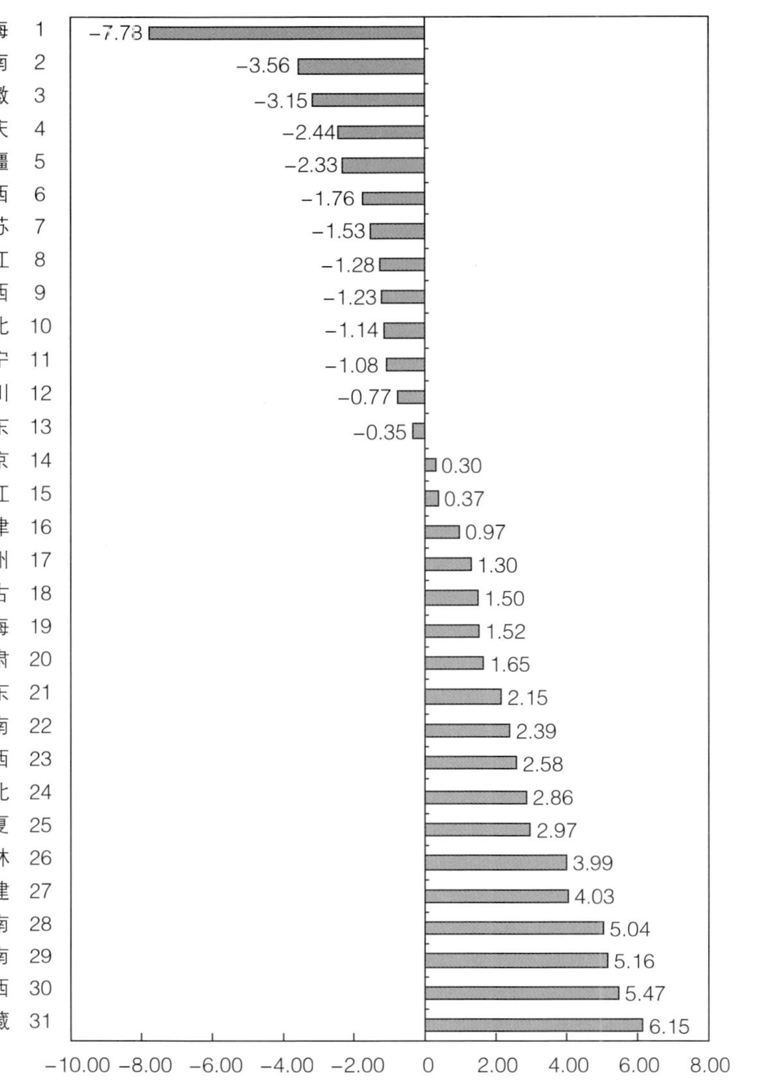

图B-124 54103 城镇登记失业率增长率（%）

图B-125 54201 高技术产业就业人数（人）

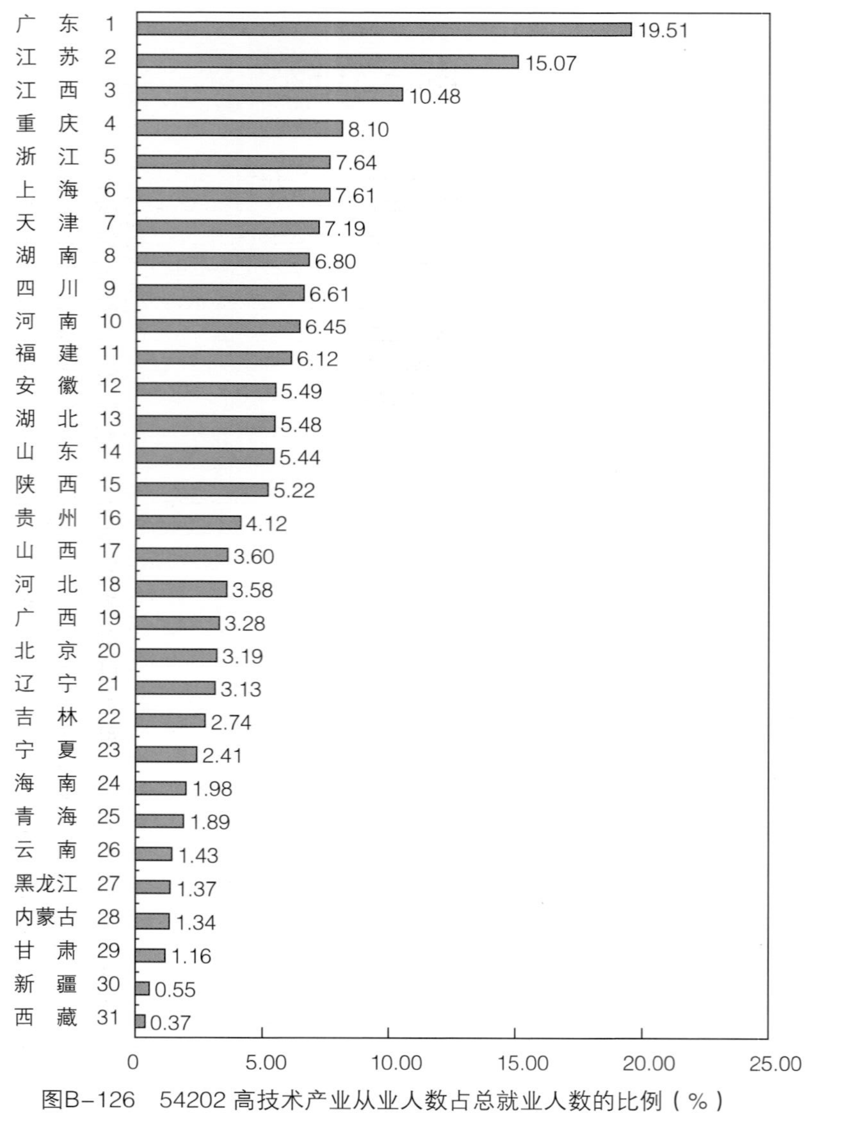

图B-126 54202 高技术产业从业人数占总就业人数的比例（%）

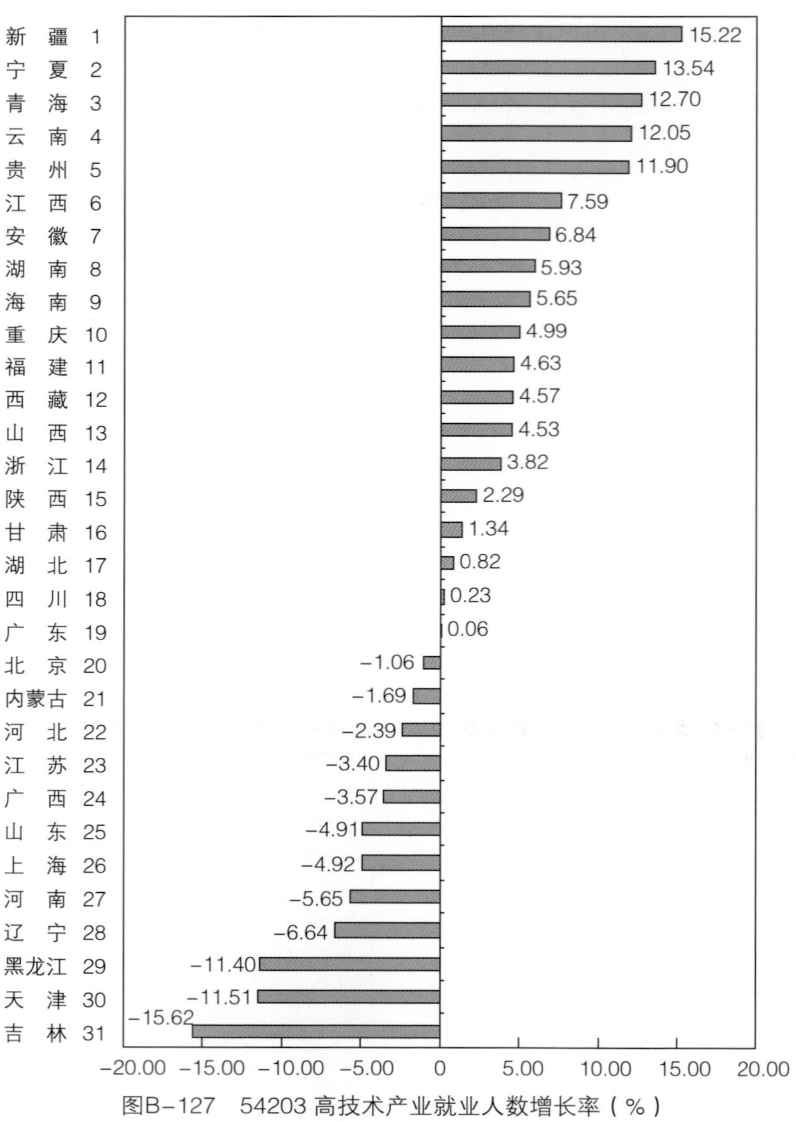

图B-127 54203 高技术产业就业人数增长率（%）

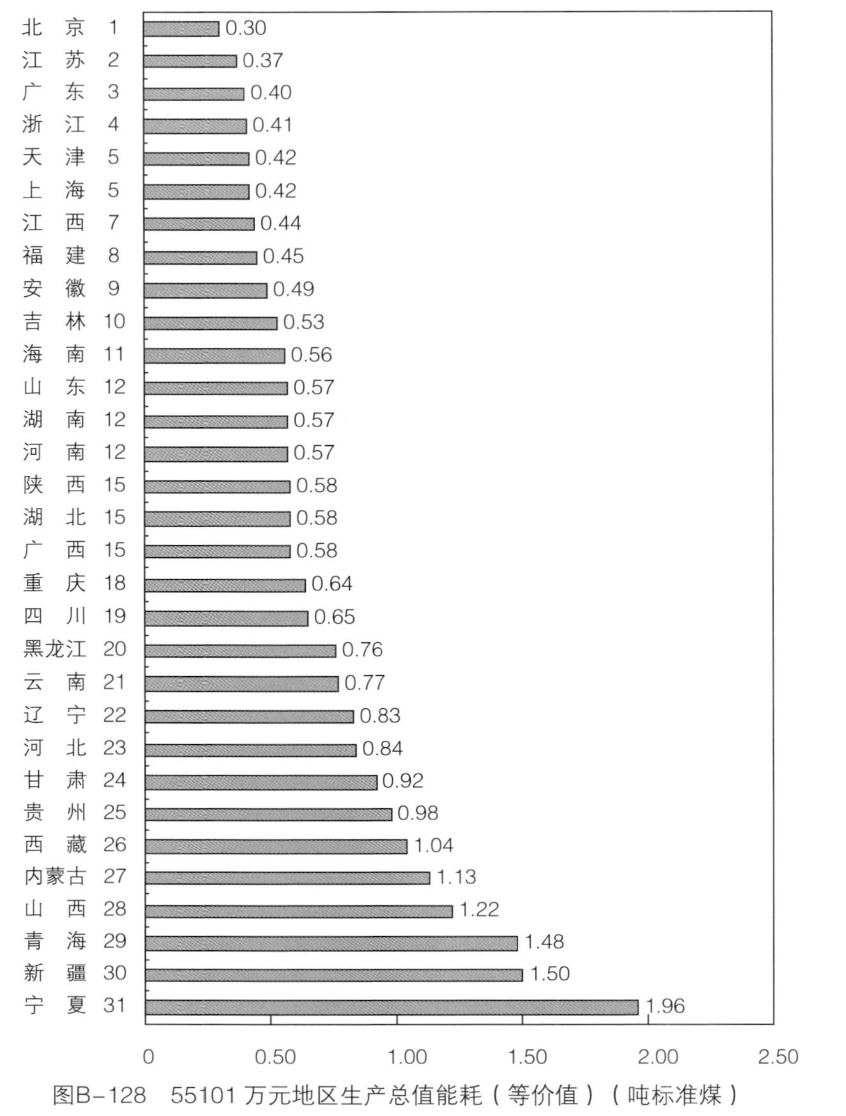

图B-128 55101 万元地区生产总值能耗（等价值）（吨标准煤）

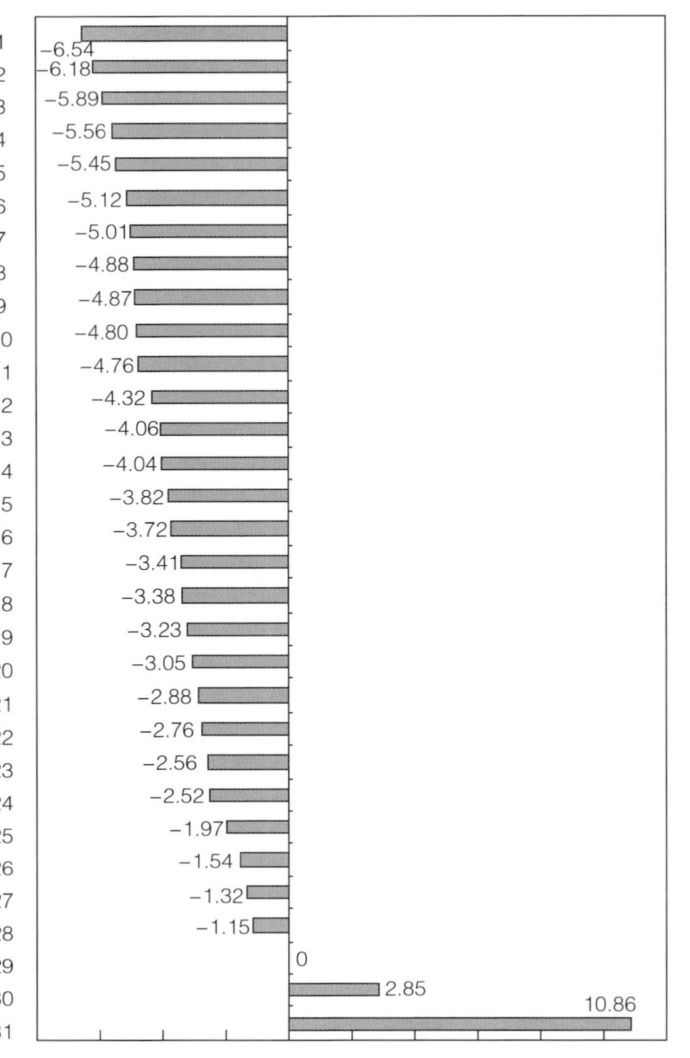

图B-129 55103 万元地区生产总值能耗（等价值）增长率（%）

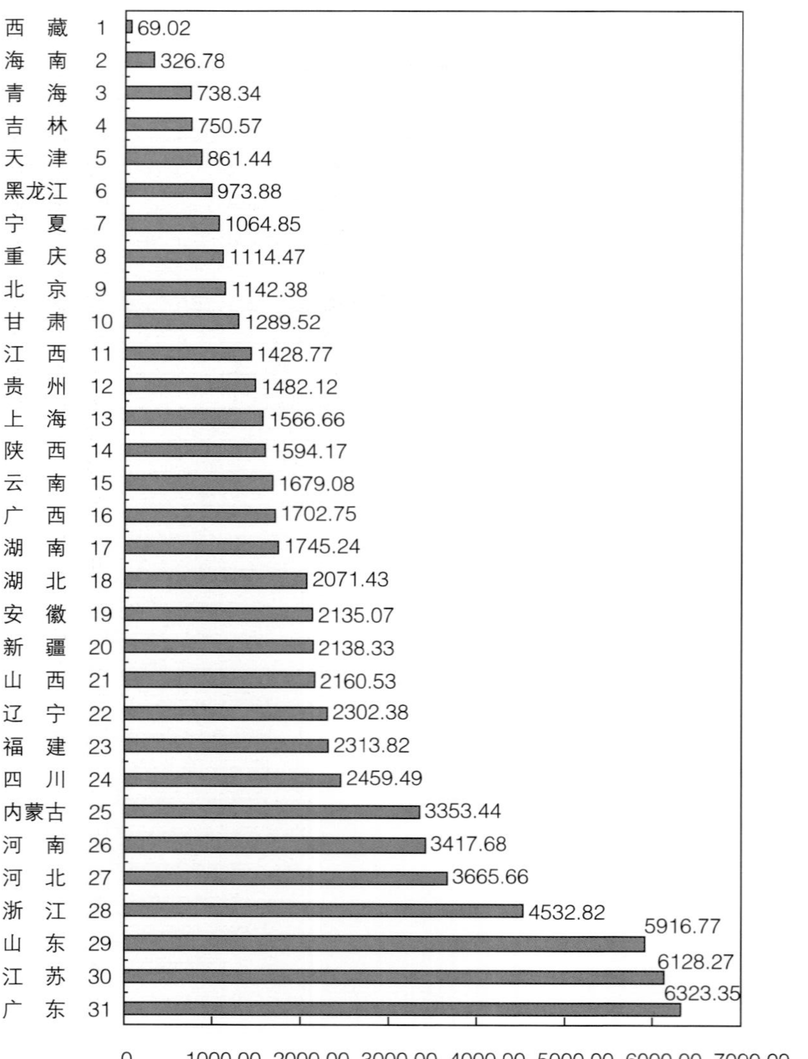

图B-130 55201 电耗总量（亿千瓦时）

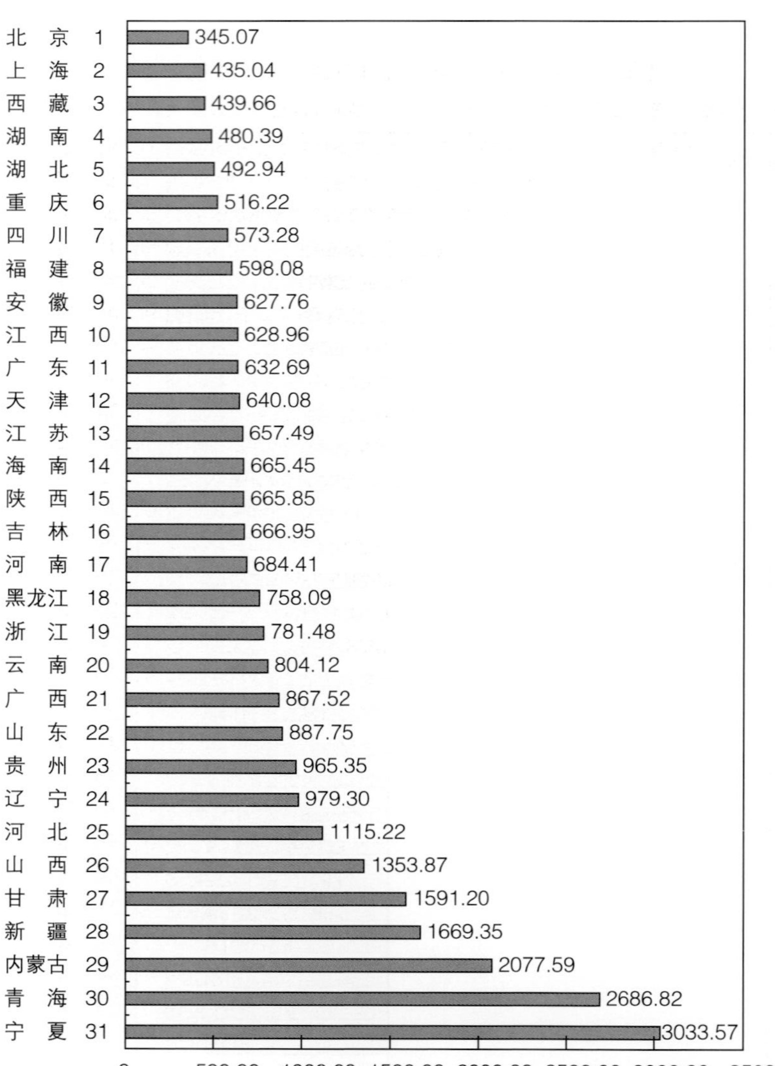

图B-131 55202 每万元GDP电耗总量（千瓦时）

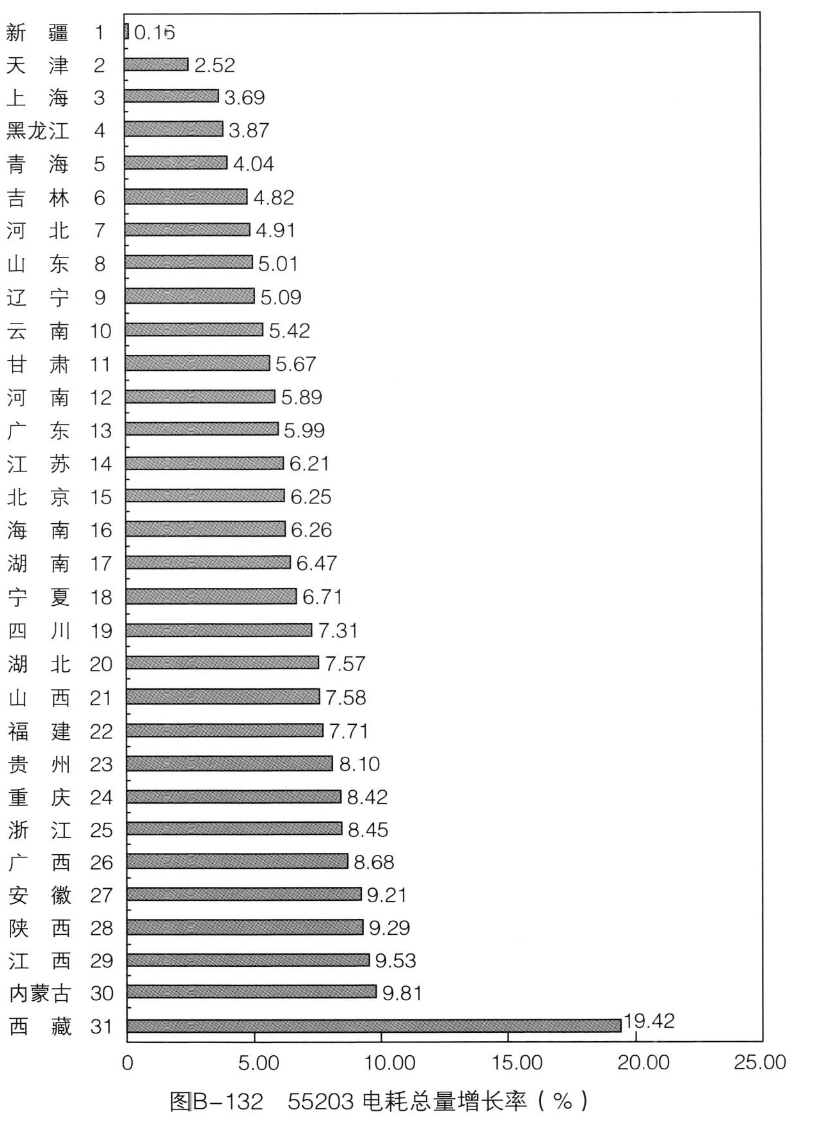

图B-132 55203 电耗总量增长率（%）

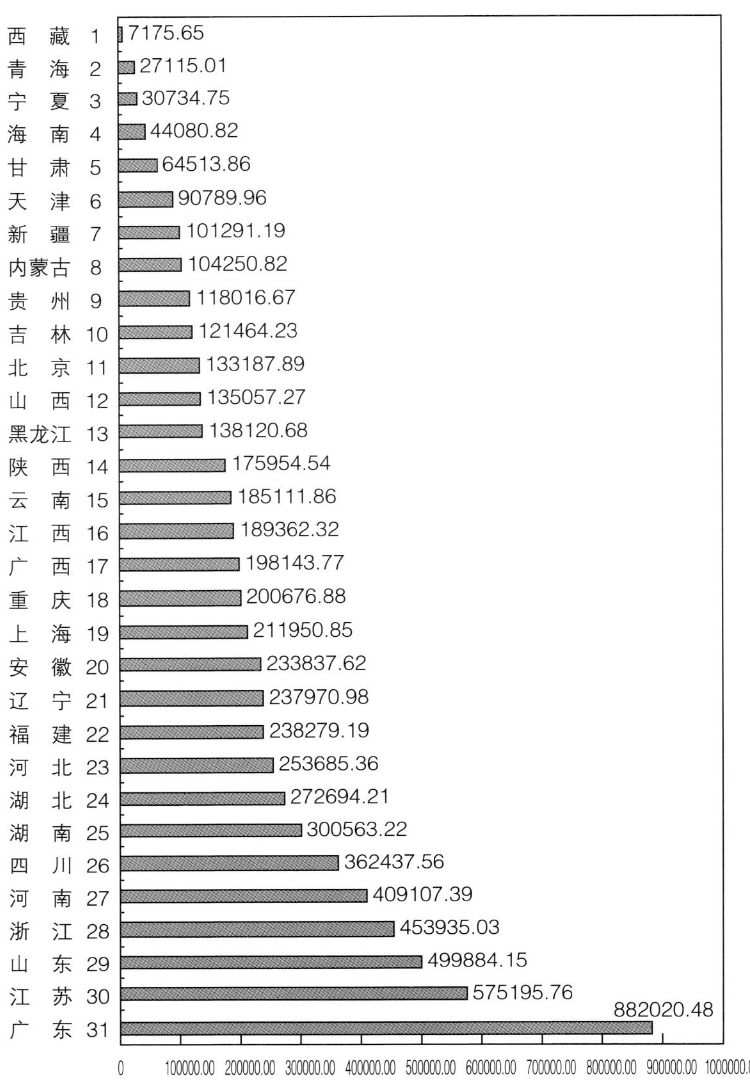

图B-133 55301 工业污水排放总量（万吨）

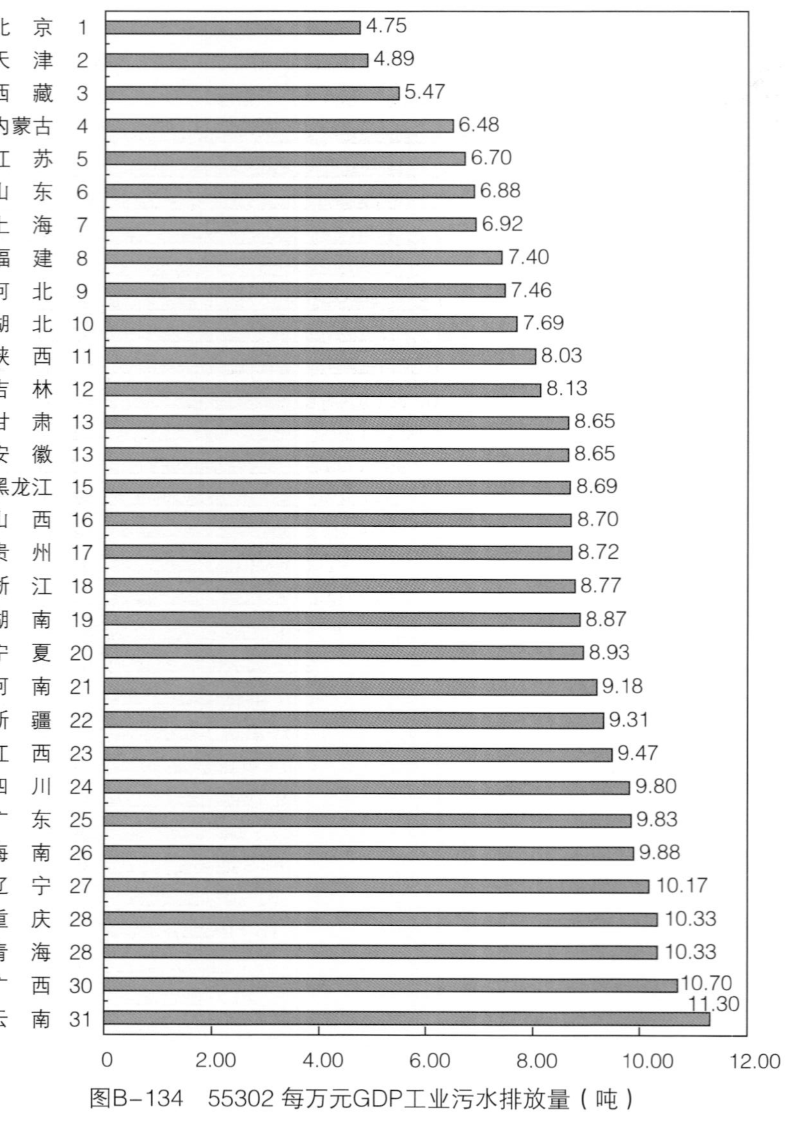

图B-134 55302 每万元GDP工业污水排放量（吨）

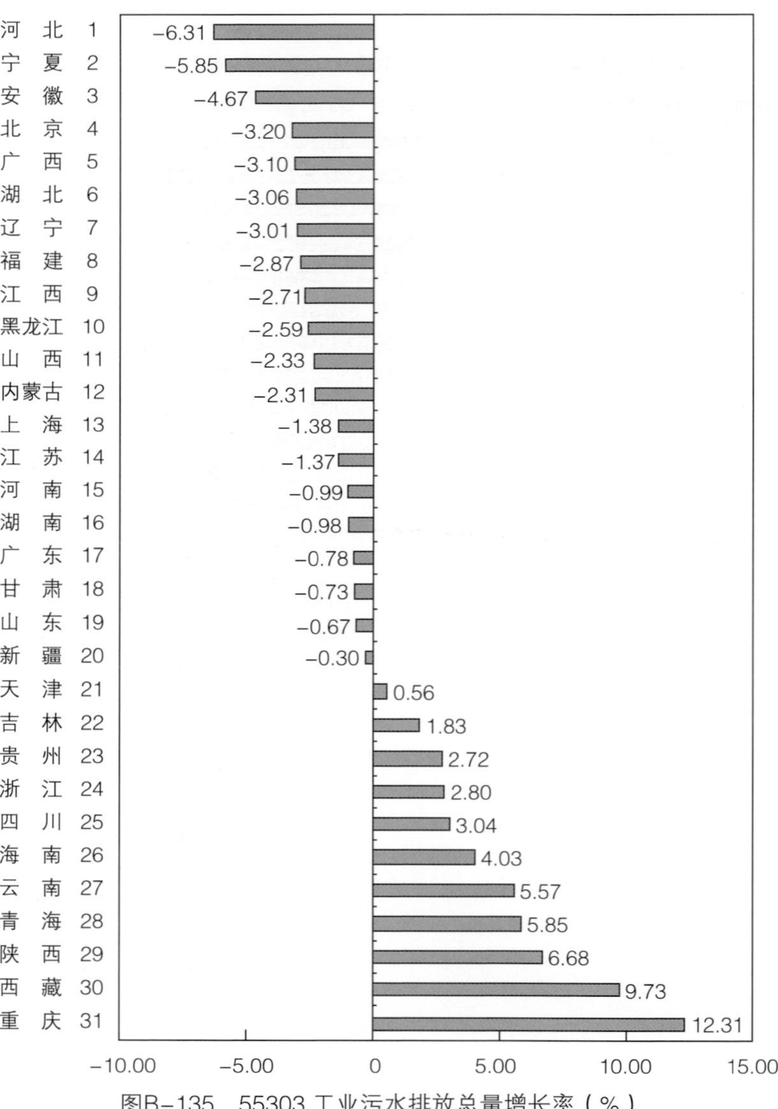

图B-135 55303 工业污水排放总量增长率（%）

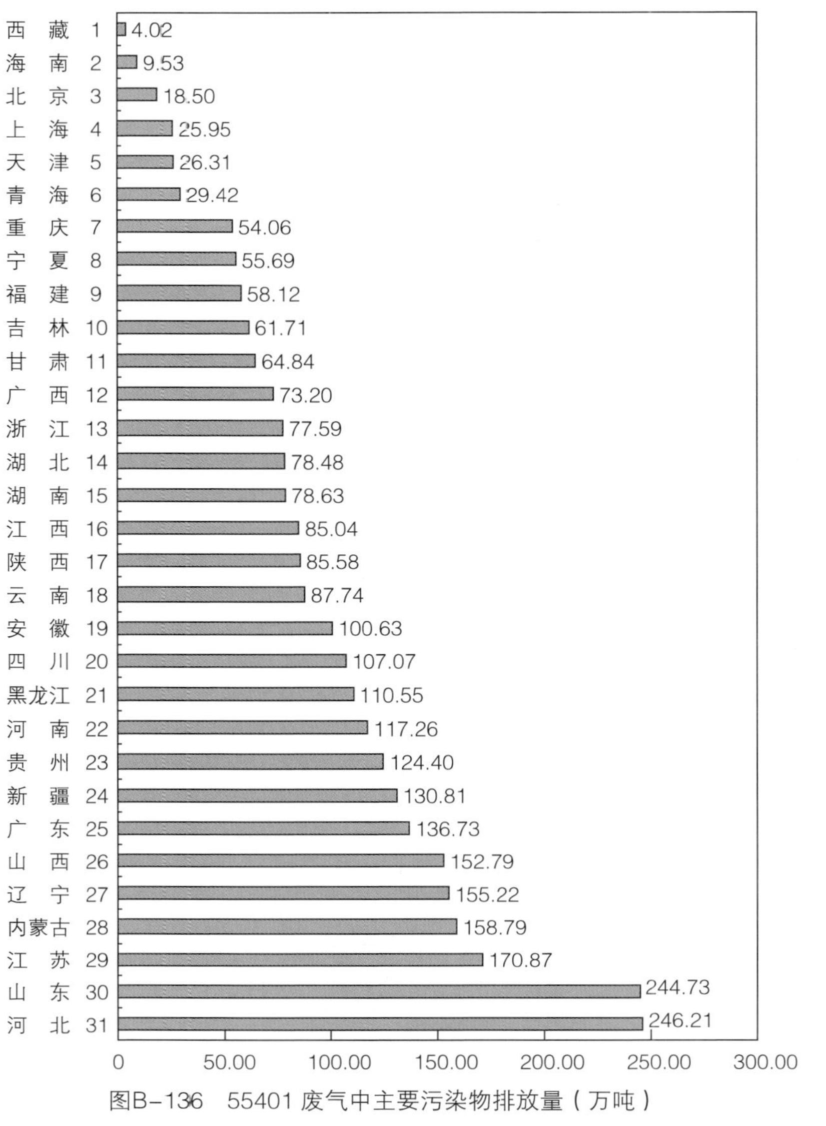

图B-136 55401 废气中主要污染物排放量（万吨）

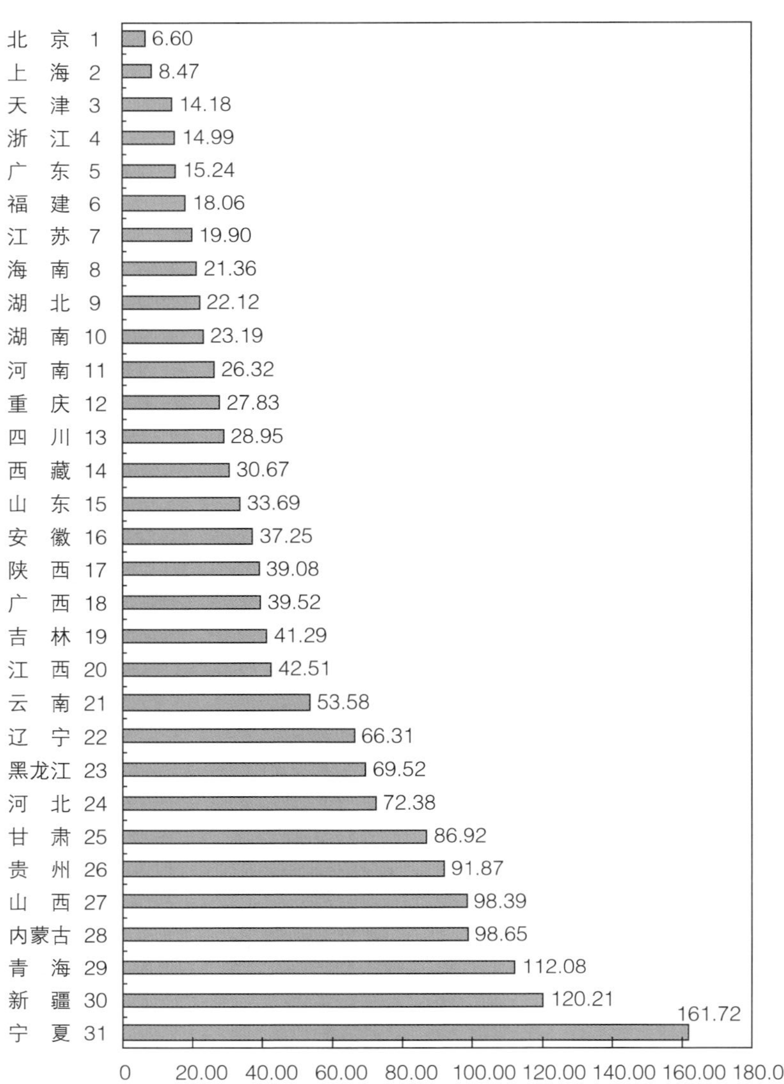

图B-137 55402 每亿元GDP废气中主要污染物排放量（吨）

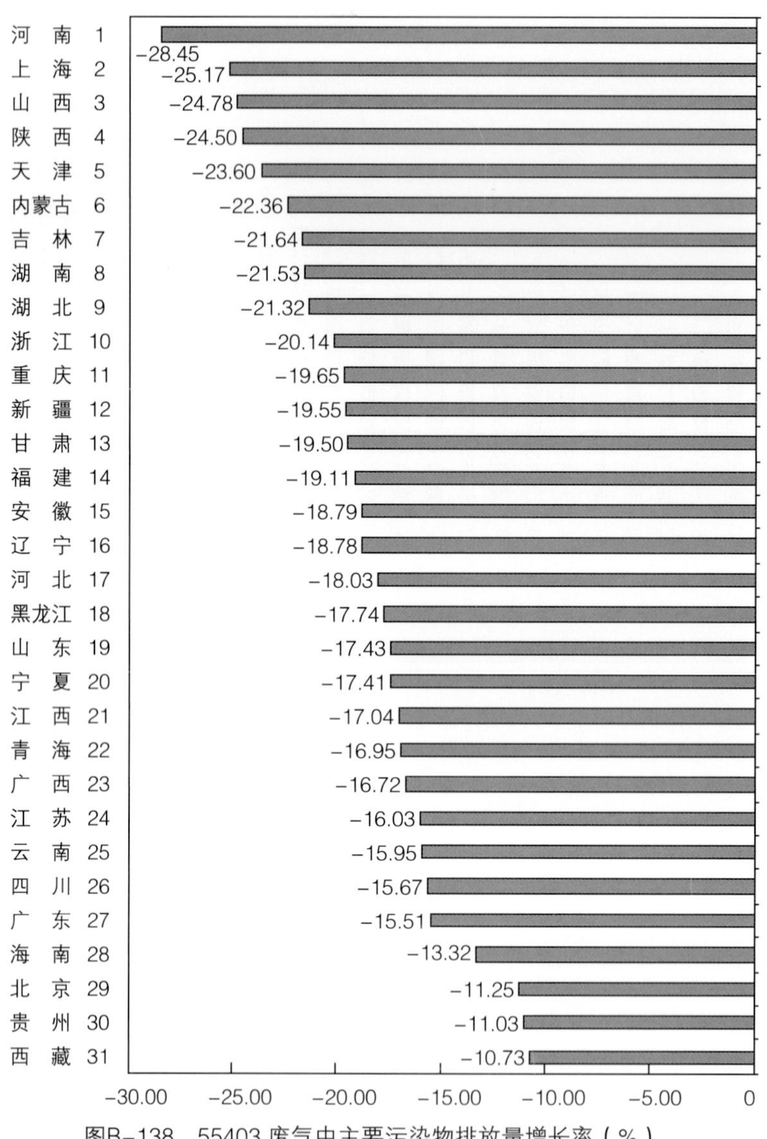

图B-138　55403 废气中主要污染物排放量增长率（%）